金融企业会计丛书

证券公司与基金公司会计实务

周彦平　赵会军　朱明艳　著

中国财经出版传媒集团
中国财政经济出版社

图书在版编目（CIP）数据

证券公司与基金公司会计实务／周彦平，赵会军，朱明艳著．—北京：中国财政经济出版社，2019．8

（金融企业会计丛书）

ISBN 978－7－5095－7243－6

Ⅰ．①证…　Ⅱ．①周…　②赵…　③朱…　Ⅲ．①证券公司－会计实务②基金－金融公司－会计实务　Ⅳ．①F830．39

中国版本图书馆 CIP 数据核字（2017）第016139号

责任编辑：王晓蕊　　　　　　　　责任校对：李　丽

封面设计：耕　者

中国财政经济出版社 出版

URL：http：//www．cfeph．cn

E－mail：cfeph @ cfeph．cn

社址：北京市海淀区阜成路甲28号　邮政编码：100142

营销中心电话：010－88191537

天猫网店：中国财政经济出版社旗舰店

网址：https：//zgczjjcbs．tmall．com

北京中兴印刷有限公司印刷

710×1000毫米　16开　26．5印张　428 000字

2019年8月第1版　2019年8月北京第1次印刷

定价：95．00元

ISBN 978－7－5095－7243－6

（图书出现印装问题，本社负责调换）

本社质量投诉电话：010－88190744

打击盗版举报热线：010－88191661　QQ：2242791300

金融企业会计丛书专家组

总序

好像就是一晃功夫，金融业就大摇大摆地走进了我们的生活。从改革开放初期只有一家银行，到如今商业银行、保险公司、证券公司、基金公司、期货公司、信托公司、租赁公司和财务公司等各类金融机构五彩缤纷、各显其能，金融监管机构也经历了“一行”裂变出“三会”，再由“三会”整合成“两会”了。可以说，过去三十多年的中国金融业，由“一枝独秀”到“八仙过海”的演绎进程历历在目，处处都彰显着金融业的无穷魅力，金融网络的影响力正越来越强地辐射到经济发展和社会生活的方方面面。

几乎与此同时，中国会计业也发生了翻天覆地的变化，从传统的会计制度已经进化为全新的会计准则，实现了会计准则的国际化趋同，并逐步实现等效。进一步地，伴随着经济的演进，包括金融会计准则在内的众多准则也在持续的嬗变之中。

就在我们承接历史积蓄、凭借内在驱动力持续前行之时，十年前的美国金融危机在将美国长期积蓄的金融帝国面纱撕得粉碎的同时，也给世界许多国家带来了致命的冲击。金融会计也未能独善其身。尽管由于中国金融业有序开放的“防火墙”使其还不至于对我们形成致命的伤害，但是，影响不可谓不大、教训不可谓不深。不容置疑，此次金融危机也将改变世界金融格局、洗刷金融理念、重建金融体系。十年轮回，制度涅槃。面对这样一种新的金融环境，对金融风险的认识与控制、对金融产品的创新与监管、对金融公司的营运与管控，甚至于金融业务的分业与混业，都需要进行理性认知和规范操作。从这个意义上说，我们又将面临一个全新的金融时代。

过去三十多年来的沉浸，让我们感受了中国金融的发展与会计的进步，经历了金融行业的发展高潮与艰辛低谷，我们还体会了金融产品的日新月异与管理核算的相对滞后。随着商品市场、资本市场、金融市场的纵横交流和内外一体，我们也越来越认识到，会计作为一种商业语言，既存在着国家之间交流沟通的必要性，也存在着国内企业统一遵循的现实基础，对于任何一个企业，都需要在商业活动中忠实地执行，这对处于全球互动时代的中国金融企业来说，显得更为重要。

本套丛书立足于整体统一框架下，视其内容的信息含量多少分为五个分册：将商业银行、保险公司各自独立成书；将证券公司与基金公司这两个存在紧密关系的行业组合一书；将期货公司与信托公司划为一组，构成一个分册；将租赁公司和财务公司也结合为一体。这样，在2009版《商业银行会计实务》《保险公司会计实务》《证券公司与基金会计实务》《期货公司与信托公司会计实务》《租赁公司与财务公司会计实务》的基础上，根据实践养份和2017年新金融会计准则的变革，新一版的金融企业会计丛书就诞生了。

从感知新准则、传播新准则，感悟新金融、传导新金融的使命出发，本系列专著的作者们以严谨、认真的专业眼光和执着、奉献的职业修炼，承担了本套丛书的创新性修缮活动。他们的目标是选其精华，择其要点，通过精心打造，使之能融合先导和现实，兼容理论与实战，真正演绎为一个个金融企业的会计宝典，为读者提供按图索骥、内容规范、形式新颖的专业会计读本。

书卷多情似故人，晨昏忧乐每相亲。没有食物和水，人们的物质生活将难以为继；而没有读书和领悟，我们也将失去诸多智慧和策略！在各种各样的金融机构遍布大街、时时刻刻可能发生的风险需要我们随时预防的金融时代，希望这套金融企业会计丛书能够像一支正在燃烧的知识明灯，陪伴你走过新的金融岁月，使你在轻松的阅读中找到准则的神采，在联动的管理中悟出金融会计核算与精算文化的真谛。

中央财经大学　教授、博士生导师　王君彩

2019 年 4 月

再版说明

从本丛书上一次出版到现在算起来已经过去差不多八年的时光了。本次再版是对相关内容的调整修缮。再版意念衍生久远，真正动手则前后两年有余。

金融与经济鱼水相依，会计与经济血肉相连。回首过去十余载，加入 WTO、国企改革、银行股改上市、培育房地产市场等等，这一个个市场热点先后激发了中国改革开放以来持续时间最长的一个经济增长周期，到 2007 年达到了周期高点，随后在 2008 年因美国次贷危机而陡然回落，而随后的“4 万亿”刺激政策带来 V 型反转，不过，刺激力度逐步减弱、经济增长逐级回落探底，中国经济进入了新常态。这是一个经济结构转换时期，也是经济增长新动力形成和旧动力逐渐弱化这两股力量双重交织的过渡时期。在经济政策重心转向供给侧改革，去产能、去库存、去杠杆、降成本、补短板等成为必然趋势之时，特别需要关注金融与经济的联动。此外，不论是互联网技术在金融领域的嫁接神速，还是资产管理与财富管理的市场效应，都将金融行业置身于整体经济、社会的热点话题中，如何持续创新？如何管理风险？如何在既有基础上实现行业的精耕细作？等等。这些都无疑是一个个全新的时代使命，也给各个金融企业的会计核算与财务管理提出了相应的探索主题。

因此，在金融宏观调控和金融监管不断加强、金融市场功能显著增强、金融改革取得突破性进展的背景下，金融企业会计也自然而然地担当着相应的核算与管理使命。在规范核算、科学管理的同时，进一步探索行业创新发展的财务机制、提升内部风险管理能力，这是本丛书作者们持续追求的专业境界。经过近两年的具体动手打磨之后，修正与完善的手稿已经成型并付梓，也就是您面前的这套金融企业会计丛书。期待您手中这散发着金融企业会计时代气息的书卷，能够带给您新的知识营养。

这次修订，主要在四个方面推进：一是会计确认、计量和报告进一步体现近年来国内金融行业持续的强化监管理念；二是全面适应金融会计理论建设的突飞猛进，对原书部分章节和内容进行了必要的修改，其中，最重要、最核心的指导性文献，就是根据2017年4月财政部重新修订的《企业会计准则第22号——金融工具确认和计量》等金融准则以及2018年7月陆续编写的应用指南；三是根据近年来相关财税政策的持续调整，对案例作了相应更新，保持与此书出版时最新政策的一致；四是对近年来金融创新活动所带来的会计新业务，如面广量大的企业都可能参与的新兴业务核算进行了必要阐述，从而尽可能保持与金融行业会计现实的全面对接。

《证券公司与基金公司会计实务》一书的本次修订工作，由周彦平（广东合能汇基金管理有限公司博士）、赵会军（中国工商银行经济学博士）、朱明艳（浙江省国有资本运营有限公司正高级会计师）等同志负责完成。由于作者水平有限、加之时间比较仓促，书中错谬之处敬请读者批评指正。

作者

2019年8月

目录
Contents

第一篇　基本要素会计篇

第二篇　证券公司会计篇

第三篇 基金公司会计篇

第四篇 综合业务篇

第五篇　财务报告篇

第一篇

基本要素会计篇

开篇有益

不论是证券公司，还是基金公司，都是伴随着中国证券市场的诞生与发展而相应出现的新兴法人组织形式。作为证券公司与基金公司的会计活动，势必在遵循会计基础理论与技术的前提下，结合公司运行规律而逐渐演绎出其特有的行业特点。因此，本篇摘要阐述其普遍的会计理论、准则精华及其演绎下的公司会计精要。学习本篇，务必在认知公司会计目标、会计假设、会计信息质量特征、会计要素和会计确认、计量与报告等貌似抽象苦涩，实为高度概括总结、深度抽象思维的科学理论的同时，利用这些“会计理论”来为公司的具体会计业务提供导航性的知识。即需要从证券公司与基金公司的经济活动实际出发，“传神”地分章来演绎公司的“资产”“负债”“损益”和“股东权益”等主题，一题一个构筑要件，由这五章所组成的本篇内容将构成证券公司与基金公司会计的常规性基础框架，是初步掌握证券公司与基金公司会计领域的会计密码。

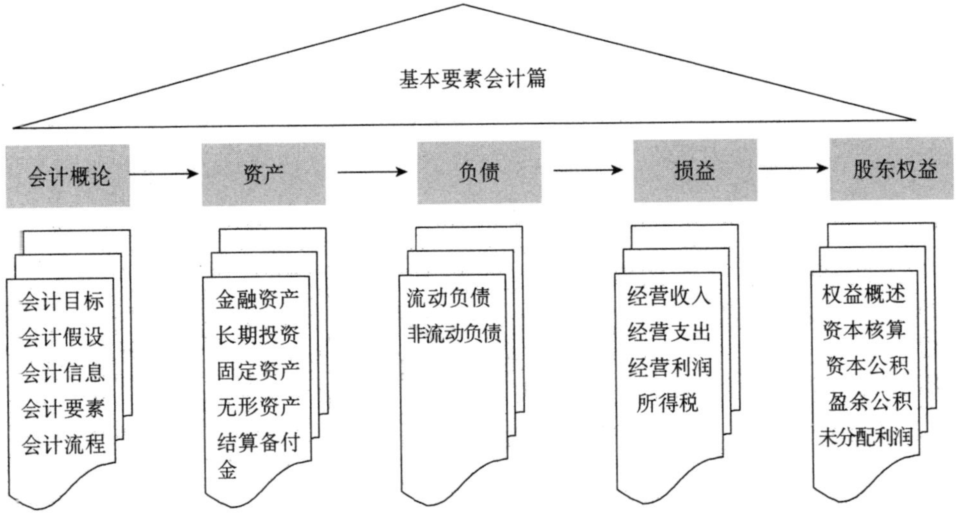

第一章
公司会计概论

本章精要

不论是证券公司，还是基金公司，都是在中国证券市场发育与发展背景下闪亮问世的一种市场中介组织。作为一种资金密集型与风险集聚型的金融企业，其会计核算与财务管控自然是一种确保其健康、持续运营的核心机制。

公司会计目标是一个指南与导向，会计目标引导着会计的价值倾向，所以，必须对会计目标进行适当的探讨；当然，对会计确认、计量与报告所赖以存在的基本前提即会计假设进行相应的解读自然也是情理之中的事，这种表面多少有些枯燥的东西其实是会计大师们高度提炼过的精神食粮；围绕着会计信息保真度的问题，会计“产品质量”一直关系着方方面面的利益，如何通过原则规范与质量标准来确保会计信息的可靠性与相关性，也是一个基础性的革命工程，值得探析；结合公司会计，将会计对象归结为哪几类，同样需要关注；从理论上看，会计确认、会计计量和会计报告的日常流程的布局同样也是本章的重要构成内容之一。

本章是跨进整个公司会计领域的初始印象，需要在共同理论的基础上衍生出新的“火苗”。

第一节 公司会计目标

经过近30年的改革与发展，中国金融业已经形成一个以中央银行为核心，专业银行为主体，银行业、保险业、证券业、基金业、期货业、信托业、租赁业和财务公司等八类公司渐进发育、同时并存的现代金融体系，参见图1－1。其中，证券公司、基金公司以相当的公众参与度成为与社会运行和经济发展的枢纽之一。

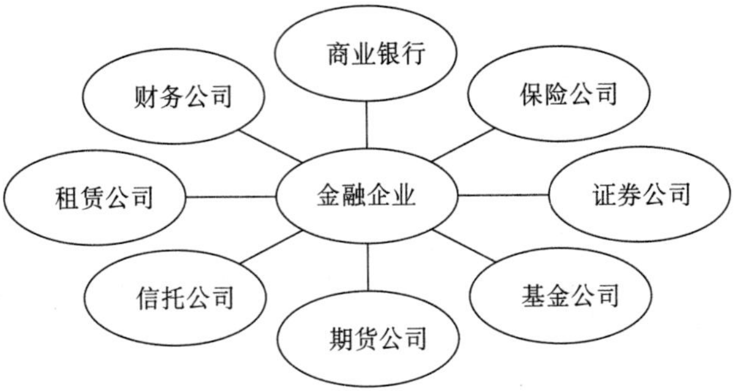

图1－1 中国金融业主要类别构成图

一、公司的基本特征

证券公司（Securities Company）的法人主体资格也存在着一定的特殊性。在证券公司总部作为独立法人主体的同时，对外开展营业活动的分支机构（如营业部）作为其分支机构实行公司内部“统一核算，分级考核”的财务管理体制，即实行分级管理、分级建账；营业部自计盈亏，总公司统一核算盈亏，并汇总统一缴纳所得税，也就是说只有总部才具有法人资格，总部对下设营业部实行授权经营管理。因此，除了公司总部有外来投入资本外，营业部不会产生实收资本，其所有者权益主要表现为营运资本（上级拨入资金）。

作为基金公司（全称为基金管理公司，以下为叙述方便，均简称为基金公司），是由专门的投资机构（如证券公司、商业银行和相关企业）共同出资组建的，专业凭借以委托人通过与受托人签订“信托契约”的形式发行受益凭证来募集社会闲散资金的专业基金管理公司，具有集合理财、专业管理、组合投资、分散风险、利益共享、风险共担和严格监管、信息透明的运行特点。

二、会计目标的探源

关于会计目标，其实也是历史环境变迁的产物。会计发展的早期，会计更多表现为一种计数活动，会计目标的问题并不突出，也不重要。随着社会生产力的进步，部分组织或个人开始拥有满足生活所需之后的剩余财产，并把部分财产交由他人代为管理，委托—代理责任关系逐步明确且日益重要，会计需要为委托人提供受托人代为管理财产状况的信息。只有认真评估各个国家、同一国家不同历史时期，以及不同企业和社会组织所面对的利益相关者及其对会计信息的需求，我们才能有的放矢地为不同的企业和组织确立或选择合适的会计目标。

从理论界长久以来围绕会计目标双重论的热议看，会计目标的受托责任观认为：会计应该为资源的所有者，甚至是为所有的委托人提供经营者履行受托责任情况的信息。受托责任观的基本观点包括：一是委托—代理的存在是受托责任观的基石；二是受托方承担如实向委托方报告和说明其履行受托责任的过程及结果的义务；三是受托责任随着社会发展有不断扩充的趋势。因此，受托责任观认为：明确的委托—代理关系是受托责任得以有效履行的基础，会计目标在于认定和解除委托方和受托方之间存在的“受托责任”。在受托责任观下，人们更为关心会计信息的可靠性，然而，所有委托者利用会计信息的目的还是为了经济决策。尽管受托责任观所认定的会计目标，符合相当多委托—代理关系明确的企业确立和实现会计目标的现实状况，但是受托责任模糊、委托—代理关系不太明确的企业组织用受托责任观解释会计目标却不太恰当。

与受托责任观相对的是决策有用观。其背景是，随着资本市场的发展，股权日益分散，与企业相关的委托—代理关系逐渐模糊，委托方虚位的现象不断增加，资本市场配置资源的角色获得认同，这时人们提出了会计目标的决策有用观。决策有用观认为：会计的基本目标是为现实和潜在的投资者、债权人和其他会计信息使用者提供决策有用的财务信息，以便于他们预估企业现金流的金额、时间分布和不确定性，帮助他们进行生产经营和经济决策；会计信息的使用者具有多样性，包括股东、债权人、财务分析师和顾问、雇员、工会、顾客、供应商、行业协会、政府机构、公众利益团体、研究者和准则制定者、审计师、管理层以及与企业经营相关的群体。正是复杂多样的会计信息使用者，使得委托—代理关系难以明确，或者明确的成本太高，但是委托—代理的实质关系仍然存在，这时确立决策有用的会计目标不仅适应了新的环境，而且使得会计信息使用者获取信息的成本比较低，有利于会计信息使用者在新的环境下作出正确的经济和生产经营决策，有利于整个社会资源的合理配置。

显然，决策有用的会计目标并不是对受托责任会计目标的否定，而是一种扬弃。决策有用会计目标的确立使得受托责任观能够在模糊化的委托—代理关系中得以运行，它使得会计信息的使用者都能够以合理的成本获得自己所需的信息，然后作出正确的经济决策。可见，受托责任会计目标和决策有用会计目标一脉相承，决策有用会计目标可以说是受托责任发展到一定历史阶段的产物，是会计目标定位适应会计信息使用者日益多样化、委托—代理关系日益模糊化的结果，或者说是企业契约关系中由“股东理论”向“利益相关者理论”进行演化后，会计目标定位所作出的回应。

以受托责任观和决策有用观为基础，有些学者从新的视角观察和分析问题，认为“财务会计报告是通过将内部信息可靠地转化为外部信息来控制逆向选择问题的一种手段（威廉姆·R. 斯克托，1999）”。既然会计是在不确定环境中运营，所有权和经营权分离又是一些国家的常态，企业中契约关系也越来越多，因此，相当多的会计信息使用者同时面临逆向选择和道德风险的问题，那么，会计就应该是同时治理逆向选择和道德风险的一种机制。

三、会计目标的主流

根据《企业会计准则——基本准则》的规定，会计目标就是向财务报告使用者提供与企业财务状况、经营成果和现金流量等有关的会计信息，并反映企业管理层受托责任履行情况，有助于财务报告使用者作出经济决策。

结合我国经济环境与会计改革的持续性进步，公司会计的目标定位，已经越来越趋于明确的统一，即集中概括为两点，其具体内涵分别是：

（一）提供会计信息，便于决策参考

任何企业，包括证券公司和基金公司在内，其会计的根本目标是为了满足财务报告使用者的信息需要。财务报告使用者主要包括投资者、债权人、政府及其有关部门和社会公众等。如果企业在财务报告中提供的会计信息与投资者的决策无关，那么财务报告就失去了其向投资者报送的真正价值与内在意义。根据投资者决策有用性目标，财务报告所提供的信息应当如实反映企业所拥有或者控制的经济资源、对经济资源的要求权以及经济资源及其要求权的变化情况；如实反映企业活动的各项收入、费用、利得和损失的金额

及其变动情况；如实反映企业各项经营活动、投资活动和筹资活动等所形成的现金流入和现金流出情况等。这些能够体现企业经营过程与成果的会计信息，有助于现在的或者潜在的投资者正确、合理地评价企业的资产质量、偿债能力、盈利能力和营运效率等；有助于投资者根据相关会计信息作出理性的投资决策；有助于投资者评估与投资有关的未来现金流量的金额、时间和风险等。

除了投资者之外，企业财务报告的使用者还有债权人、政府监管机构及有关部门、社会公众等。财务报告中提供有关企业发展前景及其能力、经营效益及其效率等方面的信息，可以满足社会公众的信息需要。应当讲，这些使用者的许多信息需求是共同的。由于投资者是企业资本的主要提供者与最终利害关系人，通常情况下，如果财务报告能够满足这一群体的会计信息需求，也可以满足其他使用者的大部分信息需求。

（二）反映受托责任，体现代理关系

现代企业制度强调企业所有权和经营权相分离，企业管理层是受委托人之托经营管理企业所有的资产，负有受托责任。即企业管理层所经营管理的企业各项资产基本上均为投资者投入的资本（包括留存收益作为再投资）或者向债权人借入的资金所形成的，企业管理层有责任妥善保管并合理、有效运用这些资产。企业投资者和债权人等需要及时或者经常性地了解企业管理层保管、使用资产的情况，以便于评价企业管理层的责任情况和业绩情况，并决定是否需要调整投资或者信贷政策、是否需要加强企业内部控制和其他制度建设、是否需要加强和更换管理层，等等。因此，作为会计最终产品的财务报告，很显然，应当反映企业管理层受托责任的履行情况，以有助于外部投资者和债权人等评价企业的经营管理责任和资源使用的有效性。

第二节　公司会计假设

会计假设就是对会计核算的基本前提所作的公开、规范性规定，是对会计核算所处的空间、时间等环境所作的合理设定。公司会计面对的是变化不定的社会经济环境，必须对所依附主体的交易或事项作出基于特定理念下的专业判断，即务必规定公司会计确认、计量和报告所依赖的一系列基本的前提条件，才能使会计确认、计量与报告工作正常进行。这种前提是基于一种专业的科学性判断。会计假设的科学、全面、完整，决定着会计理论框架的科学、全面、完整，决定着会计确认、计量和报告的整体水准和对会计实践的指导能力。概括而言，一般来说，会计核算的基本前提包括如图1－2所示的四项：会计主体、持续经营、会计分期、货币计量。

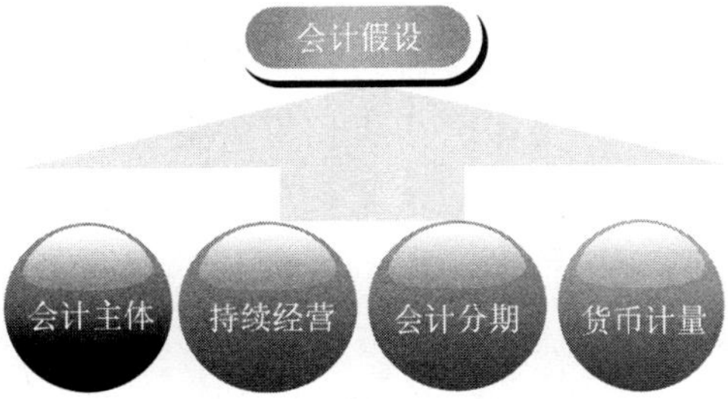

图1－2　会计理论假设构成图

一、会计主体

会计主体，又称会计个体，是指会计信息所反映的特定单位或者组织，它规范了会计核算的空间范围，企业应当对本身发生的交易或事项进行会计确认、计量和报告。会计核算总是在某个独立进行生产经营或者业务活动，并且在经济上独立或相对独立的企业、机关、团体等单位进行的，通过编制该单位的财务报表，反映其一定日期的财务状况和一定期间的经营成果。在进行会计确认、计量和报告时，一个会计主体的经济业务不仅要与其他会计个体严格区分，而且要与其所有者的经济活动划分清楚。在会计主体概念下，公司通常是以独立法人主体为会计主体的，而对在同一法人主体之下的分支机构则不作为完全独立核算的会计主体（如营业部作为内部报账的核算单位与考核主体，并不对外提供会计报告）。

二、持续经营

持续经营，是指在可以预见的将来，企业将会按当前的规模和状态继续经营下去而不会停业，也不会大规模削减业务。企业会计确认、计量、报告应当以持续经营为前提。

由于持续经营是根据企业发展的一般情况所作的假定，而任何企业都存在破产清算的可能，也就是说，企业不能持续经营的可能性总是存在的，为此，需要企业定期对其持续经营作出分析和判断，如果可以判断企业失去持续经营能力，应当改变会计核算的原则和方法，并在财务会计报告中作相应的披露。持续经营假设是整个权责发生制会计大厦所赖以建立的基础。例如，资产的计量尺度有历史成本（购买成本）、重置成本、现行市价、变现价值等多种形式。在一份财务报表中究竟采用哪一种计量尺度，就与企业能否持续经营下去这个前提有密切的关系。

三、会计分期

会计分期，又称会计期间，是指将一个企业持续经营的生产经营活动划分为一个个连续的、长短相同的期间，并据以结算盈亏，按期编制财务报告，从而及时向各方提供有关企业财务状况、经营成果和现金流量的信息。我国会计准则规定，企业应该划分会计期间，分期结算账目和编制财务会计报告。

由于会计分期，才产生了当期和与其他期间的差别，从而出现了权责发生制和收付实现制的区别，才使不同类型的会计主体有了记账的基准，进而出现了应收、应付、递延、预提、待摊等会计处理方法。

最常见的会计期间是一年，以一年确定的会计期间称为会计年度，按年度编制的财务会计报告通常称为年报。我国会计年度自每年公历的 1 月 1 日起至 12 月 31 日止。为满足人们对会计信息的需要，要求企业按短于一个完整会计年度的期间编制财务会计报告，例如要求上市公司编制季报、半年报，等等。

四、货币计量

货币计量，是指会计主体在会计核算过程中采用货币作为计量单位，计量、记录和报告会计主体的生产经营活动。

在我国，企业的会计核算一般以人民币作为记账本位币，业务收支以人民币以外的货币为主的企业，可以选定其中一种货币作为记账本位币，但是编报财务会计报告应当折算为人民币。在境外设立的中国企业，向国内报送的财务会计报告，应当折算为人民币。

公司会计应当以货币进行计量。货币之所以成为会计信息的计量工具，是因为其具有下列功能：其一是货币的价值尺度，无论实物、劳动还是其他财富形式，大多可以用货币来表示；其二是货币的交易媒介功能，是对经济交易从价值方面进行记录的最通用的单位；其三，货币可以作为信用的衡量尺度和延期支付的标准，因此，它是借贷合同或者其他契约赖以产生和顺利履行的基础；其四，货币作为财富的一种标志，是企业组织投入与产出的最终表现形式。可见，货币天然是计量、描述企业经营活动和财务成果的工具。

第三节 公司会计信息

前面已经提到，会计信息就是一个企业会计经过科学的流程、专业的加工、严格的审查、精心的编排之后，奉献给会计报表使用者的“产品”。这个“产品”的质量显然是众目睽睽的焦点问题。正因为会计信息相当复杂、相当敏感，促成了从会计理论到会计实践，都极为关注会计信息的质量问题，这也是会计准则总是将这些主题作为基本准则条款的现实理由。根据决策有用理论，会计的首要目标是提供信息使用者决策有用的会计信息，而有用的会计信息必须具备可靠性和相关性两个特点；相关性和可靠性是使会计信息对决策有用的两个主要质量。《企业会计准则——基本准则》明确规定了会计信息质量的八项要求：即客观性、相关性、明晰性、可比性、实质重于形式、重要性、谨慎性和及时性。以下简要阐述其内涵所在：

一、客观性

客观性要求企业应当以实际发生的交易或事项为依据进行会计确认、计量和报告，如实反映符合确认和计量要求的各项会计要素及其他相关信息，保证会计信息真实可靠、内容完整。客观性是会计工作的基本要求。

二、相关性

相关性要求企业提供的会计信息应当与财务会计报告使用者的经济决策需要相关，有助于财务报告使用者对企业过去、现在或者未来的情况作出评价和预测。

三、清晰性

清晰性要求企业提供的会计信息应当清晰明了，便于财务会计报告使用者的理解和使用。

四、可比性和一贯性

可比性和一贯性要求企业提供的会计信息应当具有可比性和一贯性。同一企业不同时期发生的相同或者相似的交易或事项，应当采用一致的会计政策，不得随意变更。确需变更的，应当在附注中说明。不同企业发生的相同或者类似的交易或事项，应当采用规定的会计政策，确保会计信息口径一致，相互可比。

五、实质重于形式

实质重于形式要求企业应当按照交易或事项的经济实质进行会计确认、计量和报告，不应仅以交易或者事项的法律形式为依据。

六、重要性

重要性要求企业提供的会计信息应当反映与企业财务状况、经营成果和现金流量等有关的所有重要交易或者事项。

七、谨慎性

谨慎性要求企业对交易或者事项进行会计确认、计量和报告应当保持应有的谨慎，不应高估资产或者收益、低估负债或者费用。

八、及时性

及时性要求企业对于已经发生的交易或者事项，应当及时进行会计确认、计量和报告，不得提前或者延后。

上述八条会计信息质量特征，都是在理性总结、不断反思的基础上，基于长期众多会计信息领域真与假、善与恶的对抗抽象而来的精华，需要结合会计实战来深刻理解和准确执行。

当然，除了四个会计假设与八个会计信息质量特征之外，我们还需要深刻理解会计核算的一般原则是权责发生制，会计记账方法是借贷记账法。

第四节　公司会计要素

会计要素是以会计前提为基础而对会计对象的基本分类，是会计用于反映会计主体财务状况、确定经营成果的基本单位。公司应当按照交易或者事项的经济特征确定会计要素。会计要素有两大类，第一类是资产、负债、股东权益，是反映一定时点（如资产负债表日）财务状况的会计要素，即处于这一时点的资本运动的相对静止状态；第二类包括收入、费用和利润，是反映一定时期（如一个会计年度）经营成果的会计要素，即这一时期的资金运动显著变化状态。从逻辑关系上看，前者的时点数是一个会计期间的基础，或者说处于一个新的会计期间开幕之前的静态初始基础，或者说是经历了某一个完整会计期间之后的结果状况，而后者则始终是处于两个时点之间的一个动态过程，二者之间就是结果与过程的关系。公司会计也就是这样的循环往复，才使得企业持续、恒定地向前发展。六大会计要素的关系如图 1－3 所示。现对上述六类会计要素进行具体阐述。

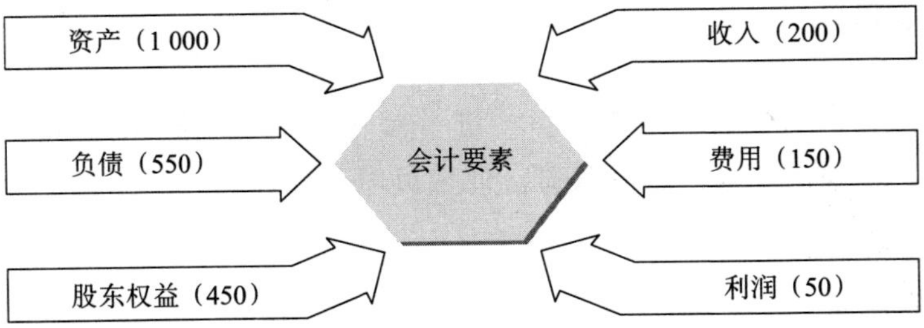

图 1－3　会计要素关系示意图

一、资产

对任何一个公司来说，资产都是指企业过去的交易或者事项形成的、由企业拥有或者控制的、预期会给企业带来经济利益的资源。符合资产定义的资源，在同时满足以下条件时，确认为资产：一是与该资源有关的经济利益很可能流入企业，即该资源有较大的可能直接或者间接导致现金和现金等价物流入企业；二是该资源的成本或者价值能够可靠地计量。

公司的资产，按其流动性特征可分为流动资产和非流动资产。

（一）流动资产

流动资产是指可以在1年内（含1年）变现或耗用的资产。公司的流动资产种类繁多，表现各异，主要包括货币资金、拆出资金、交易性金融资产、衍生金融资产等等。除了以上这些公司的共同流动资产项目外，各家还有其特殊项目，比如证券公司特有的结算备付金、基金公司的证券清算款、项目等等。

（二）非流动资产

公司的非流动资产包括可供出售金融资产、持有至到期投资、长期股权投资、投资性房地产、固定资产、无形资产、递延所得税资产、其他资产等。除此之外，公司的发放贷款和垫款等、公司的存出资本保证金、独立账户资产等，也都是具有行业特色的非流动资产项目。现先对几个相同项目进行概括解读：

1. 债权投资。债权投资是指以摊余成本计量的金融资产，就是以收取合同现金流量为目标作为业务模式、在特定日期产生的现金流量仅为对本金和以未偿付本金为基础所计利息的支付的金融资产。

2. 其他债权投资和其他权益工具投资。这一类金融资产是指以公允价值计量且其变动计入其他综合收益的金融资产，是指既以收取合同现金流量为目标又以出售该金融资产为目标作为其业务模式、在特定日期产生的现金流量仅为对本金和以未偿付本金金额为基础所计利息的支付的金融资产。其中，“其他债权投资”核算企业分类为以公允价值计量且其变动计入其他综合收益的债权投资金融资产的价值；而”其他权益工具投资”核算企业指定为以公允价值计量且其变动计入其他综合收益的非交易性权益工具投资。

3. 长期股权投资是持有时间准备超过1年（不含1年）的各种股权性质的公司权益性投资。

4. 固定资产，是指为公司开展经营活动和管理工作而持有的，使用年限超过1年，单位价值较高的有形资产。

5. 无形资产，是指为公司开展经营活动和管理工作而持有的、没有实物形态的非货币性长期资产。

6. 其他资产，包括投资性房地产、长期待摊费用及商誉等。商誉通常是指在购买法下，购买价格超过所购子公司净资产账面价值的差额部分。

二、负债

公司的负债是指企业过去的交易或者事项形成的、预期会导致经济利益流出企业的现时义务。现时义务是指企业在现行条件下已承担的义务。未来发生的交易或者事项形成的义务，不属于现时义务，不应当确认为负债。符合负债定义的义务，在同时满足以下条件时，确认为负债：其一是与该义务有关的经济利益很可能流出企业，其二是未来流出的经济利益的金额能够可靠地计量。

公司的负债按其流动性可以划分为流动负债和非流动负债两大类。

（一）流动负债

流动负债是指将在1年（含1年）内偿还的债务。公司流动负债，既能有共同性项目，如短期借款、拆入资金、交易性金融负债、衍生金融负债、卖出回购金融资产款、应付佣金及手续费、应付职工薪酬、应交税费、应付利息等；也有特定项目，如证券公司特有的代理买卖证券款，等等。

（二）非流动负债

公司的非流动负债包括预计负债、长期借款、应付债券、递延所得税负债、其他负债等。

三、所有者权益

所有者权益是所有者在企业资产中享有的经济利益，其金额是资产减去负债后的余额，即所有者享有的企业净资产。对于公司来说，使用负债往往以支付利息为代价，而所有者权益的使用不需要支付利息；企业清算时，所有者权益只有在清偿所有的负债之后才返还给所有者。

公司的所有者权益包括投入资本和留存收益两大部分，具体又分为实收资本、资本公积、盈余公积和未分配利润等项目。实际运行中，针对不同公司的情况，也存在着具有特色的权益项目，如证券公司的一般风险准备等，也都是其所有者权益的组成部分。

四、收入

公司的收入是指企业在日常活动中形成的、会导致所有者权益增加的、与所有者投入资本无关的经济利益的总流入。需要强调的是，收入是日常活动中产生的，而产生于非日常经济活动的经济利益流入就不能作为收入，而应该作为利得，如营业外收入；收入的增加有多种表现形式，既可能表现为资产的增加，也可能表现为负债的减少。收入增加的结果会引起所有者权益的增加。公司对于收入的确认，只有在经济利益很可能流入从而导致企业资产增加或者负债减少、且经济利益的流入额能够可靠计量时才能进行。

公司提供金融商品服务所取得的营业收入，主要包括：手续费及佣金收入、证券承销收入、投资收益、公允价值变动损益、汇兑收益和其他业务收入，而不包括为第三方或者客户代收的款项。

五、费用

公司的费用是企业在销售商品、提供劳务等日常经济活动中发生的经济利益的流出。费用是日常活动中发生的经济利益流出，不属于日常活动发生的经济利益流出则不属于费用，而归属于损失，如营业外支出。费用发生也有多种表现结果，可以是资产的减少，也可以是负债的增加。费用将引起所有者权益的减少。费用只有在经济利益很可能流出从而导致企业资产减少或者负债增加、且经济利益的流出额能够可靠计量时才能予以确认。对于不同类型的公司，其成本费用的具体表现形式不尽相同，比如，在证券公司，其成本费用是指在业务经营过程中发生的与业务经营有关的支出，包括利息支出、公司往来支出、手续费支出等；在基金公司，其成本费用是指公司在日常活动中发生的与基金业务有关的支出，主要包括基金管理人报酬、基金托管费、利息支出、审计费用等。

证券公司与基金公司的费用包括直接费用和间接费用两大类：直接费用是与营业收入直接相关的费用。这种费用与营业收入之间存在着明显的因果关系，在确认营业收入的当期，应同时确认这些直接费用。期间费用是为获取当期营业收入而发生的间接费用，它与营业收入的实现并没有直接的因果关系。在发生时可确认为费用，与当期的营业收入相配比。经常的情况是期间费用包括公司在业务经营及管理工作中发生的各项费用，包括：固定资产折旧、业务宣传费、业务招待费、电子设备运转费、安全防卫费、坏账损失、财险费、邮电费、劳动保护费、外事费、印刷费、分杂费、低值易耗品摊销、理赔勘察费、职工工资、差旅费、水电费、租赁费、修理费、职工福利费、职工教育经费、工会经费、税金、会议费、诉讼费、公证费、咨询费、无形资产摊销、长期待摊费用摊销、待业保险费、劳动保险费、取暖费、审计费、技术转让费、研究开发费、绿化费、董事会费、上交管理费、银行结算费等。

六、利润

公司的利润是指企业在一定会计期间的经营成果。企业利润是企业在生产经营过程中各种收入减去费用后的净额并加上各种利得和损失后的余额。

公司的利润包括收入减去费用后的净额、直接计入当期利润的利得和损失等。

直接计入当期利润的利得和损失，是指应当计入当期损益、会导致所有者权益发生增减变动的、与所有者投入资本或者向所有者分配利润无关的利得或者损失，如营业外收入、营业外支出等。与此相关的会计逻辑等式：

资产 - 负债 = 权益

收入 - 费用 = 利润

这两种逻辑关系组合在一起，就形成了公司会计报表的完整体系。

第五节　公司会计流程

公司会计流程，无疑是将公司会计的各个构成要件，按照其内在关系，科学、高效地组织起来，使得公司会计能够有条不紊地推进的系统工程。也就是说，流程是在会计凭证、会计账簿、会计报告三个载体之间，通过设置会计科目、采用复式记账、登记会计账簿、计算成本费用、进行财产清查，编制会计报表等方法构成有机的处理系统。本书所说的会计流程，就是会计这一系统工程正常运行所依赖的诸个主体骨架，即会计确认、计量与报告三部曲。从确认、计量，到最后形成报告，如图 1 - 4 所示。

一、会计确认

作为会计流程的第一项重要程序，确认是指依照准则规范来确定某一项目、交易或事项应否、应在何时以及如何列作一项会计要素（如资产、负债、所有者权益、收入、费用或利润）正式地记入会计账内、列入会计报表的过程。广义的会计确认包括在记录中的初始确认与在报表中的最终确认两个方

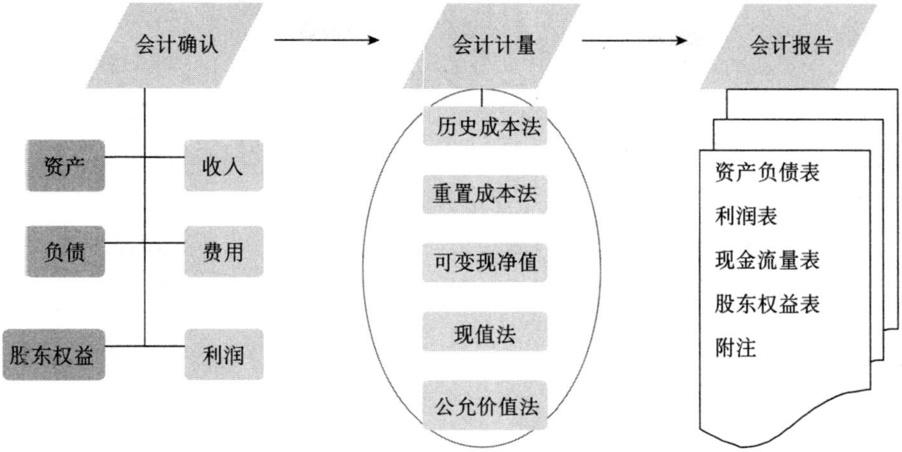

图 1－4　会计核算的流程示意图

面，而通常意义上的会计确认仅指会计报表的确认，因会计记录最终是为会计报表披露有用信息服务的。显然，会计确认要解决的问题是“应否确认”“何时确认”以及“如何确认”三个问题。美国财务会计准则委员会（FASB）指出：确认一个项目和有关的信息要符合四个标准：一是符合要素定义，二是可计量性，三是相关性，四是可靠性。只要符合这些标准就应在成本效益与重要性前提下予以确认。国际会计准则委员会（IASC）提出的确认标准是三条。即：一要满足要素定义，二要与该项目有关的任何未来经济利益可能流入或流出企业，三要确保该项目具有能够可靠计量的成本或价值。综合二者，我们自然可以获得确认的一般标准为“符合要素定义与能够可靠计量”二者缺一不可。

二、会计计量

会计计量是指用数量尤其是用金额对应该列入报表的各项会计要素加以描述的基本方式。会计计量通常被认为是会计的核心问题①。基于已经拥有了货币计量的会计假设，会计计量则主要意味着会计计量属性的选择问题。计量属性是指会计要素可用货币计量的各种特征。会计计量实际上也是一个动态过程，往往不能一次性完成，除了初始计量，还有后续计量，多数情况下，

① 汤云为、钱逢胜：《会计理论》，上海财经大学出版社 1997 年版。

随着业务的进行，计量属性随计量模式会持续地发生改变。如期末资产价值的减损、物资盘盈盘亏或资产价值重估等，这些因素均会导致会计计量模式的调整。企业在将符合确认条件的会计要素登记入账并列报于会计报表及其附注时，应当按照规定的会计计量属性进行计量，确定其金额。会计计量属性主要包括历史成本、重置成本、可变现净值、现值、公允价值等五种方式。

（一）历史成本

在历史成本计量模式下，资产按照购买时支付的现金或者现金等价物的金额，或者按照购置资产时所付出对价的公允价值计量；负债按照因承担现时义务而实际收到的款项或者资产的金额，或者承担现时义务的合同金额，或者按照日常活动中为偿还负债预期需要支付的现金或者现金等价物的金额计量。

（二）重置成本

在重置成本计量下，资产按照现在购买相同或者相似资产所需支付的现金或者现金等价物的金额计量；负债按照现在偿付该项债务所需支付的现金或者现金等价物的金额计量。

（三）可变现净值

在可变现净值计量下，资产按照其正常对外销售所能收到现金或者现金等价物的金额扣减该资产至完工时估计将要发生的成本、估计的销售费用以及相关税费后的金额计量。

（四）现值

在现值计量下，资产按照预计从其持续使用和最终处置中所产生的未来净现金流入量的折现金额计量。负债按照预计期限内需要偿还的未来净现金流出量的折现金额计量。

（五）公允价值

在公允价值计量下，资产和负债按照在公平交易中，熟悉情况的交易双方自愿进行资产交换或者债务清偿的金额计量。

企业在对会计要素进行计量时，一般应当采用历史成本。需要采用重置成本、可变现净值、现值、公允价值计量的，应当保证所确定的会计要素金额能够取得并可靠计量。因此，历史成本依然是通常情况下的主流计量模式，其可检验性决定了这是一种最为可靠、最为方便的计量模式。而确实需要采用其他计量模式时，则需要确保相应的配套环境，以保证其计量产生的会计信息具备必要的可靠性。

三、会计报告

会计报告是向各类会计报告使用者提供决策有用信息的媒介和渠道，是沟通投资者、债权人等会计报告使用者与企业管理层之间信息的桥梁和纽带。随着我国改革开放的深入和市场经济体制的完善，编制和使用会计报告的作用也越来越突出。国家通过《会计法》《公司法》《证券法》等相关法律，出于保护投资者、债权人等利益的需要，明确规定了企业应当定期编报会计报告的法定义务。

会计报告包括会计报表和其他应当在会计报告中披露的相关信息和资料。而会计报表又由报表本身及其附注两部分构成，附注是财务报表的有机组成部分，而报表至少应当包括资产负债表、利润表、现金流量表和所有者权益变动情况表等报表。因此，我们通常可以将会计报表简称为“四表一注”：

（一）资产负债表

这是企业会计报表的总表，反映企业在某一特定日期的财务状况的会计报表。企业编制资产负债表的目的是通过如实反映企业的资产、负债和所有者权益金额及其结构情况，从而有助于使用者评价企业资产的质量以及短期偿债能力、长期偿债能力、利润分配能力等。

（二）利润表

这是反映企业在一定会计期间的经营成果的会计报表。企业编制利润表的目的是通过如实反映企业实现的收入、发生的费用以及应当计入当期利润的利得和损失等金额及其结构情况，从而有助于使用者分析评价企业的盈利能力及其构成与质量。

（三）现金流量表

这是反映企业在一定会计期间的现金和现金等价物流入和流出的会计报表。企业编制现金流量表的目的是通过如实反映企业各项活动的现金流入、流出情况，从而有助于使用者评价企业的现金流和资金周转情况。

（四）股东权益变动情况表

这是反映构成股东权益的各组成部分在一定会计期间的增减变动情况的报表。对影响股东权益的当期损益、直接计入所有者权益的利得和损失、以及与所有者的资本交易导致的所有者权益的变动，应当分别列示。

（五）会计报表附注

这是对在会计报表中列示项目所作的进一步说明，以及对未能在这些报表中列示项目的说明等。企业编制附注的目的是通过对财务报表本身作补充说明，以更加全面、系统地反映企业财务状况、经营成果和现金流量的全貌，从而有助于向使用者提供更为有用的信息，作出更加科学合理的决策。

财务报表是会计报告的核心内容，但是除了财务报表之外，会计报告还应当包括其他相关信息，具体可以根据有关法律法规的规定和外部使用者的信息需求而定。如企业可以在会计报告中披露其承担的社会责任、对社区的贡献、可持续发展能力等信息，这些信息对于使用者的决策也是相关的，尽管属于非财务信息，无法包括在财务报表中，但是如果有规定或者使用者有需求的，企业应当在财务报告中予以披露，有时企业也可以自愿在财务报告中披露相关信息。

需要特别指出的是，与上述证券公司与基金公司作为企业法人主体对外提供自身经营活动的财务报表相区别的是，对基金管理公司所管辖的基金主体，也需要基金管理公司编制和对外提供真实、完整的基金财务会计报告。即基金作为独立的会计主体，也需要独立编制财务会计报告，即分为年度、半年度、季度和月度财务会计报告。财务会计报告由会计报表和会计报表附注组成。对外提供的会计报表包括：资产负债表、经营业绩表、基金净值变动表及其附表。会计报表附注至少应披露主要会计政策及其变更的影响数、关联方关系及其交易和主要报表项目说明等内容。

第二章
公司资产要素核算

本章精要

从整体意义看，证券公司与基金公司的资产是一个相当宽泛的概念，具体分析不同资产的实物形态、法律关系、经济价值甚至使用使命等特征，就会发现各有其独特的情形。粗略划分，证券公司与基金公司的资产划分为金融资产、长期投资、固定资产，无形资产，以及结算备付金等五类财产。因此，本章将依次分为五节来阐述。

所谓金融资产主要是“狭义”的金融资产，即根据《企业会计准则第22号——金融工具确认和计量》所定义的以摊余成本计量的金融资产（AC）、以公允价值计量且其变动计入其他综合收益的金融资产（FVOCL）、以公允价值计量且其变动计入当期损益的金融资产（FVTPL）。金融资产的核算要在准确理解其划分标准以及公允价值的代表性特征基础上，掌握各类金融资产初始形成和持有期间的核算。

长期投资通常是指长期股权投资。这与一般企业的核算原理相同，也要在全面理解新准则所指定的四类股权投资环境下，根据公司具体情况，探析通过合并等方式取得长期股权投资的初始计量，并掌握持有期间的成本法和权益法核算方法。

此外，固定资产、无形资产和结算备付金也是需要关注的内容。在常规固定资产分类基础上，掌握各类固定资产的初始计量、折旧以及固定资产减值等核算。对于无形资产，需要在明确无形资产的概念和特征的前提下，掌握金融企业无形资产的主要类别，对不同类型的无形资产，采取不同的核算。

第一节 金融资产核算

金融资产是一种以条款约定权益与责任的高级形态的资产，也是一种认知、处理和监管都比较复杂的项目。从广义来看，企业所拥有的库存现金、应收账款、应收票据、贷款、垫款、其他应收款、应收利息、债权投资、股权投资、基金投资、衍生金融资产等统统可称为金融资产，不过，本节所关注的则是《企业会计准则第22号——金融工具确认和计量》所指的“狭义”金融资产。

一、金融资产的基本分类

根据《企业会计准则第22号——金融工具确认和计量》及其应用指南的规定，金融资产是指企业持有的现金、其他方的权益工具以及符合下列四种条件之一的资产，这四项条件包括：从其他方收取现金或其他金融资产的合同权利；在潜在有利条件下，与其他方交换金融资产或金融负债的合同权利；将来须用或可用企业自身权益工具进行结算的非衍生工具合同，且企业根据该合同将收到可变数量的自身权益工具；将来须用或可用企业自身权益工具进行结算的衍生工具合同，但以固定数量的自身权益工具交换固定金额的现金或其他金融资产的衍生工具合同除外。

进一步细分，对于金融资产，根据《企业会计准则第22号——金融工具确认和计量》相关条款，可依照各种金融资产的“业务模式”和“合同现金流量特征”划分为三个类别，即分别为：“以摊余成本计量的金融资产（AC）”① “以公允价值计量且其变动计入其他综合收益的金融资产（FVOCL）”② “以公允价值计量且其变动计入当期损益的金融资产（FVTPL）”③。

---

① 以摊余成本计量的金融资产，英文为 Amortized cost，英文缩写为“AC”。

② 以公允价值计量且其变动计入其他综合收益的金融资产，英文为 Fair value through other comprehensive income，英文缩写为“FVOCI”。

③ 以公允价值计量且其变动计入当期损益的金融资产，英文为 Fair value through profit and loss，英文缩写“FVTPL”。

（一）金融资产主要类别的具体阐述

对于金融资产在初始确认的分类，通常是依照两个维度进行的：

第一个维度——业务模式测试。业务模式是指企业如何管理其金融资产以产生现金流量，即现金流量源自“收取合同现金流量”“出售金融资产”还是“两者兼有”。

第二个维度——现金流量特征测试。金融资产在特定日期产生的合同现金流量仅为对本金和以未偿付本金金额为基础的利息的支付。

按照上述两个维度，可以作进一步分析判断：

情形1：金融资产同时符合下列条件的，分类为以摊余成本计量的金融资产：条件之一是业务模式是“收取合同现金流量”；条件之二是在特定日期产生的现金流量，仅为对本金和以未偿付本金金额为基础的利息的支付。

情形2：金融资产同时符合下列条件的，分类为以公允价值计量且其变动计入其他综合收益的金融资产：条件之一是业务模式“既以收取合同现金流量为目标又以出售该金融资产为目标”；条件之二是在特定日期产生的现金流量，仅为对本金和以未偿付本金金额为基础的利息的支付。

情形3：对于分类为以摊余成本计量的金融资产和分类为以公允价值计量且其变动计入其他综合收益的金融资产之外的金融资产，企业将其分类为以公允价值计量且其变动计入当期损益的金融资产。也就是说，这是一种前两类不能包括的剩余归类。

需要注意的是：第一，在初始确认时，企业可以将非交易性权益工具投资直接指定为FVOCI，但该权益工具形成的股利收入仍确认为当期损益。该指定一经作出，不得撤销；第二，企业在非同一控制下的企业合并中确认的或有对价构成金融资产的，该金融资产分类为以公允价值计量且其变动计入当期损益的金融资产，不得指定为FVTPL。此外，在初始确认时，如果能够消除或显著减少会计错配，企业可以将金融资产指定为以公允价值计量且其变动计入当期损益的金融资产。该指定一经作出，不得撤销。

（二）金融资产初始归类后的重分类

企业初始确认金融资产的类别划分后，是否允许对其进行重分类，按照金融工具会计准则的规定，重分类是允许的，但须符合严格的条件。主要规定如下：

1. 企业改变其管理金融资产的业务模式时，应当按照金融工具会计准则相关规定对所有受影响的相关金融资产进行重分类。

2. 企业对金融资产进行重分类，当自重分类日起采用未来适用法进行相关会计处理，不得对以前已经确认的利得、损失（包括减值损失或利得）或利息进行追溯调整。重分类日，是指导致企业对金融资产进行重分类的业务模式发生变更后的首个报告期间的第一天。

3. 金融资产重分类的具体情形，包括 AC—FVOCI、AC—FVTPL、FVOCI—AC、FVOCI—FVTPL、FVTPL—AC、FVTPL—FVOCI 等六种情形。

情形 AC—FVOCI：应当按照该金融资产在重分类日的公允价值进行计量。原账面价值与公允价值之间的差额计入其他综合收益。该金融资产重分类不影响其实际利率和预期信用损失的计量。

情形 AC—FVTPL：应当按照该资产在重分类日的公允价值进行计量。原账面价值与公允价值之间的差额计入当期损益。

情形 FVOCI—AC：应当将之前计入其他综合收益的累计利得或损失转出，调整该金融资产在重分类日的公允价值，并以调整后的金额作为新的账面价值，即视同该金融资产一直以摊余成本计量。该金融资产重分类不影响其实际利率和预期信用损失的计量。

情形 FVOCI—FVTPL：应当继续以公允价值计量该金融资产。同时，企业应当将之前计入其他综合收益的累计利得或损失从其他综合收益转入当期损益。

情形 FVTPL—AC：应当以其在重分类日的公允价值作为新的账面余额。

情形 FVTPL—FVOCI：应当继续以公允价值计量陔金融资产。

按照上述要求对金融资产重分类进行处理的，企业应当根据该金融资产在重分类日的公允价值确定其实际利率。同时，企业应当自重分类日起对该金融资产适用关于金融资产减值的相关规定，并将重分类日视为初始确认日。

（三）金融资产核算的部分会计科目

在金融工具会计准则对金融资产分类发生重大变化之后，其核算所使用的会计科目也随之发生了变化。尽管企业的会计处理，可以在不违反会计准则中确认、计量和报告规定的前提下，根据实际情况自行增设、分拆、合并或简化会计科目，但是，一些业务特征明显的业务必须按照新的准则指南设置以下主要科目：

1. 设置“交易性金融资产”科目，本科目核算企业分类为以公允价值计量且其变动计入当期损益的金融资产，即。本科目可按交易性金融资产的类别和品种，分别“成本”“公允价值变动”等进行明细核算。

2. 设置“1102 指定为公允价值计量的金融资产”科目，该科目核算企业持有的直接指定为以公允价值计量且其变动计入当期损益的金融资产。请注意，在资产负债表日编制报表时，需将本科目余额与“交易性金融资产”科目余额合并计入资产负债表的“交易性金融资产”项目之中，不单独列示。

3. 取消原“1501 持有至到期投资”，新设置“1501 债权投资”科目，该科目核算企业以摊余成本计量的债权投资的账面余额。本科目可按债权投资的类别和品种，分别“面值”“利息调整”“应计利息”等进行明细核算。

4. 设置“1503 其他债权投资”科目，该科目核算企业分类为以公允价值计量且其变动计入其他综合收益的债权投资金融资产的价值。本科目可按金融资产类别和品种，分别“成本”“利息调整”“应计利息”“公允价值变动”等进行明细核算。

5. 设置“1504 其他权益工具投资”科目，该科目核算企业指定为以公允价值计量且其变动计入其他综合收益的非交易性权益工具投资。本科目可按其他权益工具投资的类别和品种，分别“成本”“公允价值变动”等进行明细核算。

6. 将“1502 持有至到期投资减值准备”科目改为“1502 债权投资减值准备”。本科目核算企业以摊余成本计量的债权投资以预期信用损失为基础计提的损失准备。

二、摊余成本计量的金融资产的核算

（一）以摊余成本计量的金融资产之基本特征

金融资产的摊余成本，是指该金融资产或金融负债的初始确认金额经下列调整后的结果：（1）扣除已偿还的本金；（2）加上或减去采用实际利率法将该初始确认金额与到期日金额之间的差额进行摊销形成的累计摊销额；（3）扣除已发生的减值损失。

（二）摊余成本法体系下的实际利率法要点

实际利率法，是指按照金融资产或金融负债（含一组金融资产）的实际利率计算其摊余成本及各期利息收入的方法。实际利率，是指将金融资产在预期存续期间或适用的更短期间内的未来现金流量，折现为该金融资产当前账面价值所使用的利率。在确定实际利率时，应当在考虑金融资产所有合同条款（包括提前还款权、看涨期权、类似期权等）的基础上预计未来现金流量，但不应当考虑未来信用损失。

金融资产合同各方之间支付或收取的、属于实际利率组成部分的各项收费、交易费用及溢价或折价等，应当在确定实际利率时予以考虑。金融资产的未来现金流量或存续期间无法可靠预计时，应当采用该金融资产在整个合同内的合同现金流量。

因此，实际利率法在设定计算公式时，需要注意：

第一点，以摊余成本计量的金融资产之摊余成本 = 期初摊余成本 + 到期收益率计算的利息收益 - 票面利率计算的票面利息 - 已发生的减值准备 = 期初摊余成本 + 前期摊余成本 × 实际利率 - 面值 × 票面利率 - 已发生的减值准备

第二点，溢价摊销额 = 票面利率计算的票面利息 - 到期收益率计算的利息收益。

第三点，折价摊销额 = 到期收益率计算的利息收益 - 票面利率计算的票面利息。

第四点，债券的溢价是投资者为了以后获得高于市场利率的利息而在购买时必须预先付出的代价，有溢价的债券实际利率低于票面利率；债券的折价则是投资人为了以后弥补低于市场利率的利息而在购买时必须预先获得的补偿，有折价的债券实际利率高于票面利率。

此外，原来所说的债券的溢折价在新准则中全部放入“以摊余成本计量的金融资产——利息调整”科目内，这是一项显著的进步。新准则中存在溢价以正数、借方发生额和余额的形式在此科目内核算，存在折价以负数、贷方发生额和余额的形式在此科目内核算。其实质是调整债券的票面利率与实际利率的差额。

（三）以摊余成本计量的金融资产的确认与计量

1. 以摊余成本计量的金融资产的初始计量。

CAS 22 号准则规定：以摊余成本计量的金融资产应当按取得时的公允价值和相关交易费用之和作为初始确认金额。支付的价款中包含的已到付息期但尚未领取的债券利息，应单独确认为应收项目。

为了核算证券公司（或基金公司）以摊余成本计量的金融资产的价值，

应设置“债权投资”科目。该科目属于资产类科目。借方登记以摊余成本计量的金融资产的面值、溢价金额、到期一次还本付息债券投资按票面利率计算的应收未收利息以及折价的摊销；贷方登记以摊余成本计量的金融资产的折价金额、溢价的摊销金额，以及处置以摊余成本计量的金融资产时转出的账面余额；期末余额在借方，反映证券公司或基金公司以摊余成本计量的金融资产的摊余成本。本科目应当按照以摊余成本计量的金融资产的类别和品种，分别“成本”“利息调整”“应计利息”进行明细核算。

证券公司或基金公司取得的以摊余成本计量的金融资产，应按该投资的面值，借记“债权投资——成本”科目，按支付的价款中包含的已到付息期但尚未领取的利息，借记“应收利息”科目，按实际支付的金额，贷记“银行存款”等科目，按其差额借记或贷记“债权投资——利息调整”科目。

【例 2-1】 2×22 年 1 月 3 日，富通证券公司购买了乙公司 2×21 年 1 月 1 日发行的债券 800 张，该债券剩余年限 5 年，划分为以摊余成本计量的金融资产，该债券的面值每张为 100 元，票面利率为 12%，按年付息，付息日为每年的 1 月 10 日。成交价为每张 114 元，其中 12 元为已到付息期但尚未收取的利息。交易费用共为 2 400 元。

2×22 年 1 月 3 日，取得该以摊余成本计量的金融资产时，应作如下会计分录：

借：债权投资——成本	80 000	
应收利息	9 600	
债权投资——利息调整	4 000	
贷：银行存款		93 600

2×22 年 1 月 10 日，收到债券利息时，应作如下会计分录：

借：银行存款	9 600	
贷：应收利息		9 600

2. 以摊余成本计量的金融资产的后续计量。

通常，以摊余成本计量的金融资产，其后续计量在实际利率法框架下将计算各个会计期间的摊余成本，并将利息收入、利息费用分摊计入各个会计期间。

【例 2-2】 承接【例 2-1】资料，在初始确认时，计算实际利率如下：

$9\ 600\ (1+r)^{-1}+9\ 600\ (1+r)^{-2}+9\ 600\ (1+r)^{-3}+9\ 600\ (1+r)^{-4}+$

$89\ 600\ (1+r)^{-5}=84\ 000$

采用内插法，计算出本例资料中的的实际利率为10.66%。

各年的摊余成本、利息收益以及应收利息的计算如表2－1所示：

表2－1　债券存续期各年摊余成本、利息收益以及应收利息计算表

年度	各年期初的余成本(1)	利息收益(2)=(1)×10.66%	应收利息(3)=面值×12%	各年期末的摊余成本(4)=(1)+(2)−(3)
2×22－12.31	84 000	8 954	9 600	83 354
2×23－12.31	83 354	8 886	9 600	82 640
2×24－12.31	82 640	8 809	9 600	81 849
2×25－12.31	81 849	8 725	9 600	80 974
2×26－12.31	80 974	8 626	9 600	80 000

注：按照上述公式计算的金额应为8 632元（80 974×10.66%），差额6元（8 632－8 626），这是由于计算时小数点保留位数造成的，在最后一年调整。

根据表2－1的计算结果，各年的会计分录如下：

2×22年12月31日，核算利息收入时，作如下会计分录：

借：应收利息　　9 600
　　贷：投资收益　　8 954
　　　　债权投资——利息调整　　646

2×23年1月10日，收到利息时，作如下会计分录：

借：银行存款　　9 600
　　贷：应收利息　　9 600

2×23年12月31日，核算利息收入时，作如下会计分录：

借：应收利息　　9 600
　　贷：投资收益　　8 886
　　　　债权投资——利息调整　　714

2×24年1月10日，收到利息时，作如下会计分录：

借：银行存款　　9 600
　　贷：应收利息　　9 600

2×24年12月31日，核算利息收入时，作如下会计分录：

借：应收利息　　9 600

贷：投资收益 8 809

债权投资——利息调整 791

2×25 年 1 月 10 日，收到利息时，作如下会计分录：

借：银行存款 9 600

贷：应收利息 9 600

2×25 年 12 月 31 日，核算利息收入时，作如下会计分录：

借：应收利息 9 600

贷：投资收益 8 725

债权投资——利息调整 875

2×26 年 1 月 10 日收到利息时，作如下会计分录：

借：银行存款 9 600

贷：应收利息 9 600

2×26 年 12 月 31 日，核算利息收入时，作如下会计分录：

借：应收利息 9 600

贷：投资收益 8 626

债权投资——利息调整 974

2×27 年 1 月 10 日收到利息时，作如下会计分录：

借：银行存款 9 600

贷：应收利息 9 600

3. 以摊余成本计量的金融资产处置的核算。

出售以摊余成本计量的金融资产时或到期时，应按收到的金额，借记“银行存款”等科目，已计提减值准备的，贷记“债权投资减值准备”科目，按其账面余额，贷记“债权投资（成本、利息调整、应计利息）”科目，按其差额，贷记或借记“投资收益”科目。

证券公司或基金公司根据金融工具确认和计量准则将以摊余成本计量的金融资产重分类为可供出售金融资产的，应在重分类日按该项以摊余成本计量的金融资产的公允价值，借记“可供出售金融资产”科目，已计提减值准备的，借记“债权投资减值准备”科目，按其账面余额，贷记“债权投资（成本、利息调整、应计利息）”科目，按其差额，贷记或借记“资本公积——其他资本公积”科目。

值得注意的是，证券公司或基金公司将尚未到期的某项以摊余成本计量的金融资产在本会计年度内出售或重分类为可供出售金融资产的金额，相对于该类投资在出售或重分类前的总额较大时，应当将该类投资的剩余部分重分类为可供出售金融资产，且在本会计年度及以后两个完整的会计年度内不得再将该金融资产划分为以摊余成本计量的金融资产。但是，下列情况除外：

（1）出售日或重分类日距离该项投资到期日或赎回日较近（如到期前三个月内），市场利率变化对该项投资的公允价值没有显著影响；

（2）根据合同约定的定期偿付或提前还款方式收回该投资几乎所有初始本金后，将剩余部分予以出售或重分类；

（3）出售或重分类是由于证券公司或基金公司无法控制、预期不会重复发生且难以合理预计的独立事项所引起。此种情况主要包括：一是因被投资单位信用状况严重恶化，将以摊余成本计量的金融资产予以出售；二是因相关税收法规取消了以摊余成本计量的金融资产的利息税前可抵扣政策，或显著减少了税前可抵扣金额，将以摊余成本计量的金融资产予以出售；三是因发生重大证券公司或基金公司合并或重大处置，为保持现行利率风险头寸或维持现行信用风险政策，将以摊余成本计量的金融资产予以出售；四是因法律、行政法规对允许投资的范围或特定投资品种的投资限额作出重大调整，将以摊余成本计量的金融资产予以出售；五是因监管部门要求大幅度提高资产流动性，或大幅度提高以摊余成本计量的金融资产在计算资本充足率时的风险权重，将以摊余成本计量的金融资产予以出售。

【例2-3】假设因被投资单位信用严重恶化，A银行将其拥有的以摊余成本计量的金融资产B公司债券出售，实际得到价款140 000元，已存入银行。在出售前该以摊余成本计量的金融资产的账面余额为140 500元：其中“以摊余成本计量的金融资产——成本”为100 000元，“以摊余成本计量的金融资产——应计利息”为50 000元，“以摊余成本计量的金融资产——利息调整”为贷方余额9 500元。根据以上资料应作会计分录如下：

借：存出保证金	140 000	
投资收益	500	
债权投资——利息调整	9 500	
贷：债权投资——成本		100 000
——应计利息		50 000

【例2-4】2×20年1月1日富通证券公司购买剩余期限为5年期债券，

票面利率6%，分期付息，购入2亿元，购入价格为102.1（单位净价）+0（单位利息）=102.1（全价），到期收益率5.515%，溢价购入债券；204 200 000（净价）+0（应计利息）=204 200 000（元）（结算金额）；实际利率法溢价摊销表如表2－2所示。

表2－2　　债券存续期溢价摊销表（实际利率法）　　单位：万元

年度	年初摊余成本	利息收入	现金流量	年末摊余成本	年摊销额
		摊余成本×实际利率	面值×票面利率	年初摊余成本＋利息收入－现金流量	现金流量－利息收入
2×20	20 420.00	1 126.16	1 200.00	20 346.16	73.84
2×21	20 346.16	1 122.09	1 200.00	20 268.25	77.91
2×22	20 268.04	1 117.79	1 200.00	20 186.04	82.21
2×23	20 186.04	1 113.26	1 200.00	20 099.30	86.74
2×24	20 099.30	1 100.69	1 200.00	0.00	99.30
合计			21 200.00		420.00

1. 2×20年1月1日，购入时会计分录：

借：债权投资——成本　　200 000 000

　　债权投资——利息调整　　4 200 000

　　贷：银行存款　　204 200 000

显然，年初摊余成本＋购入成本净价

当溢价发行时，＝面值＋购入的溢价

当折价发行时，＝面值－购入的折价

2. 2×20年12月31日，溢价摊销时会计分录：

借：投资收益　　738 400

　　贷：债权投资——利息调整　　738 400

同时计提当年利息收入，会计分录如下：

借：应收利息——债权投资应收利息　　12 000 000

　　贷：投资收益　　12 000 000

每年实际收到利息收入（现金或银行存款）冲销已计提的应收利息。

3. 2×21年1月1日收到利息（现金或银行存款），以后每年收到利息都作此分录

借：银行存款　　12 000 000
　　贷：应收利息——债权投资应收利息　　12 000 000

2×21 年 12 月 31 日溢价摊销，其会计分录如下：

借：投资收益　　779 100
　　贷：债权投资——利息调整　　779 100

同时计提当年利息收入，会计分录如下：

借：应收利息——债权投资应收利息　　12 000 000
　　贷：投资收益　　12 000 000

4. 2×22 年 12 月 31 日，溢价摊销会计分录如下：

借：投资收益　　822 100
　　贷：债权投资——利息调整　　822 100

同时计提当年利息收入，会计分录如下：

借：应收利息——债权投资应收利息　　12 000 000
　　贷：投资收益　　12 000 000

5. 2×23 年 12 月 31 日，溢价摊销如下：

借：投资收益　　867 400
　　贷：债权投资——利息调整　　867 400

同时计提当年利息收入：

借：应收利息——债权投资应收利息　　12 000 000
　　贷：投资收益　　12 000 000

6. 2×24 年 12 月 31 日，溢价摊销并到期收回本金的会计分录如下：

借：应收利息——债权投资应收利息　　12 000 000
　　贷：投资收益　　12 000 000

借：投资收益　　993 000
　　贷：债权投资——利息调整　　993 000

借：银行存款　　200 000 000
　　贷：债权投资——成本　　200 000 000

【例 2-5】 2×20 年 1 月 1 日甲证券公司购买剩余期限为 5 年的债券，票面利率 5%，分期付息，购入 5 000 万元，购入价格为：88.02（单位净价）+0（单位利息）=88.02（全价），到期收益率 8%，折价购入债券；44 010 000（净价）+0（应计利息）=44 010 000（元）（结算金额）；实际利率法折价摊销表如表 2－3 所示。

1. 购入时的会计分录

借：债权投资——成本　　50 000 000

　贷：银行存款　　44 010 000

　　债权投资——利息调整　　5 990 000

表 2－3　　债券存续期折价摊销表（实际利率法）　　单位：元

年度	年初摊余成本	利息收入	现金流量	年末摊余成本	年摊销额
		摊余成本×实际利率	面值×票面利率	年初摊余成本＋利息收入－现金流量	现金流量－利息收入
2×20	44 010 000	3 520 800	2 500 000	45 030 800	1 020 800
2×21	45 030 800	3 602 464	2 500 000	46 133 264	1 102 464
2×22	45 133 300	3 690 661	2 500 000	47 323 925	1 190 661
2×23	47 324 999	3 785 914	2 500 000	48 609 839	1 285 914
2×24	48 609 900	3 890 161	2 500 000	0	1 390 161
合计					5 990 000

2. 2×20 年 12 月 31 日，折价摊销会计分录如下：

借：债权投资——利息调整　　1 020 800

　贷：投资收益　　1 020 800

同时计提当年利息收入，会计分录如下：

借：应收利息——债权投资应收利息　　2 500 000

　贷：投资收益　　2 500 000

折价摊销增加利润 1 020 800 元。

3. 2×21 年 12 月 31 日折价摊销，2008 年 1 月 1 日收到利息（现金或银行存款）

借：银行存款　　2 500 000

　贷：应收利息——债权投资应收利息　　2 500 000

每年收到实际的利息收入冲销已计提的应收利息，以后每年收到利息都作此分录。

借：债权投资——利息调整　　1 102 464

　贷：投资收益　　1 102 464

同时计提当年利息收入，会计分录如下：

借：应收利息——债权投资应收利息　　2 500 000
　　贷：投资收益　　2 500 000

4. 2×22 年 12 月 31 日折价摊销

借：债权投资——利息调整　　1 190 661
　　贷：投资收益　　1 190 661

同时计提当年利息收入，会计分录如下：

借：应收利息——债权投资应收利息　　2 500 000
　　贷：投资收益　　2 500 000

5. 2×23 年 12 月 31 日折价摊销

借：债权投资——利息调整　　1 285 914
　　贷：投资收益　　1 285 914

同时计提当年利息收入，会计分录如下：

借：应收利息——债权投资应收利息　　2 500 000
　　贷：投资收益　　2 500 000

6. 2×24 年 12 月 31 日折价摊销，会计分录如下：

借：债权投资——利息调整　　1 390 161
　　贷：投资收益　　1 390 161

同时计提当年利息收入，会计分录如下：

借：应收利息——债权投资应收利息　　2 500 000
　　贷：投资收益　　2 500 000

到期收回本金，会计分录如下：

借：银行存款　　50 000 000
　　贷：债权投资——成本　　50 000 000

三、以公允价值计量且其变动计入其他综合收益的金融资产的核算

根据金融工具准则的规定，金融资产同时符合下列条件的，分类为以公允价值计量且其变动计入其他综合收益的金融资产：一是业务模式既以收取合同现金流量为目标又以出售该金融资产为目标；二是约定在特定日期产生的现金流量，仅为对本金和以未偿付本金金额为基础的利息的支付。

据此分析，在目前比较活跃的金融市场上，就股票、债券、基金等大类投资而言，简单分析如下：

股票投资方面，只有非交易性权益才可以被特殊指定为以公允价值计量且其变动计入其他综合收益的金融资产，基于其限制和信息披露要求高，且持续期间浮盈和卖出收益均无法体现在损益中，将成为减少使用的分类，越来越多地划入第三类（FVTPL）的股票显著增加。

基金投资方面，也无法通过SPPI测试，多数基金将可供出售资产划入以公允价值计量且其变动计入当期损益的金融资产；保本基金、封闭式基金可能被分类为以公允价值计量且其变动计入其他综合收益的金融资产。

在另类投资方面，不保本不保息的理财产品、债权计划、资管产品等非标产品也将无法通过SPPI测试，而被划入到以公允价值计量且其变动计入当期损益的金融资产核算。

【例2-6】 2×13年1月1日，信阳基金公司支付价款1 000万元（含交易费用）从上海证券交易所购入宏大致远公司同日发行的5年期公司债券12 500份，债券票面价值总额为1 250万元，票面年利率为4.72%，于年末支付本年度债券利息（即每年利息为59万元），本金在债券到期时一次性偿还。合同约定，该债券的发行方在遇到特定情况时可以将债券赎回，且不需要为提前赎回支付额外款项。信阳基金公司在购买该债券时，预计发行方不会提前赎回。信阳基金公司根据其管理该债券的业务模式和该债券的合同现金流量特征，将该债券分类为以公允价值计量且其变动计入其他综合收益的金融资产。

其他资料如下：

(1) 2×13年12月31日，宏大致远债券的公允价值为1 200万元（不含利息）。

(2) 2×14年12月31日，宏大致远债券的公允价值为1 300万元（不含利息）。

(3) 2×15年12月31日，宏大致远债券的公允价值为1 250万元（不含利息）。

(4) 2×16年12月31日，宏大致远债券的公允价值为1 200万元（不含利息）。

(5) 2×17年1月20日，通过上海证券交易所出售了宏大致远债券12 500份，取得价款1 260万元。

假定不考虑所得税、减值等因素，计算该债券的实际利率r：

$59\times(1+r)^{-1}+59\times(1+r)^{-2}+59\times(1+r)^{-3}+59\times(1+r)^{-4}+(59+1\ 250)\times(1+r)^{-5}=1\ 000$（万元）

采用插值法，计算得出 r = 10%。相关的计算过程如表 2 - 4 所示。

表 2 - 4

单位：万元

日　期	现金流入（A）	实际利息收入（B = 期初 D × 10%）	已收回的本金（C = A - B）	摊余成本余额（D = 期初 D - C）	公允价值（E）	公允价值变动额（F = E - D - 期初 G）	公允价值变动累计金额（G = 期初 G + F）
2 × 13 年 1 月 1 日				1 000	1 000	0	0
2 × 13 年 12 月 31 日	59	100	- 41	1 041	1 200	159	159
2 × 14 年 12 月 31 日	59	104	- 45	1 086	1 300	55	214
2 × 15 年 12 月 31 日	59	109	- 50	1 136	1 250	- 100	114
2 × 16 年 12 月 31 日	59	113	- 54	1 190	1 200	- 104	10

注：尾数调整 1 260 + 0 - 1 190 = 70（万元）；

基金公司的有关账务处理如下：

（1）2 × 13 年 1 月 1 日，购入宏大致远债券。

借：其他债权投资——成本　　12 500 000
　　贷：银行存款　　10 000 000
　　　　其他债权投资——利息调整　　2 500 000

（2）2 × 13 年 12 月 31 日，确认宏大致远债券实际利息收入、收到债券利息、公允价值变动。

借：应收利息　　590 000
　　其他债权投资——利息调整　　410 000
　　贷：投资收益　　1 000 000
借：银行存款　　590 000
　　贷：应收利息　　590 000
借：其他债权投资——公允价值变动　　1 590 000
　　贷：其他综合收益——其他债权投资公允价值变动　　1 590 000

（3）2 × 14 年 12 月 31 日，确认宏大致远债券实际利息收入、公允价值变动，收到债券利息。

借：应收利息　590 000
　　其他债权投资——利息调整　450 000
　　贷：投资收益　1 040 000
借：银行存款　590 000
　　贷：应收利息　590 000
借：其他债权投资——公允价值变动　550 000
　　贷：其他综合收益——其他债权投资公允价值变动　550 000

(4) 2×15 年 12 月 31 日，确认宏大致远债券实际利息收入、公允价值变动，收到债券利息。

借：应收利息　590 000
　　其他债权投资——利息调整　500 000
　　贷：投资收益　1 090 000
借：银行存款　590 000
　　贷：应收利息　590 000
借：其他综合收益——其他债权投资公允价值变动　1 000 000
　　贷：其他债权投资——公允价值变动　1 000 000

(5) 2×16 年 12 月 31 日，确认宏大致远债券实际利息收入、公允价值变动，收到债券利息。

借：应收利息　590 000
　　其他债权投资——利息调整　540 000
　　贷：投资收益　1 130 000
借：银行存款　590 000
　　贷：应收利息　590 000
借：其他综合收益——其他债权投资公允价值变动　1 040 000
　　贷：其他债权投资——公允价值变动　1 040 000

(6) 2×17 年 1 月 20 日，确认出售宏大致远债券实现的损益。

借：银行存款　12 600 000
　　其他综合收益——其他债权投资公允价值变动　100 000
　　其他债权投资——利息调整　600 000
　　贷：其他债权投资——成本　12 500 000
　　　　投资收益　800 000

四、以公允价值计量且其变动计入当期损益的金融资产的核算

根据金融工具准则的规定，对于分类为以摊余成本计量的金融资产和分类为以公允价值计量且其变动计入计入其他综合收益的金融资产之外的金融资产，企业将其分类为以公允价值计量且其变动计入计入当期损益的金融资产。也就是说，面对金融资产的归类，除了依照准则前述条款应该归入第一类（AC）、第二类（FVOCL）的之外，统统归入第三类（FVTPL），即第三类成为了“剩余”类别了。

在实际金融资产归类方面，比较有代表性的是，下列投资产品通常应当分类为以公允价值计量且其变动计入当期损益的金融资产：

（1）股票。股票的合同现金流量源自收取被投资企业未来股利分配以及其清算时获得剩余收益的权利。由于股利及获得剩余收益的权利均不符合本准则关于本金和利息的定义，因此股票的合同现金流量不符合本金加利息的合同现金流量特征。在不考虑本准则第十九条特殊指定的情况下，企业持有的股票应当分类为以公允价值计量且其变动计入当期损益的金融资产。

（2）基金。常见的股票型基金、债券型基金、货币基金或混合基金，通常投资于动态管理的资产组合，投资者从该类投资中所取得的现金流量既包括投资期间基础资产产生的合同现金流量，也包括处置基础资产的现金流量。因此，基金的合同现金流量一般情况下不符合本金加利息的合同现金流量特征。企业持有的基金应当分类为以公允价值计量且其变动计入当期损益的金融资产。

（3）可转换债券。可转换债券除按一般债权类投资的特性到期收回本金、获取约定利息或收益外，还嵌入了一项转股权。可转债等不能通过 SPPI 测试的含权债券将划入以公允价值计量且其变动计入当期损益的金融资产。比如，证券公司或基金公司从市场上购入某公司发行的可转换债券，约定其可以在特定日期之后以固定价格转换为发行方的股权。证券公司或基金公司对该可转换债券整体进行分析，判断该可转换债券的合同现金流量不是本金及未付本金利息的付款额，因为利率体现的并不只是货币的时间和信用风险债务工具（包括混合合同）的对价，相关回报还与发行方的权益的价值相关联。因此，企业应当将该可转换债券分类为以公允价值计量且其变动计入当期损益的金融资产。

为了总括地核算和监督企业以公允价值计量且其变动计入当期损益的金融资产的增减变动和结存情况，企业应设置“交易性金融资产”账户。该账户属于资产类账户，其借方登记企业以公允价值计量且其变动计入当期损益的金融资产的增加数；贷方登记以公允价值计量且其变动计入当期损益的金融资产的减少数；期末借方余额反映企业持有的以公允价值计量且其变动计入当期损益的金融资产的本息和未摊销的溢折价金额。企业应在“交易性金融资产”账户下，分别按照类别和品种设置“成本”和“公允价值变动”等明细账进行明细核算。

同时，对于直接指定为以公允价值计量且其变动计入当期损益的金融资产，应当专门设置“1102 指定为以公允价值计量的金融资产”这样一个科目进行核算。

【例 2-7】 2×16 年 1 月 1 日，南方公司从二级市场购入东大公司债券，支付价款合计 1 020 000 元（含已到付息期但尚未领取的利息 20 000 元），另发生交易费用 20 000 元。该债券面值 1 000 000 元，剩余期限为 2 年，票面年利率为 4%，每半年末付息一次，其合同现金流量特征满足仅为对本金和以未偿付本金金额为基础的利息的支付。南方公司根据其管理该债券的业务模式和该债券的合同现金流量特征，将该债券分类为以公允价值计量且其变动计入当期损益的金融资产。其他资料如下：

（1）2×16 年 1 月 5 日，收到东大公司债券 2×15 年下半年利息 20 000 元。

（2）2×16 年 6 月 30 日，东大公司债券的公允价值为 1 150 000 元（不含利息）。

（3）2×16 年 7 月 5 日，收到东大公司债券 2×16 年上半年利息。

（4）2×16 年 12 月 31 日，东大公司债券的公允价值为 1 100 000 元（不含利息）。

（5）2×17 年 1 月 5 日，收到东大公司债券 2×16 年下半年利息。

（6）2×17 年 6 月 20 日，通过二级市场出售东大公司债券，取得价款 1 180 000 元（含 1 季度利息 10 000 元）。

假定不考虑其他因素，南方公司的账务处理如下：

（1）2×16 年 1 月 1 日，从二级市场购入东大公司债券。

借：交易性金融资产——成本　　　　1 000 000

应收利息 20 000
投资收益 20 000
贷：银行存款 1 040 000

（2）2×16年1月5日，收到该债券2×15年下半年利息20 000元。

借：银行存款 20 000
贷：应收利息 20 000

（3）2×16年6月30日，确认东大公司债券公允价值变动和投资收益。

借：交易性金融资产——公允价值变动 150 000
贷：公允价值变动损益 150 000

借：应收利息 20 000
贷：投资收益 20 000

（4）2×16年7月5日，收到东大公司债券2×16年上半年利息。

借：银行存款 20 000
贷：应收利息 20 000

（5）2×16年12月31日，确认东大公司债券公允价值变动和投资收益。

借：公允价值变动损益 50 000
贷：交易性金融资产——公允价值变动 50 000

借：应收利息 20 000
贷：投资收益 20 000

（6）2×17年1月5日，收到东大公司债券2×16年下半年利息。

借：银行存款 20 000
贷：应收利息 20 000

（7）2×17年6月20日，通过二级市场出售东大公司债券。

借：银行存款 1 180 000
贷：交易性金融资产——成本 1 000 000
——公允价值变动 100 000
投资收益 80 000

第二节　长期投资核算

长期投资即长期股权投资，是证券公司与基金公司整个投资体系中的重要内容。而基金公司所管理的基金，其投资范围则有所区别①。

一、长期股权投资的概念和类型

公司的长期股权投资是指通过投资取得被投资单位的股权，作为被投资单位的股东，投资者按所持股份比例享有权利并承担责任。长期股权投资的期限一般较长，不准备随时出售。长期股权投资可以通过在证券市场上以货币资金购买其他单位的股票的方式获得，也可以直接以资产（包括货币资金、无形资产和其他实物资产）投资于其他单位获得。

按照 CAS 2 号长期股权投资准则的规定，公司的长期股权投资分为以下四种类型：

（一）公司持有的能够对被投资单位实施控制的权益性投资，即对子公司的投资

能够对被投资单位实施控制的投资是指投资企业有权确定被投资企业的财务和经营政策，并能据以从该被投资企业的经营活动中获取利益。这里的控制包括：

1. 投资企业直接拥有被投资企业 50% 以上（不含 50%）的表决权资本。

2. 投资企业虽然直接拥有被投资企业 50% 或 50% 以下的表决权资本，但具有实质控制权的。具有实质性控制权的判断情形：（1）通过与其他投资者的协议，投资企业拥有被投资企业 50% 以上表决权资本的控制权；（2）根据章程或协议，投资企业有权控制被投资企业的财务和经营政策；（3）投资企业有权任免被投资企业董事会等类似权利机构的多数成员；（4）投资企业在董事会或类似权利机构会议上有半数以上投票权。

（二）公司持有的能够与其他合营方一同对被投资单位实施共同控制的权益性投资，即对合营企业投资

共同控制，是指按照合同约定对某项经济活动所共有的控制，仅在与该项经济活动相关的重要财务和经营决策需要分享控制权的投资方一致同意时

① 至于基金的投资范围限定，目前规定证券投资基金的投资范围包括证券市场上的所有证券，还包括股票、国债、企业债、金融债、可转债、货币市场工具、权证、资产证券化产品等。但具体到每一个基金，由于其投资目标的不同有所区别。股票型基金以股票投资为主，而不同风格类型的股票型基金其选择的股票种类也不相同，如价值型基金主要选择那些盈利水平和经营都很稳定的上市公司进行投资；成长型基金主要选择那些盈利增长水平高的上市公司进行投资；指数基金主要投资于证券指数的成分股；债券型基金主要投资各种债券；货币市场基金仅投资于货币市场工具等。

存在。投资企业与其他方对被投资单位实施共同控制的，被投资单位为其合营企业。

（三）公司持有的能够对被投资单位施加重大影响的权益性投资，即对联营企业投资

重大影响是指对一个企业的财务和经营政策有参与决策的权力，但并不能够控制或者与其他方一起共同控制这些政策的制定。投资企业能够对被投资单位施加重大影响的，被投资单位为其联营企业。

当投资企业直接拥有被投资企业20%或以上至50%表决权资本时，一般认为对被投资企业有重大影响。此外，符合下列情况之一的，实质上对被投资企业的财务和经营政策的决策有重大影响，也应确认为具有重大影响：如在被投资企业的董事会或类似权利机构中派有代表、参与被投资企业的政策的制定过程、向被投资企业派出管理人员、依赖投资企业的技术资料，以及其他能足以证明投资企业对被投资企业有重大影响的情形。

（四）公司对被投资单位不具有控制、共同控制或重大影响、在活跃市场中没有报价、公允价值不能可靠计量的权益性投资，即前三类以外的投资

具体表现为：

1. 投资企业直接拥有被投资企业20%以下的表决权资本，且不存在对被投资企业实施其他重大影响的途径。

2. 投资企业直接拥有被投资企业20%或以上的表决权资本，但实质上对被投资企业不具有控制、共同控制和重大影响。

对长期股权投资的类型，可以总结如图2－1所示。

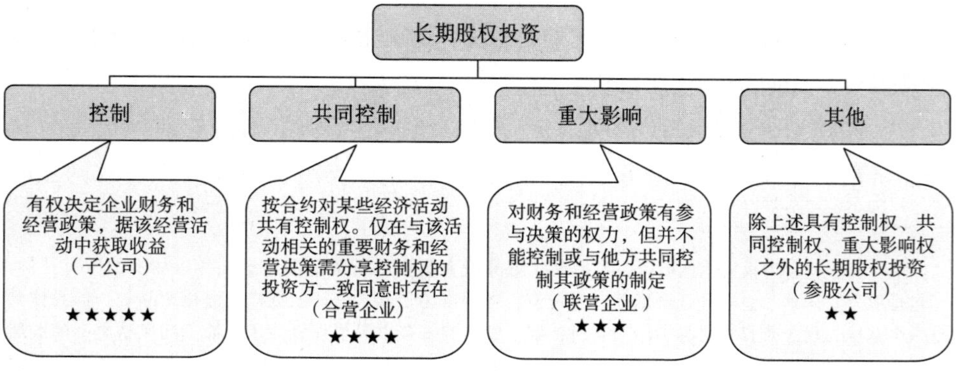

图2－1 长期股权投资类型示意图

二、长期股权投资的初始计量原则

长期股权投资在取得时，应按初始投资成本入账。长期股权投资的初始投资成本应分别企业合并和非企业合并两种情况确定。

三、企业合并取得的长期股权投资的确认与初始计量

在证券公司合并其他公司讲求扩大或上市时，经常出现合并情况。在企业合并形成的长期股权投资中，还可进一步分为同一控制下的企业合并和非同一控制下的企业合并。

（一）同一控制下的企业合并取得的长期股权投资

对于同一控制下的企业合并。从能够对参与合并各方在合并前及合并后均实施最终控制的一方来看，最终控制方在企业合并前及合并后能够控制的资产并没有发生变化。合并方通过企业合并形成的对被合并方的长期股权投资，其成本代表的是在被合并方账面所有者权益中享有的份额。

1. 合并方以支付现金、转让非现金资产或承担债务方式作为合并对价的，应当在合并日按照取得被合并方所有者权益账面价值的份额作为长期股权投资的初始投资成本。长期股权投资的初始投资成本与支付的现金、转让的非现金资产及所承担债务账面价值之间的差额。应当调整资本公积（资本溢价或股本溢价）；资本公积（资本溢价或股本溢价）的余额不足冲减的，调整留存收益。

具体进行会计处理时，合并方在合并日按取得被合并方所有者权益账面价值的份额，借记“长期股权投资”科目。按应享有被投资单位已宣告但尚未发放的现金股利或利润，借记“应收股利”科目，按支付的合并对价的账面价值，贷记有关资产或借记有关负债科目，按其差额，贷记“资本公积——资本溢价或股本溢价”科目；如为借方差额，应借记“资本公积——资本溢价或股本溢价”科目，资本公积（资本溢价或股本溢价）不足冲减的，借记“盈余公积”“利润分配——未分配利润”科目。

2. 合并方以发行权益性证券作为合并对价的，应按发行股份的面值总额作为股本，长期股权投资初始投资成本与所发行股份面值总额之间的差额，应当调整资本公积（资本溢价或股本溢价）；资本公积（资本溢价或股本溢价）不足冲减的，调整留存收益。

具体进行会计处理时，在合并日应按取得被合并方所有者权益账面价值的份额，借记“长期股权投资”科目，按应享有被投资单位已宣告但尚未发放的现金股利或利润，借记“应收股利”科目，按发行权益性证券的面值贷记“股本”科目，按其差额，贷记“资本公积——资本溢价或股本溢价”科目：如为借方差额，应借记“资本公积——资本溢价或股本溢价”科目，资本公积（资本溢价或股本溢价）不足冲减的，借记“盈余公积”“利润分配——未分配利润”科目。

现举例说明同一控制下企业合并取得的长期股权投资的核算：

【例 2－8】 乙公司和丙公司同为甲金融集团的子公司，20×1 年 1 月 2 日，乙公司和丙公司达成合并协议，乙公司以银行存款 10 000 万元作为对价，取得同一集团内丙公司 60% 的股权。合并日丙公司的账面所有者权益总额为 16 000 万元。假定乙公司合并时“资本公积——股本溢价”科目的余额为 1 000 万元。

根据以上资料，乙公司应作如下会计分录：

借：长期股权投资——丙公司（成本）	96 000 000	
资本公积——股本溢价	4 000 000	
贷：银行存款		100 000 000

【例 2－9】 承［例 2－8］，如果乙公司以每股面值为 1 元的普通股 1 000 万股作为合并对价，则在取得长期股权投资时乙公司应作如下会计分录：

借：长期股权投资——丙公司（成本）	96 000 000	
贷：股本		20 000 000
资本公积——股本溢价		76 000 000

（二）非同一控制下的企业合并形成的长期股权投资

1. 初始投资成本的确定。

非同一控制下的企业合并是指参与合并的各方在合并前后不属于同一方或相同的多方最终控制的情况下进行的合并。非同一控制下的合并一般以市价为基础，交易作价相对公平合理，因此，非同一控制下企业合并取得的长期股权投资以公允价值为基础计价。

根据 CAS 2 号长期股权投资准则的规定，非同一控制下的企业合并，购买方在购买日应当按照 CAS 20 号企业合并准则确定的合并成本作为长期股权投资的初始投资成本。即购买方应当区别下列情况确定合并成本：一次交换交易实现的企业合并，合并成本为购买方在购买日为取得对被购买方的控制权而付出的资产、发生或承担的负债以及发行的权益性证券的公允价值；通过多次交换交易分步实现的企业合并，合并成本为每一单项交易成本之和；购买方为进行企业合并发生的各项直接相关费用也应当计入企业合并成本；在合并合同或协议中对可能影响合并成本的未来事项作出约定的，购买日如果估计未来事项很可能发生并且对合并成本的影响金额能够可靠计量的，购买方应当将其计入合并成本。

购买方在购买日对作为企业合并对价付出的资产、发生或承担的负债应当按照公允价值计量，公允价值与其账面价值的差额，计入当期损益。

2. 账务处理。

非同一控制下企业合并形成的长期股权投资，应在购买日按企业合并成本（不含应向被投资单位收取的现金股利或利润），借记“长期股权投资——成本”科目，按享有被投资单位已宣告但尚未发放的现金股利或利润，借记“应收股利”科目，按支付合并对价的账面价值，贷记有关资产或借记有关负债科目，按发生的直接相关费用，贷记“银行存款”等科目，按其差额，贷记“营业外收入”或借记“营业外支出”等科目。非同一控制下涉及以库存商品等作为合并对价的，应按库存商品的公允价值，贷记“主营业务收入”科目，并同时结转相关的成本。涉及增值税的还应进行相应的处理。

【例2－10】 20×1年8月1日，甲公司与乙公司达成合并协议，约定甲公司以一项专利权向乙公司投资，占乙公司股份总额的60%。该专利权的账面原价为1 000万元，已累计摊销200万元，已计提无形资产减值准备50万元，公允价值为900万元，转让该专利权的营业税税率为5%。假定甲公司和乙公司在此之前不存在任何投资关系。根据以上资料，甲公司应作如下会计分录：

借：长期股权投资——乙公司（成本）	9 450 000	
累计摊销——专利权	2 000 000	
资产减值准备——无形资产减值准备	500 000	
贷：无形资产——专利权		10 000 000
应交税费——应交营业税		450 000
营业外收入		1 500 000

四、其他方式取得的长期股权投资的确认和初始计量

除企业合并形成的长期股权投资以外，公司其他方式取得的长期股权投资，应当按照下列规定确定其初始投资成本：

1. 以支付现金取得的长期股权投资，应当按照实际支付的购买价款作为长期股权投资的初始投资成本，包括购买过程中支付的手续费等必要支出，但所支付价款中包含的被投资单位已宣告但尚未发放的现金股利或利润应作为应收项目核算，不构成取得长期股权投资的成本。

2. 以发行权益性证券方式取得的长期股权投资，其成本为所发行权益性证券的公允价值，但不包括应自被投资单位收取的已宣告但尚未发放的现金股利或利润。为发行权益性证券支付给有关证券承销机构等的手续费、佣金等与权益性证券发行直接相关的费用，不构成取得长期股权投资的成本。该部分费用应自权益性证券的溢价发行收入中扣除。权益性证券的溢价收入不足冲减的，应冲减盈余公积和未分配利润。

3. 投资者投入的长期股权投资，应当按照投资合同或协议约定的价值作为初始投资成本，但合同或协议约定价值不公允的除外。

4. 通过非货币性资产交换取得的长期股权投资，其初始投资成本应当按照 CAS7 号非货币性资产交换准则确定。

5. 通过债务重组取得的长期股权投资，其初始投资成本应当按照 CAS12 号债务重组准则确定。

五、长期股权投资的后续计量

公司对外进行的长期股权投资，应当根据不同的情况采用成本法和权益法核算。

（一）长期股权投资核算的成本法的定义、适用范围和核算方法

成本法是指长期股权投资按投资成本计价核算的方法。在成本法下，长期股权投资以取得股权时的初始投资成本计价，其后，除了投资企业追加投资，收到被投资单位分派的属于投资前累积盈余的分配额，或收回投资外，长期股权投资的账面价值一般应当保持不变。即长期股权投资的价值一经入账，无论被投资单位的生产经营情况如何，是实现利润还是发生亏损，净资产是增加还是减少，投资企业均不改变其长期股权投资的账面价值，仍以初

始投资成本反映企业的长期股权投资。

根据 CAS 2 号长期股权投资准则的规定，公司持有的长期股权投资，在下列情况下应采用成本法核算：（1）投资企业能够对被投资单位实施控制的长期股权投资；（2）投资企业对被投资单位不具有共同控制或重大影响，并且在活跃市场中没有报价、公允价值不能可靠计量的长期股权投资。

采用成本法核算长期股权投资的一般方法如下：

1. 公司初始投资或追加投资时，按照初始投资或追加投资时的初始投资成本增加长期股权投资的账面价值。

2. 被投资企业宣告分派的利润或现金股利，投资企业按应享有的部分，确认为当期投资收益，但投资企业确认的投资收益，仅限于所获得的被投资企业在接受投资后产生的累积净利润的分配额，所获得的被投资企业宣告分派的利润或现金股利超过被投资企业在接受投资后产生的累积净利润的部分，作为清算股利，冲减投资的账面价值。

3. 应抵减初始成本金额的确定。

在具体处理时，应按投资年度和以后年度分别进行处理：

（1）投资年度的利润或现金股利的处理。企业当年实现的盈余通常于下一年发放利润或现金股利。因此，投资企业投资当年分得的利润或现金股利，一般不作为当期的投资收益，而作为初始投资成本的收回。如果投资企业投资当年分得的利润或现金股利，有一部分是来自投资后被投资单位实现的盈余的分配，则应作为投资企业投资年度的投资收益。在具体计算时，若能分清投资前或投资后被投资单位实现的净利润情况的，应当分别投资前和投资后，计算确认哪些应确认为投资收益，哪些应冲减初始投资成本的金额；如果不能分清投资前和投资后被投资单位实现的净利润情况的，可按以下公式计算确认投资收益或冲减初始投资成本的金额：

应享有的投资收益 = 投资当年被投资企业每股盈余 ×（当年投资持有月份/全年月份）

或

应享有的投资收益 = 投资当年被投资企业实现的净收益 × 投资企业的持股比例 ×（当年投资持有月份/全年月份）

应冲减投资成本的金额 = 被投资企业分派的利润或现金股利 × 投资企业的持股比例 − 投资企业投资年度应享有的投资收益

（2）投资年度以后的利润或现金股利的处理。投资企业投资年度以后获得的利润或现金股利，哪些应确认为投资收益，哪些应冲减初始投资成本的金额，可按下列公式计算：

应冲减的初始投资成本金额 =（投资后至本年末止被投资企业累积分派的利润或现金股利 - 投资后至上年末止被投资企业累积实现的净损益）× 投资方持股比例 - 投资企业已冲减的初始投资成本

应确认的投资收益 = 投资企业当年获得的利润或现金股利 - 应冲减的初始投资成本金额

企业在具体运用上述公式时还应注意以下几点：

第一，在“应冲减初始投资成本的金额”的公式中，如果投资后至本年末止被投资单位累积分派的利润或现金股利，大于投资后至上年末被投资单位累积实现的净损益，则按上述公式计算应冲减初始投资成本的金额；如果投资后至本年末止被投资单位累积分派的利润或现金股利，等于或小于投资后至上年末止被投资单位累积实现的净损益，则被投资单位当期分派的利润或现金股利中应由投资企业享有的部分，应于当期确认为投资企业的投资收益。另外，如果已冲减初始投资成本的股利，又由投资后被投资单位实现的未分配的净利润弥补，应将原已冲减初始投资成本的金额，以后又由被投资单位实现的未分配的净利润弥补的部分予以转回，并确认为当期投资收益。在按上述公式计算时，如果“应冲减的初始投资成本的金额”公式中，前者小于后者，应将原已冲减的初始投资成本再恢复增加长期股权投资的账面价值，但恢复增加数不能大于原冲减数。

第二，如果被投资单位在年度中间宣告分派利润或现金股利的，投资企业无法取得被投资单位投资后至本年末止累积分派的利润或现金股利，应当用投资后至本次发放股利止累积分派的利润或现金股利计算。

第三，采用成本法时，获得的属于投资前被投资单位累积盈余的分配冲减初始投资成本的部分，待被投资单位用以后年度未分配的利润弥补时，再恢复原冲减的初始投资成本。企业按上述公式计算的冲减初始投资成本及以后恢复的金额，应在备查簿中详细登记。

第四，如果被投资单位当期未分派股利，即使被投资单位以前各期分派的股利小于投资后被投资单位实现的净利润，也不能按上述公式计算恢复初始投资成本和确认当期投资收益。

【例 2－11】A 公司 20×2 年 4 月 1 日购入 B 公司股份 60 000 股，每股价格 7 元，另支付相关税费 3 200 元，A 公司购入 B 公司股份占 B 公司有表决权资本的 6%，并准备长期持有，款项已用银行存款支付。B 公司于 20×2 年 5 月 8 日宣告分派 2006 年度的现金股利，每股 0.25 元。A 公司应作如下会计处理：

（1）计算初始投资成本：

成交价　60 000×7＝420 000（元）

加：相关税费　　3 200 元

投资成本为　　423 200 元

（2）购入时应编制如下会计分录：

借：长期股权投资——B 公司（成本）　　423 200

　　贷：银行存款　　423 200

（3）B 公司宣告分派现金股利时，A 公司应作会计分录如下：

借：应收股利　　15 000（60 000×0.25）

　　贷：长期股权投资——B 公司（成本）　　15 000

【例 2－12】承［例 2－11］，若 B 公司于 20×2 年 4 月 27 日宣告分派 20×1 年度的现金股利，每股 0.35 元。若 B 公司 20×1 年度每股收益 0.40 元，A 公司的会计处理如下：

（1）计算 20×1 年度应享有的每股收益：

每股收益＝20×1 年度每股收益×当年投资持有月份÷全年月份

　　　　＝0.4×9÷12＝0.3（元）

（2）计算投资收益：

投资收益＝0.3×60 000＝18 000（元）

应冲减投资成本数额＝（0.35－0.3）×60 000＝3 000（元）

（3）B 公司宣告分派股利时应编制如下会计分录：

借：应收股利——B 公司　　21 000

　　贷：长期股权投资——B 公司（成本）　　3 000

　　　　投资收益——股票投资收益　　18 000

（二）长期股权投资核算的权益法的定义、适用范围和核算方法

长期股权投资的权益法是指投资最初以初始投资成本计价，以后根据投资企业享有被投资单位所有者权益份额的变动对投资的账面价值进行调整的方法。在权益法下，长期股权投资的账面价值反映的不是企业的初始投资成本，而是企业占被投资企业所有者权益的份额。

根据CAS 2号长期股权投资准则的规定，投资企业对被投资单位具有共同控制或重大影响的长期股权投资，应当采用权益法核算。

公司的长期股权投资采用权益法核算的，应当分别下列情况进行处理：

1. 初始投资成本的确认。

长期股权投资的初始投资成本大于投资时应享有被投资单位可辨认净资产公允价值份额的，不调整已确认的初始投资成本；长期股权投资的初始投资成本小于投资时应享有被投资单位可辨认净资产公允价值份额的，应按其差额，借记本科目（成本），贷记“营业外收入”科目。

2. 投资收益的确认。

资产负债表日，企业应按根据被投资单位实现的净利润或经调整的净利润计算应享有的份额，借记“长期股权投资（损益调整）”科目，贷记“投资收益”科目。

企业确认应分担被投资单位发生的损失，原则上应以长期股权投资及其他实质上构成对被投资单位净投资的长期权益减记至零为限，投资企业负有承担额外损失义务的除外。这里所讲“其他实质上构成对被投资单位净投资的长期权益”通常是指长期应收项目。比如，企业对被投资单位的长期债权，该债权没有明确的清收计划，且在可预见的未来期间不准备收回的，实质上构成对被投资单位的净投资，但不包括投资企业与被投资单位之间因销售商品、提供劳务等日常活动所产生的长期债权。

投资企业在确认应分担被投资单位发生的亏损时，具体应按照以下顺序处理：

首先，减记长期股权投资的账面价值。

其次，在长期股权投资的账面价值减记至零的情况下，对于未确认的投资损失，考虑除长期股权投资以外，账面上是否有其他实质上构成对被投资单位净投资的长期权益项目，如果有则应以其他长期权益的账面价值为限。继续确认投资损失，冲减长期应收项目等的账面价值。

最后，经过上述处理，按照投资合同或协议约定，投资企业仍需要承担额外损失弥补等义务的，应按预计将承担的义务金额确认预计负债，计入当期投资损失。

企业在实务操作过程中，在发生投资损失时，应借记“投资收益”科目，贷记“长期股权投资——损益调整”科目。在长期股权投资的账面价值减记至零以后，考虑其他实质上构成对被投资单位净投资的长期权益，继续确认的投资损失，应借记“投资收益”科目，贷记“长期应收款”科目；因投资合同或协议约定导致投资企业需要承担额外义务的，按照或有事项准则的规定，对于符合确认条件的义务，应确认为当期损失。同时确认预计负债，借记“投资收益”科目，贷记“预计负债”科目。

在确认了有关的投资损失以后，被投资单位于以后期间实现盈利的，应按以上相反顺序分别减记已确认的预计负债、恢复其他长期权益及长期股权投资的账面价值，同时确认投资收益。即应当按顺序分别借记“预计负债”“长期应收款”“长期股权投资”科目，贷记“投资收益”科目。

3. 取得现金股利或利润的处理。

被投资单位以后宣告发放现金股利或利润时，企业计算应分得的部分，借记“应收股利”科目，贷记“长期股权投资（损益调整）”科目。收到被投资单位发放的股票股利，不进行账务处理，但应在备查簿中登记。

4. 被投资单位除净损益外的所有者权益的其他变动。

在持股比例不变的情况下，被投资单位除净损益以外的所有者权益的其他变动，企业按持股比例计算应享有的份额，借记本科目（其他权益变动），贷记“资本公积——其他资本公积”科目。

5. 股票股利的处理。

被投资单位分派的股票股利，投资企业不作账务处理。但应于除权日所增加的股数以反映股份的变化情况。

【例 2－13】 20×1 年 1 月 1 日，甲证券公司以银行存款 1 200 万元向乙股份有限公司投资，占乙公司有表决权股份的 30%，采用权益法进行核算。投资当日，乙公司可辨认净资产的账面价值为 2 800 万元，公允价值为 3 600 万元，该差异是由于无形资产的公允价值和账面价值的差额造成的，该无形资产的预计摊销年限为 10 年，预计净残值为零。假设乙公司所得税税率为 40%。在本例中，甲公司的投资成本 1 200 万元大于在乙公司可辨认净资产公允价值中占有的份额 1 080 万元，则甲公司应作如下会计分录：

借：长期股权投资——乙公司（成本）　　12 000 000

　贷：银行存款　　12 000 000

【例2-14】 承［例2-13］，假设20×1年乙公司实现净利润1 000万元，20×2年3月3日宣告发放现金股利，共200万元，发放日为20×2年4月10日。

因为被投资单位当期利润表中的利润是扣除按无形资产的账面价值计算的摊销费用计算的，如果按无形资产的公允价值计算摊销费用，则应多摊销80万元。考虑所得税的影响，那么，以可辨认资产的公允价值为基础，20×2年被投资单位的净利润应减少48［80×（1-40%）］万元，即为952（1 000-48）万元。甲公司按照持股比例计算应确认的当期投资收益为285.6（952×30%）万元，应作如下会计分录：

借：长期股权投资——乙公司（损益调整）　　2 856 000
　　贷：投资收益　　2 856 000

20×2年3月3日乙公司宣告分配现金股利时，甲公司应作如下会计分录：

借：应收股利　　600 000
　　贷：长期股权投资——乙公司（损益调整）　　600 000

20×2年4月10日收到现金股利时作如下会计分录：

借：银行存款　　600 000
　　贷：应收股利　　600 000

【例2-15】 仍承［例2-13］，假设乙公司20×2年发生亏损100万元。以可辨认资产的公允价值为基础，甲公司20×2年的亏损应增加48［80×（1-40%）］万元，即为148（100+48）万元。甲公司按照持股比例计算应确认的当期投资损失为44.4（148×30%）万元，应作如下会计分录：

借：投资收益　　444 000
　　贷：长期股权投资——乙公司（损益调整）　　444 000

六、长期股权投资核算方法的转换

长期股权投资在持有期间，因各方面情况的变化，可能导致其核算需要由一种方法转换为另外的方法。

（一）成本法转换为权益法

长期股权投资的核算由成本法转为权益法时，应以成本法下长期股权投资的账面价值作为按照权益法核算的初始投资成本，并在此基础上比较该初始投资成本与应享有被投资单位可辨认净资产公允价值的份额，确定是否需要对长期股权投资的账面价值进行调整。

1. 原持有的对被投资单位不具有控制、共同控制或重大影响、在活跃市场中没有报价、公允价值不能可靠计量的长期股权投资。因追加投资导致持股比例上升。能够对被投资单位施加重大影响或是实施共同控制的。在自成本法转为权益法时，应区分原持有的长期股权投资以及新增长期股权投资两部分分别处理：

（1）原持有长期股权投资的账面余额与按照原持股比例计算确定应享有原取得投资时被投资单位可辨认净资产公允价值份额之间的差额属于通过投资作价体现的商誉部分，不调整长期股权投资的账面价值；属于原取得投资时因投资成本小于应享有被投资单位可辨认净资产公允价值份额的差额，一方面应调整长期股权投资的账面价值，另一方面应同时调整留存收益。对于原取得投资后至再次投资的交易日之间被投资单位可辨认净资产公允价值的变动相对于原持股比例的部分属于在此期间被投资单位实现净损益中应享有份额的，一方面应当调整长期股权投资的账面价值，另一方面应同时调整留存收益属于其他原因导致的被投资单位可辨认净资产公允价值变动中应享有的份额在调整长期股权投资账面价值的同时，应当记入“资本公积——其他资本公积”科目。

（2）对于新取得的股权部分。应比较新增投资的成本与取得该部分投资时应享有被投资单位可辨认净资产公允价值的份额，其中投资成本大于投资时应享有被投资单位可辨认净资产公允价值份额的，不调整长期股权投资的成本；对于投资成本小于应享有被投资单位可辨认净资产公允价值份额的应调整增加长期股权投资的成本，同时计入取得当期的营业外收入。

上述与原持股比例相对应的商誉或是应计入留存收益的金额与新取得投资过程中体现的商誉与计入当期损益的金额应综合考虑，在此基础上确定与整体投资相关的商誉或是因投资成本小于应享有被投资单位可辨认净资产公允价值份额应计入留存收益或是损益的金额。

2. 因处置投资导致对被投资单位的影响能力由控制转为具有重大影响或是与其他投资方一起实施共同控制的情况下，首先应按处置或收回投资的比例结转应终止确认的长期股权投资成本。

在此基础上，应当比较剩余的长期股权投资成本与按照剩余持股比例计算原投资时应享有被投资单位可辨认净资产公允价值的份额，属于投资作价中体现的商誉部分，不调整长期股权投资的账面价值；属于投资成本小于应享有被投资单位可辨认净资产公允价值份额的，在调整长期股权投资成本的同时应调整留存收益。

对于原取得投资后至转变为权益法核算之间被投资单位实现净损益中按照持股比例计算应享有的份额，一方面应当调整长期股权投资的账面价值同时调整留存收益；对于被投资单位在此期间所有者权益的其他变动应享有的份额在调整长期股权投资账面价值的同时，应当记入“资本公积——其他资本公积”科目。

（二）权益法转换为成本法

因追加投资原因导致原持有的对联营企业或合营企业的投资转变为对子公司投资的。长期股权投资账面价值的调整应当按照本章第一节的有关规定处理。除此之外，因收回投资等原因导致长期股权投资的核算由权益法转换为成本法的，应以转换时长期股权投资的账面价值作为按照成本法核算的基础。继后期间，自被投资单位分得的现金股利或利润未超过转换时被投资单位账面留存收益中本企业享有份额的，应冲减长期股权投资的成本，不作为投资收益。自被投资单位取得的现金股利或利润超过转换时被投资单位账面留存收益中本企业享有份额的，确认为当期损益。

七、长期股权投资的处置

企业处置长期股权投资时，应相应结转与所售股权相对应的长期股权投资的账面价值，出售所得价款与处置长期股权投资账面价值之间的差额，应确认为处置损益。

采用权益法核算的长期股权投资，原计入资本公积中的金额，在处置时亦应进行结转，将与所出售股权相对应的部分在处置时自资本公积转入当期损益。

【例2-16】假设丙公司将持有的对乙公司的长期股权投资予以出售，出售前按权益法核算，“长期股权投资”各明细科目均为贷方余额，分别为：成本500 000元，损益调整100 000元，其他权益变动40 000元，计提的长期股权投资减值准备为30 000元。出售实际得到的价款为760 000元，已存入银行。根据以上资料编制如下会计分录：

借：银行存款 760 000

长期股权投资减值准备 30 000

贷：长期股权投资——成本 500 000

——损益调整 100 000

——其他权益变动 40 000

投资收益 150 000

同时将原计入"资本公积——其他资本公积"的部分转为出售当期的投资收益：

借：资本公积——其他资本公积 40 000

贷：投资收益 40 000

八、长期股权投资减值的确认与计量

长期股权投资的减值，是指长期股权投资未来可收回金额低于账面价值所发生的损失。企业应对长期股权投资的账面价值定期地逐项进行检查，至少于每年年末检查一次。如果由于市价持续下跌或被投资单位经营状况变化等原因导致可收回金额低于投资的账面价值，应当计提减值准备。

在核算长期股权投资的减值时，应将长期股权投资分为两类：一类是按成本法核算的、在活跃市场中没有报价、公允价值不能可靠计量的长期股权投资，其减值应当按照 CAS 22 号金融工具确认和计量准则处理。由于公允价值不能可靠计量，所以期末应将这类长期股权投资的账面价值，与按照类似金融资产当时市场收益率对未来现金流量折现确定的现值之间的差额，确认为减值损失，计入当期损益；对于除此以外的其他长期股权投资，其减值应当按照 CAS8 号资产减值准则处理，期末，将长期股权投资的账面价值与可收回金额之间的差额，确认为减值损失，计入当期损益，这里的"可收回金额"是指长期股权投资的公允价值减去处置费用与预期从该资产的持有和投资到期处置中形成的预计未来现金流量的现值两者中的较高者。

为了核算长期股权投资减值准备的计提情况，应设置"长期股权投资减值准备"科目。本科目属于资产类科目，是"长期股权投资"的备抵调整科目。其贷方登记长期股权投资减值准备的计提；借方登记处置长期股权投资时转出的长期股权投资减值准备；期末余额在贷方，反映企业已计提但尚未转销的长期股权投资减值准备。该科目按被投资单位进行明细核算。

计提长期股权投资的减值时，借记“资产减值损失”科目，贷记“长期股权投资减值准备”科目。根据CAS 8号资产减值准则和CAS 22号金融工具确认和计量准则的规定，长期股权投资确认减值损失后，原确认的减值损失不得转回。

【例2-17】 20×1年12月31日，甲公司持有的乙上市公司的普通股股票的账面价值为850 000元，该投资采用权益法进行核算。由于乙公司连年经营不善，资金周转发生困难，使得其股票市价下跌，甲公司持有的乙公司普通股的可收回金额为570 000元，短期内难以恢复，20×1年12月31日甲公司应作如下会计分录：

借：资产减值损失　　280 000

　　贷：长期股权投资减值准备——乙公司　　280 000

第三节　固定资产核算

一、固定资产的概念与特征

固定资产，是指同时具有下列特征的有形资产：（1）为企业开展正常经营活动或管理工作或对外出租而持有；（2）使用寿命超过一个会计年度。

从固定资产的定义看，固定资产具有以下三个特征：

（一）为企业开展正常经营活动或管理工作或对外出租而持有

企业持有固定资产的目的是为了生产商品、提供劳务、出租或经营管理，即企业持有的固定资产是企业的劳动工具或手段而不是用于出售的产品。其中“出租”的固定资产，是指企业以经营租赁方式出租的机器设备类固定资产，不包括以经营租赁方式出租的建筑物，后者属于企业的投资性房地产。不属于固定资产。

（二）使用寿命超过一个会计年度

固定资产的使用寿命，是指企业使用固定资产的预计期间，或者该固定资产所能生产产品或提供劳务的数量。通常情况下。固定资产的使用寿命是指使用固定资产的预计期间，比如自用房屋建筑物的使用寿命表现为企业对该建筑物的预计使用年限。对于某些机器设备或运输设备等固定资产。其使用寿命表现为以该固定资产所能生产产品或提供劳务的数量，例如，汽车或飞机等，按其预计行驶或飞行里程估计使用寿命。

固定资产使用寿命超过一个会计年度，意味着固定资产属于非流动资产，随着使用和磨损，通过计提折旧方式逐渐减少账面价值。对固定资产计提折旧，是对固定资产进行后续计量的重要内容。

（三）固定资产是有形资产

固定资产具有实物特征，这一特征将固定资产与无形资产区别开来。有些无形资产可能同时符合固定资产的其他特征，如无形资产为生产商品、提供劳务而持有，使用寿命超过一个会计年度，但是，由于其没有实物形态，所以，不属于固定资产。

二、固定资产的分类

按固定资产的经济用途和使用情况综合分类，分为七大类：

1. 经营用固定资产。

2. 非经营用固定资产。

3. 租出固定资产。租出固定资产是指在经营性租赁方式下出租给外单位使用的固定资产。

4. 不需用固定资产。

5. 未使用固定资产。

6. 土地。在我国，土地所有权归国家所有，不参与市场商品流通。这里作为固定资产的土地是指过去已经估价单独入账的土地使用权。因征地而支付的补偿费，应计入与土地有关的房屋、建筑物的价值内，不单独作为土地价值入账。企业单独取得的土地使用权不能作为固定资产管理，而列为无形资产，并在法定使用年限内摊销。

7. 融资租入固定资产。融资租入固定资产是指企业以融资租赁方式租入的固定资产，在租赁期内，应视同自有固定资产进行管理。

三、固定资产的确认的条件

固定资产在符合定义的前提下，应当同时满足以下两个条件，才能加以确认。

（一）与该固定资产有关的经济利益很可能流入企业

资产最重要的特征是预期会给企业带来经济利益。企业在确认固定资产时。需要判断与该项固定资产有关的经济利益是否很可能流入企业。如果与该项固定资产有关的经济利益很可能流入企业，并同时满足固定资产确认的其他条件，那么，企业应将其确认为固定资产；否则，不应将其确认为固定资产。

在实务中，判断与固定资产有关的经济利益是否很可能流入企业，主要判断与该固定资产所有权相关的风险和报酬是否转移到了企业。与固定资产所有权相关的风险，是指由于经营情况变化造成的相关收益的变动，以及由于资产闲置、技术陈旧等原因造成的损失；与固定资产所有权相关的报酬，是指在固定资产使用寿命内使用该资产而获得的收入，以及处置该资产所实现的利得。

（二）该固定资产的成本能够可靠地计量

成本能够可靠地计量是资产确认的一项基本条件。企业在确定固定资产成本时必须取得确凿证据，但是，有时需要根据所获得的最新资料。对固定资产的成本进行合理的估计。比如，企业对于已达到预定可使用状态但尚未办理竣工决算的固定资产，需要根据工程预算、工程造价或者工程实际发生的成本等资料，按估计价值确定其成本，办理竣工决算后，再按照实际成本调整原来的暂估价值。

四、固定资产的初始计量

固定资产的初始计量是指确定固定资产的取得成本。固定资产应当按照成本进行初始计量。成本包括企业为购建某项固定资产达到预定可使用状态前所发生的一切合理的、必要的支出。在实务中。企业取得固定资产的方式是多种多样的，包括外购、自行建造、投资者投入以及非货币性资产交换、债务重组、企业合并等。

外购固定资产的成本，包括购买价款、相关税费、使固定资产达到预定可使用状态前所发生的可归属于该项资产的运输费、装卸费、安装费和专业人员服务费等。以一笔款项购入多项没有单独标价的固定资产，应当按照各项固定资产公允价值比例对总成本进行分配，分别确定各项固定资产的成本。购买固定资产的价款超过正常信用条件延期支付，实质上具有融资性质的，固定资产的成本以购买价款的现值为基础确定。实际支付的价款与购买价款的现值之间的差额，除按照借款费用准则规定应予资本化的以外，应当在信用期间内计入当期损益。

五、固定资产增加的计量

企业增加的固定资产按来源方式主要分为购置的固定资产、自行建造的固定资产、投资者投入的固定资产、租入的固定资产、接受捐赠的固定资产等。由于来源方式不同，其账务处理也不尽相同。为了反映固定资产的增减变动情况，应设置“固定资产”科目，该科目为资产类科目，用来核算企业持有固定资产的原始价值，总括反映企业固定资产的增减变动和结存情况，其借方发生额反映由于各种原因增加的固定资产的原始价值，贷方发生额反映由于各种原因减少的固定资产的原始价值，余额在借方，表示现有固定资产原始价值的总额。为了获得固定资产的详细资料，企业应设置“固定资产卡片”和“固定资产登记簿”，按其类别、使用部门等进行明细核算。

企业进行的固定资产基本建设工程，包括新建、改建和扩建工程以及购入需要安装的固定资产，应通过“在建工程”科目核算。该科目的借方反映其工程发生的实际支出，贷方反映经验收交付使用固定资产的实际成本，余额表示未完工程支出的或尚未交付使用的已完工程的实际成本。企业与固定资产有关的后续支出，固定资产发生的日常修理费、大修理费用、更新改造支出、房屋的装修费用等，满足固定资产准则规定的固定资产确认条件的，也在本科目核算；没有满足固定资产确认条件的，应在“管理费用”科目核算，不在本科目核算。该科目应设置“建筑工程”“安装工程”“在安装设备”“待摊支出”以及单项工程进行明细分类核算。在建工程发生减值的，应在本科目设置“减值准备”明细科目进行核算。

为了核算企业为工程准备的各种物资的实际成本，包括为工程准备的材料，尚未交付安装的需要安装设备的实际成本，以及预付大型设备款和基本建设期间根据项目概算购入的生产准备工具及器具等的实际成本，应设置“工程物资”科目，该科目应设置“专用材料”“专用设备”“工器具”等明细科目，对其具体内容进行详细反映。

（一）购置固定资产的核算

1. 购入不需要安装的固定资产。

购入不需要安装的固定资产，按实际支付的全部价款加上包装费、运杂费等支出，借记“固定资产”科目，贷记“银行存款”等科目。

2. 购入需要安装的固定资产。

购入需要安装的固定资产，按实际支付的价款（包括买价、支付的税金、包装费、运输费等）借记“在建工程”科目，贷记“银行存款”科目；发生的安装费用、专业人员服务费等，借记“在建工程”科目，贷记“银行存款”等科目；安装完毕经过验收达到可使用状态时，按其实际成本，借记“固定资产”科目，贷记“在建工程”科目。

【例2-18】 某公司20×1年度购入一台需要安装的设备，取得的增值税专用发票上注明的设备买价为30 000元，增值税税额为5 100元，支付的运输费为600元，安装设备时，领用生产用材料价值800元，购进该批材料时支付的增值税税额为136元，支付工资2 000元。有关会计处理如下：

（1）支付设备价款、税金、运输费合计35 700元。

借：在建工程——在安装设备　　35 700
　　贷：银行存款　　35 700

（2）领用安装材料，支付工资等费用。

借：在建工程——在安装设备　　2 936
　　贷：原材料　　800
　　　　应交税费——应交增值税（进项税额转出）　　136
　　　　应付工资　　2 000

（3）设备安装完毕交付使用，确定固定资产的价值：35 700+2 936=38 636（元）。

借：固定资产　　38 636
　　贷：在建工程——在安装设备　　38 636

有时，还会用一笔款项购置几项没有单独标价的固定资产，应采用适当的方法进行分摊。

（二）其他方式取得的固定资产的成本

企业取得固定资产包括接受投资者投资、非货币性资产交换、债务重组、企业合并等。

1. 投资者投入固定资产的成本。投资者投入固定资产的成本，应当按照投资合同或协议约定的价值确定，但合同或协议约定价值不公允的除外。在投资合同或协议约定价值不公允的情况下，按照该项固定资产的公允价值作为入账价值。

2. 通过非货币性资产交换、债务重组、企业合并等方式取得的固定资产的成本。企业通过非货币性资产交换、债务重组、企业合并等方式取得的固定资产，其成本应当分别按照《企业会计准则第 7 号——非货币性资产交换》《企业会计准则第 12 号——债务重组》《企业会计准则第 20 号——企业合并》等的规定确定。但是，该项固定资产的后续计监和披露应当执行固定资产准则的规定。

3. 盘盈固定资产的成本。盘盈的固定资产，作为前期差错处理，在按管理权限报经批准处理前，应先通过“以前年度损益调整”科目核算。

六、固定资产折旧的核算

（一）折旧的概念

固定资产折旧，是指在固定资产使用寿命内，按照确定的方法对应计折旧额进行系统分摊。应计折旧额，是指应当计提折旧的固定资产的原价扣除其预计净残值后的金额。已计提减值准备的固定资产，还应当扣除已计提的固定资产减值准备累计金额。预计净残值，是指假定固定资产预计使用寿命已满并处于使用寿命终了时的预期状态，企业从该项资产处置中获得的扣除预计处置费用后的金额。影响固定资产折旧的因素主要有以下几个方面：

1. 固定资产原价，指固定资产的成本。

2. 预计净残值，指假定固定资产预计使用寿命已满并处于使用寿命终了时的预期状态，企业目前从该项资产处置中获得的扣除预计处置费用后的金额。

3. 固定资产减值准备，指固定资产已计提的固定资产减值准备累计金额。固定资产计提减值准备后，应当在剩余使用寿命内根据调整后的固定资产账面价值（固定资产账面余额扣减累计折旧和累计减值准备后的金额）和预计净残值重新计算确定折旧率和折旧额。

4. 固定资产的使用寿命，指企业使用固定资产的预计期间，或者该固定资产所能生产产品或提供劳务的数量。

（二）固定资产折旧的范围

企业应当对所有的固定资产计提折旧，但是，已提足折旧仍继续使用的固定资产和单独计价入账的土地除外。在确定计提折旧的范围时还应注意以下几点：

1. 固定资产应当按月计提折旧，并根据用途计入相关资产的成本或者当期损益。当月增加的固定资产，当月不计提折旧，从下月起计提折旧；当月减少的固定资产，当月仍计提折旧，从下月起不计提折旧。

2. 固定资产提足折旧后，不论能否继续使用，均不再计提折旧，提前报废的固定资产也不再补提折旧。所谓提足折旧是指已经提足该项固定资产的应计折旧额。

3. 已达到预定可使用状态但尚未办理竣工决算的固定资产，应当按照估计价值确定其成本，并计提折旧；待办理竣工决算后再按实际成本调整原来的暂估价值，但不需要调整原已计提的折旧额。

（三）固定资产折旧的方法

我国 CAS 4 号固定资产准则规定，企业应当根据与固定资产有关的经济利益的预期实现方式，合理选择固定资产折旧方法。可选用的折旧方法包括年限平均法、双倍余额递减法和年数总和法等。固定资产的折旧方法一经确定，不得随意变更。

1. 平均年限法。

平均年限法也称直线法，是将一项固定资产的应计成本在其预计年限内平均分摊的方法。计算公式如下：

固定资产年折旧额 =（固定资产原始价值 − 预计净残值）÷ 固定资产预计折旧年限

2. 双倍余额递减法。

双倍余额递减法，又称加倍递减余额法，这种方法的折旧率是按净残值为零时直线折旧率的两倍计算的，当每期计提折旧时，使用该折旧率乘以固定资产的折余价值（净值）。折旧率和折旧额的计算公式为：

$$\text{年折旧率} = (\text{固定资产原始价值} - 0) \div (\text{折旧年限} \times \text{固定资产原始价值}) \times 2 \times 100\% = \frac{2}{\text{折旧年限}} \times 100\%$$

由于双倍余额递减法不考虑固定资产的净残值，因此，在应用这种方法时，必须注意这样一个问题，即不能使固定资产的账面折余价值降低到它的预计净残值以下。因此，当按双倍余额递减法计算的折旧金额，小于这时用固定资产的折余价值扣除预计净残值后在剩余使用年限内平均摊销算得的折旧金额时，就要将固定资产折余价值（净值）扣除预计净残值后的净额在剩余使用年限内平均摊销。在实际工作中，在最后两年平均摊销。

3. 年数总和法。

年数总和法又称年限合计法，它是用一个递减的分数乘以某项固定资产的原始价值减去预计净残值后的净额计算折旧的一种方法。这一递减分数的分子代表尚可使用的年数（包括当年），分母代表预计折旧年数的逐年数字之总和。折旧的计算公式为：

年折旧率 =（折旧年限 - 已使用年数）÷［折旧年限 ×（折旧年限 +1）÷2］×100%

（四）固定资产折旧的总分类核算

为了核算固定资产的折旧，应设置“累计折旧”科目，该科目为“固定资产”科目备抵科目，贷方反映计提的固定资产折旧额和增加固定资产时相应增加的折旧额；贷方反映因出售、报废清理、盘亏等原因减少固定资产时所转销的已提折旧额，余额表示企业现有固定资产的累计折旧额。

公司每月计提的折旧额，应按固定资产使用部门和用途分别处理，其中管理部门使用的固定资产所提取的折旧额，应记入“管理费用”科目。经营部门的固定资产所提取的折旧额，应记入“销售费用”科目。

七、固定资产减少的会计处理

企业固定资产除了随着经营规模的扩大而不断地增加外，也会由于多种原因出现减少现象。减少的原因主要有：投资转出固定资产；捐赠转出固定资产；企业以非现金抵偿债务方式转出固定资产；无偿调出固定资产；盘亏固定资产；出售、报废、毁损固定资产，非货币性资产交换、债务重组等。除去盘亏以外，固定资产减少的核算，均应通过设置“固定资产清理”科目核算。该科目核算企业因出售、报废和毁损等原因转入清理的固定资产净值及其在清理过程中所发生的清理费用和收入。本科目借方反映转入清理的固定资产的净值以及发生的清理费用，贷方反映出售固定资产的价款、残料价值和变价收入以及由公司或过失人赔偿的损失。出售、报废、毁损的固定资产转入清理时，按固定资产账面净值，借记“固定资产清理”科目，按已提折旧，借记“累计折旧”科目，按已提的减值准备，借记“固定资产减值准备”科目，按固定资产原价，贷记“固定资产”科目。

清理过程中发生的费用以及应交的税金，借记“固定资产清理”科目，贷记“银行存款”“应交税费——应交营业税”等科目；收回出售固定资产的价款、残料价值和变价收入等，借记“银行存款”“原材料”等科目，贷记“固定资产清理”科目；应由保险企业或过失人赔偿的损失，借记“其他应收款”等科目，贷记“固定资产清理”科目。

固定资产清理后的净收益，区别情况处理：属于筹建时间的，冲减“长期待摊费用”，借记“固定资产清理”科目，贷记“长期待摊费用”科目；属于生产经营期间的，计入损益，借记“固定资产清理”科目，贷记“营业外收入——处理固定资产净收益”科目；固定资产清理后的净损失，区别情况处理：属于筹建期间的，记入“长期待摊费用”，借记“长期待摊费用”科目，贷记“固定资产清理”科目；属于生产经营期间由于自然灾害等非正常原因造成的损失，借记“营业外支出——非常损失”科目，贷记“固定资产清理”科目；属于生产经营期间正常的处理损失，借记“营业外支出——处置固定资产净损失”科目，贷记“固定资产清理”科目。

“固定资产清理”科目应按被清理的固定资产设置明细账，进行明细核算。

固定资产满足下列条件之一的，应当予以终止确认：

（1）该固定资产处于处置状态。

（2）该固定资产预期通过使用或处置不能产生经济利益。

企业持有待售的固定资产，应当对其预计净残值进行调整。

企业出售、转让、报废固定资产或发生固定资产毁损，应当将处置收入扣除账面价值和相关税费后的金额计入当期损益。固定资产的账面价值是固定资产成本扣减累计折旧和累计减值准备后的金额。固定资产盘亏造成的损失，应当计入当期损益。

企业将多余、闲置不用的固定资产出售给其他单位，业务发生时，首先应注销被出售固定资产的原值和已提折旧额。按固定资产净值借记“固定资产清理”科目，按已提折旧额借记“累计折旧”科目，按已提的减值准备，借记“固定资产减值准备”科目，按固定资产原值，贷记“固定资产”科目；出售固定资产所获得的实际收入，借记“银行存款”等科目，贷记“固定资产清理”科目，有关税金借记“固定资产清理”科目，贷记“应交税费”科目；如果为收益，借记“固定资产清理”科目，贷记“营业外收入——处理固定资产净收益”科目；如果为损失，应借记“营业外支出——处理固定资产损失”科目，贷记“固定资产清理”科目。

八、固定资产的后续支出和减值准备

（一）固定资产后续支出

固定资产在使用中还会发生各种支出，这些支出有的是为了扩建、更新改造，有的是为了维护、改进固定资产的功能等。一般来说，为了维护固定资产的正常使用而发生的修理、保养费用，这种后续支出与当期的收入相关，应作为收益性支出，计入当期损益。为了提高固定资产的性能、质量或延长其使用寿命而发生的后续支出，应作为资本性支出，计入固定资产价值。在会计准则中，一般称为资本化的后续支出和费用化的后续支出。在会计实务中，一般有技术改造工程和维护修理后续支出。

固定资产技术改造工程是指对固定资产的技术改良、装饰、装修等工程。固定资产更新改造支出一般数额较大，受益期较长，而且通常会使固定资产的性能、质量等都有较大的改进。技改后的固定资产成本，应按原有固定资产的原价减去技改过程中发生的变价收入，加上技改过程中发生的支出，计入技术改造后的固定资产原价。因改良而延长了使用年限的固定资产，应对其原使用年限和折旧率进行调整。账务处理上，通过设置“在建工程——技术改造工程”核算。

固定资产由于长期使用、自然侵蚀和意外事故等原因会发生故障或部分损坏，发生维护和修理支出只是确保固定资产的正常工作状况，它并不导致固定资产性能的改变或固定资产未来经济效益的增加。因此，应在发生时一次性直接计入当期费用，不再通过预提或待摊方式进行核算。

（二）固定资产减值

资产减值是指资产的可收回金额低于其账面价值，这里的资产包括单项资产和资产组。

可收回金额是根据资产的公允价值减去处置费用后的净额与资产预计未来现金流量的现值两者之间的较高者确定。当资产的可收回金额低于其账面价值时，应当将资产的账面价值减记至可收回金额，减记的金额确认为资产减值损失，计入当期损益，同时计提相应的资产减值准备。即借记“资产减值损失”科目，贷记“固定资产减值准备”科目。

企业应当在资产负债表日判断资产是否存在可能发生减值的迹象。如不存在减值迹象，不应估计资产的可回收金额，也不必确认减值损失。资产只有在存在减值迹象的情况下，才要求估计其可收回金额。当存在以下迹象时，表明资产可能发生了减值：

1. 资产的市价当期大幅度下跌，其跌幅明显高于因时间的推移或者正常使用而预计的下跌。

2. 企业经营所处的经济、技术或者法律等环境以及资产所处的市场在当期或者将在近期发生重大变化，从而对企业产生不利影响。

3. 市场利率或者其他市场投资报酬率在当期已经提高，从而影响企业计算资产预计未来现金流量现值的折现率，导致资产可收回金额大幅度下跌。

4. 有证据表明资产已经陈旧过时或者其实体已经损坏。

5. 资产已经或者将被闲置、终止使用或者计划提前处置。

6. 企业内部报告的证据表明资产的经济绩效已经低于或者将低于预期，如资产所创造的净现金流量或者实现的营业利润（或者亏损）远远低于（或者高于）预计金额等。

7. 其他表明资产可能已经发生减值的迹象。

根据 CAS 4 号固定资产准则的规定，资产减值损失一经确认，在以后会计期间不得转回。

第四节 无形资产核算

一、无形资产概述

（一）无形资产的概念和特征

根据 CAS 6 号无形资产准则的规定，无形资产是指企业拥有或者控制的没有实物形态的可辨认非货币性资产。

无形资产的这一概念明确了其内涵规定与外延边界，也相应衍生了无形资产不同于其他资产项目的专属特征。为了更加准确地认识和理解无形资产的内涵与外延，现具体分析无形资产的基本特征如下：

1. 无形资产没有实物形态。

2. 无形资产属于非货币性长期资产。

3. 无形资产是为企业自用而非出售的资产。

4. 无形资产的获利性具有不确定性。

5. 无形资产具有可辨认性。

当然，在认识上述特征的基础上，还需要特别强调，CAS 6 号无形资产准则明确从无形资产准则范畴中排除了企业合并中产生的商誉、石油天然气矿区的权益、作为投资性房地产的土地使用权等三类资产，这三类资产不适用无形资产准则，按照其他相关准则处理。不仅如此，为了谨慎起见，CAS 6 号无形资产准则规定，对企业自行创造的商誉、内部产生的品牌、报刊名称等，不论其是否富有市场价值，均不作为无形资产进行会计确认。

（二）无形资产的主要类别

无形资产通常包括以下几类：（1）专利权；（2）商标权；（3）专有技术；（4）知识产权；（5）土地使用权；（6）专营权。

二、无形资产的确认

（一）无形资产的确认条件

无形资产确认是指将符合无形资产确认条件的项目，作为企业的无形资产加以记录并将其列入企业资产负债表的过程。根据 CAS 6 号无形资产准则规定，无形资产在满足以下两个条件时，企业才能加以确认：一是与该无形资产有关的经济利益很可能流入企业；二是该无形资产的成本能够可靠地计量。因此，在如何把握无形资产的确认问题时，我们需要首先分析其是否符合无形资产的定义，其次掌握其是否符合经济效益流入和成本可靠计量的两项条件：

1. 符合无形资产的定义。

根据 CAS 6 号无形资产准则关于“无形资产是指企业拥有或者控制的没有实物形态的可辨认非货币性资产”的定义，符合无形资产定义的重要表现之一，就是企业能够拥有或控制该无形资产所产生的经济利益。即产生的经济利益很可能流入企业，且其匹配的成本支出能够可靠地计量。

2. 与该资产有关的经济利益很可能流入企业。

作为无形资产确认的项目，必须具备产生的经济利益很可能流入企业。通常情况下，无形资产产生的未来经济利益可能包括在销售商品、提供劳务的收入中，或者企业使用该项无形资产而减少或节约的成本中，或体现在获得的其他利益中。实务中，要确定无形资产创造的经济利益是否很可能流入企业，需要实施职业判断。在实施这种判断时，需要对无形资产在预计使用寿命内可能存在的各种经济因素作出合理估计，并且应当有明确的证据支持。

3. 该无形资产的成本能够可靠地计量。

成本能够可靠地计量是资产确认的一项基本条件。对于无形资产来说，这个条件相对更为重要。比如，企业内部产生的品牌、报刊名等，因其成本无法可靠计量，不作为无形资产确认。

（二）研发类无形资产的确认

CAS 6 号无形资产准则对研发类无形资产采取了区别对待的处理办法：对于企业内部研究开发项目在起始进程中的研究阶段的支出，应当于发生时计入当期损益；而对于企业内部研究开发项目开发阶段的支出，同时满足下列条件的，才能确认为无形资产。

在实际工作中，需要根据这些规定来判断企业的开发阶段支出是否应该纳入到形成无形资产的相应成本进行核算，结合企业研发活动来具体处理；而对于不符合上述资本化条件的开发支出，则应当计入当期损益（管理费用）。

如果无法区分研究阶段支出和开发阶段支出，应当将其所发生的研发支出全部费用化，计入当期损益（管理费用）。

三、无形资产的计量

（一）无形资产的初始计量

无形资产通常按照成本计量模式进行初始计量。即通常情况下，当某项具备无形资产特性的资产项目，其所产生的经济利益很可能流入企业，并且其资产成本能够可靠地计量时，就被确认为无形资产。这种确认，应该遵循历史成本原则，按照取得无形资产时所发生的实际成本入账。

1. 外购的无形资产的成本包括购买价款、相关税费以及直接归属于使无形资产达到预定用途所发生的其他支出。

2. 投资者投入的无形资产的成本，应当按照投资合同或协议约定的价值确定无形资产的取得成本。如果投资合同或协议约定价值不公允的，应按无形资产的公允价值作为无形资产初始成本入账。

3. 企业通过非货币性资产交换取得的无形资产，包括以投资、固定资产或无形资产换入的无形资产等。非货币性资产交换具有商业实质且公允价值能够可靠计量的，在发生补价的情况下，支付补价方应当以换出资产的公允价值加上支付的补价（即换入无形资产的公允价值）和应支付的相关税费，作为换入无形资产的成本；收到补价方，应当以换入无形资产的公允价值（或换出资产的公允价值减去补价）和应支付的相关税费，作为换入无形资产的成本。

4. 通过债务重组取得的无形资产，是指企业作为债权人取得的债务人用于偿还债务的非现金资产，且企业作为无形资产管理的资产。通过债务重组取得的无形资产成本，应当以其公允价值入账。

5. 通过政府补助取得的无形资产成本，应当按照公允价值计量；公允价值不可靠取得的，按照名义金额计量。

（二）无形资产的后续计量

无形资产后续计量主要是围绕无形资产摊销和无形资产减值而产生的相关问题。

1. 无形资产摊销。

无形资产是企业的一种长期资产，通常存在着一定的有效期限，随着使用期限的终结，其所具有价值的权利或特权总会终结或消失。

无形资产摊销主要涉及无形资产成本、摊销开始月份、摊销方法、摊销年限、残值等因素。无形资产成本即为入账价值，无形资产的成本应自取得当月起在预计使用寿命内分期摊销。也就是说，无形资产摊销的开始月份为取得当月，摊销年限为无形资产的预计使用寿命。

（1）使用寿命。无形资产初始确认和计量后，在其后使用该项无形资产期间内应以成本减去累计摊销额和累计减值损失后的余额计量。要确定无形资产在使用过程中的累计摊销额，基础是估计其使用寿命，而使用寿命有限的无形资产才需要在估计使用寿命内采用系统合理的方法进行摊销。对于使用寿命不确定的无形资产则不需要摊销。

企业应当于取得无形资产时分析判断其使用寿命。无形资产的使用寿命如为有限的。应当估计该使用寿命的年限或者构成使用寿命的产量等类似计量单位数量；无法预见无形资产为企业带来未来经济利益期限的，应当视为使用寿命不确定的无形资产。

估计无形资产使用寿命应考虑的主要因素包括：

①该资产通常的产品寿命周期，以及可获得的类似资产使用寿命的信息；

②技术、工艺等方面的现实情况及对未来发展的估计；

③以该资产在该行业运用的稳定性和生产的产品或服务的市场需求情况；

④现在或潜在的竞争者预期采取的行动；

⑤为维持该资产产生未来经济利益的能力所需要的维护支出，以及企业预计支付有关支出的能力；

⑥对该资产的控制期限，以及对该资产使用的法律或类似限制，如特许使用期间、租赁期间等；

⑦与企业持有的其他资产使用寿命的关联性等。

例如，企业以支付土地出让金方式取得一块土地50年的使用权，如果企业准备持续持有，在50年期间内没有计划出售，则该项土地使用权预期为企业带来未来经济利益的期间为50年。

企业应当于取得无形资产时分析判断其使用寿命。企业会计准则将无形资产划分为有限寿命和寿命不确定的两类：

无形资产的使用寿命为有限的，应当估计该使用寿命的年限或者构成使用寿命的产量等类似计量单位数量；无法预见无形资产为企业带来经济利益期限的，应当视为使用寿命不确定的无形资产。使用寿命有限的无形资产，其应摊销金额应当在使用寿命内系统合理摊销。

公司摊销无形资产，应当自无形资产可供使用时起，至不再作为无形资产确认时止。

公司持有的无形资产，通常来源于合同性权利或是其他法定权利，而且合同规定或法律规定有明确的使用年限。来源于合同性权利或其他法定权利的无形资产，其使用寿命不应超过合同性权利或其他法定权利的期限；如果合同性权利或其他法定权利能够在到期时因续约等延续，且有证据表明企业续约不需要付出大额成本，续约期应当计入使用寿命。

合同或法律没有规定使用寿命的，企业应当综合各方面情况，聘请相关专家进行论证，或与同行业的情况进行比较，以及参考历史经验等，确定无形资产为企业带来未来经济的期限。

经过上述努力仍无法合理确定无形资产为企业带来经济利益期限的，才能将其作为使用寿命不确定的无形资产。

无形资产摊销年限一经确定，不能随意变更。在执行过程中，因为客观经济环境改变确实需要变更摊销年限的，应将变更作为会计估计变更处理；否则，应视作滥用会计估计变更，按重大会计差错处理。

（2）摊销方法。公司选择的无形资产摊销方法，应当反映与该项无形资产有关的经济利益的预期实现方式。无法可靠确定预期实现方式的，应当采用直线法摊销。

而对于使用寿命不确定的无形资产，不应摊销。

此外，无形资产的摊销金额一般应当计入当期损益。

（3）残值处理。使用寿命有限的无形资产的残值应当为零。但是如果出现以下情况，则应当考虑无形资产残值不为零的情况：一是有第三方承诺在无形资产使用寿命结束时购买该无形资产；二是可以根据活跃市场得到预计残值信息，并且该市场在无形资产使用寿命结束时很可能存在。

（4）摊销的复核。企业至少应当于每年年度终了，对使用寿命有限的无形资产的使用寿命及摊销方法进行复核。无形资产的使用寿命及摊销方法与以前估计不同的，应当改变摊销期限和摊销方法。

2. 无形资产减值。

与固定资产一样，无形资产也存在减值的问题。因此，公司应对无形资产的账面价值进行定期检查。根据 CAS8 号资产减值准则的相关规定，公司至少应于每年年末对无形资产的账面价值进行检查。如果无形资产可收回金额低于其账面价值，说明企业的无形资产发生了减值，应计提无形资产的减值准备。

（1）检查账面价值。公司应在资产负债表日对无形资产的账面价值进行检查，至少于每年年末检查一次。在检查时，如果发现以下情况，则应对无形资产的可收回金额进行估计，并将该无形资产的账面价值超过可收回金额的部分确认为减值准备：

该无形资产已被其他新技术等所替代，使其为企业创造经济利益的能力受到重大不利影响；

该无形资产的市价在当期大幅下跌，并在剩余摊销年限内可能不会回升；

其他足以表明该无形资产的账面价值已超过可收回金额的情形。

（2）确定可收回金额。无形资产的可收回金额是指以下两项金额中的较大者：无形资产的公允价值，即该无形资产的销售价格减去因出售该无形资产所发生的律师费和其他相关税费后的余额；预期从无形资产的持续使用和使用年限结束时的处置中产生的预计未来现金流量的现值。

（3）计提减值准备。如果由于技术进步或其他经济原因等导致无形资产可收回金额低于其账面价值，企业就应将可收回金额低于无形资产账面价值的差额作为无形资产价值的减值准备，并将其差额计入当期资产减值损失。此外，对于已经计提减值准备的无形资产，在摊销中还要扣除减值准备累计金额，以此在剩余使用寿命中分摊。

必须强调指出，对于已确认减值的无形资产，在其后的会计期间，不论是否存在相应的证据表明其减值又得以恢复，一律不得将前期已经计提的减值准备予以冲回。

（三）无形资产的处置和报废

无形资产的处置包括了出售、出租、转销等项目。

1. 无形资产出售。

公司外购或自创的无形资产，在持有自用一段时间后，可能将无形资产出售，即企业放弃其所有权。企业出售无形资产时，应将所得价款与该无形资产的账面价值之间的差额计入当期损益，通过“营业外收入”或者“营业外支出”进行核算。由于出售无形资产所得不符合 CAS14 号收入准则中的关于收入的定义，因此，出售无形资产所得应以其相关净额核算和反映。

2. 无形资产出租。

无形资产出租是指企业将所拥有的无形资产的使用权让渡给他人，并收取租金。根据收入准则的规定，这类交易属于企业让渡资产使用权，因而相关所得应作为收入核算。为确保收入与费用相配比，在确认租金收入的同时，还应确认相关费用。无形资产的出租收入应在符合以下条件时予以确认：与出租交易相关的经济利益能够流入企业；租金收入的金额能够可靠地计量。对无形资产租金收入应按合同或协议规定计算确定。

3. 无形资产转销。

如果无形资产预期不能为企业带来经济利益，从而不再符合无形资产的定义，则应将其转销。企业在判断无形资产是否预期不能为企业带来经济利益时，应根据以下迹象加以判断：一是该无形资产是否已被其他新技术等所替代，且已不能为企业带来经济利益；二是该无形资产是否不再受法律的保护，且不能给企业带来经济利益。

四、无形资产的核算

为了适应公司对其所拥有或控制的无形资产管理与核算的要求，公司需要设置相应的会计科目。通常，公司可以设置“无形资产”和配套的“累计摊销”“无形资产减值准备”会计科目，对于从事新技术、新产品、新工艺的研究与开发活动的企业，需要设置“研发支出”会计科目。

1. “无形资产”科目。

“无形资产”科目核算公司持有的无形资产，包括专利权、非专利技术、商标权、著作权、土地使用权等。企业应当按照无形资产项目进行明细核算。采用成本模式计量的已出租的土地使用权和持有并准备增值后转让的土地使用权，在“投资性房地产”科目核算，不在本科目核算。

无形资产的主要账务处理是：

对于外购的无形资产，按应计入无形资产成本的金额，借记本科目，贷记“银行存款”等科目。购入无形资产超过正常信用条件延期支付价款，实质上具有融资性质，应按所购无形资产购买价款的现值，借记本科目，按应支付的金额，贷记“长期应付款”科目，按其差额，借记“未确认融资费用”科目；对于自行开发的无形资产，借记本科目，贷记“研发支出”科目；对于企业合并中取得的无形资产，应按其在购买日的公允价值，借记本科目，贷记有关科目；对于其他方式取得的无形资产，按不同方式下确定应计入无形资产成本的金额，借记本科目，贷记有关科目。

当无形资产预期不能为企业带来经济利益的，应按已计提的累计摊销，借记“累计摊销”科目，已计提减值准备的，借记“无形资产减值准备”科目，按其账面余额，贷记本科目，按其差额，借记“营业外支出”科目。

当处置无形资产时，应按实际收到的金额，借记“银行存款”等科目，按已计提的累计摊销，借记“累计摊销”科目，已计提减值准备的，借记“无形资产减值准备”科目，按应支付的相关税费，贷记“应交税费”等科目，按其账面余额，贷记本科目，按其差额，贷记“营业外收入——处置非流动资产利得”科目或借记“营业外支出——处置非流动资产损失”科目。

“无形资产”科目的期末借方余额，反映企业无形资产的成本。

2. “累计摊销”科目。

“累计摊销”科目核算企业对使用寿命有限的无形资产计提的累计摊销。采用成本模式计量的作为投资性房地产的土地使用权计提的累计摊销，可以单独设置“投资性房地产累计摊销”本科目，比照本科目进行核算。本科目应按无形资产项目进行明细核算。企业按月计提无形资产摊销，借记“管理费用”“其他业务支出”等科目，贷记本科目。

“累计摊销”科目期末贷方余额，反映企业无形资产累计摊销额。

3. “无形资产减值准备”科目。

“无形资产减值准备”科目核算企业无形资产发生减值时计提的减值准备。采用成本模式计量的作为投资性房地产的土地使用权计提的减值准备，可以单独设置“投资性房地产减值准备”科目，比照本科目进行核算。本科目应按无形资产项目进行明细核算。资产负债表日，企业根据资产减值准则确定无形资产发生减值的，按应减记的金额，借记“资产减值损失”科目，贷记本科目。处置无形资产时，应同时结转已计提的无形资产减值准备。

“无形资产减值准备”科目期末贷方余额，反映企业已计提但尚未转销的无形资产减值准备。

4. “研发支出”科目。

“研发支出”科目核算企业进行研究与开发无形资产过程中发生的各项支出。本科目应当按照研究开发项目，分别“费用化支出”与“资本化支出”进行明细核算。

研发支出的主要账务处理：

对于企业自行开发无形资产发生的研发支出，不满足无形资产准则规定的资本化条件的，借记本科目（费用化支出），满足无形资产准则规定的资本化条件的，借记本科目（资本化支出），贷记“原材料”“银行存款”“应付职工薪酬”等科目。

对于企业以其他方式取得的正在进行中的研究开发项目，应按确定的金额，借记本科目（资本化支出），贷记“银行存款 ”等科目。以后发生的研发支出，应当比照上述条款规定进行处理。

当研究开发项目达到预定用途形成无形资产的，应按本科目（资本化支出）的余额，借记“无形资产”科目，贷记本科目（资本化支出）。期末，企业应将本科目归集的费用化支出金额转入“管理费用”科目，借记“管理费用”科目，贷记本科目（费用化支出）。

“研发支出”科目期末借方余额，反映企业正在进行中的研究开发项目中满足资本化条件的支出。

【例 2-19】 某公司 20×1 年 1 月 1 日向东方宏源公司购入一项金融资产估值系统的专利权，买价为 400 000 元，支付的注册登记费等费用为 20 000

元，该专利权的法定使用年限还剩 4 年。若志远公司用了 2 年后于 20×3 年 1 月 1 日将该专利权的所有权转让给丙公司，取得转让收入为 240 000 元，根据《营业税收征增值税试点实施办法》第十五条规定，应交增值税 14 400 元。则志远公司应编制如下会计分录：

(1) 20×1 年 1 月 1 日取得专利权时：

借：无形资产——专利权　　420 000
　贷：银行存款　　420 000

(2) 20×1 年末摊销时：

借：管理费用——无形资产摊销　　105 000
　贷：无形资产——专利权　　105 000

(3) 20×2 年末摊销同 20×1 年。

(4) 20×3 年 1 月 1 日转让取得转让收入时：

借：银行存款　　240 000
　贷：无形资产　　210 000
　　应交税费——应交增值税　　14 400
　　营业外收入　　15 600

第五节　结算备付金核算

结算备付金是指证券公司为证券交易的清算交割而存入指定清算代理机构的款项。结算备付金属于证券公司的货币资金，但是结算备付金又有它自身的特点。首先，它只能用于证券交易结算以及相关规定中确定的特定账户之间的划转，不得用于其他结算业务；其次，对于在深、沪两地之外的证券公司而言，它属于异地存款；另外，按现行有关规定，客户存入证券公司的代买卖证券款属于证券公司的代管款项，证券公司除按法律规定和客户指令处理外，不得挪作他用。因此，结算备付金应严格区分客户资金和公司自有资金进行核算和管理。

证券公司应设置“结算备付金”科目进行规范的日常核算，借方记录结算备付金的增加数，贷方记录结算备付金的减少数。为分别反映公司为进行自营证券交易等业务的清算交割而存入指定清算代理机构的款项和公司代理客户进行证券交易等业务的清算交割而为客户存入指定清算代理机构的款项，“结算备付金”科目应设置“公司”和“客户”两个明细科目。在实行法人集中清算制度之后，证券公司的各个基层营业部不再直接向清算代理机构存款，而是通过公司总部清算部门统一办理清算业务。因此，在实务中，“结算备付金”科目仅由公司总部的清算部门使用。为处理公司内部营业部与公司总部清算部门之间的资金清算业务，公司可以增设内部往来科目，如“交易清算往来”科目，用于核算内部之间结算资金的往来。

证券公司将款项存入清算代理机构，借记“结算备付金”科目，贷记“银行存款”科目；从清算代理机构收回资金，借记“银行存款”科目，贷记“结算备付金”科目。

一、分级清算业务的核算

目前，我国证券交易资金结算业务的基本原则是净额结算、钱货两清，采用的结算模式是法人集中结算。一级清算是指证券公司清算部门收到各交易市场发回的成交数据进行公司系统的一级清算，计算出公司对各市场的应收、应付净额，在交收日根据这些净额进行资金划转；二级清算是指证券公司以及各下属营业部根据各市场登记结算机构发来的成交数据计算出该清算日各营业部的应收应付净额，根据各营业部的买差卖差情况调整“交易清算往来”科目；三级清算是指证券公司各营业部根据二级清算结果加收佣金及上海另加收的0.05%的过户费，与投资者进行三级清算。目前很多证券公司实行集中清算，合并一、二级清算。

【例2-20】某清算日，东方红证券股份有限公司的清算情况如表2-5所示。

表2-5　　东方红证券股份有限公司清算情况　　单位：元

项目	序号	公司合计	各营业部构成	
			杭州庆春营业部	上海沪东营业部
买入	1	114 750 000	76 500 000	38 750 000
卖出	2	5 240 000	3 500 000	1 750 000
印花税（0.2%）	3	240 000	160 000	80 000
经手费（0.011%）	4	13 200	8 800	4 400
证管费（0.004%）	5	4 800	3 200	1 600

续表

项目	序号	公司合计	各营业部构成	
			杭州庆春营业部	上海沪东营业部
过户费（0.05%）	6	60 000	40 000	20 000
佣金（0.3%）	7	360 000	240 000	120 000
应收——应付款	8	110 160 000	-73 440 000	-36 720 000
公司收入	9	420 000	280 000	140 000
公司费用	10	78 000	52 000	26 000

注：为简单起见，假设东方红证券公司只有2个营业部，且该交易日只有上海证券交易所客户交易。

东南证券公司清算部门应作如下会计分录：

借：交易清算往来——客户（A营业部）　110 160 000

　贷：结算备付金——客户（上海）　110 160 000

东方红证券杭州庆春营业部营业部的当日清算分录如下：

借：代买卖证券款　73 440 000

　手续费支出　52 000

　交易清算往来——公司　228 000

　贷：交易清算往来——客户　73 440 000

　　手续费收入　280 000

东方红公司上海沪东营业部的当日清算分录如下：

借：代买卖证券款　36 720 000

　手续费支出　26 000

　交易清算往来——公司　114 000

　贷：交易清算往来——客户　36 720 000

　　手续费收入　140 000

二、各类交易业务资金清算的核算

（一）代理买卖证券业务

1. 临柜接受客户。客户在资金柜台以现金或者银行转账方式存入、取出委托——代理买卖证券资金时，应填制客户委托资金存取凭单，由柜台出纳人员复核后，交财务人员记账。客户存入资金，借记“现金”或“银行存款”科目，贷记“代理买卖证券款”科目，将现金交存银行时，借记“银行存款——客户”科目，贷记“现金”科目；客户取出资金时，借记“代理买卖证券款”科目，贷记“现金”或“银行存款——客户”科目。

2. 资金上划公司。证券公司营业部将客户委托资金划拨至公司总部清算部门时，借记“交易清算往来——客户（××营业部）”科目，贷记“银行存款——客户”科目。划回时作相反分录；公司总部清算部门收到所属营业部划来的客户资金时，借记“银行存款——客户”科目，贷记“交易清算往来——客户（××营业部）”科目，款项划回所属营业部时作相反分录。

3. 资金预转清算。证券公司清算部门将结算备付金划至指定清算代理机构时，借记“结算备付金——客户”科目，贷记“银行存款——客户”科目；划回时作相反会计分录。

4. 受托发生交易。公司接受客户委托，通过证券交易所代理买卖证券，与客户清算时，应分别按以下两种情况进行账务处理：

（1）如果买入证券成交总额大于卖出证券成交总额，证券公司总部清算部门根据交易日代买卖证券业务中买卖证券成交差额，加代扣代缴的税费和公司应承担的手续费，借记“交易清算往来——客户（××营业部）”科目，贷记“结算备付金——客户”科目；营业部根据该交易日代买卖证券业务中，买卖证券成交价的差额，加代扣代缴的税费和应向客户收取的佣金等手续费，借记“代买卖证券款”科目，贷记“交易清算往来——客户”科目；同时按公司应负担的交易费用，借记“手续费支出——代买卖证券手续费支出”科目，按公司应向客户收取的佣金和公司应该负担的交易费用的差额，借记“交易清算往来——公司”科目，按公司应向客户收取的佣金等手续费，贷记“手续费收入——代买卖证券手续费收入”科目。营业部通知公司总部清算部门，按照影响客户收取的佣金和公司应负担的交易费用差额调整其交易清算往来中公司资金和客户资金的余额，清算部门借记“交易清算往来——客户（××营业部）”科目，贷记“交易清算往来——公司（××营业部）”科目，同时借记“结算备付金——公司”科目，贷记“结算备付金——客户”科目。

（2）如果卖出证券成交总额大于买入证券成交总额，证券公司总部清算部门根据交易日代买卖证券业务中买卖证券成交差额，减代扣代缴的税费和公司应承担的手续费，借记“结算备付金——客户”科目，贷记“交易清算往来——客户（××营业部）”科目；营业部根据该交易日代买卖证券业务中，买卖证券成交价的差额，减代扣代缴的税费和应向客户收取的佣金等手续费，借记“交易清算往来——客户”科目，贷记“代买卖证券款”科目；同时按公司应负担的交易费用，借记“手续费支出——代买卖证券手续费支出”科目，按公司应向客户收取的佣金和公司应该负担的交易费用的差额，借记“交易清算往来——公司”科目，按公司应向客户收取的佣金等手续费，贷记“手续费收入——代买卖证券手续费收入”科目。营业部通知公司总部清算部门，按照影响客户收取的佣金和公司应负担的交易费用差额调整其交易清算往来中公司资金和客户资金的余额，清算部门借记“交易清算往来——客户（××营业部）”科目，贷记“交易清算往来——公司（××营业部）”科目，同时借记“结算备付金——公司”科目，贷记“结算备付金——客户”科目。

（二）自营证券业务

为控制风险，现在证券公司自营证券业务均由公司总部从事，因此，公司总部清算部门与相应的登记结算机构进行一级清算的同时就完成了该项业务的结算过程。

1. 将自营资金划至指定清算代理机构时，借记“结算备付金——公司”科目，贷记“银行存款——公司”科目；由指定清算代理机构将自营资金划回时，作相反会计分录。

2. 公司在证券交易所进行自营证券交易并清算时，应分别按以下两种情况进行账务处理：

（1）公司买入证券时，按清算日买入证券的实际成本（包括买入股票的成交价，加上缴纳的经手费、过户费、证管费、印花税等各项费用），借记“自营证券”科目，贷记“结算备付金——公司”科目。

（2）公司卖出证券时，按清算日实际收到的金额，借记“结算备付金——公司”科目，贷记“证券销售”科目；结转已售证券成本时，借记“证券销售”科目，贷记“自营证券”科目。

【例 2－21】 东方红证券股份有限公司 20×1 年 5 月购买海华公司股票 2 000 股，实际成本 20 000 元，应作会计分录如下：

借：自营证券——海华股票　　20 000

　　贷：结算备付金——公司　　20 000

10月，公司售出该批股票，实际收到金额30 000元。

借：结算备付金——公司　　30 000

　　贷：证券销售　　30 000

结转自营股票实际成本：

借：证券销售　　20 000

　　贷：自营证券——海华股票　　20 000

第三章
公司负债要素核算

本章精要

从某种意义上看，证券公司与基金公司其实就是一个经营负债的特种企业，通常拥有比一般企业高得多的负债。因此，应该积极关注本章的内容。

首先是流动负债的确认与计量。在金额可确定的流动负债中，对短期借款、拆入资金、交易性金融负债、卖出回购金融资产款等，需要分别认知其常见内容、基本特征、处理要求。对金额视经营情况而定的流动负债，需要掌握和一般企业此类负债的相同与异同，如应付股利、应交税费、应交城市维护建设税、应交房产税、土地使用税、车船税、应交个人所得税。在职工薪酬中，要特别关注其经济内涵与外延，还必须关注非货币性福利、辞退福利的账务处理。

在非流动负债的确认与计量方面，首先掌握非流动负债的定义及特点，主要包括长期借款、应付债券、长期应付款等。非流动负债是金融企业筹集与融通资金的一种重要方式。重点掌握应付债券的核算，包括面值发行、溢价发行或折价发行的具体环境处理。对其他非流动负债，如长期借款、预计负债、递延所得税负债也要一一进行透彻的解读。

第一节 流动负债的核算

一、流动负债的计价

流动负债是公司经营活动中经常存在的一个重要会计报表项目，为了保证会计信息的质量，应对负债进行准确而科学的计价。由于负债是企业现在承担但将来偿付的经济义务，从理论上说，应当考虑货币的时间价值，在其发生时按照未来应偿付金额的现值计价入账。但是，由于流动负债涉及的期间一般较短（通常少于1年），其到期价值与现值往往差别不大。

二、与金融活动有关的流动负债核算

（一）短期借款

1. 短期借款的定义。

短期借款是企业向银行或其他金融机构等借入的期限在1年以下（含1年）的各种借款。短期借款一般是企业为维持正常的生产经营的资金需要而借入的或者为抵偿某项债务而借入的。短期借款的利息，应作为财务费用计入当期损益。

2. 短期借款账务处理。

为了核算和监督企业向银行或其他金融机构借入的期限在1年以内（含1年）的各种借款，企业应设置“短期借款”科目。“短期借款”科目属于负债类科目，其贷方登记企业取得的各种短期借款，借方登记企业归还的各种短期借款，期末余额一般在贷方，表示企业尚未偿还的各种短期借款的本金。企业的短期借款应当按照不同的债权人分别设置明细账，并且按照借款种类进行明细核算。

企业在借入各种短期借款时，借记“银行存款”科目，贷记“短期借款”科目。

发生的短期借款利息，作为一项筹资费用，应计入财务费用，在会计核算上分别以下情况进行处理：

（1）如果企业的短期借款利息按月支付，或者利息是在借款到期归还本

金时一并支付，且数额不大，可以在实际支付或收到银行的计息通知时，直接计入当期损益，借记“财务费用”科目，贷记“银行存款”科目。

（2）如果短期借款的利息是按季度或半年度支付的，或者利息是在借款到期时连同本金一并归还，并且数额较大的，应按月计提计入当期损益。计提时，借记“财务费用”科目，贷记“应付利息”科目；实际支付时，按已经计提的利息金额，借记“应付利息”科目，按实际支付的利息金额与已经计提的利息金额的差额（即尚未计提的部分），借记“财务费用”科目，按实际支付的利息金额，贷记“银行存款”科目。

短期借款到期，企业应及时归还。归还借款本金时，借记“短期借款”科目，贷记“银行存款”科目。

【例3－1】欧亚基金公司因临时需要，于20×1年4月1日向其开户银行借入款项1 000 000元，年利率6%，期限3个月，利息到期一次支付，企业按月计提利息费用。该公司应编制如下会计分录：

（1）4月1日借入款项时：

借：银行存款	1 000 000	
贷：短期借款		1 000 000

（2）4、5、6月末分别计提当月利息费用时：

借：利息支出	5 000	
贷：应付利息		5 000

（3）7月1日还本付息时：

借：应付利息	15 000	
短期借款	1 000 000	
贷：银行存款		1 015 000

（二）拆入资金

1. 拆入资金的定义和特征。

拆入资金是指公司从境内外金融机构拆入的款项。其重要特征必须是从其他金融机构拆入的资金。

2. 拆入资金的账务处理。

公司应设置“拆入资金”科目核算本企业从境内、境外金融机构拆入的款项。本科目可按拆入资金的金融机构进行明细核算。

企业应按实际收到的金额，借记“存放中央银行款项”“银行存款”等科目，贷记本科目；归还拆入资金作相反的会计分录。

资产负债表日，应按计算确定的拆入资金的利息费用，借记“利息支出”科目，贷记“应付利息”科目。

“拆入资金”科目期末贷方余额，反映企业尚未归还的拆入资金余额。

（三）交易性金融负债

1. 交易性金融负债的定义。

交易性金融负债，主要是指企业为了近期出售或回购的金融负债。

金融工具确认和计量准则范围的衍生工具，不作为有效套期工具的，也可划分为交易性金融负债。

满足以下条件之一的金融负债，应当划分为交易性金融负债：

（1）承担该金融负债的目的主要是为了近期内出售或回购。

（2）属于进行集中管理的可辨认金融工具组合的一部分，且有客观证据表明企业近期采用短期获利方式对该组合进行管理。在这种情况下，即使组合中有某个组成项目持有的期限稍长也不受影响。

（3）属于衍生工具。但是，被指定为有效套期工具的衍生工具、属于财务担保合同的衍生工具与在活跃市场中没有报价且其公允价值不能可靠计量的权益工具投资挂钩并须通过交付该权益工具结算的衍生工具除外。其中，财务担保合同是指保证人和债权人约定，当债务人不履行债务时，保证人按照约定履行债务或者承担责任的合同。

2. 交易性金融负债的账务处理。

公司成为金融工具合同的一方并承担相应义务时确认金融负债。公司应设置“交易性金融负债”科目核算企业承担的交易性金融负债的公允价值。企业持有的直接指定为以公允价值计量且其变动计入当期损益的金融负债，也在本科目核算。

“交易性金融负债”科目可按交易性金融负债类别，分别“本金”“公允价值变动”等进行明细核算。

（1）企业承担的交易性金融负债，应按实际收到的金额，借记“银行存款”“存放中央银行款项”“结算备付金”等科目，按发生的交易费用，借记“投资收益”科目，按交易性金融负债的公允价值，贷记本科目（本金）。

（2）资产负债表日，按交易性金融负债票面利率计算的利息，借记“投资收益”科目，贷记“应付利息”科目。

资产负债表日，交易性金融负债的公允价值高于其账面余额的差额，借记“公允价值变动损益”科目，贷记本科目（公允价值变动）；公允价值低于其账面余额的差额作相反的会计分录。

（3）处置交易性金融负债，应按该金融负债的账面余额，借记本科目，按实际支付的金额，贷记“银行存款”“存放中央银行款项”“结算备付金”等科目，按其差额，贷记或借记“投资收益”科目。同时，按该金融负债的公允价值变动，借记或贷记“公允价值变动损益”科目，贷记或借记“投资收益”科目。

“交易性金融负债”科目期末贷方余额，反映企业承担的交易性金融负债的公允价值。

（四）卖出回购金融资产款

1. 卖出回购金融资产款的定义和内容。

卖出回购金融资产是指公司按照回购协议先卖出再按固定价格买入的票据、证券、贷款等金融资产所融入的资金。

2. 卖出回购金融资产款的账务处理。

公司应设置“卖出回购金融资产款”科目进行核算，按卖出回购金融资产的类别和融资方进行明细核算。

卖出回购金融资产款的主要账务处理如下：

（1）公司根据回购协议卖出票据、证券、贷款等金融资产，应按实际收到的金额，借记“结算备付金”“银行存款”等科目，贷记本科目。

（2）资产负债表日，按照计算确定的卖出回购金融资产的利息费用，借记“利息支出”科目，贷记“应付利息”科目。

（3）回购日，按其账面余额，借记本科目“应付利息”科目，按实际支付的金额，贷记“结算备付金”“银行存款”等科目，按其差额，借记“利息支出”科目。

“卖出回购金融资产款”科目期末贷方余额，反映企业尚未到期的卖出回购金融资产款。

三、与税务征缴相关的流动负债核算

企业在一定时期内取得的营业收入和实现的利润，要按照规定向国家交纳各种税金，这些应交的税金，应按照权责发生制的原则预提计入有关科目。

这些应交的税金在尚未交纳之前暂时停留在企业，形成一项负债。

这些应交的税费包括企业按照税法等规定计算应交纳的各种税费，包括增值税、消费税、所得税、资源税、土地增值税、城市维护建设税、房产税、土地使用税、车船税、教育费附加、矿产资源补偿费，以及代扣代缴的个人所得税等。这些税费大多数要视企业的经营状况才能确定。如应交的企业所得税，其金额必须要到企业会计期间终了，计算出企业利润总额（或亏损总额）之后才能确定；增值税的应交数也需待会计期间终了，计算出这一会计期间的营业收入总额后才能确定。

为了总括地核算和监督企业应交税费的计算和交纳情况，应设置“应交税费”科目进行核算，该科目的贷方登记企业应交纳的各种税费，借方登记企业已交纳的各种税费，期末贷方余额，表示企业尚未交纳的税费，期末借方余额，表示企业多交的税费。该科目按各种税费分别设置明细科目进行核算。下面介绍几种主要税的会计处理。

（一）应交增值税

1. 税率

证券基金业适用的增值税率为6%。

证券基金业适用的可抵扣进项税率，根据具体情况则有所不同：

购入动产取得增值税专用发票后，进项抵扣税率为13%；购入不动产取得增值税专用发票后，进项抵扣税率为9%；

采购办公用品、低值易耗品、电子耗材等，取得增值税专用发票后，其进项税额可以抵扣、进项抵扣税率为13%；

购买银行专项服务的手续费、中介代理手续费，进项抵扣税率为6%；

购置固定资产，进项抵扣税率为13%；

采购办公用品、低值易耗品、电子耗材等，进项抵扣税率为13%；

支付职场租赁费、装修费，进项抵扣税率为9%；

日常办公费、维修费、咨询费、会议费、培训费、差旅费、车辆保险费等，其进项抵扣税率分别为13%、9%、6%。

上述所有项目，均需要取得增值税专用发票后，其进项税额可以抵扣。

2. 相关会计科目的设置

证券公司或基金公司应在“应交税费”总账科目下设置“应交增值税”明细科目，并区分设置“销项税额”“进项税额”“已交税金”“出口退税”

“进项税额转出”等专栏。

“销项税额”专栏，核算证券或基金公司销售应税产品或提供应税劳务所应收取的增值税额。公司销售应税产品或提供应税劳务应收取的销项税额，用蓝字登记；销售退回应冲销的销项税额，用红字登记。当证券发生销售业务时，按照规定收取的增值税额，记入“销项税额”之下的各具体项目。依此类推。

“进项税额”专栏，核算证券或基金公司购进应税产品或接受应税劳务所支付的增值税额。当证券在国内采购货物或接受应税劳务，按照专用发票上注明的增值税额，记“进项税额”之下的相关项目。

“已交税金”专栏，记录企业已缴纳的增值税额。企业已缴纳的增值税额用蓝字登记；退回多缴的增值税额用红字登记。

“出口退税”专栏，记录企业出口适用零税率的货物，向海关办理报关出口手续后，凭出口报关单等有关凭证，向税务机关申报办理出口退税而收到的退回的税款。出口货物退回的增值税额，用蓝字登记；进口货物办理退税后发生退货或者退关而补缴已退的税款，用红字登记。

“进项税额转出”专栏，记录企业的购进货物、在产品、产成品等发生非正常损失以及其他原因而不应从销项税额中抵扣，按规定转出的进项税额。

3. 日常业务账务处理举例

（1）销项税额的核算。

【例3－2】 ABC证券公司20×1年10月12日取得手续费及佣金收入一批（相应的增值税率为6%），根据当日生成的明细表及相应发票，该批业务收入在原营业税体制下总额为30 000元，现按规定实行价税分离，并单独收取增值税额和不含税保单价格。其相应的会计处理如下：

首先，计算增值税和保单价值：

不含税价格＝30 000/（1＋6%）＝28 301.89（元）

增值税＝28 301.89×6%＝1 698.11（元）

其次，进行相应的账务处理：

借：银行存款	30 000	
贷：应交税费——应交增值税（销项税额）		1 698.11
手续费及佣金收入		28 301.89

【例3－3】 东方基金公司20×1年10月12日发生多种基金商品转让，根

据持仓清单，及相关收到现金而非持有期间的收益明细列表，此批金融商品买进与卖出的差价为 10 000 000 元。

首先，计算该项金融资产转让业务增值税：

增值税 = 转让差价 ×6% = 600 000（元）

相应地，作为该增值税的附加税，城市维护建设税税率为 7%、教育费附加征收率为 3%、地方教育附加征收率为 2%。

其次，进行相应的账务处理：

借：税金及附加——增值税　　600 000
　　　　　　——城市维护建设税　　42 000
　　　　　　——教育费附加　　18 000
　　　　　　——地方教育附加　　12 000
　贷：应交税费——应交增值税（销项税额）　　600 000
　　　　　　——城市维护建设税　　42 000
　　　　　　——教育费附加　　18 000
　　　　　　——地方教育附加　　12 000

（2）进项税额的核算。

【例 3 - 4】 ABC 证券公司 20×1 年 10 月 12 日向北京百货文化公司购进公司日常使用办公用品一批，增值税税率为 13%，价税合计 5 000 元，并取得增值税专用发票。

首先，不含税价格 = 5 000/（1 + 13%）= 4 424.78（元）

进项增值税 = 5 000 - 4 424.78 = 575.22（元）

其分录如下：

借：业务及管理费　　4 424.78
　　应交税费——应交增值税——进项税额（一般）　　575.22
　　贷：银行存款　　5 000

【例 3 - 5】 ABC 证券公司 20×1 年 10 月 12 日向南方淘金网络公司购进基金行销辅助品一批，并取得增值税专用发票，价税合计 113 000 元；同时购用于激励方案兑现的实物 113 000 元。

借：业务及管理费　　100 000
　　手续费及佣金支出　　100 000
　　应交税费——应交增值税——进项税额（行销辅助品）
　　13 000

——进项税额（实物奖励） 13 000

贷：银行存款 226 000

（3）代扣代缴的核算。

【例 3－6】 ABC 证券公司 7 月代理人佣金税前收入 30 900 元，代扣代缴征收率为 3%。

借：手续费及佣金支出 30 900

贷：应交税费——代扣代缴增值税——代理人 900

——城市维护建设税——代理人 63

——教育费附加——代理人 27

——地方教育附加——代理人 18

——个人所得税 10

——水利建设基金 2.1

应付手续费及佣金支出——佣金支出——实发 29 879.90

（4）缴纳税款的核算。

【例 3－7】 假设 20×1 年 10 月 12 日 ABC 证券公司销项税 5 000 元，进项税 3 000 元，进项转出 2 000 元，减免税款 100 元，金融商品转让销项税 500 元，结转税款 4 400 元。

借：应交税费——应交增值税——转出税费（一般） 3 900

——转出税费（金融商品转让） 500

贷：应交税费——未交增值税——一般 3 900

——金融商品转让 500

【例 3－8】 ABC 证券公司 2016 年 10 月未交增值税金额 780 000 元，计提附加税。

借：税金及附加——城市维护建设税 54 600

——教育费附加 23 400

——地方教育附加 15 600

贷：应交税费——城市维护建设税 54 600

——教育费附加 23 400

——地方教育附加 15 600

【例 3－9】 ABC 证券公司申报 7 月增值税，假如实际缴纳 830 000 元。

借：应交税费——未交增值税——一般　　780 000
　　　　　　　　　　　　——金融商品转让　　50 000
　贷：银行存款　　830 000

（二）应交所得税

企业所得税是国家对企业的生产、经营所得和其他所得，依照有关所得税暂行条例及其细则的规定征收的一种税，这也是国家以社会管理者的身份参与企业经营成果分配的一种形式。当期应计入损益的所得税，作为一项费用，在净收益前扣除。为了核算企业应交纳的所得税，公司应在“应交税费”科目下设置“应交所得税”明细科目。

（三）应交城市维护建设税

为了核算企业应交纳的城市维护建设税，公司应在“应交税费”科目下设置“应交城市维护建设税”明细科目。企业按规定计算出应交纳的城市维护建设税，借记“营业税金及附加”等科目，贷记“应交税费——应交城市维护建设税”科目。交纳城市维护建设税时，借记“应交税费——应交城市维护建设税”科目，贷记“银行存款”科目。

（四）应交房产税、城镇土地使用税、车船税

房产税是国家对在城市、县城、建制镇和工矿区征收的由产权所有人缴纳的一种税。房产税依照房产原值一次减除10%至30%后的余额计算交纳。没有房产原值作为依据的，由房产所在地税务机关参考同类房产核定。城镇土地使用税是国家为了合理利用城镇土地，调节土地级差收入，提高土地使用效益，加强土地管理而开征的一种税。土地使用税以纳税人实际占用的土地面积为计税依据，依照规定税额计算征收。车船税由拥有并且使用车船的单位和个人交纳。车船税按照适用税额计算交纳。企业按规定计算应交的房产税、土地使用税、车船税时，借记“税金及附加”科目，贷记“应交税费——应交房产税（或土地使用税、车船税）”科目；上交时，借记“应交税费——应交房产税（或土地使用税、车船税）”科目，贷记“银行存款”科目。

四、应付职工薪酬的核算

（一）职工薪酬的内容

职工薪酬是指企业为获得职工提供的服务而给予各种形式的报酬以及其他相关支出。这里所称“职工”比较宽泛。包括三类人员：一是与企业订立劳动合同的所有人员，含全职、兼职和临时职工；二是未与企业订立劳动合同、但由企业正式任命的企业治理层和管理层人员，如董事会成员、监事会成员等；三是在企业的计划和控制下虽未与企业订立劳动合同或未由其正式任命但为其提供与职工类似服务的人员。

具体来说，职工薪酬主要包括以下内容：

1. 职工工资、奖金、津贴和补贴；
2. 职工福利费；
3. 社会保险费；
4. 住房公积金；
5. 工会经费和职工教育经费；
6. 非货币性福利；
7. 辞退福利；
8. 股份支付。

（二）职工薪酬的核算

为了核算和监督职工薪酬发生和支付情况，企业应设置“应付职工薪酬”科目，并按照“工资”“职工福利”“社会保险费”“住房公积金”“工会经费”“职工教育经费”“解除职工劳动关系补偿”“股份支付”等应付职工薪酬项目进行明细核算。

企业按照有关规定向职工支付工资、奖金、津贴等，借记“应付职工薪酬”科目，贷记“银行存款”“库存现金”等科目；企业从应付职工薪酬中扣还的各种款项（代垫的家属药费、个人所得税等），借记“应付职工薪酬”科目，贷记“其他应收款”“应交税费——应交个人所得税”等科目；企业向职工支付职工福利费，借记“应付职工薪酬”科目，贷记“银行存款”“库存现金”等科目；企业支付工会经费和职工教育经费用于工会运作和职工培训，借记“应付职工薪酬”科目，贷记“银行存款”等科目；企业按照国家有关规定缴纳社会保险费和住房公积金，借记“应付职工薪酬”科目，贷记“银行存款”科目；企业因解除与职工的劳动关系向职工给予的补偿，借记“应付职工薪酬”科目，贷记“银行存款”“库存现金”等科目；企业支付租赁住房等资产供职工无偿使用所发生的租金，借记“应付职工薪酬”科目，贷记“银行存款”等科目；在行权日，企业以现金与职工结算股份支付，借记“应付职工薪酬”科目，贷记“银行存款”“库存现金”等科目。

对发生的职工薪酬，企业应当根据职工提供服务的受益对象分别以下情况进行处理：生产部门人员的职工薪酬，借记“生产成本”“制造费用”“劳务成本”科目，贷记“应付职工薪酬”科目；管理部门人员的职工薪酬，借记“管理费用”科目，贷记“应付职工薪酬”科目；销售人员的职工薪酬，借记“销售费用”科目，贷记“应付职工薪酬”科目；应由在建工程、研发支出负担的职工薪酬，借记“在建工程”“研发支出”科目，贷记“应付职工薪酬”科目；因解除与职工的劳动关系给予的补偿，借记“管理费用”科目，贷记“应付职工薪酬”科目；无偿向职工提供住房等资产使用的，按应计提的折旧额，借记“管理费用”等科目，贷记“应付职工薪酬”科目，同时，借记“应付职工薪酬”科目，贷记“累计折旧”科目；租赁住房等资产供职工无偿使用的，每期应支付的租金，借记“管理费用”等科目，贷记“应付职工薪酬”科目；在等待期内每个资产负债表日，根据股份支付准则确定的金额，借记“管理费用”等科目，贷记“应付职工薪酬”科目；在可行权日之后，根据股份支付准则确定的金额，借记或贷记“公允价值变动损益”科目，贷记或借记“应付职工薪酬”科目。

五、应付股利的核算

应付股利是指企业经股东大会或类似机构审议批准分配的现金股利或利润。企业股东大会或类似机构审议批准的利润分配方案、宣告分派的现金股利或利润，在实际支付前，形成企业的负债。企业董事会或类似机构通过的利润分配方案中拟分配的现金股利或利润，不应确认负债，但应在附注中披露。

企业经股东大会或类似机构审议批准的利润分配方案，应支付的现金股利或利润时，借记“利润分配”科目，贷记“应付股利”；实际支付现金股利或利润时，借记“应付股利”。贷记“银行存款”等科目。

第二节　非流动负债核算

一、非流动负债的分类

（一）非流动负债的定义及特点

非流动负债是指流动负债以外的负债，主要包括长期借款、应付债券、长期应付款等。非流动负债是企业筹集（融通）资金的一种重要方式。

非流动负债除具有负债的共同特征外，与流动负债相比，一般还具有债务金额大，偿还期限长，可以分期偿还等特点。

企业必须充分考虑到举债经营的优点与不足，权衡利弊，进行合理的财务决策。一方面，要保证举债经营的投资利润率高于非流动负债的利率；另一方面，举债的程度应与企业的资本结构和偿债能力相适应。

（二）非流动负债的分类

我国公司的非流动负债主要包括向银行或其他金融机构借入的长期借款、发行的公司债券即应付债券等。这些非流动负债按归还方式可分为一次性归还的非流动负债和分期归还的非流动负债；按使用的结果分为形成固定资产的非流动负债和形成流动资产的非流动负债。

二、应付债券的核算

（一）应付债券的定义和内容

应付债券是指企业为筹集长期使用资金而实际发行的一种书面凭证。这里的应付债券是指发行期限在 1 年以上（不含 1 年）的应付长期债券，从而构成了企业的一项非流动负债。

发行企业债券不仅是企业的一项重要筹资举措，对资本市场也会产生一定的影响。因此，企业需要发行债券时，应先由董事会等作出决定，将发行债券的具体事宜提请股东大会等类似机构批准，再报请政府有关部门核准，方可印制和发行企业债券。企业债券的发行必须以债券契约为依据。债券契约是明确企业债券发行与持有人相互关系的书面文件，其中规定了对企业债券发行的各种限制条款，主要有：核准发行的金额、利率、到期日、利息支付方式、收回债券的条件等。单个的债券购买者，将会得到书面的债券凭证，在其中除载明发行企业的名称与住所、发行日期与编号、发行企业的印记和法定代表人的签章、审批机关批准发行的文号、日期等，还包括债券面值、债券利率、付息日、到期日等内容。

（二）应付债券的分类

应付债券可按不同的标准进行分类，主要有以下几种分类：

按有无担保可分为有抵押公司债券、保证债券和信用公司债券。有抵押公司债券是指举债公司需以不动产或动产作抵押以保证企业按期还本付息的债券。保证债券是指未提供任何财产作担保，而由第三者提供保证的债券。信用公司债券是指没有特定的担保品和保证人，全凭发行公司的信用的债券。

按还本方式可分为一次还本债券、分期还本债券和提前还本债券。一次还本债券是指同一日期发行的债券全部在同一到期日偿还本金的债券。分期还本债券是指同一日期发行的债券本金在不同到期日分期偿还的债券。提前还本债券是指举债公司按契约规定，可在债券到期日前通知债券持有者提前还本的债券。

按可否转换可分为可转换债券和不可转换债券。可转换债券是指债券持有者有权按约定的时间和转换比例向债务人转换其发行的其他证券（通常为普通股股票）的债券。不可转换债券是指没有上述转换权利的债券。

（三）公司债券发行价格的确定

由于货币是有时间价值的，现在的一元钱与一年后的一元钱并不等值，时间越长，货币时间价值越大。债券偿还期通常较长，因而货币时间价值的作用也更加明显。债券面值实际上就是在债券到期日收回的本金与定期支付的各期利息按债券票面利率贴现的现值之和。而债券发行价格是在债券到期日收回的本金与定期支付的各期利息按实际利率贴现的现值之和。票面利率是指企业发行债券上记载的利率，通常是以年利率表示的，一般固定不变，也称为名义利率。实际利率是指债券发行企业实际负担的利率（也是债券持有人实际获得的利率）。实际利率是债券发行当时的市场利率，也就是金融市场上风险和期限与所发行的债券类似的借贷资本的利率。企业债券的发行价格受同期银行存款利率（相当于市场利率）的影响较大。经常会出现市场利率大于或小于票面利率，或者说是实际利率大于或小于名义利率的情况。在这种情况下，债券发行企业就要按高于或低于市场利率的票面利率支付债券利息，即按高于或低于债券面值的价格出售。当债券的票面利率高于同期银行存款利率时，可按超过债券票面价值的价格发行，称为溢价发行。溢价发行表明企业以后期多付利息而事先得到的补偿；如果债券的票面利率低于同期银行存款利率的，可按低于债券票面价值的价格发行，称为折价发行。折价发行表明企业以后各期少付利息而预先给投资者的补偿；如果债券的票面利率与同期银行存款利率一致，可按票面价值发行，称为面值发行。企业在发行债券时，应将待发行债券的票面金额、债券票面利率、还本期限与方式、发行总额、发行日期和编号、委托代售部门、转换股份等情况在备查簿中进行登记。债券发行价格的计算公式如下：

债券发行价格 = 到期偿还本金按市场利率计算的现值 + 各期票面利息按市场利率计算的现值

= 债券面值 × 现值系数 + 债券面值 × 票面利率 × 年金现值系数

$= F \times (1+I)^{-n} + A \times [1-(1+i)^{-n}]/i$

公式中，F 表示债券面值；A 表示按债券票面利率计算的各期发行的利息；i 表示市场利率；n 表示期数。

【例 3-10】 远大证券公司 20×1 年 1 月 1 日发行面值 100 000 元，期限 5 年，到期还本的公司债券，票面利率为 8%，每年付息一次。

假定债券发行时市场利率为 8%，则上述债券发行时的价格计算如下：

（1）债券面值按市场利率 8% 折算的现值。

五年后一次还本的 100 000 元票面金额的现值，应按 8% 计算 5 年复利的现值即

$100\ 000 \times (1+8\%)^{-5} = 100\ 000 \times 0.6806 = 68\ 058$（元）

（2）债券利息按市场利率 8% 折算的现值。

每年付息一次，每年付息额为 8 000（100 000 × 8%）元，共 5 期，按市场利率 8% 折算的年金现值即：

$8\ 000 \times [1-(1+8\%)^{-5}]/8\% = 8\ 000 \times 3.9927 = 31\ 942$（元）

（3）债券发行价格 = 68 058 + 31 942 = 100 000（元）

（四）公司债券发行的会计处理

公司债券无论是按面值发行，还是溢价发行或折价发行，均按债券面值记入“应付债券”科目的“面值”明细科目，实际收到的款项与面值的差额，记入“利息调整”明细科目。企业发行债券时，按实际收到的款项，借记“银行存款”“库存现金”等科目，按债券票面价值，贷记“应付债券——面值”科目。按实际收到的款项与票面价值之间的差额，贷记或借记“应付债券——利息调整”科目。

【例 3-11】 根据［例 3-10］，假设债券发行时市场利率为 8%，等于票面利率，则公司债券的发行价格即其面值。应编制如下会计分录：

借：银行存款　　100 000

　　贷：应付债券——债券面值　　100 000

（五）公司债券应计利息及利息调整摊销的会计处理

利息调整的摊销，有直线法和实际利率法两种。直线法是将债券的利息

调整平均摊销于各期的一种摊销方法。实际利率法是以实际利率乘以各期期初应付债券的现值计算各期利息费用，并将该利息费用与按票面利率支付利息的差额，作为该期应摊销的利息调整。企业会计准则规定，企业在债券发行后，应按实际利率法计算各期摊销额，编制“利息调整”，并进行会计处理。

在公司债券按面值发行的情况下，不涉及利息调整的摊销，企业按期计算债券应计利息时，应按应计利息，借记“在建工程”或“财务费用”科目，贷记“应付债券——应计利息”或“应付利息”科目。企业在实际支付利息时，应按实际支付金额，借记“应付债券——应计利息”或“应付利息”科目，贷记“银行存款”科目。

【例3－12】 根据［例3－10］，假设债券发行时市场利率为8%，等于票面利率，每年付息一次。应编制如下会计分录：

借：在建工程或财务费用　　8 000

　　贷：应付利息　　8 000

付息时：

借：应付利息　　8 000

　　贷：银行存款　　8 000

在公司债券按溢价发行的情况下，企业按期计算债券应计利息时，按应摊销的利息调整额借记“应付债券——利息调整”科目，按应计利息与利息调整摊销额的差额，借记“在建工程”或“财务费用”科目，按应计利息，贷记“应付债券——应计利息”或“应付利息”科目。企业在实际支付利息时，也应按实际支付金额，借记“应付债券——应计利息”或“应付利息”科目，贷记“银行存款”科目。

在公司债券按折价发行的情况下，企业按期计算债券应计利息时，按应计利息与利息调整摊销额之和，借记“在建工程”或“财务费用”科目，按应摊销的利息调整额，贷记“应付债券——利息调整”科目，按应计利息，贷记“应付债券——应计利息”或“应付利息”科目。企业在实际支付利息时，应按实际支付金额，借记“应付债券——应计利息”或“应付利息”科目，贷记“银行存款”科目。

【例3－13】 20×1年12月31日，甲基金公司经批准发行5年期一次还本、分期付息的公司债券10 000 000元，债券利息在每年12月31日支付，票面利率为年利率6%。假定债券发行时的市场利率为5%。甲公司该批债券实际发行价格为：

10 000 000 ×0.78354 －10 000 000 ×6% ×4.3295 =10 432 700（元）

甲公司根据上述资料，采用实际利率法和摊余成本计算确定的利息费用，如表 3－1 所示。

表 3－1　　利息费用一览表　　单位：元

付息日期	支付利息	利息费用	摊余的利息调整	应付债券摊余成本
20×1 年 12 月 31 日				10 432 700.00
20×2 年 12 月 31 日	600 000.00	521 635.00	78 365.00	10 354 335.00
20×3 年 12 月 31 日	600 000.00	517 716.75	82 283.25	10 272 051.75
20×4 年 12 月 31 日	600 000.00	513 600.59	86 397.41	10 185 654.34
20×5 年 12 月 31 日	600 000.00	509 282.72	90 717.28	10 094 937.06
20×6 年 12 月 31 日	600 000.00	505 062.94*	94 937.06	10 000 000.00

*尾数调整从略。

根据表 3－1 的资料，甲公司的账务处理如下：

（1）20×1 年 12 月 31 日发行债券时：

借：银行存款　　10 432 700

　　贷：应付债券——面值　　10 000 000

　　　　应付债券——利息调整　　432 700

（2）20×2 年 12 月 31 日计算利息费用时：

借：财务费用等　　521 635

　　应付债券——利息调整　　78 365

　　贷：应付利息　　600 000

20×3 年、20×4 年、20×5 年确认利息费用的会计处理同 2008 年。

（3）20×6 年 12 月 31 日归还债券本金及最后一期利息费用时：

借：财务费用等　　505 062.94

　　应付债券——面值　　10 000 000

　　　　　　——利息调整　　94 937.06

　　贷：银行存款　　10 600 000

（六）公司债券偿还的会计处理

公司发行的债券通常分为到期一次还本付息或一次还本、分期付息两种。采用一次还本付息方式的，企业应于债券到期支付债券本息时，借记“应付债券——面值、应计利息”科目，贷记“银行存款”科目。采用一次还本、分期付息方式的，在每期支付利息时，借记“应付利息”科目，贷记“银行存款”科目；债券到期偿还本金并支付最后一期利息时，借记“应付债券——面值”“在建工程”“财务费用”“制造费用”等科目，贷记“银行存款”科目，按借贷双方之间的差额，借记或贷记“应付债券——利息调整”科目。

【例3-14】 接［例3-12］，远大证券公司于五年后债券到期时用银行存款一次性偿还本金，应编制如下会计分录：

借：应付债券——债券面值　　　　100 000

　　贷：银行存款　　　　100 000

三、其他非流动负债

（一）长期借款

长期借款，是指企业从银行或其他金融机构借入的期限在一年以上（不含一年）的借款。

企业借入各种长期借款时，按实际收到的款项，借记“银行存款”科目。贷记“长期借款——本金”；按借贷双方之间的差额，借记“长期借款——利息调整”。

在资产负债表日，企业应按长期借款的摊余成本和实际利率计算确定的长期借款的利息费用，借记“在建工程”“财务费用”“制造费用”等科目，按借款本金和合同利率计算确定的应付未付利息，贷记“应付利息”科目。按其差额，贷记“长期借款——利息调整”科目。

企业归还长期借款，按归还的长期借款本金，借记“长期借款——本金”科目，按转销的利息调整金额，贷记“长期借款——利息调整”科目，按实际归还的款项，贷记“银行存款”科目，按借贷双方之间的差额，借记“在建工程”“财务费用”“制造费用”等科目。

（二）预计负债

预计负债指企业确认的对外提供担保、未决诉讼、产品质量保证、重组义务、亏损性合同等负债。公司应设置“预计负债”科目，该科目可按形成预计负债的交易或事项进行明细核算。

企业由对外提供担保、未决诉讼、重组义务产生的预计负债，应按确定的金额，借记“营业外支出”等科目，贷记本科目。

实际清偿或冲减的预计负债，借记本科目，贷记“银行存款”等科目。

根据确凿证据需要对已确认的预计负债进行调整的，调整增加的预计负债，借记有关科目，贷记本科目；调整减少的预计负债作相反的会计分录。

“预计负债”科目期末贷方余额，反映企业已确认尚未支付的预计负债。

第四章
公司损益要素核算

本章精要

趋利避害是人的本能，止损增效是企业的追求。在资本对利润追逐的导向下，相关各方没有不关注损益的。本章中，始于收入、经过成本、达到利润，是全面认知损益资产的三部曲。首先是公司收入的核算。认知收入的定义与特征是先导。在新准则的国际视角下，收入是指自身业务活动即证券与基金服务活动中形成的、会导致所有者权益增加的、与所有者投入资本无关的经济利益的总流入，由此产生的经济利益总流入构成收入。要关注收入确认的标杆，并对证券公司、基金公司发生的代理买卖证券业务净收入、证券承销业务净收入、受托资产管理业务净收入等手续费及佣金净收入、利息净收入、投资收益、公允价值变动损益、汇兑损益和其他业务收入，分别结合企业具体情况进行掌握，还要对营业外收入的账务处理进行认知。

其次，要在新准则理念下，对金融企业成本和费用进行科学、深刻的认识与分析，深刻理解费用、成本、支出的关系。掌握包括税金及附加、业务及管理费、资产减值损失、其他业务成本等在内的各项营业支出的核算。

最后，全面认知公司利润。明确公司利润是企业在一定会计期间的经营成果。利润包括收入减去费用后的净额、直接计入当期利润的利得和损失等。新准则下企业的利润通常由营业利润、利润总额、净利润三部分组成。这一节，极具综合性、政策性、系统性，需要全面落实系统地掌握运用。

第一节　公司经营收入核算

一、收入的定义与特征

（一）收入的定义

收入是指企业在日常活动中形成的、会导致所有者权益增加的、与所有者投入资本无关的经济利益的总流入。其中“日常活动”是指企业为完成其经营目标所从事的经常性活动以及与之相关的活动。比如，证券公司提供金融商品服务所取得的收入，主要包括金融企业往来收入、手续费及佣金收入、证券承销差价收入、证券自营收入、买入返售金融资产收入、汇兑收益和其他业务收入；基金公司或基金主体依法取得的股票差价收入、债券差价收入、存款利息收入、股利收入、买入返售金融资产收入、其他收入等，均属于企业为完成其经营目标所从事的经常性活动，由此产生的经济利益的总流入构成收入。

企业处置固定资产、无形资产等活动，不是企业为完成其经营目标所从事的经常性活动，也不属于经常性活动相关的活动，由此产生的经济利益的总流入不构成收入，应当确认为营业外收入。

企业为第三方代收的款项，如增值税，不是企业的经济利益，并不导致企业所有者权益增加，因而不属于收入准则所指的收入范围。

（二）收入的特征

1. 收入从企业的日常活动中产生，而不是从偶发的交易或事项中产生。

2. 收入可能表现为企业资产的增加；也可能表现为企业负债的减少；或者二者兼而有之。

3. 收入能导致企业所有者权益的增加。

4. 收入只包括本企业经济利益的流入，不包括为第三方或客户代收的款项。

二、收入的确认

公司对外提供服务或者提供特殊的金融产品（如资金等）而取得的收入，

必须同时符合以下两个条件才能确认：

条件之一，收入的金额能够可靠计量。收入能否可靠地计量，是确认收入的基本前提，收入不能可靠计量，则无法确认收入。公司在销售特殊的金融商品（如资金）时，售价（如利率）通常已经确定。但销售过程中由于某种不确定因素，也可能出现售价变动的情况，则新的售价为未确定前不应确认收入。

条件之二，相关的经济利益很可能流入企业。经济利益是指直接或间接流入公司的现金或现金等价物，例如，在公司借出资金的交易中，经济利益的流入就是公司在收回本金的同时能按时收回利息，如果企业估计本息收回的可能性不大，就不能将其确认为利息收入。

三、收入的会计处理

（一）手续费及佣金收入的账务处理

证券公司与基金公司应设置“手续费及佣金收入”科目核算企业确认的手续费及佣金收入，包括代理买卖证券、代理承销证券、代理兑付证券、代理资产管理业务收入等代理业务以及其他相关服务实现的手续费及佣金收入等。公司可按手续费及佣金收入类别进行明细核算。

企业确认的手续费及佣金收入，按其实际收到的金额，借记“代理承销证券款”等科目，贷记本科目。

实际收到手续费及佣金，借记“存放中央银行款项”“银行存款”“结算备付金”“吸收存款”等科目，贷记“应收手续费及佣金”等科目。

（二）公允价值变动损益的账务处理

公司应设置“公允价值变动损益”科目核算企业交易性金融资产、交易性金融负债，以及采用公允价值模式计量的投资性房地产、衍生工具、套期保值业务等公允价值变动形成的应计入当期损益的利得或损失。

指定为以公允价值计量且其变动计入当期损益的金融资产或金融负债公允价值变动形成的应计入当期损益的利得或损失，也在本科目核算。

企业开展套期保值业务的，有效套期关系中套期工具或被套期项目的公允价值变动，也可以单独设置“套期损益”科目核算。

“公允价值变动损益”科目可按交易性金融资产、交易性金融负债、投资性房地产等进行明细核算。

公允价值变动损益的主要账务处理：

1. 资产负债表日，企业应按交易性金融资产的公允价值高于其账面余额的差额，借记“交易性金融资产——公允价值变动”科目，贷记本科目；公允价值低于其账面余额的差额作相反的会计分录。

出售交易性金融资产时，应按实际收到的金额，借记“银行存款”“存放中央银行款项”等科目，按该金融资产的账面余额，贷记“交易性金融资产”科目，按其差额，借记或贷记“投资收益”科目。同时，将原计入该金融资产的公允价值变动转出，借记或贷记本科目，贷记或借记“投资收益”科目。

2. 资产负债表日，交易性金融负债的公允价值高于其账面余额的差额，借记本科目，贷记“交易性金融负债”等科目；公允价值低于其账面余额的差额作相反的会计分录。

处置交易性金融负债，应按该金融负债的账面余额，借记“交易性金融负债”科目，按实际支付的金额，贷记“银行存款”“存放中央银行款项”“结算备付金”等科目，按其差额，贷记或借记“投资收益”科目。同时，按该金融负债的公允价值变动，贷记或借记本科目，借记或贷记“投资收益”科目。

3. 采用公允价值模式计量的投资性房地产、衍生工具、套期工具、被套期项目等形成的公允价值变动，按照“投资性房地产”“衍生工具”“套期工具”“被套期项目”等科目的相关规定进行处理。

【例 4－1】 某银行一项交易性金融资产的取得成本为 2 000 万元，资产负债表日的公允价值为 1 800 万元；一项交易性金融负债的取得成本为 1 000 万元，资产负债表日的公允价值为 1 100 万元。

会计分录如下：

借：公允价值变动损益	3 000 000	
贷：交易性金融资产		2 000 000
交易性金融负债		1 000 000

（三）投资收益的账务处理

公司应设置“投资收益”科目核算企业确认的投资收益或投资损失。本科目可按投资项目进行明细核算。

投资收益的主要账务处理：

1. 长期股权投资采用成本法核算的，企业应按被投资单位宣告发放的现金股利或利润中属于本企业的部分，借记“应收股利”科目，贷记本科目；属于被投资单位在取得本企业投资前实现净利润的分配额，应作为投资成本的收回，借记“应收股利”等科目，贷记“长期股权投资”科目。

长期股权投资采用权益法核算的，应按根据被投资单位实现的净利润或经调整的净利润计算应享有的份额，借记“长期股权投资——损益调整”科目，贷记本科目。被投资单位发生净亏损的，比照“长期股权投资”科目的相关规定进行处理。

处置长期股权投资时，应按实际收到的金额，借记“银行存款”等科目，按其账面余额，贷记“长期股权投资”科目，按尚未领取的现金股利或利润，贷记“应收股利”科目，按其差额，贷记或借记本科目。已计提减值准备的，还应同时结转减值准备。

处置采用权益法核算的长期股权投资，除上述规定外，还应结转原记入资本公积的相关金额，借记或贷记“资本公积——其他资本公积”科目，贷记或借记本科目。

2. 企业持有交易性金融资产、持有至到期投资、可供出售金融资产期间取得的投资收益以及处置交易性金融资产、交易性金融负债、指定为以公允价值计量且其变动计入当期损益的金融资产或金融负债、持有至到期投资、可供出售金融资产实现的损益，按实际收到的款项借记“银行存款”等科目，按照账面余额贷记“交易性金融资产”“持有至到期投资”“可供出售金融资产”等科目，按照两者之间的差额借记或贷记本科目。

（四）其他业务收入的账务处理

公司应设置“其他业务收入”科目核算企业确认的除主营业务活动以外的其他经营活动实现的收入，包括出租固定资产、出租无形资产、出租包装物和商品、销售材料、用材料进行非货币性交换（非货币性资产交换具有商业实质且公允价值能够可靠计量）或债务重组等实现的收入。企业（保险）经营受托管理业务收取的管理费收入，也通过本科目核算。

公司确认的其他业务收入，借记“银行存款”“其他应收款”等科目，贷记本科目等。

（五）营业外收入的账务处理

公司应设置“营业外收入”科目核算企业发生的各项营业外收入，主要包括非流动资产处置利得、非货币性资产交换利得、债务重组利得、政府补助、盘盈利得、捐赠利得等。本科目可按营业外收入项目进行明细核算。

企业确认处置非流动资产利得、非货币性资产交换利得、债务重组利得，按实际收到的款项借记“银行存款”等科目，按照账面余额贷记“固定资产清理”“无形资产”等科目，按照两者之间的差额借记或贷记本科目。

确认的政府补助利得，借记“银行存款”“递延收益”等科目，贷记本科目。

第二节　公司经营支出核算

一、经营支出的管制

费用是指企业在日常活动中发生的、会导致所有者权益减少的、与向所有者分配利润无关的经济利益的总流出。

费用有狭义和广义之分。广义的费用泛指企业各种日常活动发生的所有耗费，狭义的费用仅指与本期营业收入相配比的那部分耗费。费用应按照权责发生制和配比原则确认，凡应属于本期发生的费用，不论其款项是否支付，均确认为本期费用；反之，不属于本期发生的费用，即使其款项已在本期支付，也不确认为本期费用。

企业在生产经营过程中为了取得一定的收入，必然要发生各种各样的支出，这些支出哪些应形成本期的费用，如何确认本期费用？费用只有在经济利益很可能流出从而导致企业资产减少或者负债增加、且经济利益的流出额能够可靠计量时才能予以确认。

（一）经营支出确认内容

1. 公司为销售金融产品、提供劳务等发生的可归属于产品、劳务成本等的费用，应当在确认金融产品收入、劳务收入同时，将已销售金融产品、已提供劳务的成本等计入当期损益。

2. 企业发生的支出不产生经济利益的，或者即使能够产生经济利益但不符合或者不再符合资产确认条件的，应当在发生时确认为费用，计入当期损益。

3. 企业发生的交易或者事项导致其承担了一项负债而又不确认为一项资

产的，应当在发生时确认为费用，计入当期损益；符合费用定义和费用确认条件的项目，应当列入利润表。

（二）经营支出确认标准

经营支出，即成本费用的确认应该具有统一的标准。确认费用应考虑两个问题：一是费用与收入的关系；二是费用的归属期。具体而言，确认费用的标准有以下几种：

1. 按其与营业收入的直接联系确认费用。如果资产的减少和负债的增加与取得本期的营业收入有直接联系，就应确认为本期的营业费用；凡不是以取得营业收入为目的的各项耗费都不作费用，如罚没款支出等。

2. 采用一定分配方式确认费用。如果资产的减少或负债的增加与取得营业收入没有直接联系，但能够为若干个会计期间带来效益，则应采用一定的分配方式，分别确认为各期的营业费用。例如，管理部门使用的固定资产的成本，需要采用一定的折旧方法，分别确认为各期的折旧费用。

3. 在支出发生时立即确认为费用。如果资产的减少或负债的增加与取得的营业收入没有直接联系，且只能为一个会计期间带来效益或受益期间难以合理估计，则应确认为当期的营业费用。例如，管理人员的工资，其支出的效益仅及于一个会计期间，应直接确认为当期营业费用；又如，广告费支出，虽然可能在较长时期内受益，但很难合理估计其受益期间，因而也可以直接确认为当期的营业费用。对于一些虽然受益期限较长但数额较小的支出，按照重要性原则，也可以直接确认为当期的营业费用，如管理部门领用的办公用具等。

二、成本费用的确认与计量

（一）利息支出

公司应设置“利息支出”科目核算企业发生的利息支出，本科目可按利息支出项目进行明细核算。

资产负债表日，公司应按摊余成本和实际利率计算确定的利息费用金额，借记本科目，按合同利率计算确定的应付未付利息，贷记“应付利息”科目，按其差额，借记或贷记“吸收存款——利息调整”等科目。

实际利率与合同利率差异较小的，也可以采用合同利率计算确定利息费用。

（二）手续费及佣金支出

公司应设置“手续费及佣金支出”科目核算企业发生的与其经营活动相关的各项手续费、佣金等支出。本科目可按支出类别进行明细核算。

公司发生的与其经营活动相关的手续费、佣金等支出，借记本科目，贷记“银行存款”“存放中央银行款项”“存放同业”“库存现金”“应付手续费及佣金”等科目。

（三）税金及附加

公司应设置“税金及附加”科目核算企业经营活动发生的消费税、城市维护建设税、资源税和教育费附加等相关税费。

公司按规定计算确定的与经营活动相关的税费，借记本科目，贷记“应交税费”科目。

企业交纳的印花税、不会发生应付未付税款的情况，不需要预计应纳税金额，同时也不存在与税务机关结算或者清算的调整。因此，企业交纳的印花税不通过“应交税费”科目核算，于购买印花税票时，直接借记“税金及附加”科目，贷记“银行存款”科目。

（四）其他业务成本

公司应设置“其他业务成本”科目核算企业确认的除主营业务活动以外的其他经营活动所发生的支出，包括销售材料的成本、出租固定资产的折旧额、出租无形资产的摊销额、出租包装物的成本或摊销额等。本科目可按其他业务成本的种类进行明细核算。

除主营业务活动以外的其他经营活动发生的相关税费，在“税金及附加”科目核算。

采用成本模式计量投资性房地产的，其投资性房地产计提的折旧额或摊销额，也通过本科目核算。

企业发生的其他业务成本，借记本科目，贷记“原材料”“周转材料”“累计折旧”“累计摊销”“应付职工薪酬”“银行存款”等科目。

（五）业务及管理费

为了核算和监督管理费用的发生和结转情况，公司应设置“业务及管理费”科目。它属于损益类科目。借方登记发生的各项管理费用；贷方登记期末转入“本年利润”科目的管理费用。结转后本科目应无余额。本科目应按管理费用项目进行明细核算。

1. 企业在筹建期间内发生的开办费，包括人员工资、办公费、培训费、差旅费、印刷费、注册登记费以及不计入固定资产价值的借款费用等在实际发生时，借记本科目（开办费），贷记“银行存款”等科目。

2. 行政管理部门人员的职工薪酬，借记本科目，贷记“应付职工薪酬”科目。

3. 行政管理部门计提的固定资产折旧，借记本科目，贷记“累计折旧”科目。

4. 发生的办公费、水电费、业务招待费、聘请中介机构费、咨询费、诉讼费、技术转让费、研究费用，借记本科目，贷记“银行存款”“研发支出”等科目。

5. 按规定计算确定的应交的房产税、车船税、城镇土地使用税，借记本科目，贷记“应交税费”科目。

【例 4-2】 乙证券公司 11 月份业务及管理费发生的有关经济业务及编制的会计分录如下：

（1）以现金支付业务招待费 650 元，以银行存款支付水电费 1 200 元。会计分录为：

借：业务及管理费　　1 850
　　贷：库存现金　　650
　　　　银行存款　　1 200

（2）本月计提管理部门的固定资产折旧费为 8 000 元。会计分录为：

借：业务及管理费　　8 000
　　贷：累计折旧　　8 000

（3）根据本月工资分配计算，行政管理人员的工资为 16 000 元，提取职工福利费 2 240 元。会计分录为：

借：业务及管理费　　18 240
　　贷：应付职工薪酬——工资　　16 000
　　　　　　　　　　——职工福利　　2 240

（4）本月按规定计算确定应交车船税 2 000 元。会计分录为：

借：管理费用　　2 000
　　贷：应交税费　　2 000

（六）利息支出

为了核算利息支出的发生和结转情况，公司应设置“利息支出”科目，它属于损益类。借方登记发生的各项财务费用；贷方登记期末转入“本年利润”科目的财务费用。结转后本科目应无余额。本科目应按财务费用项目进行明细核算。

1. 企业发生的财务费用，借记本科目，贷记“银行存款”“未确认融资费用”等科目。

2. 发生的应冲减财务费用的利息收入、汇兑差额、现金折扣，借记“银行存款”“应付账款”等科目，贷记本科目。

3. 期末，应将本科目余额转入“本年利润”科目，结转后本科目应无余额。

【例4-3】 乙经纪公司11月份利息支出发生的有关经济业务及编制的会计分录如下：

（1）本月应负担的短期借款的利息支出3 000元。会计分录为：

借：利息支出　　3 000

　　贷：应付利息　　3 000

（2）以银行存款支付金融机构手续费1 000元。会计分录为：

借：利息支出　　1 000

　　贷：银行存款　　1 000

（3）接银行通知，已转来银行存款利息5 679元。会计分录为：

借：银行存款　　5 679

　　贷：利息支出　　5 679

（七）资产减值损失

公司应设置“资产减值损失”科目核算企业计提各项资产减值准备所形成的损失。本科目可按资产减值损失的项目进行明细核算。

公司的应收款项、存货、长期股权投资、持有至到期投资、固定资产、无形资产、贷款等资产发生减值的，按应减记的金额，借记本科目，贷记“坏账准备”“存货跌价准备”“长期股权投资减值准备”“持有至到期投资减值准备”“固定资产减值准备”“无形资产减值准备”“贷款损失准备”等科目。

在建工程、工程物资、商誉、抵债资产、损余物资、采用成本模式计量的投资性房地产等资产发生减值的，应当设置相应的减值准备科目，比照上述规定进行处理。

企业计提坏账准备、存货跌价准备、持有至到期投资减值准备、贷款损失准备等，相关资产的价值又得以恢复的，应在原已计提的减值准备金额内，按恢复增加的金额，借记“坏账准备”“存货跌价准备”“持有至到期投资减值准备”“贷款损失准备”等科目，贷记本科目。

（八）信用减值损失

证券公司或基金公司应设置”信用减值损失”科目，专门用来核算企业在资产负债日计提公司持有的各项金融工具减值准备所形成的预期信用损失。与过去根据实际已发生减值损失确认减值准备的思路根本不同，新准则要求在预期信用损失法下，减值准备的计提不以减值的实际发生为前提，而是以未来可能的违约事件造成的损失的期望值来计量当前（资产负债表日）应当确认的减值准备，即根据发生违约的风险为权重的金融工具信用损失的加权平均值。

证券公司或基金公司对所持有的金融工具计提信用减值损失时，按应减记的金额，借记本科目，贷记相关的对应科目。

（九）营业外支出

公司应设置“营业外支出”科目核算企业发生的各项营业外支出，包括非流动资产处置损失、非货币性资产交换损失、债务重组损失、公益性捐赠支出、非常损失、盘亏损失等。本科目可按支出项目进行明细核算。

企业确认处置非流动资产损失、非货币性资产交换损失、债务重组损失，比照“固定资产清理”“无形资产”“原材料”“库存商品”“应付账款”等科目的相关规定进行处理。

盘亏、毁损的资产发生的净损失，按管理权限报经批准后，借记本科目，贷记“待处理财产损溢”科目。

第三节　公司经营利润核算

一、公司利润的组成

公司作为独立的经济实体，应当以自己的经营收入抵补其成本费用，并且实现盈利。企业盈利的大小在很大程度上反映企业生产经营的经济效益，表明企业在每一会计期间的最终经营成果。

利润是指企业在一定会计期间的经营成果。利润包括收入减去费用后的净额、直接计入当期利润的利得和损失等。

直接计入当期的利得和损失，是指应当计入当期损益、会导致所有者权益发生增减变动的、与所有者投入资本或者向所有者分配利润无关的利得或者损失。

公司的利润通常由营业利润、利润总额和净利润三部分组成。

（一）营业利润

营业利润是证券公司与基金公司的主要利润来源，它是公司经营活动所产生的利润，是其利润总额的主要组成部分。

营业利润是指营业收入与营业支出的差额。即营业利润 = 营业收入 - 营业支出

营业收入是指经营业务所确定得收入总额，包括证券业务取得收入和其他业务取得收入。

证券业务取得收入主要包括手续费及佣金净收入、利息净收入、投资收益、公允价值变动损益等，而其中手续费及佣金收入包括代理证券买卖业务净收入、证券承销业务净收入、受托资产管理佣金收入、经纪业务手续费收入、买入返售金融资产利息收入等。

其他业务取得收入主要包括投资咨询业务收入等。

公允价值变动收益（或损失）是指企业交易性金融资产等公允价值变动形成的应计入当期损益的利得（或损失）。投资收益（或损失）是指企业以各种方式对外投资所取得的收益（或发生的损失）。

从会计日常核算项目看，营业收入的计算公式分别为：

营业收入 = 手续费及佣金净收入 + 利息净收入 + 投资收益 + 公允价值变动损益 + 汇兑收益 + 其他业务收入

营业成本是指企业经营业务所发生的实际成本总额，营业支出包括三部分：一是证券业务发生的支出，如手续费支出等；二是其他业务成本；三是期间费用，主要包括营业费用和营业税费。从会计日常核算项目看，营业支出的计算公式分别为：

营业支出 = 税金及附加 + 业务及管理费用 + 资产减值损失 + 其他业务成本

其中，需要说明的是：

1. 税金及附加。税金及附加是指企业经营活动发生的消费税、城市维护建设税、资源税和教育费附加以及与投资性房地产相关的房产税、土地使用税等。

2. 业务及管理费是指公司为组织和管理企业经营所发生的费用。具体包括：企业在筹建期间内发生的开办费、董事会和行政管理部门在企业的经营管理中发生的或者应由企业统一负担的公司经费（包括行政管理部门职工薪酬、物料消耗、低值易耗品摊销、办公费和差旅费等）、工会经费、董事会费（包括董事会成员津贴、会议费和差旅费等）、聘请中介机构费、咨询费（含顾问费）、诉讼费、业务招待费、房产税、车船税、土地使用税等。

3. 资产减值损失。资产减值损失是指计提各项资产减值准备所形成的损失，包括贷款、长期股权投资、持有至到期投资、固定资产、无形资产等资产发生的减值损失。

（二）利润总额

利润总额是指企业在缴纳所得税费用之前实现的利润。它包括：营业利润、营业外收入、营业外支出。其计算公式如下：

利润总额 = 营业利润 + 营业外收入 − 营业外支出

1. 营业外收入。营业外收入是指与公司的经营活动没有直接关系的各项收入，包括非流动资产处置利得、非货币性资产交换利得、债务重组利得、政府补助、盘盈利得、捐赠利得等。

2. 营业外支出。营业外支出是指与公司的经营活动没有直接关系的各项支出，包括非流动资产处置损失、非货币性资产交换损失、债务重组损失、公益性捐赠支出、非常损失、盘亏损失等。

（三）净利润

净利润是指公司在一定的会计期间内实现的利润总额扣除所得税费用后的余额。其计算公式如下：

净利润 = 利润总额 − 所得税费用

所得税费用是指公司应计入当期损益的所得税费用。

二、利润形成的会计处理

（一）主要会计科目

公司在进行利润核算时，需要设置“手续费及佣金收入”“利息收入”

"公允价值变动损益""投资收益""其他业务收入""营业外收入"等收入类科目；同时，需要设置"手续费及佣金支出""利息支出""税金及附加""资产减值损失""其他业务成本""业务及管理费""营业外支出""所得税费用""本年利润""递延所得税资产""递延所得税负债"等科目。

"利息收入""其他业务收入"等收入类科目贷方分别登记其本期发生的收入数额，借方分别登记本期转入"本年利润"科目的数额，结转后本科目应无余额。

"利息支出""其他业务成本""税金及附加"等支出类科目借方分别登记本期发生的成本、税金及附加数额，贷方分别登记本期转入"本年利润"科目的数额，结转后本科目应无余额。

"公允价值变动损益"科目借方登记公允价值低于账面余额的差额，贷方登记公允价值高于账面余额的差额，期末将本科目余额转入"本年利润"科目，结转后本科目应无余额。

"所得税费用"借方登记发生的按规定从当期损益中扣除的所得税，贷方登记期末结转"本年利润"科目的数额。

"本年利润"科目的贷方登记"主营业务收入""其他业务收入""营业外收入""投资收益""公允价值变动损益"等科目的期末结转额，借方登记"主营业务成本""其他业务成本""税金及附加""资产减值损失""销售费用""管理费用""财务费用""营业外支出""所得税费用"等科目的期末结转数额，结转后"本年利润"科目如为贷方余额即为本期净利润数，如为借方余额则为本期亏损数。

年度终了，应将本年实现的净利润转入利润分配科目，借记"本年利润"，贷记"利润分配——未分配利润"科目；如为亏损，作相反的会计分录。结转后，"本年利润"科目应无余额。

（二）利润形成的账务处理

本期发生经济业务进行账务处理后，进行利润的核算。利润的形成有两种方法可以采用，即账结法和表结法。

账结法，是指在每月月末将所有损益类科目的余额转入"本年利润"科目，结转后，各损益类科目月末均没有余额，"本年利润"科目反映年度内累计实现的净利润（或发生的净亏损）。采用账结法，账面上能够直接反映各月末累计实现的净利润（或发生的净亏损），但每月末结转本年利润的工作量较大。

表结法，是指各月月末不结转本年利润，而是通过编制利润表的过程计算出当月的净利润（或净亏损），在年末才将所有损益类科目的余额转入“本年利润”科目。采用表结法，各损益类科目的月末余额表示累计的收入或费用，“本年利润”科目在1~11月各月末不作任何记录，到12月末才结转本年利润。因此，各月末的累积净利润（或净亏损）不能在账面上直接得到反映，需要在编制利润表的过程中确定。采用表结法，由于平时不必结转本年利润，能够简化核算。

因此，采用账结法计算利润，每月都要使用“本年利润”科目；采用表结法计算利润，“本年利润”科目平时没有记录，只有年末才有记录。总之，无论企业采用哪种方法，年度终了时都必须将“本年利润”科目结平，转入“利润分配——未分配利润”科目，结转后，“本年利润”科目应无余额。

第四节　所得税会计核算

一、所得税会计的含义

我国CAS 18号所得税准则要求所得税的核算采用资产负债表债务法，与国际会计准则趋同。资产负债表债务法是从资产负债表出发，通过比较资产负债表上列示的资产、负债按照会计准则规定确定的账面价值与按照税法规定确定的计税基础，对于两者之间的差额分别应纳税暂时性差异与可抵扣暂时性差异，确认相关的递延所得税负债与递延所得税资产。

二、所得税会计的核算程序

采用资产负债表债务法核算所得税的情况下，公司一般应于每一资产负债表日进行所得税的核算。发生特殊交易或事项时，如企业合并，在确认因交易或事项产生的资产、负债时即应确认相关的所得税影响。公司进行所得税核算一般应遵循以下程序：

1. 确定账面价值，即确定资产负债表中除递延所得税资产和递延所得税负债以外的其他资产和负债项目的账面价值。

2. 确定计税基础，即按照会计准则中对于资产和负债计税基础的确定方法，以适用的税收法规为基础。

3. 比较资产、负债的账面价值与其计税基础。对于两者之间存在差异的，分析其性质，除特殊情况外，分别应纳税暂时性差异与可抵扣暂时性差异，确定该资产负债表日递延所得税负债和递延所得税资产的应有金额，并与期初递延所得税资产和递延所得税负债的余额相比，确定当期应予进一步确认的递延所得税资产和递延所得税负债金额或应予转销的金额。

4. 就企业当期发生的交易或事项，按照适用的税法规定计算确定当期应纳税所得额，将应纳税所得额与适用的所得税税率计算的结果确认为当期应交所得税。

5. 确定利润表中的所得税费用。利润表中的所得税费用包括当期所得税（当期应交所得税）和递延所得税两个组成部分，企业在计算确定了当期所得税和递延所得税后，两者之和（或之差），是利润表中的所得税费用。

三、计税基础及暂时性差异

（一）资产的计税基础

资产的计税基础，是指企业收回资产账面价值过程中，计算应纳税所得额时按照税法规定可以自应税经济利益中抵扣的金额，即某一项资产在未来期间计税时可以税前扣除的金额。

资产在初始确认时，其计税基础一般为取得成本。在资产持续持有的过程中，可在未来期间税前扣除的金额是指资产的取得成本减去以前期间按照税法规定已经税前扣除的金额后的余额。如固定资产、无形资产等长期资产在某一资产负债表日的计税基础是指其成本扣除按照税法规定已在以前期间税前扣除的累计折旧额或累计摊销额后的金额。

资产的账面价值大于其计税基础时，产生应纳税暂时性差异，即在确定未来收回资产或清偿负债期间的应纳税所得额时，将导致应税金额的暂时性差异。一项资产的账面价值代表的是企业在持续使用或最终出售该项资产时会取得的经济利益的总额，而计税基础代表的是一项资产在未来期间可予税前扣除的总金额。资产的账面价值大于其计税基础，该项资产未来期间产生的经济利益不能全部税前抵扣，两者之间的差额需要交税，产生应纳税暂时性差异。例如，一项无形资产账面价值为 300 万元，意味着企业从该项无形资产的持续使用及最终处置中可以取得300万元的经济利益流入，计税基础如果为200万元，意味着企业可以从未来流入经济利益中抵扣的金额为200万元，两者之间的差额会造成未来期间应纳税所得额和应交所得税的增加。相应的，在其产生当期，应确认与其相关的递延所得税负债。

资产的账面价值小于其计税基础时，产生可抵扣暂时性差异，即在确定未来期间收回资产或清偿负债期间的应纳税所得额时，将导致产生可抵扣金额的暂时性差异。从经济含义来看，资产在未来期间产生的经济利益少，按照税法规定允许税前扣除的金额多，则企业在未来期间可以减少应纳税所得额并减少应交所得税。例如，一项资产的账面价值为300万元，计税基础为350万元，则企业在未来期间就该项资产可以在其自身取得经济利益的基础上多扣除50万元，从整体上来看，未来期间应税所得会减少，应交所得税也会减少，形成可抵扣暂时性差异，符合有关确认条件时，应确认相关的递延所得税资产。

由于资产项目的不同，计税基础的具体确定也不同，举例说明如下：

1. 固定资产。

以各种方式取得的固定资产，初始确认时入账价值基本上是被税法认可的，即取得时其入账价值一般等于计税基础。固定资产在持有期间进行后续计量时，会计与税收处理的差异主要来自于折旧方法、折旧年限的不同以及固定资产减值准备的提取。

按照会计准则的规定，企业可以根据情况合理选择折旧方法，如可以按直线法计提折旧，也可以按照双倍余额递减法、年数总和法等计提折旧。税法一般会规定固定资产的折旧方法，除某些按照规定可以加速折旧的情况外，基本上可以税前扣除的是按照直线法计提的折旧。

另外税法还会规定每一类固定资产的折旧年限，而会计处理时按照准则规定是由企业按照固定资产能够为企业带来经济利益的期限估计确定的。因为折旧年限的不同，也会产生固定资产账面价值与计税基础之间的差异。

持有固定资产的期间内，因计提固定资产减值准备也会产生差异，因为所计提的减值准备不能够税前扣除。

【例4－4】 甲公司于20×1年1月1日取得的某项固定资产，原价为500万元，使用年限为10年，会计上采用直线法计提折旧，净残值为0。假设税法规定该类固定资产采用加速折旧法计提的折旧可予税前扣除，甲公司在计税时采用双倍余额递减法计列折旧，净残值为0。20×2年12月31日，企业估计该项固定资产的可收回金额为450万元。

那么，20×2年12月31日，该项固定资产的账面价值＝500－50×2－50＝450（万元）

其计税基础＝500－500×20%－400×20%＝320（万元）

该项固定资产账面价值450万元与其计税基础320万元之间的130万元的差额，意味着将于未来期间计入企业的应纳税所得额，产生应交所得税的增加，属于应纳税暂时性差异，应确认相应的递延所得税负债。

2. 以公允价值计量的金融资产。

按照CAS 22号金融工具确认和计量准则的规定，以公允价值计量的金融资产，包括以公允价值计量且其变动计入当期损益的金融资产以及可供出售的金融资产，两者的共同点在于期末均以公允价值计量，区别在于前者对于公允价值相对于账面价值的变动是计入当期损益，而后者对于公允价值相对于账面价值的变动是计入所有者权益中的资本公积，即该两类金融资产于某一会计期末的账面价值为公允价值，如果税法规定按照会计准则确认的公允价值变动在计税时不予考虑，即有关金融资产在处置或出售前计税基础保持其取得成本不变，会造成该类金融资产账面价值与其计税基础之间的差异。

3. 其他资产。

因会计准则规定与税收法规规定不同，企业持有的其他资产，可能造成其账面价值与计税基础之间存在差异的，如：

其一，投资性房地产，对于采用公允价值模式计量的投资性房地产，其期末账面价值为公允价值，而如果税法规定不认可该类资产在持有期间因公允价值变动产生的利得或损失，则其计税基础应以取得时支付的历史成本为基础计算确定，从而会造成账面价值与计税基础之间的差异。

其二，其他计提了资产减值准备的各项资产。有关资产计提了减值准备以后，其账面价值会随之下降，而按照税法规定，资产的减值在转化为实质性损失之前，不允许税前扣除，即其计税基础不会因减值准备的提取而变化，从而造成资产的账面价值与其计税基础之间的差异。

（二）负债的计税基础

负债的计税基础，是指负债的账面价值减去未来期间计算应纳税所得额时按照税法规定可予抵扣的金额，即假定企业按照税法规定进行核算，则在其按照税法规定确定的资产负债表上有关负债的应有金额。

负债的账面价值大于其计税基础时，产生可抵扣暂时性差异。负债产生的暂时性差异实质上是税法规定就该项负债可以在未来期间税前扣除的金额。一项负债的账面价值大于其计税基础，意味着未来期间按照税法规定构成负债的全部或部分金额可以自未来应税经济利益中扣除，减少未来期间的应税所得和应交所得税。例如，企业因预计将发生的产品保修费用确认预计负债300万元，但如果税法规定有关费用在实际发生前不允许扣除，其计税基础为0，企业确认预计负债的当期相关费用不允许税前扣除，但在以后期间费用实际发生时允许税前扣除，使得未来期间的应税所得和应交所得税降低，产生可抵扣暂时性差异，符合确认条件的，应确认相关的递延所得税资产。

负债的账面价值小于其计税基础时，产生应纳税暂时性差异。一项负债的账面价值为企业预计在未来期间清偿该项负债时的经济利益流出，而其计税基础代表的是账面价值在扣除税法规定未来期间允许税前扣除的金额之后的差额。因负债的账面价值与其计税基础不同产生的暂时性差异实质上是税法规定就该项负债在未来期间可以税前扣除的金额。负债的账面价值小于其计税基础，则意味着就该项负债在未来期间可以税前抵扣的金额为负数，即应在未来期间应纳税所得额的基础上调增，增加应税所得和应交所得税金额，产生应纳税暂时性差异，应确认相关的递延所得税负债。

一般情况下，负债的确认与偿还不会影响企业的损益，也不会影响其应纳税所得额，未来期间计算应纳税所得额时按照税法规定可予抵扣的金额为0，计税基础即为账面价值。例如企业的短期借款、应付账款等。但是，某些情况下，负债的确认可能会影响企业的损益，进而影响不同期间的应纳税所得额，使得其计税基础与账面价值之间产生差额，如按照会计规定确认的某些预计负债。

举例说明如下：

1. 应付职工薪酬。会计准则规定。企业为获得职工提供的服务给予的各种形式的报酬以及其他相关支出均应作为企业的成本费用，在未支付之前确认为负债。税法中对于职工薪酬基本允许税前扣除，但税法中明确规定了税前扣除标准的，按照会计准则规定计入成本费用支出的金额超过规定标准部分，应进行纳税调整。

2. 企业因销售商品提供售后服务等原因确认的预计负债。按照或有事项准则规定，企业应将预计提供售后服务发生的支出在销售当期确认为费用，同时确认预计负债。如果税法规定，有关的支出应于发生时税前扣除。因该类事项产生的预计负债在期末的计税基础为其账面价值与未来期间可税前扣除的金额之间的差额，因有关的支出实际发生时可全部税前扣除，其计税基础为0。

因其他事项确认的预计负债，应按照税法规定的计税原则确定其计税基础。

3. 预收账款，企业在收到客户预付的款项时，因不符合收入确认条件，会计上将其确认为负债。税法中对于收入的确认原则一般与会计规定相同，即会计上未确认收入时，计税时一般亦不计入应纳税所得额，该部分经济利益在未来期间计税时可予税前扣除的金额为0，计税基础等于账面价值。

某些情况下，如果不符合会计准则规定的收入确认条件，但按照税法规定应计入当期应纳税所得额时，有关预收账款的计税基础为0，即因其产生时已经计算交纳所得税，未来期间可全额税前扣除，计税基础为账面价值减去在未来期间可全额税前扣除的金额，即其计税基础为0。

4. 其他负债，如企业应交的罚款和滞纳金等，在尚未支付之前按照会计规定确认为费用，同时作为负债反映。税法规定，罚款和滞纳金不能税前扣除，其计税基础为账面价值减去未来期间计税时可予税前扣除的金额0之间的差额，即计税基础等于账面价值，不产生暂时性差异。

四、递延所得税负债及递延所得税资产的确认和计量

（一）递延所得税负债的确认和计量

应纳税暂时性差异在转回期间将增加转回期间的应税所得和应交所得税，导致企业经济利益的流出，从其发生当期看，构成企业应支付税金的义务，应作为递延所得税负债确认。

确认应纳税暂时性差异产生的递延所得税负债时，交易或事项发生时影响到会计利润或应纳税所得额的，相关的所得税影响应作为利润表中所得税费用的组成部分；与直接计入所有者权益的交易或事项相关的，其所得税影响应增加或减少所有者权益；企业合并产生的，相关的递延所得税影响应调整购买日应确认的商誉或是计入当期损益的金额。

【例4-5】 假设甲公司于20×1年1月2日购入一台设备，买价和运杂费

计420 000元，预计使用年限为6年，预计净残值为0。会计上按直线法计提折旧，因该设备符合税法规定的税收优惠条件，计税时可采用年数总和法计提折旧，假定税法规定的使用年限及净残值均与会计相同。假定甲公司各会计期间均未对固定资产计提减值准备。

则甲公司每年因固定资产账面价值与计税基础不同应予确认的递延所得税情况如表4-1所示：

表4-1　固定资产账面价值与计税基础不同应予确认的递延所得税

项目	20×1年	20×2年	20×3年	20×4年	20×5年	20×6年
实际成本	420 000	420 000	420 000	420 000	420 000	420 000
累计会计折旧	70 000	140 000	210 000	280 000	350 000	420 000
账面价值	350 000	280 000	210 000	140 000	70 000	0
累计计税折旧	120 000	220 000	300 000	360 000	400 000	420 000
计税基础	300 000	200 000	120 000	60 000	20 000	0
暂时性差异	50 000	80 000	90 000	80 000	50 000	0
适用税率	33%	33%	33%	33%	33%	33%
递延所得税负债余额	16 500	26 400	29 700	26 400	16 500	0

（1）20×1年资产负债表日。

该项固定资产的账面价值=420 000-70 000=350 000（元）

其计税基础=420 000-120 000=300 000（元）

因账面价值350 000元大于其计税基础300 000元，两者之间为应纳税暂时性差异，应确认与其相关的递延所得税负债16 500元。

借：所得税费用　　16 500

　　贷：递延所得税负债　　16 500

（2）20×2年资产负债表日。

该项固定资产的账面价值=420 000-70 000-70 000=280 000（元）

其计税基础=420 000-120 000-100 000=200 000（元）

因账面价值280 000元大于其计税基础200 000元，两者之间为应纳税暂时性差异，应确认与其相关的递延所得税负债26 400元，但递延所得税负债的期初余额为16 500元，当期应进一步确认递延所得税负债9 900元。

借：所得税费用　　9 900

　　贷：递延所得税负债　　9 900

（3）20×3年资产负债表日。

该项固定资产的账面价值＝420 000－70 000－70 000－70 000＝210 000（元）

其计税基础＝420 000－120 000－100 000－80 000＝120 000（元）

因账面价值210 000元大于其计税基础120 000元，两者之间为应纳税暂时性差异，应确认与其相关的递延所得税负债29 700元，但递延所得税负债的期初余额为26 400元，当期应进一步确认递延所得税负债3 300元。

借：所得税费用　　3 300

　　贷：递延所得税负债　　3 300

（4）20×4年资产负债表日。

该项固定资产的账面价值＝420 000－70 000×4＝140 000（元）

其计税基础＝420 000－360 000＝60 000（元）

因其账面价值140 000元大于其计税基础60 000元，两者之间为应纳税暂时性差异，应确认与其相关的递延所得税负债26 400元，但递延所得税负债的期初余额为29 700元，当期应转回原已确认的递延所得税负债3 300元。

借：递延所得税负债　　3 300

　　贷：所得税费用　　3 300

（5）20×5年资产负债表日。

该项固定资产的账面价值＝420 000－70 000×5＝70 000（元）

其计税基础＝420 000－400 000＝20 000（元）

因其账面价值70 000元大于计税基础20 000元，两者之间的差异为应纳税暂时性差异，应确认与其相关的递延所得税负债16 500元，但递延所得税负债的期初余额为26 400元，当期应转回递延所得税负债9 900元。

借：递延所得税负债　　9 900

　　贷：所得税费用　　9 900

（6）20×6年资产负债表日。

该项固定资产的账面价值及计税基础均为0，两者之间不存在暂时性差异，原已确认的与该项资产相关的递延所得税负债应予全额转回，即应将原已确认和递延所得税负债16 500元全额转回。

借：递延所得税负债　　16 500

　　贷：所得税费用　　16 500

有些情况下，虽然资产、负债的账面价值与其计税基础不同，产生了应纳税暂时性差异，但出于各方面考虑，准则中规定不确认相应的递延所得税负债。

（二）递延所得税资产的确认和计量

1. 确认的一般原则。

递延所得税资产产生于可抵扣暂时性差异。确认因可抵扣暂时性差异产生的递延所得税资产应以未来期间可能取得的应纳税所得额为限。在可抵扣暂时性差异转回的未来期间内，企业无法产生足够的应纳税所得额用以利用可抵扣暂时性差异的影响；使得与可抵扣暂时性差异相关的经济利益无法实现的，不应确认递延所得税资产；企业有明确的证据表明其于可抵扣暂时性差异转回的未来期间能够产生足够的应纳税所得额，进而利用可抵扣暂时性差异的，则应确认当期的所得税费用。

2. 不确认递延所得税资产的情况。

某些情况下，企业发生的某项交易或事项不属于企业合并，并且交易发生时既不影响会计利润也不影响应纳税所得额，且该项交易中产生的资产、负债的初始确认金额与其计税基础不同，产生可抵扣暂时性差异的，所得税准则中规定在交易或事项发生时不确认相应的递延所得税资产。

3. 计量。

同递延所得税负债的计量原则相一致，确认递延所得税资产时，应当以预期收回该资产期间的适用所得税税率为基础计算确定。无论相关的可抵扣暂时性差异转回期间如何，递延所得税资产均不要求折现。

企业在确认了递延所得税资产以后。资产负债表日应当对递延所得税资产的账面价值进行复核。如果未来期间很可能无法取得足够的应纳税所得额用以利用可抵扣暂时性差异带来的利益，应当减记递延所得税资产的账面价值。减记的递延所得税资产除原确认时记入所有者权益的递延所得税资产，其减记金额亦应记入所有者权益外，其他的情况均应增加所得税费用。

因无法取得足够的应纳税所得额利用可抵扣暂时性差异减记递延所得税资产账面价值的，以后期间根据新的环境和情况判断能够产生足够的应纳税所得额利用可抵扣暂时性差异，使得递延所得税资产包含的经济利益能够实现的，应相应恢复递延所得税资产的账面价值。

五、当期所得税

当期所得税是指企业按照税法规定计算确定的针对当期发生的交易和事项，应缴纳给税务部门的所得税金额，即应交所得税，应以适用的税收法规为基础计算确定。即：

当期所得税 = 当期应交所得税

企业在确定当期所得税时，对于当期发生的交易或事项，会计处理与税收处理不同的，应在会计利润的基础上，按照适用税收法规的要求进行调整，计算出当期应纳税所得额，按照应纳税所得额与适用所得税税率计算确定当期应交所得税。

六、递延所得税

递延所得税是指按照准则规定应予确认的递延所得税资产和递延所得税负债在期末应有的金额相对于原已确认金额之间的差额，即递延所得税资产及递延所得税负债的当期发生额，但不包括计入所有者权益的交易或事项的所得税影响。用公式表示即为：

递延所得税 = 当期递延所得税负债的增加 + 当期递延所得税资产的减少 − 当期递延所得税负债的减少 − 当期递延所得税资产的增加

应予说明的是，企业因确认递延所得税资产和递延所得税负债产生的递延所得税，一般应当记入所得税费用，但以下两种情况除外：一是某项交易或事项按照会计准则规定应计入所有者权益的，由该交易或事项产生的递延所得税资产或递延所得税负债及其变化亦应计入所有者权益不构成利润表中的递延所得税费用。二是企业合并中取得的资产、负债，其账面价值与计税基础不同，应确认相关递延所得税的，该递延所得税的确认影响合并中产生的商誉或是计入当期损益的金额，不影响所得税费用。

七、所得税费用

计算确定了当期所得税及递延所得税以后，利润表中应予确认的所得税费用为两者之和，即：

所得税费用 = 当期所得税 + 递延所得税

【例 4 −6】 A 基金公司 20 ×1 年度利润表中利润总额为 2 400 万元，该公司适用的所得税税率为25%。当年发生的有关交易和事项中，会计处理与税收处理存在差别的有：

(1) 20×1年1月1日取得的一项固定资产，成本为1 200万元，使用年限为10年，净残值为0，会计处理按双倍余额递减法计提折旧，税收处理按直线法计提折旧。假定税法规定的使用年限及净残值与会计规定相同。

(2) 向关联企业提供现金捐赠400万元。

(3) 经核实，当年度发生研究开发支出及税法规定，可按实际发生研究开发支出的175%加计扣除，总计为1 100万元。

(4) 应付违反环保法规定罚款200万元。

(5) 期末对持有的存货计提了60万元的存货跌价准备。

分析：

1. 20×1年度当期应交所得税

应纳税所得额=24 000 000+1 200 000+4 000 000-11 000 000+2 000 000+600 000 =20 800 000（元）

应交所得税=20 800 000×25% =5 200 000（元）

2. 20×1年度递延所得税

该公司20×1年资产负债表相关项目金额及其计税基础如表4-2所示：

表4-2　　20×1年度递延所得税　　单位：元

项目	账面价值	计税基础	差异	
			应纳税暂时性差异	可抵扣暂时性差异
存货	16 000 000	16 600 000		600 000
固定资产：				
固定资产原价	12 000 000	12 000 000		
减：累计折旧	2 400 000	1 200 000		
减：固定资产减值准备	0	0		
固定资产账面价值	9 600 000	10 800 000		1 200 000
无形资产	6 000 000	0	6 000 000	
其他应付款	2 000 000	2 000 000		
总计			6 000 000	1 800 000

递延所得税费用=6 000 000×25% -1 800 000×25% =1 050 000（元）

3. 利润表中应确认的所得税费用

所得税费用 = 5 200 000 + 1 050 000 = 6 250 000（元）

借：所得税费用　　6 250 000

　　递延所得税资产　　450 000

　　贷：应交税费——应交所得税　　5 200 000

　　　　递延所得税负债　　1 500 000

第五章 公司权益要素核算

本章精要

作为证券公司与基金公司，其所有者权益是指公司资产扣除负债后由所有者享有的剩余权益。

第一，需要确认权益的基本概念。公司所有者权益的来源包括所有者投入的资本、直接计入所有者权益的利得和损失、留存收益等，尤其需要关注利得和损失这两个新概念。

第二，在公司资本方面，需要掌握资本的核算，包括接受投资者投入资本、公司发行股票筹集股本和可转换公司债券转为股本、重组债务转为资本的核算。

第三，在资本公积方面。在理解资本公积概念基础上，掌握资本公积的核算，包括企业接受投资者投入资本形成资本公积、可转换债券持有人行使转换权利形成资本公积、将债务转为资本形成资本公积、同一控制下控股合并涉及的资本公积、权益法下长期股权投资涉及的资本公积。

第四，在盈余公积方面，需要在掌握公司依法从净利润中提取的各种累积资金即盈余公积内容的基础上，认知提取盈余公积主要用途，并掌握盈余公积的核算，包括盈余公积弥补亏损、盈余公积转增资本、盈余公积发放股利。

第五，未分配利润。公司当期实现利润，加上年初未分配利润（或减去年初未弥补亏损）和其他转入后的余额，为可供分配的利润。依次提取法定公积金、提取任意公积金、向投资者分配利润或股利。

第一节　公司权益概述

一、公司所有者权益的概念及来源

所有者权益是指企业资产扣除负债后由所有者享有的剩余权益。所有者权益又称为股东权益。

公司所有者权益的来源包括所有者投入的资本、直接计入所有者权益的利得和损失、留存收益等。直接计入所有者权益的利得和损失，是指不应计入当期损益、会导致所有者权益发生增减变动的、与所有者投入资本或者向所有者分配利润无关的利得或者损失。其中，利得是指由企业非日常活动所形成的、会导致所有者权益增加的、与所有者投入资本无关的经济利益的流入。损失是指由企业非日常活动所发生的、会导致所有者权益减少的、与向所有者分配利润无关的经济利益的流出。留存收益包括盈余公积和未分配利润。所有者权益金额取决于资产和负债的计量，即所有者权益 = 资产 - 负债。所有者权益项目应当列入资产负债表。

二、公司所有者权益的特征

公司所有者权益具有以下特征：

一是所有者权益是企业的“永久性”权益，在企业存续期内，企业没有归还的义务。

二是所有者权益是企业清偿的物质基础，是企业亏损的承担者。

三是所有者权益可以依法参与企业税后利润的分配。

四是所有者权益在数额上等于资产减去负债后的余额，所以没有专门的计量问题。

五是所有者权益与企业具体的资产项目没有直接的对应关系。投资者只要向企业投资，无论是何种投资形态，一旦进入企业，就成为企业这个特定会计主体的资产，不再是投资人的资产。

第二节　公司资本核算

一、资本核算的基本要求

公司所有者投入的资本是企业的所有者向企业投入的可长期使用的不需偿还的资本。除股份有限公司外其余企业通过“实收资本”科目核算所有者投入的资本，股份有限公司则通过“股本”科目进行核算。企业收到所有者出资超过其在注册资本或股本中所占份额的部分，作为资本溢价或股本溢价，在“资本公积”科目核算。“实收资本”或“股本”科目期末贷方余额，反映企业实收资本或股本总额。

所有者可以用现金投资，也可以用现金以外的其他有形资产投资；符合国家规定比例的，还可以用无形资产投资。企业收到所有者投入的现金，应在实际收到或者存入企业开户银行时，按实际收到的金额，借记“库存现金”“银行存款”科目，按其在注册资本或股本中所占份额，贷记“实收资本”或“股本”科目，按其差额，贷记“资本公积——资本溢价或股本溢价”科目。以实物资产投资的，应在办理实物产权转移手续时，借记“固定资产”“长期股权投资”等科目，按其在注册资本或股本中所占份额，贷记“实收资本”或“股本”科目，按其差额，贷记“资本公积——资本溢价或股本溢价”科目。以无形资产投资的，应按照合同、协议或公司章程规定，在移交有关凭证时，借记“无形资产”科目，按其在注册资本或股本中所占份额，贷记“实收资本”或“股本”科目，按其差额，贷记“资本公积——资本溢价或股本溢价”科目。

二、公司实收资本的核算

股份有限公司是指全部资本由等额股份构成并通过发行股票筹集资本，股东以其所持有股份对公司承担有限责任，公司以全部资产对公司债务承担责任的企业法人。与其他企业相比，其显著特点在于将企业的资本划分为等额股份，并通过发行股票的方式来筹集资本。股票的面值与股份总数的乘积即为公司股本，股本等于股份有限公司的注册资本。股份有限公司应设置

"股本"科目核算资本。

（一）公司接受投资者投入的资本

公司接受投资者投入的资本，借记"银行存款""固定资产""无形资产""长期股权投资"等科目，贷记"实收资本"或"股本"等科目。

（二）公司发行股票筹集股本

当股份有限公司发行股票收到现金等资产时，应按实际收到的金额，借记"现金""银行存款"等科目，按股票面值和核定的股份总额的乘积计算的金额，贷记"股本"科目，按其差额，贷记"资本公积——股本溢价"科目。

（三）境外上市公司和境内发行外资股公司股本

境外上市公司，以及在境内发行外资股的公司，在收到股款时，应按收到股款当日的汇率折合的人民币金额，借记"库存现金""银行存款"等科目，按照确定的人民币股票面值与核定的股份总额的乘积计算的金额，贷记"股本"科目，按照收到股款当日的汇率折合的人民币金额与按人民币计算的股票面值总额的差额，贷记"资本公积——股本溢价"科目。

三、可转换公司债券转为股本的核算

可转换公司债券持有人行使转换权利，将其持有的债券转换为股票，应按可转换公司债券的余额，借记"应付债券——可转换公司债券（面值）""应付债券——可转换公司债券（利息调整）"科目，按其权益成分的金额，借记"资本公积——其他资本公积"科目，按股票面值和转换的股数计算的股票面值总额，贷记"股本"，按其差额，贷记"资本公积——股本溢价"。如有现金支付不可转换股票，还应贷记"银行存款"等科目。

四、重组债务转为资本的核算

企业将重组债务转为资本的，应按重组债务的账面余额，借记"应付账款"等科目，按债权人因放弃债权而享有本企业股份的面值总额，贷记"实收资本"或"股本"科目，按股份的公允价值总额与相应的实收资本或股本之间的差额，贷记或借记"资本公积——资本溢价或股本溢价"科目，按其差额，贷记"营业外收入——债务重组利得"科目。

五、以权益结算的股份支付换取服务的核算

企业以权益结算的股份支付换取职工或其他方提供服务的，应在行权日，按根据实际行权情况确定的金额，借记“资本公积——其他资本公积”科目，按应计入实收资本或股本得金额，贷记“实收资本”或“股本”科目。

【例5-1】2011年1月1日，东方红证券公司向500名管理人员授予股票期权100股/人，当日股票的市场价格为3元/股，授予的条件是要求职工必须自授予日起在公司工作3年。2011年12月31日，与该企业签订该项股票期权协议的500名管理人员中有20名辞职，估计剩余的480名均会继续在本公司中工作至2013年年底。2013年12月31日，剩余的480名管理人员按股票期权协议取得股票。

2011年12月31日、2012年12月31日，会计分录均为：

借：管理费用	48 000	
贷：资本公积——其他资本公积		48 000

2013年12月31日会计分录为：

借：管理费用	48 000	
贷：资本公积——其他资本公积		48 000
借：资本公积——其他资本公积	144 000	
贷：股本		48 000
资本公积——股本溢价		96 000

六、资本增加的核算

我国有关法律规定，企业资本不得随意变动，但符合增资条件，并经有关部门批准的，可以增加资本。

（一）公司接受投资者额外投入实现增资

在企业按规定接受投资者额外投入实现增资时，企业应当按照实际收到的款项或其他资产，借记“银行存款”“其他应收款”“固定资产”“无形资产”“长期股权投资”等科目，按增加的实收资本或股本，贷记“实收资本”或“股本”科目，按其差额，贷记“资本公积——资本溢价或股本溢价”科目。

（二）资本公积转增资本

经股东大会或类似机构决议，用资本公积转增资本，借记“资本公积

——资本溢价或股本溢价”科目，贷记“实收资本”或“股本”科目。

【例5-2】 东方红证券公司决定用资本公积17 500元转增资本。

借：资本公积——资本溢价　　17 500

　　贷：实收资本　　17 500

（三）盈余公积转增资本

经股东大会或类似机构决议，用盈余公积转增资本，借记“盈余公积”科目，贷记“实收资本”或“股本”科目。

（四）采用发放股票股利方式增资

股份有限公司股东大会批准的利润分配方案中分配的股票股利，应在办理增资手续后，按照实际发放的股票股利数，借记“利润分配”科目，贷记“股本”科目。

七、资本减少的核算

我国有关法律规定，企业资本不得随意变动，但企业按法定程序报经批准后可以减少注册资本。公司按法定程序报经批准减少注册资本的，借记“实收资本”或“股本”科目，贷记“库存现金”“银行存款”等科目。

股份有限公司采用收购本公司股票方式减资的，按股票面值和注销股数计算的股票面值总额，借记“股本”科目，按所注销库存股的账面余额，贷记“库存股”科目，按其差额，借记“资本公积——股本溢价”科目，股本溢价不足冲减的，应借记“盈余公积”“利润分配——未分配利润”科目；购回股票支付的价款低于面值总额的，应按股票面值总额，借记“股本”科目，按所注销库存股的账面余额，贷记“库存股”科目，按其差额，贷记“资本公积——股本溢价”。

第三节　公司资本公积

一、资本公积的概述

资本公积通常是指企业收到投资者出资额超出其在注册资本或股本中所占份额的部分，以及直接计入所有者权益的利得和损失。资本公积从形成来源上看，它不是由企业实现的利润转化而来的，这是它与留存收益的根本区别，因为后者是由企业实现的利润转化而来的。我国公司法规定，资本公积主要用来转增资本。资本溢价（或股本溢价）是企业收到投资者的超出其在企业注册资本（或股本）中所占份额的投资。形成资本溢价（或股本滥价）的原因有溢价发行股票、投资者超额缴入资本等。

直接计入所有者权益的利得和损失是指不应计入当期损益、会导致所有者权益发生增减变动的、与所有者投入资本或者向所有者分配利润无关的利得或者损失。

资本公积一般应当设置"资本（或股本）溢价""其他资本公积"明细科目核算。

二、资本公积的核算

（一）企业接受投资者投入资本形成资本公积的核算

企业接受投资者投入的资本形成的资本公积，借记"银行存款""其他应收款""固定资产""无形资产""长期股权投资"等科目，贷记"实收资本"或"股本"科目，贷记"资本公积——资本溢价或股本溢价"科目。

（二）可转换债券持有人行使转换权利形成资本公积的核算

可转换债券持有人行使转换权利形成的资本公积，应按可转换公司债券的余额，借记"应付债券——可转换公司债券（面值）""应付债券——可转换公司债券（利息调整）"科目，按其权益成分的金额，借记"资本公积——其他资本公积"科目，按股票面值和转换的股数计算的股票面值总额，贷记"股本"科目，按其差额，贷记"资本公积——股本溢价"科目。

【例 5-3】 为筹集长期资金，甲公司作为上市公司发行可转换公司债券，可转换公司债券的面值为 500 000 元，权益成分的公允价值为 350 000 元。可转换债券持有人行使转换权利日，应付债券——可转换公司债券（利息调整）科目余额为 5 000 元，甲公司股票的面值为 33.2 元，可转换公司债券转换成 25 000 股股票。

借：应付债券——可转换公司债券（面值）	500 000	
——可转换公司债券（利息调整）	5 000	
资本公积——其他资本公积	350 000	
贷：股本		830 000

资本公积——股本溢价　　25 000

（三）其他资本公积的核算

1. 将债务转为资本形成资本公积的核算。

将债务转为资本形成的资本公积，应按重组债务的账面余额，借记“应付账款”等科目，按债权人因放弃债权而享有本企业股份的面值总额，贷记“实收资本”或“股本”科目，按股份的公允价值总额与相应的实收资本或股本之间的差额，贷记或借记“资本公积——资本溢价或股本溢价”科目，按其差额，贷记“营业外收入——债务重组利得”科目。

【例5－4】甲公司欠乙公司款1 000 000元，与乙公司达成协议，通过向乙公司转让50 000股偿还该笔债务，面值为1元，股价为15.5元。

借：应付账款　　1 000 000
　贷：股本　　50 000
　　资本公积——股本溢价　　725 000
　　营业外收入——债务重组利得　　225 000

2. 权益法下长期股权投资涉及的资本公积核算。

长期股权投资采用权益法核算的，在持股比例不变的情况下，被投资单位除净损益以外所有者权益的其他变动，企业按持股比例计算应享有的份额，如果是利得，应当增加长期股权投资的账面价值，同时增加资本公积（其他资本公积）；如果是损失应当作相反的会计分录。当处置采用权益法核算的长期股权投资时，应当将原计入资本公积的相关金额转入投资收益。

【例5－5】甲证券公司20×1年3月1日通过发行普通股股票8 000 000股与乙公司股东进行交换取得乙公司有表决权股份的20%，该比率保持不变，从而导致对乙公司财务和经营决策具有重大影响，甲公司准备长期持有该股份。2012年6月30日，乙公司除经营活动净损益以外所有者权益的其他项增加15 000 000元。20×1年12月31日，甲企业处置该长期股权投资，取得价款23 000 000元，此时该项长期股权投资的账面价值为20 000 000元，其中成本为15 000 000元，损益调整为4 000 000元，其他权益变动为3 000 000元，长期股权投资减值准备为2 000 000元。

20×1年6月30日，会计分录为：

借：长期股权投资——其他权益变动　　3 000 000
　贷：资本公积——其他资本公积　　3 000 000

20×1 年 12 月 31 日，会计分录为：

借：银行存款　　23 000 000
　　长期股权投资减值准备　　2 000 000
　　贷：长期股权投资——乙公司（成本）　　15 000 000
　　　　　　　　　　——乙公司（损益调整）　　4 000 000
　　　　　　　　　　——乙公司（其他权益变动）　　3 000 000
　　　　投资收益　　3 000 000

借：资本公积——其他资本公积　　3 000 000
　　贷：投资收益　　3 000 000

3. 以权益结算的股份支付换取服务所涉及的资本公积核算。

以权益结算的股份支付换取职工或其他方提供服务的，应按照确定的金额，借记“管理费用”等科目，贷记“资本公积——其他资本公积”科目。在行权日，应按实际行权的权益工具数量计算确定的金额，借记“资本公积——其他资本公积”科目，按计入实收资本或股本的金额，贷记“实收资本”或“股本”科目，按其差额，贷记“资本公积——资本溢价或股本溢价”科目。

【例 5-6】甲基金公司由于 20×1 年企业效益大幅度上升，20×1 年 3 月 10 日股东大会通过，经相关主管部门批准，准备以增发的股票奖励企业员工，每人奖励普通股股票 1 000 股，共计 470 000 股。该公司股票目前市场价格为 5 元/股。20×1 年 5 月 10 日，办理相关过户手续，将股票支付给职工。此时该企业股票的市场价格为 5. 5 元/股。

20×1 年 3 月 10 日，会计分录为：

借：生产成本　　2 350 000
　　贷：资本公积——其他资本公积　　2 350 000

20×1 年 5 月 10 日，会计分录为：

借：生产成本　　235 000
　　资本公积——其他资本公积　　2 350 000
　　贷：股本　　470 000
　　　　资本公积——股本溢价　　25 380 000

4. 金融资产重新分类所涉及的资本公积核算。

根据新金融工具准则关于三类金融资产重分类的规定，可能会发生因为重分类并引起股东权益项目下“其他综合收益”的增减变动。

第四节　公司盈余公积

一、盈余公积的概述

盈余公积是指企业按照规定从净利润中提取的各种累积资金。

（一）盈余公积的内容

盈余公积按照企业性质，分别包括以下内容：

1. 法定盈余公积，是指企业按照规定的比例从净利润中提取的盈余公积。公司制企业的法定盈余公积按照税后利润的10%提取；非公司制企业也可按照超过10%的比例提取。法定盈余公积累计额已达注册资本的50%时可以不再提取。

2. 任意盈余公积，是指企业经股东大会或类似机构批准按照规定的比例从净利润中提取的盈余公积。任意盈余公积主要是公司制企业按照股东大会或类似机构的决议提取。

法定盈余公积和任意盈余公积的区别就在于其各自计提的依据不同。前者以国家的法律或行政规章为依据提取；后者则由企业自行决定提取。

（二）盈余公积的主要用途

企业提取盈余公积主要可以用于以下几个方面：

1. 用于弥补亏损。企业发生亏损时，应由企业自行弥补。弥补亏损的渠道主要有三条：一是用以后年度税前利润弥补。按照相关制度规定，企业发生亏损时，可以用以后五年内实现的税前利润弥补，即税前利润弥补亏损的期间为五年。二是用以后年度税后利润弥补。企业发生的亏损经过五年期间未弥补足额的，尚未弥补的亏损应用所得税后的利润弥补。三是以盈余公积弥补亏损。企业以提取的盈余公积弥补亏损时，应当经股东大会或类似机构批准。

2. 转增资本。企业将盈余公积转增资本时，必须经股东大会或类似机构决议批准。在实际将盈余公积转增资本时，要按照股东原有持股比例结转。按照公司法的规定，盈余公积转增资本时，转增后留存的盈余公积的数额不得少于转增前注册资本的25%。

3. 扩大企业生产经营。盈余公积的用途，并不是指其实际占用形态，提取盈余公积也并不是单独将这部分资金从企业资金周转过程中抽出。企业盈余公积的结存数，实际只表现为企业所有者权益的组成部分，表明企业生产经营资金的一个来源而已。其形成的资金可能表现为一定的货币资金，也可能表现为一定的实物资产，随同企业的其他来源所形成的资金进行循环周转。用于企业的生产经营。

4. 发放现金股利或利润。企业无利润时原则上不分配股利，但在特殊情况下，如当企业累积的盈余公积比较多，而未分配利润又比较少时，为了维护企业形象，给投资者以合理的回报，对于符合规定条件的企业，也可以用盈余公积分配现金股利或股票股利。

盈余公积的提取实际上是企业当期实现的净利润向投资者分配利润的一种限制。提取盈余公积本身就属于利润分配的一部分，提取盈余公积相对应的资金，一经提取形成盈余公积后，在一般情况下不得用于向投资者分配利润或股利。盈余公积的用途，并不是指其实际占用形态，提取盈余公积也并不是单独将这部分资金从企业资金周转过程中抽出。企业提取的盈余公积，无论是用于弥补亏损，还是由于转增资本，只不过是在企业所有者权益内部结构的转换，如企业以盈余公积弥补亏损时，实际是减少盈余公积的留存数额，以此抵补未弥补亏损的数额，并不引起企业所有者权益总额的变动；企业以盈余公积转增资本时，也只是减少盈余公积结存的数额，但同时增加企业实收资本或股本的数额，也并不引起所有者权益总额的变动。

二、盈余公积的核算

企业在对盈余公积进行核算时，应设置“盈余公积”科目，并分别“法定盈余公积”“任意盈余公积”进行明细核算。外商投资企业还应分别“储备基金”“企业发展基金”进行明细核算。中外合作经营在合作期间归还投资者的投资，应在本科目设置“利润归还投资”明细科目进行核算。“盈余公积”科目期末有贷方余额，反映企业的盈余公积。

（一）盈余公积的计提

企业按规定提取盈余公积的，应借记“利润分配——提取法定盈余公积、提取任意盈余公积”科目，贷记“盈余公积——法定盈余公积、任意盈余公积”科目。

【例5-7】 东方红证券公司20×1年度实现税后利润1 000 000元，公司董事会决定提取10%的税后利润作为法定盈余公积，8%的税后利润作为任意盈余公积。

借：利润分配——提取法定盈余公积　　100 000
　　　　　　——提取任意盈余公积　　80 000
　贷：盈余公积——法定盈余公积　　100 000
　　　　　　　——任意盈余公积　　80 000

（二）盈余公积弥补亏损

经股东大会或类似机构决议，用盈余公积弥补亏损，借记“盈余公积——法定盈余公积、任意盈余公积”或“盈余公积——储备基金、企业发展基金”科目，贷记“利润分配——盈余公积补亏”科目。

【例5-8】 甲公司经营出现亏损，经股东大会决议，用法定盈余公积200 000元弥补本年亏损。

借：盈余公积——法定盈余公积　　200 000
　贷：利润分配——盈余公积补亏　　200 000

（三）盈余公积转增资本

经股东大会或类似机构决议，用盈余公积转增资本，借记“盈余公积——法定盈余公积、任意盈余公积”或“盈余公积——储备基金、企业发展基金”科目，贷记“实收资本”或“股本”科目。

（四）盈余公积发放股利

经股东大会决议，用盈余公积派送新股，按派送新股计算的金额，借记“盈余公积——法定盈余公积、任意盈余公积”等科目，按股票面值和派送新股总数计算的股票面值总额，贷记“股本”科目。

第五节　未分配利润的核算

一、净利润的分配顺序

企业当期实现的利润，加上年初未分配利润（或减去年初未弥补亏损）和其他转入后的余额，为可供分配的利润。根据《中华人民共和国公司法》等有关法规的规定，企业当年实现的净利润，首先是弥补以前年度尚未弥补的亏损，然后按下列顺序进行分配：

第一步，提取法定公积金。法定公积金按照税后利润10%的比例提取。公司法定公积金累计额为公司注册资本的50%以上时，可以不再提取法定公积金。

公司的法定公积金不足以弥补上一年度公司亏损的，在提取法定公积金之前，应当先用当年利润弥补亏损。

第二步，提取任意公积金。公司在提取法定公积金后，经股东大会或类似机构决议，可以提取任意公积金。

第三步，向投资者分配利润或股利。公司弥补亏损和提取公积金后的剩余利润，有限责任公司按照股东的出资比例向股东分配利润；股份有限公司按照股东持有股份比例分配利润。

应注意的是，外商投资企业实现的净利润在首先弥补以前年度尚未弥补的亏损后，应当按照法律、行政法规的规定按净利润的一定比例提取储备基金、企业发展基金、职工奖励及福利基金等。中外合作经营按规定在合作期间以利润归还投资者的投资，也应从净利润中扣除，随后的净额才是可供投资者分配的利润。可供分配的利润经过上述分配后，为未分配利润。因此，未分配利润是企业实现的净利润经过弥补亏损、提取盈余公积和向投资者分配利润后留存企业的、历年结存的利润。从数量上说，未分配利润是期初未分配利润，加上本期实现的税后利润，减去提取的各项盈余公积和分出利润或股利后的余额。从科目性质上看，未分配利润是企业所有者权益的组成部分，它有两层含义：一是留待以后年度处理的利润；二是未指定用途的利润。因此，相对于所有者权益的其他部分来说，企业对于未分配利润的使用、分配具有较大的自主权。企业未分配利润应当在资产负债表的所有者权益项目中单独反映。

二、利润分配的核算

为进行利润分配核算，企业应设置“利润分配”科目，该科目核算企业利润的分配（或亏损的弥补）和历年分配（或弥补）后的余额，本科目年末余额反映企业的未分配利润（或未弥补亏损）。“利润分配”科目应分别“提取法定盈余公积”“提取任意盈余公积”“应付现金股利或利润”“转作股本的股利”“盈余公积补亏”和“未分配利润”等进行明细核算。

1. 提取盈余公积。

企业按规定提取盈余公积的，借记“利润分配——提取法定盈余公积、提取任意盈余公积”科目，贷记“盈余公积——法定盈余公积、任意盈余公积”科目。

从事证券业务的公司，应该按照本年实际净利润的10%提取交易风险准备金，用于风险的补偿、不得用于分红和转增资本。而从事基金管理业务的公司，应该按照本年实际净利润的1%提取交易风险准备金，用于风险的补偿、不得用于分红和转增资本。会计核算上规定提取的一般风险准备，借记“利润分配——提取一般风险准备”科目，贷记“一般风险准备”科目。

2. 分配股利。

经股东大会或类似机构决议，分配给股东或投资者的现金股利或利润，借记“利润分配——应付现金股利或利润”科目，贷记“应付股利”科目。

经股东大会或类似机构决议，分配给股东的股票股利，应在办理增资手续后，借记“利润分配——转作股本的利润”科目，贷记“股本”科目。

3. 弥补亏损。

用盈余公积弥补亏损，借记“盈余公积——法定盈余公积、任意盈余公积”科目，贷记“利润分配——盈余公积补亏”科目。

公司用一般风险准备弥补亏损，借记“一般风险准备”科目，贷记“利润分配——一般风险准备补亏”科目。

4. 利润结转。

年度终了，企业应将本年度实现的净利润，自“本年利润”科目转入“利润分配”科目，借记“本年利润”科目，贷记“利润分配——未分配利润”科目，为净亏损的作相反的会计分录；同时，将“利润分配”科目所属其他明细科目的余额转入“利润分配——未分配利润”明细科目。结转后，“利润分配”科目除“未分配利润”明细科目外，其他明细科目应无余额。

【例5-9】 新世界证券公司20×1年度实现净利润5 000 000元，经股东大会决议，采取以下分配方案：按净利润的10%提取法定盈余公积，11%提取任意盈余公积，10%提取风险准备金，分配现金股利500 000元，分配股票股利800 000元；另外，本年使用盈余公积弥补了年初100 000元的亏损，分配的股票股利只形成了股本600 000元。

(1) 按照规定分配当年实现的净利润：

借：利润分配——提取法定盈余公积　　500 000

　　　　　——提取任意盈余公积　　550 000

——提取风险准备金　　500 000
——应付现金股利　　500 000
——转作股本的利润　　800 000
贷：盈余公积——法定盈余公积　　500 000
——任意盈余公积　　550 000
一般风险准备　　500 000
应付股利　　500 000
股本　　600 000
资本公积——股本溢价　　200 000

(2) 使用盈余公积弥补亏损：

借：盈余公积——法定盈余公积　　100 000
贷：利润分配——盈余公积补亏　　100 000

(3) 结转本年实现利润：

借：本年利润　　5 000 000
贷：利润分配——未分配利润　　5 000 000

(4) 结转利润分配的各明细科目：

借：利润分配——未分配利润　　2 850 000
贷：利润分配——提取法定盈余公积　　500 000
——提取任意盈余公积　　550 000
——提取风险准备金　　500 000
——应付现金股利　　500 000
——转作股本的利润　　800 000

(5) 结转盈余公积弥补亏损：

借：利润分配——盈余公积补亏　　100 000
贷：利润分配——未分配利润　　100 000

从表 5-1 可以看出，甲公司在利润分配之后，未分配利润为 2 150 000 元。

表 5-1　　利润分配——未分配利润　　单位：元

项目	借方	贷方
期初余额	100 000	
本期发生额	2 850 000	5 100 000
期末余额		2 150 000

第二篇

证券公司会计篇

开篇有益

与中国证券公司同吸引共命运的证券公司是投资者和上市公司两大阵营都不可缺少的中介力量。本篇是专门针对证券公司专业业务活动的会计核算篇章。

本篇共分六章，基本依照证券公司会计财务活动规律展开。第六章是证券公司会计的综述认识，包括证券、证券公司和分类监管等；第七章是券商承销证券的业务核算，包括全额包销方式的核算、余额包销方式的核算和代销方式证券承销业务的核算；第八章是券商自营证券的业务核算，包括自营证券买入、自营证券配股派息、自营认购新股、自营卖出证券的核算和自营证券期末计价；第九章是证券公司经纪业务核算，在经纪基础上，掌握代理类业务；第十章是证券公司其他业务，包括买入返售、卖出回购、受托资管、资金拆借及融资融券业务；第十一章是证券公司财务管理探讨，简要探讨财务管理模式、业务创新发展与风险管理等内容。

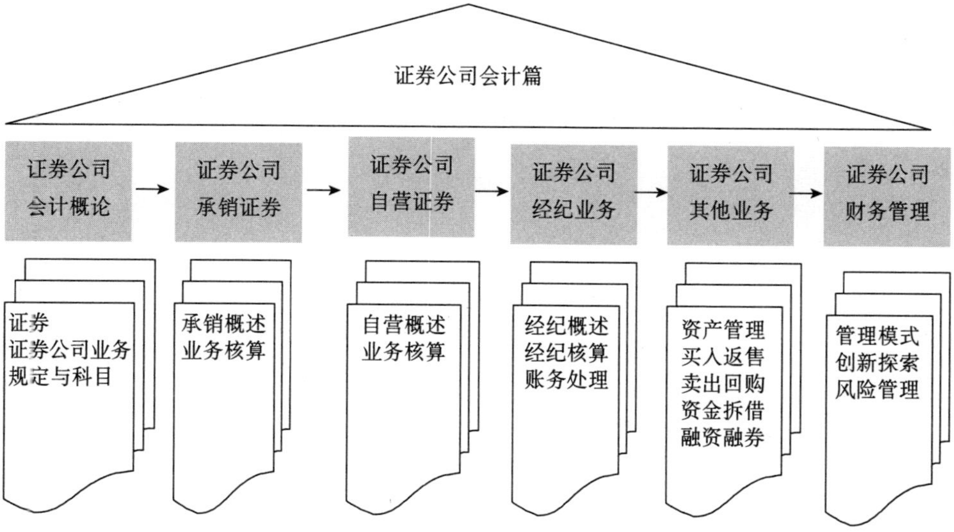

第六章
证券公司会计概论

本章精要

作为一个新兴加转轨的初步发育的市场经济国家，中国资本市场在长期波动式前进中，不论是夯实基础，或者是创新发展，甚至于市场品种与交易方式、投资者结构、市场规模和环境的重大变化中，都不能脱离证券公司这一市场中介组织的阶段式发展与成长。解读这一类经济主体的交易与事项，自然需要从认识其与基本的相关概念开始。正因为如此，本章重点集中于证券家族进行一个相关知识的探析。

本章共分为两个专题，基本依照证券业务活动的线索来展开。首先需要对证券有一个综述性认识，明确证券的法律特征和经济属性，逐渐从证券分类中梳理出无价证券与有价证券、在有价证券类别中再细分货币证券、资本证券和财物证券，而在资本证券中就是直指股票、债券和基金了。很显然，本书所谓证券就是股票、债券与基金三种证券了。

本章在对证券略加分析后，具体研讨作为证券运行主要载体的证券公司之基本情况，侧重于证券公司业务基本类别、分类业务监管等基础，在此基础上，初步分析证券公司主要业务框架下的会计科目设置，如专用于资金清算与交收而存入清算代理机构的“结算备付金”，用于代理兑付证券的“代理兑付证券”和“代理兑付证券款”，以及用于承销及买卖代理业务的“代理承销证券款”“代理买卖证券款”等科目。

第一节　证　　券

一、证券的基本内涵与类别

证券是一个法定的经济术语，是指以证明或设立权利为目的而形成的一种书面凭证，是各类记载并代表一定权利的法律凭证，用以证明持有人有权依其所持凭证记载的内容而取得应有的权益。从一般意义上说，证券是指用以证明或设定权利所做成的书面凭证，它表明证券持有人或第三者有权取得该证券拥有的特定权益。

从证券票面的直观要素看，通常包括四个基本要素：即持有人、持有人持有该证券的权利、证券标的物以及标的物的价值。

从证券本身的基本特征看，通常具备两个基本特征：即法律特征和书面特征。其中，法律特征体现着证券反映某种法律行为的结果，同时它所包含的特定内容具有法律效力；书面特征是指必须采取书面形式或与书面形式有同等效力的形式，载明有关法律规定的全部必要事项。

从证券门类的派别体系来看，可谓派别林立、品种繁多。只要是用来证明券票持有人享有的某种特定权益的凭证就是证券，如股票、债券、本票、汇票、支票、保险单、存款单、借据、提货单等各种票证单据都是证券。按证券的性质不同，可以分为凭证证券和有价证券两大类，凭证证券又称无价证券，是指证券本身不能给持有人或第三者取得一定收入的证券；有价证券又可分为货币证券、财物证券和资本证券，其中，资本证券又可分为股票、债券、基金等。当然，股票本身又分为优先股与普通股，股票市场分为发行市场与交易市场；债券则按其发行主体分为政府债券、金融债券、公司债券和企业债券；基金也可分为契约型基金与公司型基金、封闭式基金与开放式基金、股票型与债券型基金等。证券类别繁杂，分类标准也层出不穷。当然，本书侧重对股票、债券、基金三类资本性证券直接关联的证券公司、基金公司的会计运营进行阐述，因此，以下将渐进转入主题进行探讨。

二、有价证券的主要特征

（一）基本概念

有价证券是指标明票面金额，证明持有人有权按期取得一定收入并可自由转让和买卖的所有权或债权凭证。虽然有价证券本身没有价值，但由于它代表着一定量的财产权利，持有人可以凭借该证券直接取得一定量的商品、货币，或者是取得利息、股息等收入。有价证券可以在证券市场上流通，具有交易价格。

（二）主要特征

有价证券有以下四个显著特征：

1. 明确期限性。证券一般有明确的还本付息期限，用来满足不同筹资者和投资者对融资期限以及与此相关的收益率的需求。证券的期限具有法律约束力，是对融资双方权益的保护，但股票一般没有期限性，可以视为无期证券。

2. 经济收益性。持有有价证券本身可以获得一定数额的收益，这种收益相当于投资者转让资本使用权获得的回报。有价证券的收益表现为利息收入、股息收入和买卖证券的差价。收益的多少取决于资产增值程度和证券市场的供求状况。

3. 市场流通性。证券持有人可以按照自己的需要灵活地转让证券以换取现金。证券的期限性约束了投资者的灵活偏好，但证券的流通性以变通的方式满足了投资者对现金的随机需求。证券的流通是通过承兑、贴现或交易转让完成的。不同证券的流通性是不同的，其中股票的流通性最高。另外，不同的投资者因其投资目的不同，对证券流通性的要求也存在差异。一般而言，以投资为目的的投资者购买证券是为了获得稳定的投资收益，对流通性的要求相对较低；以投机为目的的投资者则要求证券有较强的流通性。

4. 内含风险性。证券的风险性是指证券持有者面临的预期投资收益不能实现，甚至可能损失本金的风险。这是由于未来经济状况不确定所造成的。因此，投资者难以确定它所持有的证券将来能否获得收益以及获得多少收益，从而使其持有证券这一行为具有相应的风险。一般来说，证券的风险与收益成正比，预期收益越高的证券，风险越大；预期收益越低的债券，风险越小。

三、证券市场的基本特征

（一）证券市场的概念

证券市场是股票、债券、投资基金等有价证券发行和交易的场所。从广义上讲，证券市场是指一切以证券为对象的交易关系的总和，通过自由竞争的方式，根据供求关系决定有价证券价格的一种交易机制。证券市场就是为解决资本的供求矛盾而产生的，是经济发展到一定阶段的产物，它实现了投资需求和筹资需求的对接，从而有效地化解了资本的供求矛盾。

（二）证券市场的特征

证券市场是以财产权利直接交换为基础的价值直接交换和风险直接交换的专业场所，与一般商品市场相比，证券市场具有以下四个基本特征：

第一，证券市场的交易对象是股票、债券等有价证券，而一般商品市场的交易对象是各种具有不同使用价值的商品。

第二，证券市场上的股票、债券等具有多重市场职能：既可以用来筹措资金，解决资金短缺问题，又可以用来投资，为投资者带来收益；也可以用于保值，以避免或减少物价上涨带来的货币贬值损失；还可以通过投机等技术性操作争取价差收益。而一般商品市场上的商品则只能用于满足人们的特定需要。

第三，证券市场的证券价格，其实质是所有权让渡的市场评估，或者说是预期收益的市场货币价格，它与市场利率关系密切。而一般商品市场的商品价格，其实质是商品价值的货币表现，它取决于生产商品的社会必要劳动时间。

第四，证券市场的风险较大，影响因素复杂，具有波动性和不可预期性。而一般商品市场的风险很小，实行的是等价交换原则，波动较小，市场前景具有较大的可测性。

第二节　证券公司业务

一、证券公司的定义

证券公司是专门从事有价证券买卖的法人企业，通常可简称券商。根据我国证券法的规定，证券公司是指依照《中华人民共和国公司法》的规定，经国务院证券监督管理机构审查批准设立的从事证券经营业务的有限责任公司或者股份有限公司。证券公司承担着证券代理发行、证券代理买卖、资产管理以及证券咨询等重要职能，始终是证券市场上最重要的中介机构，同时也是证券市场的主要参与者。

为强化对证券市场中作为重要中介机构力量的证券公司业务活动的监管，国家规定了不同的证券公司，设立条件自然不同，其经营业务的范围也自然不同。

二、证券公司业务的基本类别

很显然，证券公司应该根据经批准从事的业务范围从事经营活动，并按照相关会计准则，组织相关业务的会计核算。在目前，证券公司的各项业务活动主要有：

（一）证券承销业务

证券承销业务是指证券公司代理证券发行人面向投资人发行证券的行为，它是综合类证券公司的一项主要业务。在证券承销与发行过程中，证券公司首先需要就证券发行的种类、时间、条件等对发行公司（包括 IPO 或增发）提出建议。承销的关键环节是签订承销协议或合同，确定承销方式。承销方式主要有两种：包销和代销。前者是证券公司将发行人的证券按照协议全部按承销价付款买进，然后再按发行价卖出，或在承销期结束时，将售后剩余证券全部自行购入的承销方式；代销是指证券公司代发行人发售证券，在发行期结束后，将未售出的证券全部退还给发行人或包销人的承销方式。很显然，包销方式下，证券公司要承担全部发行风险，这比较适用于发行金额大、急需用款、效益信誉都非常好的发行人。现实中，如果一家公司证券发行规模较大，单一证券公司的实力难以承担承销责任，可以若干家证券公司组成承销团，其中由一家证券公司任主承销商，并联合其他副主承销商或分销商。

（二）证券自营业务

证券自营业务是证券公司从事自身投资的行为，即为本公司买卖证券谋取差价并承担相应风险的行为。证券公司业务中，一方面是证券买入者，以自有资金和自身账户参与证券市场交易；另一方面又充当卖出者，卖出属于自己所有的证券，并赚取收益。由于证券市场的高收益性和高风险性，证券公司的自营业务具有一定的投机性、风险较大。证券公司的自营业务有利于证券市场维护交易的连续性，但是由公司在交易成本、资金实力和获取信息方面的便利条件等方面都比投资大众占有优势，因此在自营活动中容易存在操纵市场和内幕交易等不正当行为。为此，许多国家都制定了专门的法律法规，对证券机构的自营业务进行严格管理。

（三）证券经纪业务

证券经纪业务又称代理买卖证券业务，是指证券公司接受客户委托代客户买卖有价证券的行为。证券经纪业务是证券公司最基本的一项业务项目。证券公司作为中介人，代为办理证券买卖，根据委托人对证券品种、价格和交易数量的明确委托来承办证券交易。这个委托办理的过程包括办理股东账户、开户、委托和交割四个环节。

在经纪业务中，证券公司应恪守代理性、效率性，并遵循“三公原则”。代理性强调证券公司必须严格遵守法规规定的禁止性规定，不能受理法规所禁止的证券交易参与者的委托，也不能受理全权选择证券种类、数量、价格、方向等的交易委托。始终恪守只能承担代理责任，无权参与买卖盈亏分成；效率性强调证券公司在经纪业务时要注意效率，因为证券市场上行情瞬息万变，分秒之差就可能会给委托客户造成损失；而“三公（公开、公平、公正）原则”则主要强调证券公司在开展证券经纪业务时必须做到资料、委托价格、成交的情况公开、交易的结果公开。

（四）受托投资管理业务

证券公司根据有关法律法规和投资委托人的投资意愿，作为受托投资管理人，与委托人签订受托投资管理合同，以委托人委托的资产在证券市场上购买股票、债券等金融工具的投资组合，以实现委托资产收益最大化。在受托资产管理业务中，委托人委托管理的资产必须是货币资金或是在合法的证券托管登记系统中的证券。受托人应将货币资金形式的受托投资按照客户交易结算资金存管方式进行管理。另外，证券公司从事受托资产管理业务，应当取得监管机关批准的受托投资管理业务资格。

（五）买入返售证券

买入返售证券业务是指证券公司与全国银行间同业市场其他成员以合同或协议的方式，按一定的价格买入证券，到期日再按合同或协议规定的价格卖出该批证券，以获取买入价与卖出价差价收入的业务。

（六）卖出回购证券

卖出回购证券业务是证券公司根据与客户的协议或合同规定，证券公司先向该客户卖出证券，在协议的期限到期后，再以协议规定的买入价将证券从该客户买回，证券公司以卖出价与买入价的价差支出，获得资金的使用。

（七）投资银行业务

证券公司作为股权市场、产权市场上进行公司并购活动的专业顾问，可以辅助客户物色适合的兼并与收购目标公司，设计并购方案，代表客户接洽目标公司，也可以帮助目标公司设计防卫措施，抵御敌意收购。这项投资银行业务已经成为许多证券公司的重要经营项目，能够全方位地扩展证券公司的经营领域。

（八）其他证券业务

其他业务是指证券公司经批准在国家允许的范围内，进行除承销业务、自营业务、经纪业务、受托资产管理、买入返售证券业务、卖出回购证券业务和投资银行业务等业务以外的与证券业务相关的其他证券业务。

现将上述证券公司的常规业务描绘如图 6－1 所示。

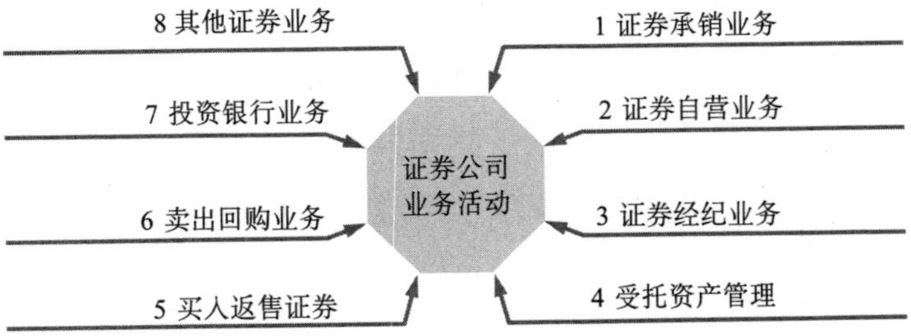

图 6－1　证券公司常规业务类型

三、证券公司的分类业务监管

根据证券法的规定，中国政府对证券公司实行分类管理，即分为综合类证券公司和经纪类证券公司。综合类证券公司的证券业务，可以覆盖前述各项业务活动，即证券经纪业务、证券自营业务、证券承销业务和经国务院证券监督管理机构核定的其他证券业务四种；而经纪类证券公司只允许专门从事证券经纪业务，即只能从事代理客户买卖股票、债券、基金、可转换企业债券、认股权证等。

第三节　证券公司会计规定与科目设置

一、证券公司会计规定

证券公司是专门经营证券业务的金融机构。证券公司的经营活动是否规范，财务状况是否稳定，经营成果是否良好，现金流量是否正常，关系到证券市场能否健康稳定发展。会计作为一项经济管理工作，是证券公司加强经营管理必不可少的环节。随着我国证券公司这一金融企业群体的日益壮大，财政部于1999年专门制定印发了《证券公司会计制度——会计科目和会计报表》，并要求证券公司于2000年实施。在执行过程，随着证券公司的业务不断创新和国家统一会计制度整体的逐渐成熟，从2003年开始，证券公司开始时执行统一的《金融企业会计制度》。

近年来，在中国资本市场与金融市场进一步融合、共同发展的进程中，中国会计准则也加快了与国际会计准则的趋同化建设。财政部于2006年正式颁布了新的企业会计准则体系，并要求包括证券公司在内的各类企业都分步执行企业会计准则，原来的会计制度将渐渐退出历史舞台。这样证券公司将执行统一的《企业会计准则》，同时，根据《企业会计准则第30号——财务报表列报》应用指南（以下简称《CAS 30应用指南》）的统一规定，证券公司拥有专门的为证券公司这一特殊企业形式所"量身定做"的财务报表体系，作为与一般企业、商业银行、保险公司并驾齐驱的四类报表系列之一。这就是充分体现了证券公司在会计确认、计量与报告方面的独特性。

二、证券公司会计特设科目

根据《CAS 30应用指南》，证券公司的会计科目如表6－1所示。

对于上述主要科目的应用规范，下面重点加以解释：

（一）"结算备付金"科目

"结算备付金"科目是资产类科目，专门用于证券公司为证券交易的资金清算与交收而存入指定清算代理机构的款项。证券公司向客户收取的结算手续费、向证券交易所支付的结算手续费，也通过本科目核算，而因证券交易

表 6－1　　　证券公司主要业务核算专用会计科目表

类别	名称	主要核算内容
	结算备付金	核算公司为证券交易的资金清算与交收而存入指定清算代理机构的款项。向客户收取的结算手续费、向交易所支付的结算手续费，也通在本科目核算
	代理兑付证券	核算公司接受委托代理兑付到期的证券
	证券清算款	因证券交易与清算代理机构办理资金清算的款项等，可以单独设置“证券清算款”
负债类	代理买卖证券款	核算代客买卖股票、债券和基金等证券而收到的款项，代客认购新股、领取现金股利和债券利息、代客向交易所支付的配股款
	代理承销证券款	核算受托以承购包销或代销方式承销证券所形成的、应付证券发行人的承销资金
	代理兑付证券款	核算公司受托代理兑付证券收到的兑付资金

与清算代理机构办理资金清算的款项等，可以单独设置“证券清算款”科目。本科目可按清算代理机构，分别“自有”“客户”等进行明细核算。企业将款项存入清算代理机构，借记本科目，贷记“银行存款”等科目；从清算代理机构划回资金作相反的会计分录。接受客户委托，买入证券成交总额大于卖出证券成交总额的，应按买卖证券成交价的差额加上代扣代交的相关税费和应向客户收取的佣金等之和，借记“代理买卖证券款”等科目，贷记本科目（客户）、“银行存款”等科目。按企业应负担的交易费用，借记“手续费及佣金支出”科目，按应向客户收取的手续费及佣金，贷记“手续费及佣金收入”科目，按其差额，借记本科目（自有）、“银行存款”等科目。接受客户委托，卖出证券成交总额大于买入证券成交总额的，应按买卖证券成交价的差额减去代扣代交的相关税费和应向客户收取的佣金等后的余额，借记本科目（客户）、“银行存款”等科目，贷记“代理买卖证券款”等科目。按企业应负担的交易费用，借记“手续费及佣金支出”科目，按应向客户收取的手续费及佣金，贷记“手续费及佣金收入”科目，按其差额，借记本科目（自有）、“银行存款”等科目。在证券交易所进行自营证券交易的，应在取得时根据持有证券的意图等对其进行分类，比照“交易性金融资产”“债权投资”“其他债券投资”“其他权益工具投资”等科目的相关规定进行处理。本科目期末借方余额，反映企业存在指定清算代理机构的款项。

（二）“代理兑付证券”科目

“代理兑付证券”科目属于资产类，核算证券公司接受委托，代理兑付到期的债券而付出的款项，应按委托单位和证券种类设置明细账。委托单位尚未拨付兑付资金而由企业垫付的，在收到客户交来的证券时，应按兑付金额，借记本科目，贷记“银行存款”等科目。向委托单位交回已兑付的证券并收回垫付的资金时，借记“银行存款”等科目，贷记本科目。收到客户交来的无记名证券时，应按兑付金额，借记本科目，贷记“库存现金”“银行存款”等科目。向委托单位交回已兑付证券时，借记“代理兑付证券款”科目，贷记本科目。本科目期末借方余额，反映企业已兑付但尚未收到委托单位兑付资金的证券金额。

（三）“代理买卖证券款”科目

“代理买卖证券款”科目属于负债类，用于核算证券公司接受客户委托，代客户买卖股票、债券和其他有价证券，由客户交存的款项。证券公司代客户认购新股的款项、代理客户领取的现金股利和证券利息、代客户向证券交易所支付的配股款等，也在本科目中核算。本科目按客户名称类别等设置明细账。企业收到客户交来的款项，借记“银行存款——客户”等科目，贷记本科目；客户提取存款作相反的会计分录。接受客户委托，买入证券成交总额大于卖出证券成交总额的，应按买卖证券成交价的差额加上代扣代交的相关税费和应向客户收取的佣金等之和，借记本科目等，贷记“结算备付金——客户”“银行存款”等科目。接受客户委托，卖出证券成交总额大于买入证券成交总额的，应按买卖证券成交价的差额减去代扣代交的相关税费和应向客户收取的佣金等后的余额，借记“结算备付金——客户”“银行存款”等科目，贷记本科目等。代理客户认购新股，收到客户交来的认购款项，借记“银行存款——客户”等科目，贷记本科目。将款项划付证券交易所，借记“结算备付金——客户”科目，贷记“银行存款——客户”科目。客户办理申购手续，按实际支付的金额，借记本科目，贷记“结算备付金——客户”科目。证券交易所完成中签认定工作，将未中签资金退给客户时，借记“结算备付金——客户”科目，贷记本科目。企业将未中签的款项划回，借记“银行存款——客户”科目，贷记“结算备付金——客户”科目。企业将未中签的款项退给客户，借记本科目，贷记“银行存款——客户”科目。代理客户办理配股业务，采用当日向证券交易所缴纳配股款的，当客户提出配股要求时，借记本科目，贷记“结算备付金——客户”科目。采用定期向证券交易所缴纳配股款的，在客户提出配股要求时，借记本科目，贷记“其他应付款——应付客户配股款”科目。与证券交易所清算配股款，按配股金额，借记“其他应付款——应付客户配股款”科目，贷记“结算备付金——客户”科目。本科目期末贷方余额，反映企业接受客户存放的代理买卖证券资金。

（四）“代理承销证券款”科目

“代理承销证券款”科目属于资产类科目，专门核算证券公司接受委托，采用承购包销方式或代销方式承销证券所形成的、应付证券发行人的承销资金。本科目可按委托单位和证券种类进行明细核算。公司承销记名证券时，通过证券交易所上网发行的，在证券上网发行日根据承销合同确认的证券发行总额，按承销价款，在备查簿中记录承销证券的情况；与证券交易所交割清算，按实际收到的金额，借记“结算备付金”等科目，贷记本科目承销期结束，将承销证券款项交付委托单位并收取承销手续费，按承销价款，借记本科目，按应收取的承销手续费，贷记“手续费及佣金收入”科目，按实际支付给委托单位的金额，贷记“银行存款”等科目；承销期结束有未售出证券、采用余额承购包销方式承销证券的，按合同规定由企业认购，应按承销价款，借记“交易性金融资产”“可供出售金融资产”等科目，贷记本科目。承销期结束，应将未售出证券退还委托单位。如果公司承销无记名证券，比照承销记名证券的相关规定进行处理。本科目期末贷方余额，反映企业承销证券应付未付给委托单位的款项。

同时，还可能根据证券公司业务需要设立属于资产类的“代理承销证券”科目。“代理承销证券”科目用于核算公司采用全额承购包销方式接受委托代理发行的股票、债券等证券的承购价值。本科目属资产类科目，借方登记代理承销证券时的承购价，贷方登记发行期结束后结转的已销售代理承销证券的成本、未售出证券转为自营金融资产的成本。本科目期末借方余额反映公司尚未售出的代理承销证券的价值。本科目应按委托单位和代发行证券的种类设置明细账。

（五）“代理兑付证券款”科目

“代理兑付证券款”科目属于负债类，核算企业证券接受委托代理兑付证券收到的兑付资金。可按委托单位和证券种类进行明细核算。企业兑付记名证券，收到委托单位的兑付资金，借记“银行存款”等科目，贷记本科目。收到客户交来的证券，按兑付金额，借记本科目，贷记“库存现金”“银行存款”等科目。兑付无记名证券的，还应通过“代理兑付证券”科目核算。收取代理兑付证券手续费收入，向委托单位单独收取的，按应收或已收取的手续费，借记“应收手续费及佣金”等科目，贷记“手续费及佣金收入”科目。手续费与兑付款一并汇入的，在收到款项时，应按实际收到的金额，借记“结算备付金”等科目，按应兑付的金额，贷记本科目，按事先取得的手续费，贷记“其他应付款——预收代理兑付证券手续费”科目。兑付证券业务完成后确认手续费收入，借记“其他应付款——预收代理兑付证券手续费”科目，贷记“手续费及佣金收入”科目。本科目期末贷方余额，反映企业已收到但尚未兑付的代理兑付证券款项。

（六）“手续费及佣金收入”科目

“手续费及佣金收入”科目属于损益类，在本科目下应单独设立“代理承销证券手续费收入”明细账，核算证券公司采用全额承购包销方式代理发行证券的发行收入、采用代销方式和余额承购包销方式代理发行证券收取的手续费收入。会计期末，本科目余额结转“本年利润”后应无余额。

第七章
证券公司承销证券核算

本章精要

证券公司承销每一家公开发行上市交易的股票，即证券承销业接受股票发行人的委托，在证券发行过程中，以专业中介机构身份，代理发行人发行证券的相关活动。这是证券公司作为证券市场中介力量的重要功能体现。承销股票规模已经成为每一家综合类证券公司市场竞争能力的象征。

证券承销业务是指证券公司接受发行人的委托，代理发行人发行证券的活动。证券公司在证券承销业务中，只是一个中介机构。证券公司代理发行的证券可以分为记名证券和不记名证券两种。代理发行的方式有代销、余额承购包销和全额承购包销三种方式。证券公司应当根据各种证券的不同发行方式分别进行会计处理。证券公司在进行会计处理时，必须设置“代理承销证券款”科目，用以核算公司接受委托，采用承购包销方式或代销方式承销证券所形成的、应付证券发行人的承销资金。本科目可按委托单位和证券种类进行明细核算。

第一节　证券承销概述

一、证券承销方式

证券公司在承接公开发行股票的过程中，承销方式不同，其权责利不同，其会计核算也不同。证券公司对发行证券的承销方式，可以归纳如图 7 - 1 所示。

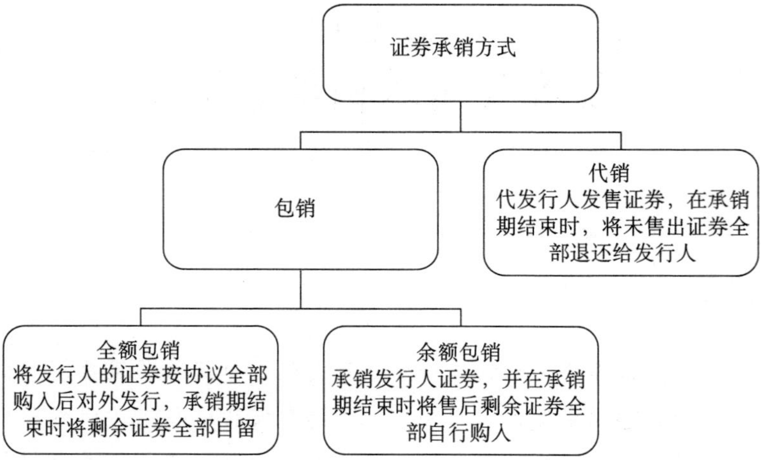

图 7－1　证券公司承销证券主要方式

二、承销业务相关管制规定

根据《证券发行与承销管理办法》，证券公司在开展证券承销业务时，必须遵循以下规定：

1. 证券公司实施承销业务前，应当向中国证监会报送发行与承销方案。

2. 证券公司承销证券，应当依照证券法第二十八条的规定采用包销或代销方式。上市公司配股或上市公司非公开发行股票未采用自行销售方式的，应当采用代销方式。

3. 股票发行采用代销方式的，应当在发行公告中披露发行失败后的处理措施。股票发行失败后，主承销商应当协助发行人按照发行价并加算银行同期存款利息返还款项给股票认购人。

4. 证券发行依照法律、行政法规的规定应当由承销团承销的，组成承销团的承销商应当签订承销团协议，由主承销商负责组织承销工作。证券发行由一家以上证券公司联合主承销的，所有担任主承销商的证券公司应当共同承担主承销责任，履行相关义务。承销团由三家以上承销商组成的，可以设副主承销商，协助主承销商组织承销活动。承销团成员应当按照承销团协议及承销协议的规定进行承销活动，不得进行虚假承销。承销协议和承销团协议可以在发行价格确定后签订。

5. 主承销商应当设立专门的部门或机构，证券公司投资银行、研究、销售等各部门共同完成信息披露、推介、簿记、定价、配售和资金清算等工作。

6. 证券公司在承销过程中，不得以提供透支、回扣或中国证监会认定的其他不正当手段诱使他人认购股票。

7. 主承销商应当按有关规定及时划付申购资金冻结利息。

8. 投资者认购缴款结束后，主承销商应当聘请具有证券从业资格的会计师事务所对认购资金进行验证，并出具验资报告；首次公开发行股票的，还应当聘请律师事务所对向战略投资者、询价对象的询价和配售行为是否符合法律、行政法规及本办法的规定等进行鉴证，并出具法律意见书。

9. 公开发行证券的，主承销商应当在证券上市后 10 日内向中国证监会报备承销总结报告，总结说明发行期间的基本情况及新股上市后的表现，并提供以下文件：募集说明书单行本两份；承销协议及承销团协议；律师鉴证意见（限于 IPO）；会计师事务所验资报告；中国证监会要求的其他文件。

第二节　承销业务核算

由于证券公司承销业务，按照其具体实质性条款划分为全额包销、余额包销和代销三种，因此，以下分类阐述其核算。

一、全额包销方式证券承销业务的核算

全额包销就是证券公司与证券发行单位签订合同或协议，由证券公司按合同或协议确定的价格将证券从发行单位购进，并当即与发行单位结清全部款项，然后再按市场条件转售给投资者。采用此种方式证券公司要承担全部发行风险，但可确保发行单位及时获得所需的资金。证券公司向发行单位承购证券的价格可能低于或等于或高于证券面值，由双方在协议里确定，但发售价格由证券公司确定，发行单位原则上不干预。

证券公司以全额包销方式进行承销业务的，应在按承购价格购入待发售的证券时，确认为一项资产进入“代理承销证券”科目；公司将证券转售给投资者时，按发行价格确认为证券发行收入，按已发行证券的承购价格结转代发行证券的成本。发行期结束后，如有未售出的证券，应按承购价格转为公司自己投资的金融资产管理。

第一，认购证券环节。先将证券全部认购，并向发行单位支付全部证券款项，按承购价作如下会计分录：

借：代理承销证券　　×××
　　贷：银行存款　　×××

第二，发售证券环节。按承销价将证券转售给投资者，承销价与承购价之间的差额计作手续费及佣金收入，会计分录如下：

借：银行存款　　×××
　　贷：代理承销证券　　×××
　　　　手续费及佣金收入——代理承销证券手续费收入　　×××

第三，剩余归己。发行期结束，将未售出的证券转为公司的金融资产管理，证券公司需要根据金融资产的性质及在本公司管理当局的持有意图与管理策略，将其分别归类为"交易性金融资产""可供出售金融资产"等进行记账和管理。未售出的证券按承购价计入证券公司的金融资产，会计分录如下：

借：交易性金融资产或可供出售金融资产　　×××
　　贷：代理承销证券　　×××

【例 7－1】 江山证券有限公司与明月股份有限公司客户签订协议，采用全额承购包销方式承销该公司发行的明月股票 3 000 万元，股票面值为 1 元，共发行 3 000 万股，公司承购价为 1.12 元，对外承销价为 1.2 元，发行期为 20 天，预计能售完。

首先，证券公司付清全款，客户将股票交给证券公司全额承购，证券公司的会计分录为：

借：代理承销证券　　33 600 000
　　贷：银行存款　　33 600 000

其次，发行期内，按承销价将证券 2 900 万股转售给投资者，会计分录如下：

借：银行存款　　34 800 000
　　贷：代理承销证券　　32 480 000
　　　　手续费及佣金收入——代理承销证券手续费收入　　2 320 000

期末，将到期尚未实现对外发行的部分 100 万股，按照承购价格转作公司自身的金融资产。

借：交易性金融资产　　1 120 000
　　贷：代理承销证券　　1 120 000

二、余额包销方式证券承销业务的核算

余额包销是指证券公司与委托发行单位签订合同或协议，由证券公司代委托单位发行证券，证券发行期内未售出的证券，一般由证券公司购入作为长期投资或自营证券。

证券公司以余额包销方式进行承销业务的，应在收到代发行单位发售的证券时，按委托方约定的发行价格同时确认为一项资产和一项负债；发行期结束后，如有未售出的证券，应按约定的发行价转为公司的自营证券或长期投资；代发行证券的手续费收入，应于发行期结束后，与发行单位结算发行价款时确认收入。

第一，收到委托单位委托发行的证券时，应在备查簿中记录承销证券的情况，不必编制会计分录。

第二，在约定的期限内售出证券时，按承销价格作如下会计分录：

借：银行存款　×××

　贷：代理承销证券款　×××

第三，承销期结束，将募集资金付给委托单位并收取手续费，作如下会计分录：

借：代理承销证券款　×××

　贷：银行存款　×××

　　手续费及佣金收入——代理承销证券手续费收入　×××

第四，冲销备查簿中登记的承销证券。

第五，承销期结束时如有未售出的证券，采用余额包销方式承销证券的公司，要依据合同规定按照承销价格进行认购，把未售出的证券转为公司的金融资产管理，证券公司需要根据金融资产的性质及在本公司的用途，将其归类为“交易性金融资产”“可供出售金融资产”等类型进行记账和管理。会计分录为：

借：交易性金融资产或可供出售金融资产　×××

　贷：代理承销证券款　×××

【例 7-2】 江山证券有限公司与客户签订合同，采用余额包销方式代客户发行股票。企业交来股票 2 000 万股，每股面值 1 元。代发行手续费为 0.2%。发行期结束时尚有 100 万股未售出，公司将其转作为交易性金融资产

处理。

首先，在承接环节，当客户交来代发行股票时，证券公司在备查簿中记录待承销证券的情况。

其次，在销售环节，当承销证券时，证券公司会计分录为：

借：银行存款　　19 000 000

　　贷：代理承销证券款　　19 000 000

再次，在清理阶段，承销期结束后，尚未售出的100万元转作公司交易性金融资产处理，会计分录为：

借：交易性金融资产　　1 000 000

　　贷：代理承销证券款　　1 000 000

将代发行证券交给客户，并从中扣取手续费4万元，会计分录为：

借：代理承销证券款　　20 000 000

　　贷：银行存款　　19 960 000

　　　　手续费及佣金收入——代理承销证券手续费收入　　40 000

三、代销方式证券承销业务的核算

代销方式就是证券公司受发行单位委托，按照规定的条件，在约定的期限内，代为向社会销售证券，发行期结束，如果证券未按原定发行售出，未售部分仍退回发行单位，代销证券的证券公司向委托人收取手续费，不承担任何发行风险。

公司以代销方式经办承销业务的，应在收到代发行人发售的证券时，按委托方约定的发行价格同时确认一项资产和一项负债；代发行证券的手续费收入，应于发行期结束后，与发行人结算发行价款时确认收入．采用代销方式代理发行证券（记名证券），主要有网上代销和柜台代销两种。

第一，网上代销。

具体账务处理如下：

1. 通过证券交易所上网发行的，在证券上网发行日根据承销合同确认的证券发行总额，按承销价格，在备查簿中记录承销证券的情况。

2. 上网发行结束后，与证券交易所交割清算，按网上发行数量和发行价格计算的发行款项扣除上网费用，作会计分录如下：

借：结算备付金——证券公司　　×××

其他应收款——应收代垫委托单位上网费　　×××
　　贷：代理承销证券款　　×××

3. 将发行证券交给委托单位，并收取发行手续费和代垫上网费用，会计分录为：

借：代理承销证券款　　×××
　　贷：其他应收款——应收代垫委托单位上网费　　×××
　　　　结算备付金——证券公司　　×××
　　　　手续费及佣金收入——代理承销证券手续费收入　　×××

同时，冲销备查簿中登记的承销证券。

4. 承销期结束如有未售出的证券，将未售出的代发行证券退还委托单位。

第二，柜台代销。

具体账务处理如下：

（1）通过柜台代理发行证券，收到委托单位委托发行的证券，按约定的承销价格，在备查簿中记录承销证券的情况。

（2）证券售出，按承销价格作如下会计分录：

借：银行存款　　×××
　　贷：代理承销证券款　　×××

（3）将发行证券款项交委托单位，发行手续费，会计分录为：

借：代理承销证券款　　×××
　　贷：银行存款　　×××
　　　　手续费及佣金收入——代理承销证券手续费收入　　×××

（4）发行期结束，将未售出的代理承销证券退还委托单位。冲销备查簿中登记的承销证券。

【例7-3】 新华证券公司与某上市公司签订协议，代理销售其通过证券交易所上网发行的股票100万元。承销期内，新华证券公司为客户代垫了上网费1万元，发行期结束时全部售出，按合同规定扣取手续费2万元，将所筹集资金交给客户。

首先，在证券上网发行日，根据承销合同确认的证券发行总额，按承销价格，在备查簿中记录承销证券的情况。

其次，在网上发行结束后，与证券交易所交割清算。新华证券公司的会计分录为：

借：结算备付金——证券公司　　990 000

　　其他应收款——应收代垫委托单位上网费　　10 000

　　贷：代理承销证券款　　1 000 000

再次，发行期结束后，从代理承销证券款中扣取手续费 2 万元及代垫的上网费用 1 万元，将所筹集资金交给客户，会计分录为：

借：代理承销证券款　　1 000 000

　　贷：其他应收款——应收代垫委托单位上网费　　10 000

　　　　手续费及佣金收入——代理承销证券手续费收入　　20 000

　　　　结算备付金——证券公司　　970 000

最后，将清算资金如数划转发行人时，会计分录为：

借：结算备付金——证券公司　　970 000

　　贷：银行存款　　970 000

第八章
证券公司自营证券核算

本章精要

按照证券公司的制度安排，综合类证券公司可以依法开展自营业务，以获取相应的差价收入。本章首先探讨证券公司自营证券的管制，即掌握证券公司为了获取证券买卖差价收入而买入的、能随时变现的股票、债券和基金等证券的前提条件，必须是证券公司通过自有资金和依法筹集的资金，以自己的名义和账户在证券交易所或场外交易市场买卖各种证券。自营证券业务核算包括自营股票、自营债券、自营基金、可转换债券、认股权证等买入、卖出和期末计价。

在本章重点探讨自营证券会计核算时，需要掌握证券自营证券业务包括买入证券和卖出证券。证券公司应设置“交易性金融资产”“投资收益”等科目进行会计处理。“投资收益”科目用以核算公司自营证券买卖中的差价及公允价值变动损益。证券自营业务的具体核算与一般公司的金融资产核算基本相同，当然，本节则更加详细、具体地阐述自营证券买入、自营证券配股派息、自营认购新股、自营证券卖出和自营证券期末计价等事项。

第一节　自营业务概述

证券公司取得自营业务和承销业务的资格后，就可以依法开展自营业务或承销业务，以获取相应的差价收入和手续费收入。这是综合类证券公司的特有业务，证券公司如果只是经纪类许可证，则不得从事自营业务和承销业务等业务，只能从事证券经纪业务。根据《中华人民共和国证券法》及证券监管部门的有关规定，综合类证券公司除可以从事经纪类证券公司业务以外，还可以从事证券的自营买卖、证券承销、证券投资咨询、受托投资管理等业务。证券公司从事证券自营业务，应当取得监管机关认定的证券自营业务资格并领取证监会颁发的《经营证券自营业务资格证书》，未取得证券自营业务资格的证券经营机构不得从事证券自营业务。

证券公司自营证券，通常是指证券公司为了获取证券买卖差价收入而买入的、能随时变现的股票、债券和基金等。证券公司从事自营业务，必须用证券公司自有资金和依法筹集的资金，以自己的名义和账户在证券交易所或场外交易市场买卖各种证券。自营证券业务核算包括自营股票、自营债券、自营基金、可转换债券、认股权证等买入、卖出和期末计价。

第二节　自营业务核算

一、自营证券买入业务

1. 证券公司在证券交易所办理自营证券业务时，应该在交易所开设清算资金账户，当划出资金时，会计分录如下：

借：结算备付金——证券公司　×××

　　贷：银行存款　×××

2. 证券公司买入证券时，按照清算日买入证券的公成交价格即公允价值入账，会计分录为：

借：交易性金融资产——成本　×××

　　贷：结算备付金——证券公司　×××

3. 如果购进证券支付的价款中，包含已到付息期但尚未领取的利息或已宣告但尚未发放的现金股利，会计分录如下：

借：交易性金融资产——成本　×××

　　应收利息（或应收股利）　×××

　　贷：结算备付金——证券公司　×××

【例8－1】 江山证券有限公司从深圳证券交易所自营购入新世界公司股票100 000股，每股市价12元，相关的交易费用为10 000元。会计分录如下：

借：交易性金融资产——D股票——成本　　1 200 000
　　投资收益　　10 000
　贷：结算备付金——证券公司　　1 210 000

二、自营证券配股派息

1. 公司因持有股票而享有的配股权，通过网上配股的，在与证券交易所清算配股款时，按实际支付的配售股票的公允价值入账，会计分录为：

借：交易性金融资产——成本　　×××
　贷：结算备付金——证券公司　　×××

通过网下配股的，按实际支付的配售股票公允价值入账，会计分录为：

借：交易性金融资产——成本　　×××
　贷：银行存款　　×××

2. 因持有股票而分得的股票股利（也称为送股），应于股权登记日，根据本公司持有股数和送股比例，计算确定本公司分配的股票股利数量，在交易性金融资产“数量”栏中登记。

3. 自营股票持有期间取得的现金股利的会计分录为：

借：结算备付金——证券公司　　×××
　贷：投资收益　　×××

4. 自营买入的分期付息、到期还本的债券，其持有期间分期取得的利息，应按实际利率计算的金额计入当期损益，作如下会计分录：

借：结算备付金（或银行存款）——证券公司　　×××
　贷：投资收益　　×××

【例8-2】 江山证券有限公司持有A公司股票30 000股。2008年3月，A公司宣布按10:3的比例在网上配股，配股价为5元/股。江山证券有限公司可配股9 000股，配股价加上交易费用，实际支付了47 000元配股款。作如下会计分录：

借：交易性金融资产——A公司股票——成本　　45 000
　　投资收益　　2 000
　贷：结算备付金——证券公司　　47 000

【例8-3】 江山证券有限公司持有B公司股票100 000股。B公司于2008年4月15日宣布分派现金股利，每股0.15元。2008年4月20日华山证券公司收到B公司发放的现金股利15 000元。应作如下会计分录：

2008年4月15日（宣告日）：

借：应收股利 15 000

　　贷：投资收益 15 000

2008年4月20日（派息日）

借：结算备付金——证券公司 15 000

　　贷：应收股利 15 000

三、自营认购新股业务

1. 网上认购新股。证券公司通过网上认购新股，申购款被证券交易所从账户中划出并冻结时，会计分录为：

借：其他应收款——应收认购新股占用款 ×××

　　贷：结算备付金——证券公司 ×××

认购新股中签，与证券交易所结算中签款项时，按中签的股票的公允价值入账，会计分录为：

借：交易性金融资产——成本 ×××

　　贷：其他应收款——应收认购新股占用款 ×××

同时，退回的未中签款项的会计分录为：

借：结算备付金——证券公司 ×××

　　贷：其他应收款——应收认购新股占用款 ×××

2. 网下认购新股，其会计分录与网上认购有所不同：

借：其他应收款——应收认购新股占用款 ×××

　　贷：银行存款 ×××

认购新股中签，与证券交易所结算中签款项时，按中签的股票的公允价值入账，会计分录为：

借：交易性金融资产——成本 ×××

　　贷：其他应收款——应收认购新股占用款 ×××

按退回的未中签款项，作如下会计分录：

借：银行存款 ×××

　　贷：其他应收款——应收认购新股占用款 ×××

【例8-4】 新华证券有限公司通过网上认购南北股份有限公司发行的新

股，证券交易所从该公司的账户中划出 100 000 元作为申购款，中签款项为 60 000 元。

首先，划拨申购款，会计分录为：

借：其他应收款——应收认购新股占用款　　100 000
　　贷：结算备付金——证券公司　　100 000

其次，中签认购新股，会计分录为：

借：交易性金融资产——E 公司股票（成本）　　60 000
　　贷：其他应收款——应收认购新股占用款　　60 000

再次，退回未中签的申购款项，会计分录为：

借：结算备付金——证券公司　　40 000
　　贷：其他应收款——应收认购新股占用款　　40 000

四、自营卖出证券的核算

1. 公司卖出证券，按清算日实际收到的金额作如下会计分录：

借：结算备付金（或银行存款）——证券公司　　×××
　　贷：交易性金融资产——成本　　×××
　　　　投资收益　　×××

2. 如果公司出售的该笔证券在持有期间存在公允价值变动损益，会计分录如下：

借：结算备付金（或银行存款）——证券公司　　×××
　　交易性金融资产——公允价值变动（持有期间发生公允价值变动损失）　　×××
　　贷：交易性金融资产——成本　　×××
　　　　交易性金融资产——公允价值变动（持有期间获得公允价值变动利得）　　×××
　　　　投资收益　　×××

【例 8 - 5】 亚太证券公司在 20×2～20×8 年发生如下一项自营证券业务，请进行相应的处理：

（1）20×2 年 1 月 1 日，从证券市场以银行存款 102 万元（含已到期付息但尚未领取的利息 2 万元）购入 A 公司发行的债券，另发生交易费用 2 万元。该债券面值 100 万元，剩余期限为 2 年，票面年利率为 4%，每半年付息一次。甲公司取得该项金融资产是以赚取债券差价为目的，将其划分为交易性金融资产。

2012 年 1 月 1 日，购入债券时

借：交易性金融资产——成本　　1 000 000
　　应收利息　　20 000
　　投资收益　　20 000
　　贷：银行存款　　1 040 000

(2) 20×2 年 1 月 5 日，收到该债券 20×1 年下半年利息 2 万元。其会计分录如下：

借：银行存款　　20 000
　　贷：应收利息　　20 000

(3) 20×2 年 6 月 30 日，该债券的公允价值为 115 万元（不含利息）。其会计分录如下：

借：交易性金融资产——公允价值变动　　150 000
　　贷：公允价值变动损益　　150 000
借：应收利息　　20 000
　　贷：投资收益　　20 000

(4) 20×2 年 12 月 31 日，将该债券出售，取得 118 万元（含下半年利息 2 万元）。

借：银行存款　　1 180 000
　　公允价值变动损益　　150 000
　　贷：交易性金融资产——成本　　1 000 000
　　　　　　　　　　　——公允价值变动损益　　150 000
　　　　投资收益　　180 000

五、自营证券的期末计价

证券公司自营证券的期末计价，是指期末自营证券在资产负债表上反映的价值，是期末自营证券的账面价值。资产负债日，证券公司按持有的自营证券的公允价值与其账面余额的差额，直接计入当期损益。证券公司自营证券的期末账面余额的计算，可以采用加权平均法、先进先出法等方法，自营证券的计价方法一经确定，不得随意改变。在实际工作中，证券公司购入证

券是分批进行的，各批购入的自营证券的实际成本并不相同，必须按专门的方法计算各种证券的期末账面余额。

期末，证券公司持有的自营证券，公允价值大于其账面余额的，会计分录如下：

借：交易性金融资产——公允价值变动　　×××
　　贷：公允价值变动损益　　×××

期末，证券公司持有的自营证券，公允价值小于其账面余额的，会计分录如下：

借：公允价值变动损益　　×××
　　贷：交易性金融资产——公允价值变动　　×××

【例 8-6】 华信证券公司 20×5 年 11 月 25 日，以每股 4.6 元的价格购入了深圳上市的星洲股份 10 万股，合计 46 万元，交易费用 2 万元。20×5 年 12 月 31 日，该股票交易的市场价格为 2.6 元。20×6 年 2 月 18 日，华信证券公司以每股 3.0 元抛售了星洲股票。编制华信证券公司在买入星洲股票时、持有期间和对外出售时的会计分录。

（1）20×5 年 11 月 25 日购入股票时，交易费用进入当期投资收益处理：

借：交易性金融资产——成本（星洲股票）　　460 000
　　投资收益分配　　20 000
　　贷：银行存款　　480 000

（2）20×5 年 12 月 31 日，该股票的公允价值已远低于公司买入时的价格，按照新准则的要求，应该在期末对该项交易性金融资产按照公允价值进行重新计量，账面价值与公允价值的差额直接计入当期损益。

借：公允价值变动损益(4.6 万元 -2.6 万元)×10　　200 000
　　贷：交易性金融资产——公允价值变动（星洲股票）　　200 000

（3）20×6 年 2 月 18 日，出售全部星洲股票，收回现款 30 万元：

借：银行存款　　300 000
　　交易性金融资产——公允价值变动（星洲股票）　　200 000
　　贷：交易性金融资产——成本（星洲股票）　　460 000
　　　　投资收益　　40 000

第九章 证券公司经纪业务核算

本章精要

鉴于证券交易有关法规规定，除证券公司以外，任何单位和个人不能在证券交易所直接从事证券买卖，而必须通过证券经纪商进行证券买卖。由此形成了证券公司是唯一的证券直接交易商。因此，任何一个投资者要进行证券交易，必须先到证券登记结算机构开立证券账户，再到证券公司办理名册登记并开立资金账户，然后才能委托证券公司买卖证券。证券公司的经纪业务无疑会形成其资金运营与会计核算的重要内容。

根据《证券公司管理办法》的规定，经纪类证券公司可以从事下列业务：证券的代理买卖；代理证券的还本付息、分红派息；证券代保管、鉴证；代理登记开户。本章在探讨经纪类证券公司管制规范的基础上，重点分析经纪业务的日常运行情况。根据目前中国证券经纪业务的分类，主要包括代理买卖证券、代理兑付债券业务、代保管证券业务等。其中，代理人买卖证券包括代理认购新股、代理配股派息等活动。

经纪业务核算，需要分别每一项经纪业务活动，应用恰当的会计科目，相应进行其确认与计量。

第一节 经纪业务概述

证券经纪业务是指证券经营机构通过其设立的证券营业部，接受客户委托，按照客户的要求，代理客户买卖证券的业务。《中华人民共和国证券法》

和《证券公司管理办法》对经纪类证券公司的设立、经营范围和经营规则作出了规定。

一、经纪类证券公司的经营范围管制

经纪类证券公司只允许专门从事证券经纪业务。证券公司办理经纪业务，必须为客户分别开立证券和资金账户，并对客户交付的证券和资金按户分账管理，如实进行交易记录，不得作虚假记载。

证券公司接受委托卖出证券必须是客户证券账户上实有的证券，不得为客户融券交易；证券公司接受委托买入证券必须以客户资金账户上实有的资金支付，不得为客户融资交易。证券公司办理经纪业务，不得接受客户的全权委托而决定证券买卖、选择证券种类、决定买卖数量或者买卖价格。

二、经纪类证券公司的设立条件管制

设立经纪类证券公司应当具备的条件如下：

1. 经纪类注册资本最低限额为人民币 5 000 万元。

2. 主要管理人员和业务人员必须具有证券从业资格，具备证券从业资格的从业人员不少于 15 人，并有相应的会计、法律、计算机专业人员。

3. 有符合中国证监会规定的计算机信息系统、业务资料报送系统。

4. 经纪类证券公司除应遵守证券公司的一般财务风险监管指标外，还应遵守下列财务风险监管指标：一是经纪类证券公司的净资本不得低于 2 000 万元；二是经纪类证券公司的对外负债（不包括客户存放的交易结算资金）不得超过其净资产额的 3 倍；三是设立专门从事网上证券经纪业务的证券公司，还应当具备其他相关条件；四是经纪类证券公司达到设立综合类证券公司应具备条件的，可向中国证监会申请变更为综合类证券公司。

第二节　经纪业务核算

证券经纪业务又称代理买卖证券业务，属于证券公司的一项基本业务，是接受客户委托代客户买卖有价证券的行为。即证券公司作为中介人，代为办理证券买卖，根据委托人对证券品种、价格和交易数量的明确委托办理证

券交易。证券公司从事经纪业务收取手续费，是证券公司营业收入的主要部分。

证券经纪业务主要有代理买卖证券、代理兑付证券、代保管证券等。会计上为了核算证券经纪业务，需要设置相应的会计科目，除了前面已经提到的“结算备付金”外，还将设置“代理买卖证券款”“代理兑付证券”和“代理兑付证券款”科目。

第三节　证券公司经纪业务的账务处理

一、代理买卖证券业务

代理买卖证券是证券公司代理客户进行证券买卖的业务。证券公司代理客户买卖证券收到的代理买卖证券款，必须全额存入照章指定的商业银行的资金专户，不能与证券公司自身的存款混淆。公司在收到代理客户买卖证券款项的同时，还应当确认一项负债，与客户进行对应结算。

证券公司接受客户委托，通过证券交易所代理买卖证券，如果买入证券成交总额大于卖出证券成交总额，应按清算日买卖证券成交价的差额，加代扣代交的印花税，以及向客户收取的佣金等手续费，记入“代理买卖证券款”科目；按公司负担的交易费用，记入“手续费支出”科目；按买卖证券成交价的差额，加代扣代收的印花税和公司应负担的交易费用，冲减“结算备付金”科目；按应向客户收取的佣金等手续费，记入“手续费收入”科目。会计分录为：

借：代理买卖证券款　×××
　　手续费及佣金支出——代理买卖证券手续费支出　×××
　　贷：结算备付金——客户　×××
　　　　手续费及佣金收入——代理买卖证券业务手续费收入　×××

【例9-1】 长江证券公司接受客户委托，通过证券交易所代理买卖证券，2004年1月与客户清算时，买入证券成交总额大于卖出证券成交总额5 000 000元。代扣代交的交易税费20 000元，向客户收取的佣金等手续费10 000元，证券公司负担手续费支出10 000元。根据交易所传来的证券交易一级清算表、营业部出具的证券交易二级清算表、清算银行出具的资金清算单等凭证作如下分录：

借：代买卖证券款　　5 030 000

　手续费及佣金支出——代理买卖证券手续费支出　　10 000

　贷：结算备付金——客户　　5 030 000

　　手续费及佣金收入——代理买卖证券业务手续费收入　　10 000

而当证券企业接受客户委托，通过证券交易所代理买卖证券，与客户清算时，如果卖出证券总额大于买入证券成交总额的，其会计分录为：

借：结算备付金——客户

　手续费及佣金支出——代理买卖证券手续费支出

　贷：代理买卖证券款

　　手续费及佣金收入——代理买卖证券业务手续费收入

【例 9－2】 华山证券公司 10 月 28 日清算后，发现证券交易所买卖成交金额差额为 10 000 000 元，手续费为 5 000 元，监管费为 1 500 元，印花税为 60 000 元，收取佣金为 700 000 元，过户费为 20 000 元。

本例中，证券公司应承担的手续费支出包括手续费和监管费。公司的手续费收入包括收取的客户佣金和过户费的一半（过户费的另一半收入归证券交易所），客户应承担的交易税费包括印花税和过户费。上述买卖成交差额若是卖出金额大于买入金额，证券公司的会计分录如下：

借：结算备付金——证券公司

　（10 000 000－60 000－5 000－1 500－20 000/2）9 923 500

　手续费及佣金支出　　（5 000＋1 500）6 500

　贷：手续费及佣金收入　　（70 000＋20 000/2）80 000

　　代理买卖证券款

　　（10 000 000－60 000－70 000－20 000）9 850 000

二、代理配股派息业务

1. 代理客户办理配股业务，有以下两种情况：

（1）当日向证券交易所解交配股款的，客户提出配股要求，证券公司作如下会计分录：

借：代理买卖证券款　　×××

贷：结算备付金——客户 ×××

（2）定期向证券交易所解交配股款的，客户提出配股要求，证券公司作如下会计分录：

借：代理买卖证券款 ×××

贷：其他应付款——应付客户配股款 ×××

与证券交易所清算配股款，按配股金额，公司作如下分录：

借：其他应付款——应付客户配股款 ×××

贷：结算备付金——客户 ×××

2. 代理客户领取现金股利和利息，会计分录为：

借：结算备付金——客户 ×××

贷：代理买卖证券款 ×××

3. 公司按规定向客户统一结息，会计分录为：

借：利息支出 ×××

贷：代理买卖证券款 ×××

三、代理兑付证券业务

代理兑付证券是证券公司接受国家或企业客户的委托，对其发行的证券在到期时进行兑付，即向持有证券人还本付息并清收相关债券凭证，了断客户与证券持有人之间债权债务关系的活动。在代理兑付证券完成时，证券公司从客户收取代理兑付证券的手续费，实现自身经济收入。

1. 接受委托代国家或企业兑付到期的无记名债券的账务处理

（1）收到委托单位的兑付资金，会计分录为：

借：银行存款 ×××

贷：代理兑付证券款 ×××

（2）收到客户交来的实物债券，按兑付金额作如下会计分录：

借：代理兑付证券 ×××

贷：银行存款 ×××

（3）向委托单位交回已兑付的实物债券，会计分录为：

借：代理兑付证券款 ×××

贷：代理兑付证券 ×××

（4）如果委托单位尚未拨付兑付资金，并由公司垫付的，收到兑付债券时按兑付金额作如下会计分录：

借：代理兑付证券　×××
　　贷：银行存款　×××

（5）向委托单位交回已兑付的证券并收回垫付的资金，会计分录为：

借：银行存款　×××
　　贷：代理兑付证券　×××

（6）收到代兑付手续费收入，会计分录为：

借：银行存款　×××
　　贷：手续费及佣金收入——代理兑付债券手续费收入　×××

2. 接受委托代国家或企业兑付到期的记名债券的账务处理

（1）收到委托单位的兑付资金，会计分录为：

借：银行存款　×××
　　贷：代理兑付证券款　×××

（2）兑付债券本息，会计分录为：

借：代理兑付证券款　×××
　　贷：银行存款　×××

3. 公司收取的代理兑付手续费收入的账务处理

（1）如果向委托单位单独收取，已收的手续费，作如下会计分录：

借：应收账款——委托单位（应收未收委托单位的手续费）　×××
　　贷：手续费及佣金收入——代理兑付债券手续费收入　×××

借：结算备付金（已收委托单位的手续费）　×××
　　贷：手续费及佣金收入——代理兑付债券手续费收支平衡　×××

（2）如果手续费与兑付款一并汇入，则会计分录为：

借：银行存款　×××
　　贷：代理兑付证券款　×××
　　　　其他应付款——预收代兑付证券手续费　×××

（3）兑付债券业务完成后，确认手续费收入时的会计分录为：

借：其他应付款——预收代兑付证券手续费　×××
　　贷：手续费及佣金收入——代理兑付债券手续费收入　×××

【例9-3】 华山证券公司接受委托，代某企业兑付到期的无记名债券。该企业拨来兑付资金1 000万元。华山证券公司的会计分录为：

借：银行存款　　10 000 000

　　贷：代理兑付债券款　　10 000 000

兑付期收到客户交来的实物债券，按兑付金额支付款项，并已兑付完毕。会计分录为：

借：代理兑付证券　　10 000 000

　　贷：银行存款　　10 000 000

企业交来兑付债券手续费 1 万元，会计分录如下：

借：银行存款　　10 000

　　贷：手续费及佣金收入——代兑付债券手续费收入　　10 000

【例 9-4】 华山证券公司接受委托，代某企业兑付到期的无记名债券 2 000 万元，兑付资金由公司垫付，手续费在兑付业务完毕后收取。客户交来实物债券时，按兑付金额支付款项。

兑付期的会计分录为：

借：代理兑付证券　　20 000 000

　　贷：银行存款　　20 000 000

兑付期结束后，向委托企业交回已兑付的债券并收回垫付的资金 2 000 万元，收取手续费 3 万元，会计分录为：

借：银行存款　　20 030 000

　　贷：代理兑付证券　　20 000 000

　　　　手续费及佣金收入——代兑付债券手续费收入　　30 000

【例 9-5】 华山证券公司接受委托代国家兑付到期的记名债券，拨来 1 000 万元兑付资金，兑付期为半年，同时拨入手续费 5 万元。

本例与上例的区别在于：手续费收入是否随兑付资金一并拨入。上例是兑付期结束后向委托企业收取手续费，本例中手续费与兑付资金一并拨入，两种情况下会计分录有所不同。款项拨入时，华山证券公司的会计分录为：

借：银行存款　　10 050 000

　　贷：代理兑付证券　　10 000 000

　　　　其他应付款——预收代兑付证券手续费　　50 000

兑付期结束时，会计分录为：

借：其他应付款——预收代兑付证券手续费　　50 000

　　贷：手续费及佣金收入——代兑付债券手续费收入　　50 000

四、资金账户周转业务

证券公司代理客户进行证券买卖，客户将款项交存证券公司，公司应设立资金专户，将代理买卖证券款与公司自有资金严格区分使用，不得随意挪用和占用客户资金。

(1) 记录客户开设资金专户并交来款项时，会计分录为：

借：银行存款——客户　×××

　贷：代理买卖证券款——客户　×××

(2) 记录客户日常存款时的分录与上述交来存款的会计分录相同，取款的会计分录则相反。

(3) 客户结息销户时，首先结清利息，会计分录如下：

借：应付利息——客户　×××

　贷：银行存款——客户　×××

提款销户时的会计分录为：

借：代理买卖证券款——客户　×××

　贷：银行存款——客户　×××

按季计提客户存款利息的会计分录为：

借：利息支出　×××

　贷：应付利息——客户　×××

(4) 客户资金专户统一结息时，会计分录为：

借：应付利息——客户（已提利息部分）　×××

　利息支出（未提利息部分）　×××

　贷：代理买卖证券款——客户　×××

(5) 公司为客户在证券交易所开设清算资金专户，会计分录为：

借：结算备付金——客户　×××

　贷：银行存款——客户　×××

第十章 证券公司其他业务核算

本章精要

证券公司在承担证券发行、自营、代理业务之外，也可能根据公司资源与市场行情进行其他相关业务，以赚取相应的利润。本章主要针对目前证券公司实际存在的受托资产管理、买入返售证券、卖出回购证券和资金拆借等几种其他业务进行相应措施的探讨。

首先是受托资产管理业务，即公司与委托人签订代理业务资产管理合同，形成受托经营管理的资产与负债，合同到期，与委托单位结算收益或损失时，确认为公司的收益或损失。

其次是买入返售证券业务，即公司与融资方以合同和协议的方式，按一定价格买入证券，到期日再按合同规定的价格将该批证券返售给融资方，以获取买入价与卖出价的差价收入。

再次是卖出回购证券业务，即公司与融券方以合同和协议的方式，按一定的价格卖出证券，到期日再按合同规定的价格买回该批证券，以获得该时期内资金的使用权。

对于证券公司资金调度的余缺解决之道，证券公司与客户之间的融资融券业务，也都是搞活经营、讲求资源利用的途径，需要相应的会计确认与计量。

证券公司其他业务主要是指公司经批准在国家许可的范围内进行的除经纪、自营和承销业务以外的与证券业务有关的业务。比如，受托投资管理业务、买入返售证券业务、卖出回购证券业务以及资金拆借等业务。从会计视角来分析，其他业务的开展主要是基于资源的整合与资金的融通需要而衍生的创新业务。

第一节　受托资产管理业务

一、受托资产管理业的管制要求

受托投资管理业务是指证券公司作为受托投资管理人（受托人），依据有关法律、法规和投资委托人（委托人）的投资意愿，与委托人签订受托投资管理合同，将委托人委托的资产在证券市场上从事股票、债券等金融工具组合投资，以实现委托资产收益最优化的行为。受托投资只能投资于在证券交易所上市交易的证券及其衍生品种。

证券公司受托投资管理，需要特别遵循如下管制规定：

1. 证券公司从事受托投资管理业务应当获取中国证监会批准的受托投资管理业务资格，没有获取资格的证券公司不得从事受托投资管理业务。

2. 取得受托投资管理业务资格的综合类证券公司为受托人，受托人有收取受托投资管理佣金的权利和其他权利，同时必须履行中国证监会规定的相应义务。

3. 非银行企业法人、社团法人及自然人可以作为委托人，委托人有获得委托投资的投资收益、监督委托投资的经营状况、获取委托投资的经营状况和财务状况资料的权利；但也必须履行相关义务。

4. 受托人应在自营业务、经纪业务与受托投资管理业务之间设立防火墙，在人员、财务、账户上应当严格分开，不得在同一办公室内操作，不得互通交易信息，不得将受托投资管理业务与自营业务和经纪业务等其他业务混合操作；受托人要保证受托投资资产和其自有资产及不同委托人的资产相互独立，对不同的受托投资资产分别设立账户、独立核算、分账管理，确保不同委托人之间在名册登记、账户设置、资金划拨、账册记录等方面相互独立。

5. 受托人管理的全部受托投资持有一家公司发行的证券，不得超过该证券（总股本）的10%。

6. 中国证监会的其他规定。

二、受托资产管理业务的账务处理

为了核算证券公司的受托资产管理业务，会计上需要设置“代理业务资产”科目和“代理业务负债”科目等。

受托资产管理是指证券公司接受委托，负责经营管理某项特定资产（包括单项资产或资产组合）的业务。证券公司受托经营管理的资产，应按实际受托资产的款项，同时确认为一项资产和一项负债；公司对受托管理的资产进行证券买卖，按代买卖证券业务的会计核算进行处理；合同到期，与委托单位结算收益或损失时，按合同规定的比例计算的应由公司享有的收益或承担的损失，确认为当期的收益或损失。

（1）公司收到委托单位汇入款项，会计分录为：

借：银行存款——受托资产管理业务客户　×××

　贷：代理业务负债　×××

（2）公司用受托资金购买证券，按实际成本作如下会计分录：

借：代理业务资产（成本）　×××

　贷：结算备付金——客户　×××

（3）将购买的证券卖出，按实际收到的价款作如下会计分录：

借：结算备付金——客户　×××

　贷：代理业务资产（成本）（按卖出证券的成本结转）　×××

　　代理业务资产（已实现未结算损益）（按卖出证券收到的款项与成本之间的差额计价入账，已实现未结算收益记入贷方，已实现未结算损失记入借方）　×××

（4）定期或在委托合同到期与委托客户进行结算时，按合同约定比例计算代理业务资产收益，并结转已实现未结算损益。证券公司的会计分录为：

借：代理业务资产（已实现未结算损益）　×××

　贷：代理业务负债（按合同规定属于委托 客户的收益入账）　×××

　　手续费及佣金收入——受托客户资产管理业务收入　×××

代理业务资产发生亏损时，证券公司的会计分录为：

借：代理业务负债（按合同规定属于委托客户的损失入账）　×××

　手续费及佣金支出——受托客户资产 管理业务支出　×××

　贷：代理业务资产（已实现未结算损益）　×××

（5）到期退还客户委托管理的资金及损益，作如下会计分录：

借：代理业务负债　　　　　　　　　　　　　　　×××

　　贷：银行存款——受托资产管理业务客户　　　　　　×××

【例 10-1】华山证券公司接受 C 公司委托为其进行资产管理。6 月 1 日收到 C 公司汇入 150 万元。6 月 10 日，公司用委托资金购入股票，实际成本为 9C 万元。7 月 10 日将购入股票售出，扣除佣金和印花税后实际收入 96 万元。7 月底合同到期与 C 司结算时，根据合同规定华山证券公司获得投资收益的 20%，C 公司获得 80%，并将委托资金和收益退还 C 公司。

6 月 1 日收到 C 公司汇入款项时：

借：银行存款——C 公司　　　　　　　　　　　　1 500 000

　　贷：代理业务负债——C 公司　　　　　　　　　　1 500 000

6 月 10 日用 C 公司委托资金购买股票：

借：代理业务资产——C 公司（成本）　　　　　　900 000

　　贷：结算备付金——C 公司　　　　　　　　　　　900 000

7 月 10 日出售股票时：

借：结算备付金——C 公司　　　　　　　　　　　960 000

　　贷：代理业务资产——c 公司（成本）　　　　　　900 000

　　　　代理业务资产——C 公司（已实现未结算损益）　60 000

7 月底合同到期与 C 公司结算：

借：代理业务资产——C 公司（已实现未结算损益）　60 000

　　贷：手续费及佣金收入——受托资产管理业务收入　　12 000

　　　　代理业务负债——C 公司　　　　　　　　　　48 000

合同到期，退还 C 公司资金及收益：

借：代理业务负债——C 公司　　　　　　　　　　1 548 000

　　贷：银行存款——C 公司　　　　　　　　　　　　1 548 000

第二节　买入返售证券业务

一、买入返售证券业务的管制要求

买入返售证券业务是指证券公司与其他企业通过签订合同或协议，按一定价格买入证券，在到期日再按合同规定的价格将该批证券返售给其他企业，以获取该批证券买入价与卖出价的差价收入。证券公司应于买入某种证券时，按实际发生的成本确认为一项资产，而在证券到期返售时，按返售价格与买入成本价格的差额，确认为当期收入。

二、买入返售证券业务的账务处理

为了核算证券公司的买入返售证券业务活动，会计上需要设置“买入返售金融资产”科目。

“买入返售金融资产”科目属于资产类科目，核算证券公司等金融企业按照返售协议约定先买入再按固定价格返售的票据、证券、贷款等金融资产所融出的资金。本科目可按买入返售金融资产的类别和融资方进行明细核算。当证券公司根据返售协议买入金融资产，应按实际支付的金额，借记本科目，贷记“存放中央银行款项”“结算备付金”“银行存款”等科目。资产负债表日，按照计算确定的买入返售金融资产的利息收入，借记“应收利息”科目，贷记“利息收入”科目。返售日，应按实际收到的金额，借记“存放中央银行款项”“结算备付金”“银行存款”等科目，按其账面余额，贷记本科目、“应收利息”科目，按其差额，贷记“利息收入”科目。本科目期末借方余额，反映企业买入的尚未到期返售金融资产摊余成本。

买入返售金融资产业务通常分为两个环节，即签订买进阶段和到期卖出阶段。证券公司应于买入某种证券时，按实际发生的成本确认为一项资产；证券到期返售时，按返售价格与买入成本价格的差额，确认为当期收入。

第一，证券公司通过国家规定的场所买入证券，按实际支付的款项，作如下会计分录：

借：买入返售金融资产　　　　×××

　　贷：结算备付金　　　　×××

第二，资产负债表日，应按合同约定的名义利率计算确定的买入返售金融资产的利息收入，作如下会计分录：

借：应收利息（或应收股利）　　　　×××

　　贷：利息收入（或投资收益）　　　　×××

收到支付的买入返售金融资产的利息、金股利等，作如下会计分录：

借：结算备付金　　　　×××

贷：应收利息（或应收股利） ×××

合同约定的名义利率与实际利率差异较大的，应采用实际利率计算确定利息收入。

第三，证券到期返售，按实际收到的款项，作如下会计分录：

借：结算备付金 ×××

贷：买入返售金融资产 ×××

利息收入（或投资收益） ×××

在交易对方违约的情况下，如企业有权取得本应按固定价格返售的票据、证券、贷款等资产的，应按取得的该资产的公允价值，借记“交易性金融资产”等科目；按交易对方支付的履约保证金，借记“结算备付金”等科目；按其账面余额，贷记本科目；按其差额，借记或贷记“利息收入”“投资收益”等科目。会计分录如下：

借：交易性金融资产（科目不固定，视持有金融资产的性质而定） ×××

结算备付金（交易违约方支付的履约保证金） ×××

贷：买入返售金融资产 ×××

投资收益（如为损失，记入借方） ×××

因取得票据、证券、贷款等资产发生的交易费用，除划分为交易性金融资产以外，均应计入取得资产的初始确认金额。

【例 10－2】 华山证券公司与客户签订协议，从某证券交易所买入 20X5 年国债 100 万元，合同买入价为每百元 106 元，合同返售价为每百元 110 元，期限为 3 个月。华山证券公司买入国债时，会计分录为：

借：买入返售金融资产 1 060 000

贷：结算备付金 1 060 000

3 个月后返售时，公司的会计分录为：

借：结算备付金 1 100 000

贷：买入返售金融资产 1 060 000

利息收入 40 000

第三节 卖出回购证券业务

一、卖出回购证券业务的管制要求

卖出回购证券业务是指证券公司与其他企业通过签订合同或协议，按一定价格向对方卖出一定证券，到期日再按合同规定的价格买回该批证券，其实质在于获得一定时期内资金的使用权。公司应在卖出证券时，按实际收到的款项确认为一项负债，而在证券到期购回时，按实际支付的款项与卖出证券时实际收到的款项的差额，确认为当期费用。

客观地看，证券公司所从事的其他业务，普遍带有创新性质，是一种风险与收益双重性极强的业务类别。因此，既需要营造激励环境，又需要加强监管，以促进其健康发展。特别需要关注如下管制要求：

1. 交易成员的债券回购业务必须通过全国统一同业拆借市场进行，不得在场外进行；

2. 中央结算公司为央行指定的办理交易成员债券回购业务的债券托管与结算机构。参与回购业务的交易成员必须在中央结算公司开立债券托管账户，并存入真实的自营债券。

3. 买方不得在回购期内动用回购债券。

4. 交易成员在进行回购业务时，债券与资金必须足额清算，不得买空和卖空债券；不得挪用个人或机构委托其保管的债券进行回购业务；不得通过租券或借券等融券行为进行回购业务。

5. 回购的期限分别为 7 天、14 天、21 天、1 个月、2 个月、3 个月、4 个月，共计 7 个品种，最长不得超过 4 个月；回购利率由买卖双方确定，回购到期时必须按规定办理资金与债券的反向交割，不得展期。

二、卖出回购证券业务的账务处理

为了核算证券公司的卖出回购证券业务活动，会计上需要设置“卖出回购金融资产款”科目等。

“卖出回购金融资产款”是负债类科目，核算证券公司等金融企业按照回购协议先卖出再按固定价格买入的票据、证券、贷款等金融资产所融入的资金。可按卖出回购金融资产的类别和融资方进行明细核算。企业根据回购协议卖出票据、证券、贷款等金融资产，应按实际收到的金额，借记“存放中央银行款项”“结算备付金”“银行存款”等科目，贷记本科目。资产负债表日，按照计算确定的卖出回购金融资产的利息费用，借记“利息支出”科目，贷记“应付利息”科目。回购日，按其账面余额，借记本科目、“应付利息”科目，按实际支付的金额，贷记“存放中央银行款项”“结算备付金”“银行存款”等科目，按其差额，借记“利息支出”科目。本科目期末贷方余额，反映企业尚未到期的卖出回购金融资产款。

卖出回购证券业务通常分为两个环节，即前期卖出阶段和到期回购阶段。证券公司应于签约卖出证券时，按实际收到的款项确认为一项负债；证券到期购回时，按实际支付的款项与卖出证券时实际收到的款项的差额，确认为当期费用。

第一，通过国家规定的场所卖出证券，按实际收到的款项，作如下会计分录：

借：结算备付金　　×××

　　贷：卖出回购金融资产款　　×××

第二，资产负债表日，应按实际利率计算确定的卖出回购金融资产的利息费用，作如下会计分录：

借：利息支出　　×××

　　贷：卖出回购金融资产款　　×××

实际利率与合同约定的名义利率差异很小的，也可以采用合同约定的名义利率计算确定利息费用。

第三，卖出回购金融资产协议到期时，作如下会计分录：

借：卖出回购金融资产款　　×××

　　贷：利息支出　　×××

　　　　结算备付金　　×××

在交易对方违约的情况下，应按卖出回购金融资产款的账面余额，借记“卖出回购证券款”；按交易对方支付的履约保证金，借记“结算备付金”等科目；回购协议卖出票据、证券、贷款等金融资产计提减值准备的，借记“坏账准备”“贷款损失准备”等科目；按回购协议卖出票据、证券、贷款等金融资产的账面余额，贷记“交易性金融资产”“可供出售金融资产”等科目；按其差额，借记或贷记“投资收益”等科目。会计分录如下：

借：卖出回购金融资产款　×××

　　结算备付金（交易违约方支付的履约保证金）　×××

　　资产减值准备（如果金融资产已计提减值准备，还需要转销该项损失）　×××

　　贷：交易性金融资产（科目不固定，视卖出金融资产的性质而定）　×××

　　　　投资收益（如为损失，记入借方）　×××

【例 10－3】 国信证券公司与客户签订合同，从上海证券交易所卖给客户 20×5 年国债 100 万元，合同卖出价为每百元 102 元，合同回购价为每百元 105 元，期限为 6 个月。

卖出时，证券公司的会计分录为：

借：结算备付金　1 020 000

　　贷：卖出回购金融资产款　1 020 000

6 个月后，公司回购时，会计分录为：

借：卖出回购金融资产款　1 020 000

　　利息支出　30 000

　　贷：结算备付金　1 050 000

第四节　资金拆借业务

一、资金拆借业务的管制要求

证券公司进入银行间同业市场，必须严格遵守如下规定：

1. 证券公司在全国银行间同业市场的交易、结算活动接受中国人民银行的监管和动态检查。

2. 证券公司以法人为单位申请成为全国银行间同业市场成员，其分支机构不得进行交易。凡申请进入全国银行间同业市场的证券公司，须经中国证监会推荐并符合有关要求。

3. 成为全国银行间同业市场成员的证券公司的拆入资金最长期限为 7 天，

拆出资金期限不得超过对手方的由人民银行规定的拆入资金最长期限；债券回购的最长期限为 1 年。同业拆借和债券回购到期后不得展期。

4. 成为全国银行间同业市场成员的证券公司拆入、拆出资金余额均不得超过实收资本金的 80%，债券回购资金余额不得超过实收资本金的 80%。

5. 证券公司在全国银行间同业市场交易的债券必须在中央结算公司托管和结算，不得转托管到证券交易所。证券公司在全国银行间同业市场进行交易的资金清算方式由双方自行商定，但本金和利息的支付都必须以转账方式进行，不得收付现金。

二、资金对外拆借业务的账务处理

证券公司向其他企业拆出资金，按拆出资金、计提利息、到期收回本息和逾期处理四个步骤进行。

第一，拆出资金时，证券公司会计分录为：

借：拆出资金　　×××
　　贷：银行存款　　×××

第二，计提或收取资金利息时，会计分录为：

借：应收利息或银行存款　　×××
　　贷：利息收入　　×××

第三，到期收回拆出资金时，

借：银行存款　　×××
　　贷：拆出资金　　×××
　　　　利息收入　　×××

第五节　融资融券业务

融资融券业务是指向客户出借资金供其买入上市证券或者出借上市证券供其卖出，并收取担保物的经营活动。在我国，证券公司开展融资融券业务试点，必须经证监会批准。未经批准，任何公司不得向其客户融资、融券，也不得为其客户与客户、客户与他人之间的融资融券活动提供任何便利和服务。

为正确反映融资融券业务，证券公司应增设“贷款”一级科目，按照客户名称设立二级科目，下设“融资业务”“融券业务”三级明细；增设“银行存款——融资专用”二级科目，反映拟向客户融出的资金及客户归还的资金；增设“结算备付金——客户信用交易担保资金”二级科目，按客户进行明细核算，反映客户交存的、担保证券公司因向客户融资融券所生债权的资金；增设“交易性金融资产——融券专用”二级科目，反映公司持有的拟向客户融出的证券和客户已归还的证券；增设“代买卖证券款——信用客户”二级科目，反映信用客户资金余额；增设“应收款项——融资融券”二级科目，按客户进行明细核算，反映客户未能归还的融资款及利息；增设“应收款项——融券价格变动”二级科目，按客户进行明细核算，反映公司已融出证券价格变动。

一、融资业务核算

第一步，当证券公司将拟向客户融出的资金存入融资专用资金账户，证券公司总部应借记“银行存款——融资专用”科目，贷记“银行存款——自有资金”科目。

第二步，证券公司按一定比例向客户收取融资业务保证金存入客户信用交易担保资金账户，如为普通客户，则需营业部将客户从普通客户转为信用客户，如为信用客户则直接存款，并进行会计处理。

（1）将客户信用交易担保资金从普通账户取出，证券公司营业部应借记“代买卖证券款——客户”科目，贷记“银行存款——客户”科目或者“结算备付金——客户”科目。

（2）将客户从普通客户转为信用客户，证券公司营业部应借记“结算备付金——客户信用交易担保资金”科目，贷记“代买卖证券款——信用客户”。

（3）如客户直接为营业部信用客户，则直接作分录（2）。

第三步，按照协议向客户发放贷款，营业部同时增加客户信用资金，证券公司总部，应借记“贷款——客户——融资业务”科目，贷记“银行存款——融资专用”科目，同时营业部应借记“结算备付金——客户信用交易担保资金”科目，贷记“代买卖证券款——信用客户”科目。

第四步，信用交易客户每日证券交易资金清算、证券交易结果由客户所在营业部进行记账，同时，公司总部将信用客户清算交易结果报开户银行。

如果卖出证券金额大于买入证券金额，即为卖差，则公司总部分录如下：

借：结算备付金——信用客户　　　　　　　　×××

手续费支出 ×××
贷：代买卖证券款——信用客户 ×××
手续费收入 ×××

如为买差，营业部会计分录如下：

借：代买卖证券款——信用客户 ×××
手续费支出 ×××
贷：结算备付金——信用客户 ×××
手续费收入 ×××

第五步，证券公司逐日计算客户交存的担保物价值与所欠债务比例，当该比例低于最低维持担保比例时，应当通知客户在一定的期限内补交差额。

客户缴款时，营业部会计分录如下：

借：结算备付金——客户信用交易担保资金 ×××
贷：代买卖证券款——信用客户 ×××

第六步，融资融券合同到期，客户未能及时补交差额，证券公司按照约定处分担保物，处置资金将优先用于归还客户所欠本金和利息，剩余部分归还客户。

（1）将客户所欠本金利息取出。

营业部会计分录如下：

借：代买卖证券款——信用客户 ×××
贷：结算备付金——信用客户 ×××

（2）客户还款。

公司总部会计分录如下：

借：银行存款——融资专用 ×××
贷：贷款——客户——融资业务 ×××
利息收入——融资利息收入 ×××

第七步，客户不再从事融资融券交易，将客户从信用客户转为普通客户。

营业部会计分录如下：

借：代买卖证券款——信用客户 ×××
贷：结算备付金——信用客户 ×××

公司总部的会计分录如下：

借：结算备付金——客户 ×××

贷：代买卖证券款——客户 ×××

第八步，融资融券合同到期，客户归还借款及利息。

当客户取款时，营业部会计分录如下：

借：代买卖证券款——信用客户 ×××

贷：结算备付金——信用客户 ×××

当客户还款时，公司总部会计分录如下：

借：银行存款——融资专户 ×××

贷：贷款——客户——融资业务 ×××

利息收入——融资利息收入 ×××

第九步，如果到期客户未能还清贷款，则将未能归还部分计入应收客户融资款。

公司总部会计分录如下：

借：银行存款——融资专户 ×××

应收款项——客户——融资业务 ×××

贷：贷款——客户——融资业务 ×××

利息收入——融资利息收入 ×××

第十步，期末，对客户未能还清的应收款计提减值准备。

公司总部会计分录如下：

借：资产减值损失——坏账准备 ×××

贷：坏账准备 ×××

二、融券业务的会计核算

第一步，证券公司将拟向客户融出的证券存入融券专用证券账户。

公司总部会计分录如下：

借：交易性金融资产——融券专用（按账面价值结转） ×××

贷：交易性金融资产 ×××

第二步，证券公司通过非交易过户方式将拟融出证券过户至客户名下（按照转出日市价）。

公司总部会计分录如下：

借：贷款——客户（按转出日市价） ×××

应收款项——融券价格变动（按差额） ×××

贷：交易性金融资产——融券专用（按账面价值价）　×××

第三步，信用交易客户每日证券交易资金清算、证券交收结果由客户所在营业部进行记账，同时，公司总部将信用客户清算交收结果报开户银行。

如为卖差，营业部会计分录如下：

借：结算备付金——信用客户　×××

　手续费支出　×××

　贷：代买卖证券款——信用客户　×××

　　手续费收入　×××

如为买差，营业部会计分录如下：

借：代买卖证券款——信用客户　×××

　手续费支出　×××

　贷：结算备付金——信用客户　×××

　　手续费收入　×××

第四步，按日根据客户证券市值（包括送股）变动对交易性金融资产作相应调整。

如果市值增加，公司总部会计分录如下：

借：贷款——客户——融券业务　×××

　贷：应收款项——客户——融券价格变动　×××

如市值减少则作相反分录。

第五步，交易性金融资产分红派息，则

公司总部会计分录如下：

借：贷款——客户——融券业务　×××

　贷：投资收益　×××

第六步，融资融券协议到期，客户归还融入的证券。

（1）客户信用账户归还融券利息。

营业部会计分录如下：

借：代买卖证券款——信用客户　×××

　贷：结算备付金——信用客户　×××

（2）公司收到融券利息收入。

公司总部会计分录如下：

借：银行存款——融资专户　×××

贷：利息收入——融券利息收入　×××

（3）客户还券。

公司总部会计分录如下：

借：交易性金融资产——融券专用（按照结转日成本价）　×××

贷：贷款——客户——融券业务（按照客户贷款账面余额）　×××

应收款项——客户——融资价格变动（按照借方余额冲减）　×××

第七步，将拟不作融券交易的证券账户转入自营账户。

公司总部会计分录如下：

借：交易性金融资产（按结转日成本价）　×××

贷：交易性金融资产——融券专用　×××

第八步，融资融券协议到期客户未能归还所融入证券

公司总部会计分录如下：

借：交易性金融资产——融券（已归还证券）　×××

应收款项——客户——融券（未能归还证券）　×××

——融券利息（未能归还利息）　×××

贷：贷款——客户——融券业务　×××

利息收入——融券利息收入　×××

应收款项——客户——融资价格变动（按照借方余额冲减）　×××

第九步，期末，对公司拟融出证券余额及已融出的证券检查，根据公允价值调整账面价值。

如果公允价值低于账面价值，按其差额，公司总部会计分录如下：

借：公允价值变动损益——交易性金融资产　×××

贷：交易性金融资产　×××

如果公允价值大于账面价值，则作相反的会计分录。

第十步，期末，对客户未能归还的证券计提减值准备。

公司总部会计分录如下：

借：资产减值损失——坏账准备　×××

贷：坏账准备　×××

第十一章 证券公司财务管理探讨

本章精要

在认知证券公司一般规定、承销证券、自营证券、经纪业务、其他业务之后，传统证券公司经常性会计业务已经结束。但是，随着中国资本市场的深入发展，证券公司自身必须要与市场热点的更替相适应，持续不断地创新业务、坚守风险管理控制的底线。因此，本章将在前面各章的基础上，进一步就证券公司财务管理领域的相关话题进行相应的探讨。

首先是证券公司财务管理模式。本章将在介绍现代公司组织先进财务管理模式的前提下，分析证券公司财务管理模式的方案选择，即全面介绍了财务管理的集中制、分散制、混合制特征后，提出基于证券公司基于现实条件应选择财务集中制。

其次是证券公司业务创新发展的主题，这更是关系到一个证券公司能否持续保持发展势头的时代主题。从现有业务创收模式的局限性、制约证券公司盈利模式的内外因素、如何实现业务创新带动收入贡献的创新三方面分析。

最后是证券公司的风险管理与控制主题。除了受到宏观经济环境或政策等系统性风险影响之外，作为一家证券公司，还应当思考如何建立自身内部风险管理工作与控制机制，理性提出对策，切实解决问题，这是整个管理的要害之一。

第一节　证券公司财务管理模式探索

财务管理是证券公司经营管理工作的重要组成部分，随着证券公司的发展，其经营网点或分支机构呈现出点多、线长、面广的特征，在同一股权控制框架下，对旗下经营机构如何进行科学、有效的管理是一个重要而现实的问题。我们应该基于现代企业管理的一般规律并结合证券公司的现实情况，科学而合理地选择证券公司财务管理模式。

一、现代企业财务管理模式之选择：集权制渐成趋势

现代企业的特点之一，就是在同一股权掌控下，拥有多个或处于不同地点、或承担不同业务职能的企业群体。如何从财务上优化这种非单一企业的管理关系，自然是一个大事。财务管控是企业管理与控制的基本手段，其核心问题就是财务控制权的集中与分散问题，理想的解决方案应该是在财务管控管得过死与放得过松之间寻求一种平衡，追求各方利益的最大公约数。一般而言，影响现代企业财务管控模式的因素有：企业发展战略、财务职能战略、企业组织结构、管控模式以及其所处发展阶段等。根据现代公司的总部对分子公司管理力度及集权程度的不同，现代企业财务管控模式主要分为集权制、分权制、混合制三种。

（一）各种财务管控模式的现实特征分析

1. 集权制财务管控模式。

现代企业内的主要管理权限高度集中于公司总部核心层，分子公司需执行公司总部的各项制度和政策。其人、财、物、产、供、销，乃至投资、筹资、项目建设、利润分配、工资分配、成本费用开支等重大财务事项的决策也均由公司总部统一管理，生产经营计划由公司总部统一下达，分子公司只能遵照执行，并由公司总部进行业绩考核，确定工资奖金的分配。优点是：统一了财务管理制度及会计核算政策，降低了管理成本；便于政令畅通，保证了公司目标统一；有利于公司总部利用规模效应，扩大收入、降低成本；有利于公司总部资本扩张、投资决策、减少财务风险、平衡各公司发展；有利于集中优秀财会专业人才，提高财务管理水平。当然，这种高度集中模式也有其固有缺点，主要表现在：财务管理高度集中于公司总部，不利于调动分子公司积极性，抑制了其主观能动性的发挥；面对竞争激烈、瞬息万变的市场经济，对公司总部的决策能力提出较高要求；有可能会贻误市场机会或造成决策失误，形成损失。

在这种公司总部管控模式下，公司总部的财务管理有“七大中心”技术

模式可供选择：一是投资管理中心。公司总部投资和分子公司投资应纳入公司财务战略规划，并通过财务预算管理对各类投资活动的现金流量进行控制。公司总部应牢牢控制对整体发展结构与控制结构产生直接或潜在影响的决策管理权以及例外投资事项的处置权。二是融资管理中心。在集权式融资管理模式下，分子公司不得擅自对外举债和吸收外部资本，公司总部应高度集中对外融资管理权。三是资金结算中心。资金结算中心统一管理整个集团的资金，包括统一管理分子公司的银行账户，调剂公司范畴内资金余缺，主持公司内部往来结算管理，组织公司流动资金管理；控制全公司流动资金存量和应收款总量。四是资本运营监控中心。公司领导层行使所有资本变动及资本经营活动的决策权，资本运营管理部门具体负责管理和监控集团资本运行过程及资本经营活动。五是税费管理中心。实行税费的统一缴纳和集中管理，有利于公司整体的税负最小化，也有利于改善公司与征缴机关的关系，提高公司统一调度和运作资金的效率。税费管理部门对公司内各种税金、计提的费用与基金实行集中管理，统一征缴。六是财务预算控制中心。公司财务预算管理应紧紧抓住效益预算与现金流量预算，不断拓宽财务预算管理的范围，提高预算精度，加大财务预算执行情况的考核力度，真正使预算起到刚性约束的作用。七是财务会计管理中心。财会管理部门具体负责财务会计管理体系的运行，主要从事财务与会计的业务管理、公司上下财务人员的管理等工作，以保证财务与会计工作的规范和高效。

2. 分权制财务管控模式。

公司内的管理权限分散于各分子公司，即所谓的诸侯经济，分子公司在人、财、物、产、供、销等方面享有充分自主权，各分子公司均参与市场竞争，即使公司内部各单位之间也相互竞争，通过分子公司占领市场。优点是：充分调动了分子公司的积极性，有利于发挥其主动性与创造性；由于分子公司处于市场第一线，对市场变化情况熟悉，有利于捕捉商机，及时决策；由于有关人员的自主权限较大，有利于锻炼人才、培养人才。缺点是：分子公司都从自身利益出发，安排各项管理活动，难以形成上下一致的全局观和整体意识；在公司快速扩张时，不易发现分子公司日常经营中存在的风险；筹资权、投资权、资金管理权等管理权限分散，不利于发挥公司总部规模优势、降低资金成本。

3. 混合制财务管控模式。

集权与分权均存在无法克服的缺点，而混合制即集权分权相结合的公司管理体制则是两者的中和，是一种既能实现公司总部重大管理权限集中统一而又赋予分子公司一定经营管理权的公司财务管理体制。它既保证了公司目标的统一，降低了经营风险，克服集权与分权的缺陷，又充分调动了基层的积极性，有利于发挥集权制与分权制的优势。

（二）企业公司财务集中管控在我国更有优势

目前财务集中管控已成为国际上一种流行的趋势。世界前500强的公司，有80%的公司实现了财务集中管控。麦肯锡一位资深董事曾经说过：“跨国公司与中国企业相比最大的进步之一就是实现了集中管理，特别是财务集中管理。”由此可见，当公司发展到一定规模时，必然会选择财务集中管控。我国的企业特别是国有企业在国民经济中占主导地位，是整个国家经济的中流砥柱，随着这几年大型企业公司的迅速发展和扩张，过去的分权管理模式已明显不适应扁平化集中管理的要求，实行财务集中管控势在必行：

1. 财务集中管控有利于企业战略目标的实现。

中国企业公司普遍存在着财务行为不够规范和发展战略得不到下属单位完全认同和全力贯彻执行的情况，为保证企业发展战略顺利实现，企业总部必须实施财务集中管控，从整体上进行指导和调控。实施财务集中管控有利于解决企业总部和下属单位财务信息不对称性问题，还有利于企业总部了解和调控下属单位的生产经营情况和战略实施情况，保证企业内部财务目标的协调一致，为企业实现发展战略提供重要保障。

2. 财务集中管控有利于促进财务和业务协同。

财务集中管控有利于在经济业务发生的第一时间得到面向业务流程的信息，财务可以进行实时跟踪和监控，缩短了信息统计周期，不但保障了财务所提供数据的及时准确性，还能实现财务信息形成与业务发生同步的高效运行机制，使财务更好地为业务发展服务。

3. 财务集中管控有利于最大限度防范风险。

财务集中管控是防范风险的重要措施。企业总部通过财务集中管控，一是能够控制业务流程、规范企业内部的财务工作和财务行为，避免或减少财务工作违法行为的发生，防范法律风险；二是能够降低由于企业大型化、业务分散化所带来的经营风险，另外可随时监控成员企业或各经营网点的运营情况，及时发现问题，及时采取风险控制或者补救措施，将经营风险控制在合理范围之内；三是能够使企业总部随时掌握下属公司的财务状况，使财务管控由原来的事后监督变成了事前审核、事中控制、事后监督相结合的模式，合理规避财务风险。

二、证券公司财务管理的选择导向：分权制不合时宜

证券公司作为一种与我国资本市场发展相伴而生的企业组织形式，其经营网点经常会分散于多个城市，在财务管理模式的选择上，经验与教训已经告诫我们一个基本的导向问题：

（一）独立、分散并不适合证券公司财务管理

从一些证券公司的现实情况看，在分散的财务管理体制下，暴露出的问题相当严重：

1. 财务风险难以控制。营业部财务主管受公司财务部和营业部的双重管理，既是公司垂直管理人员，又是营业部工作人员，难以保持财务独立性。公司财务部和营业部无法形成及时、有效的信息反映渠道，导致公司对营业部财务管理缺位，营业部财务风险防范更多依赖其自觉性，缺乏有效的监督和控制。

2. 管理成本高、财务人员配置不合理。公司在每家营业部设立财务部，人员配备 2 ~3 人，人员成本居高不下，机器设备重复投入，加大了财务管理成本。同时因为单个营业部核算单一、财务管理工作量小，也造成了人力资源的浪费。

3. 资金使用效率低下。由于营业部需要独立完成各项资金收付工作，资金在营业部沉淀数量较大，无法实现资金管理的规模效益。同时，资金在总部和营业部资金流转较为频繁，增加了资金的在途时间，导致资金流转效率低下。

4. 财务信息质量不高。各营业部财务主管对政策的理解存在差异，彼此之间相对独立沟通较少，导致会计核算口径不一致的现象比较常见，给整个公司数据统计、财务分析、预算编制等工作带来不便。

（二）财务集中管理模式的主要优势

许多证券公司实行集中的财务管理后，出现了一些可喜的变化：

1. 财务人员集中、组织架构优化。公司财务部内设营业部核算中心，负责营业部相关业务账务核算及财务管理工作。营业部核算中心按照内控管理

的要求和业务运行的有关规定，设置记账、复核、税务、档案等岗位，职责划分上打破了以营业部为单位的块状划分，改为以业务条线为类别的条状划分，设置更加科学、分工更加专业。同时订立各岗位的工作职责，明确责任，做到相互制约，相互控制，定期进行轮岗。营业部取消财务部门，保留兼职财务人员一名，为营业部经营管理提供及时的财务建议。衔接总部和营业部的财务核算及管理工作。由于财务集中后每人可以同时核算多家营业部，公司财务人员大幅缩减，有效缩减了人力成本开支。

2. 实现了会计核算集中，能够体现三方面效应：一是账务处理实质上集中、形式上独立。财务集中后，公司总部财务部门负责所有营业部相关的资金往来、费用报销、资产购置等项目合规审核与核算，会计核算的单位仍然是营业部，营业部拥有独立的账套，独立报表，在税务和监管要求上保持一定的独立性。二是配套系统建设为集中核算提供了最基本的技术保障。集中交易、集中清算系统的上线，实现了远程查询交易及清算数据，远程进行账务处理：三方存管的实施，为客户资金集中核算提供了条件；报账系统的上线，有效解决了由于凭证传递空间距离大所导致的财务核算和资金支付不及时、财务档案传递成本高以及重要会计档案的遗失风险等问题，报账系统运用影像系统，采取扫描和直接导入技术，实现凭证资料影像采集、处理、存储和调阅的全程自动化和电子化。同时，交易系统、清算系统、报账系统、人力资源管理系统分别和财务系统设置凭证导入接口，实现了相关会计凭证的自动生成，大大提高了核算工作效率。三是规范核算制度、提高财务信息质量。财务集中后，证券公司规范、统一了会计核算、费用审核等相关内容，对各类费用列支制订了详细的报销规定和归口管理部门，使账户管理、权限控制、审批流程等做到有章可循，保障了财务管理由传统模式向集中模式的顺利转轨，为今后继续推进财务精细化处理打好基础，并为营业部考核和管理者决策提供可靠依据。

3. 实现了资金集中，充分显示了多边效应。一是减少了总部和营业部之间的资金调度，简化了工作流程，加速了资金周转，提高了资金使用效率；二是合理利用公司内的闲散资金，保证了资金利用的有效性。集中资金于企业的优势领域，有利于财务部盘活全部自有资金，争取资金收益最大化；三是控制资金的支付，保证资金利用的合理性，及时发现资金缺口，灵活筹集调配资金，降低资金成本。

（三）财务集中管理模式下仍存在一些问题

1. 独立核算和纳税在提高核算工作效率以及提升税务专业化管理水平等方面形成了一定的障碍。证券公司营业部不是独立的法人，但是从工商和税务角度看却是独立的核算主体和纳税主体。随着证券公司新设营业网点的开放，营业部的数量和覆盖范围会大幅度增加，形式上的独立核算和纳税不仅会导致核算工作量大大增加，一定程度上也增加了税务集中管理、专业化管理的难度。另外，会计档案的集中管理会造成营业部在配合专项审计、税务检查等方面的诸多不便。

2. 专业化、条线化的人员分工，难以实现工作量的均衡。财务集中后，财务人员大多采取专业化、条线化的管理模式，人员随之大幅缩减，日常财务工作相对高效、专业，但是在季末、年末特殊业务工作量较大时，由于人员、时间紧张，容易造成审核不严、操作失误、记账差错。

三、进一步优化证券公司财务管理模式的思考

财务管理模式同样需要不断创新、不断优化，创新的总体思路是财务职能实现从核算向管理控制的转变：

1. 财务职能转变为轻核算、重管理，提升财务管理专业化水平。很多企业对财务管理的重要性认识不够，“轻管理、重核算”。为解决这一问题，首先需要转变思想、观念，确立财务管理在企业管理中的核心地位。同时，财务人员需要努力提升财务管理专业化水平，建立起包括企业投融资管理、营运资金管理、成本管理、全面预算管理、纳税筹划及公司总部与分子公司财务管理等为核心职能的财务管理体系。

2. 财务和业务进一步协同。解决业务问题需要了解企业的战略。业务过程、组织结构、计量标准和IT环境的使用情况，当财务人员无法得到所需信息时就将视野局限于“会计问题”，而不是“业务问题”。这会导致财务人员和业务管理人员之间的信息不对称，难以有效地进行会计控制。财务人员应能够参与、制定和实施整个业务处理规则，实现财务和业务的协同。

3. 坚持“以人为本”，提高财务人员综合素质。财务管理工作要求财务人员不仅要有较高的思想素质，还应熟悉和掌握相关的规章制度，并不断更新知识。长时间单一、专业化的分工不利于员工综合素质的提高，公司应通过常态化的培训和轮岗等方式，提高财务人员的综合素质，同时，通过管理梯队和技

术梯队建设，加强人才储备，结合财务人员实际情况，帮助员工做好职业规划。

4. 财务管理工作追求“规范、专业、创新”。科学的财务管理模式是证券公司创新发展的有效推动力、是证券公司健康发展的必备条件，因此，不断优化和完善财务管理模式是财务工作者需要关注的问题。

第二节　证券公司创新发展模式探索

追溯我国证券公司过去20余年的发展历史，可以说是在长期的治理整顿中艰难前行。证券业起源于20世纪80年代初银行、信托下属的证券营业网点。1998年，我国金融业实施分业经营、分业监管，银行、信托、保险与证券脱钩。在证券行业初步发展的岁月里，挪用客户保证金、非法吸存、透支交易、违规理财等比较普遍，资产质量较低，隐藏巨大的风险。中国证监会承接监管职责后，持续进行了信证分业、财政证券转制、清理非法网点等治理整顿工作，有效遏制了证券公司普遍存在的问题。不过，在股市的潮起潮落中，证券公司的风险与危机总是时不时暴露无遗。每当股市持续低迷，就会出现证券公司的风险集中暴露、资金链面临断裂甚至技术上已然破产，社会信誉跌至冰点，而其内部客户交易结算资金缺口、违规资产管理、挪用经纪客户债券、股东占款、超比例持股、账外经营、流动性缺口、资金链随时可能断裂等触目惊心。

一、现有经营模式与盈利模式的局限性分析

目前条件下，证券经纪业务经营风险较低、占证券公司收入比重高，同时也是证券公司资管、投行、固收等业务开展的前提，是证券公司的基础业务。在这种情况下，一是中国加入WTO承诺全面放开金融市场，境外金融机构全面进入中国成为可能，境外金融机构开展相关业务将会采用其相对优势的互联网模式开展业务，会对境内相关金融企业形成一定冲击；二是近年来的国内金融创新业务政策频出，混业成为趋势，证券公司经营网点相对银行经营网点偏少，运用互联网金融业务模式开展业务对证券公司经纪业务中的显得尤为重要；三是近年证券市场推出的股指期货、融资融券、量化对冲形成的交易成为证券公司经纪业务核心业务，突破传统证券经纪业务服务模式

已经成为证券公司经纪业务今后转型的主要方向。从形成现实收入的项目构成情况看，证券承销与保荐及财务顾问业务收入、代理买卖证券业务收入、投资咨询业务、受托客户资产管理业务收入、证券投资收益、融资融券业务收入等，都在发生着增减变化，或对业绩产生新的贡献，或对业绩形成新的冲击。具体分析，当前证券公司盈利模式面临的问题主要表现在：

（一）证券公司之间缺乏业务分工，竞争激烈，成本较高

证券公司一直是通过向客户提供各种通道来获取收入，实现利润。这种模式使得证券公司业务同质化明显，证券公司之间缺乏业务分工，竞争激烈，成本较高，收入下降，产品与服务无明显的差异化。证券公司经纪业务通道收入占比已在近六七年间由80%左右降至50%以下，并持续降低，这也体现了我国证券行业收入结构较为单一的特点，虽然证券公司也存在经纪、投资银行、自营、资产管理等多种业务收入来源，但经纪业务收入始终是占比最大的业务支柱。同时，我国证券行业还存在着显著的行业周期性特征，证券公司利润与市场大盘交易紧密相关，而大盘交易又受经济环境、货币政策、国内外政局等因素的影响。

（二）监管手段、过于僵化，制约新业务的拓宽

监管导向决定着证券市场大的发展方向，影响着证券公司的业务拓展方向和人力、资金投向，进而也影响着证券公司对新业务的拓展态度、效率以及盈利模式。其具体表现：一是经纪业务加速下滑。作为证券公司第一大收入来源，经纪业务“靠天吃饭”的现状没有改变。随着证券营业网点的增加，佣金价格战愈演愈烈，佣金费率快速下降，加之近几年证券市场低迷，交易量减少，证券公司经纪业务收入迅速减少。二是投行业务层级低。近几年证券公司投行业务有所发展，相应的收入有所增长。但大多数证券公司承销保荐的目的只是为了赚取承销保荐收入，而很少利用资本市场价值发现功能将公司的发展与承销上市企业的发展联系起来考量。承销工作简化为承揽项目、制作发行文件和保持与证监会的沟通等流程，呈现出低知识含量、高公关效应的性质。三是资管业务发展严重滞后。综合治理前证券公司资管业务极不规范，被监管部门停业整顿。经过近10年的努力，资管业务虽获得一定发展，但总体规模很小、运行效率不高、产品销售存在制约、产品发行与投资主流和市场运行存在偏差、风险管理与产品创新不够等问题依旧突出，业务发展严重滞后，成为证券公司业务的短板。四是自营投资业务日益边缘化。

自营投资范围和比例的限制、资本实力弱等原因导致自营业务逐渐边缘化，其收入也不足称道；五是利息及其他收入增长较快。反映出券商客户资金息差收入、融资融券利息收入、IB 业务介绍费收入、金融产品销售收入等增幅较大，非主营业务发展较快。证券公司要摆脱行业发展困局，突破业务发展瓶展、服务实体经济的能力可想而知。

迫切需要监管部门自上而下地推动和保护证券公司进行拓展新的业务领域，以进一步改变证券公司收入过度依赖提供传统通道服务的局面。通过拓宽收入来源渠道使证券公司产生新的利润增长点，从而带动和提高证券公司的整体盈利能力和核心竞争力。

二、推动证券公司盈利模式变化的相关因素

（一）监管层自上而下推动证券公司盈利模式变化

创新服务是券商发展的主线，要加快产品、业务、机制创新，为不同规模、不同类型、不同成长阶段企业提供有效的差异化服务。创新和差异化服务的目的和实质则是监管层迫切希望以拓宽证券公司业务领域为手段来解决目前证券公司主要收入来源于提供传统经纪通道业务的盈利模式，从而自上而下推动和指引证券公司盈利模式适应市场环境的变化。目前，在监管部门监管政策的引导下以及证券公司自身内部经营的压力下，各证券公司加快了改变自身盈利模式的步伐，盈利模式的变化有利于证券公司长期、持续、稳健的发展。

（二）增强证券公司实力，为自身盈利模式变化提供资源保障

经过两年半的综合治理，先后关闭和处置了一些高风险证券公司，综合治理后的证券业彻底化解了历史遗留风险。目前，与综合治理前相比，整个证券行业的资本实力大幅提升，行业依法合规、稳健经营的意识大大增强，风险管理能力逐步提高，证券公司实力的增强既表现在收入、利润、资本、业务等硬实力方面，又体现在证券公司在企业文化、管理支持、团队建设、人力资源等软实力方面。证券公司软、硬实力的增强，为证券行业盈利模式的变化提供了良好的资金供给、技术支持和组织、人力资源保障。

（三）激烈的竞争环境和经营状况催促优化盈利模式

1. 证券行业竞争白热化迫使证券公司改变现有盈利模式。目前证券行业中的经纪业务平均佣金率已经降到 1‰以下，而目前全国证券公司的收入来源超过一半是传统的经纪业务所创造的，甚至对于一些经纪类证券公司而言，

通道服务收入会占到 90% 以上。目前，虽然各地方行业自律组织普遍对佣金率采取了限制措施，在一定程度上阻止了佣金的下滑趋势，使佣金水平得以企稳，但受经济大环境较差，市场行情较弱、市场信心不足等因素的影响，积极探索拓展债券承销业务、资产管理业务、QDII 和 QFII 投资顾问业务等，以使证券公司的产品更为完善，获利手段更加多样。

2. 对客户精细化营销能力的欠缺和客户。数量巅峰期已经过去的事实，驱使证券公司来改变现有盈利模式。目前，虽然证券公司普遍采取组建营销团队的方式进行营销，但以客户为中心进行精细化营销的创新能力普遍欠缺，营销的手段单一，同质化现象严重，尤其是针对高端客户的个性化创新产品和增值服务普遍缺乏。

3. 证券公司迫切需要通过拓宽收入来源渠道，以改善和提升经营业绩来提振员工士气。目前，国内证券市场行情疲软，交投清淡，证券公司经营压力加大，导致证券公司的员工士气低迷，甚至于萎靡不振。要改变这一不利局面，就迫切需要证券公司通过改善自身经营业绩调动起员工的工作积极性和主观能动性，要迅速提振员工的士气，员工的士气起来了，就会有积极性来加快产品、服务创新的步伐，使产品、服务、效益、士气形成良性循环。

（四）持续推出多种多样的产品和服务，改变盈利模式

证券行业的投资者与其他服务行业的消费者其本质是一样的，即证券投资者又是消费者。目前，证券行业大众化的消费格局已经形成，大众化的消费格局又决定了证券行业的稳定、可持续性的发展方向，大众化的消费格局将促进证券公司必须持续不断地推出适合市场需求，行销对路的产品和服务手段，最终满足广大证券消费主体多种多样的消费需求，其客观上也在影响和改变着证券公司传统的盈利模式。

三、探寻证券公司盈利模式的应对策略

（一）探索服务与产品创新，拓展发展空间

在稳定优势业务，提升服务水平方面，扭转佣金收入大幅下滑、消除恶性竞争，提升服务水平，已成为证券经纪业务必须解决的问题：一是消除恶性竞争。佣金价格战已成为券商经纪业务发展的硬伤，价格竞争造成券商过度关注自身市场份额的提高和佣金价格优势，而降低对服务的投入，这种恶性竞争使证券公司陷入“囚徒困境”。要摆脱困境，必须消除恶性竞争，使证

券公司经纪业务回到正常、有序、发展的轨道。二是提升服务水平。要改变证券公司经纪业务“通道服务”模式，消除服务水平低下的现状，必须建立以“客户服务”为中心，满足客户多元化、个性化的投资需求，为投资者提供综合性金融服务，将客户利益与公司经纪业务长远发展有机结合，以投顾业务和投资者分类管理为突破口，不断提升服务质量和服务水平，这样不仅可以收取服务费用和中介费用，增加收入，而且还能稳定客户，稳固市场，为证券公司经纪业务的长远发展奠定良好基础。

在进行产品创新，延伸服务领域方面，充分利用监管层放松管制、鼓励创新的契机，积极进行产品创新，是提高证券公司竞争力，进一步拓展业务领域的重要途径：一是提高理财类产品创新能力。做优做强集合理财产品，以提高产品运行效率、树立品牌效应、积极扩大影响为中心进行产品设计和创新，使产品针对不同的投资需求，具有风险偏好差异化、投资运行灵活化、投资管理专业化、产品种类系列化。积极扩大定向和专项理财，以个人高端客户和机构客户的投资理财需求为突破口，为其提供专业化、定制化、特殊化的理财服务，将证券公司打造成财富管理专家。充分挖掘现金管理产品潜力，扩大投资范围，使产品流动性、安全性、收益性得到最佳平衡。二是扩大代销金融产品范围。证券公司必须加强销售能力建设，积极代销经国家有关部门或者授权机构批准、备案发行的各类金融产品，为证券公司探索客户财富管理等业务创造条件。

（二）探索业务创新，突破行业发展瓶颈

具体的拓展思路包括：一是补强业务短板，提升综合发展能力。创新即改变，创新不仅体现在对新产品、新业务的发展上，补强业务短板、提升综合发展能力，也是证券公司创新发展的重要一环。针对证券公司业务发展现状，重点要补强资产管理业务、提升自营投资业务和研究能力，使证券公司能够多条腿走路，各项业务全面发展、综合发展能力显著提高。二是抓住资本市场改革发展契机，进行行业整合。当前，资本市场改革如火如荼，证券公司创新发展既是挑战、更是机遇。充分利用行业发展低迷、部分证券公司经营出现困难的有利条件，推动符合条件的证券公司上市融资，进行市场化并购重组，对小、散、差的“小舢板”进行有效整合，不仅可以解决同业竞争，更能迅速扩大证券公司规模，带动整个行业竞争力提升。三是发挥专业优势，突破行业发展瓶颈。证券公司要想在激烈的市场竞争中立于不败之地，必须充分发挥自身专业优势，紧紧抓住服务实体经济的关键领域和薄弱环节，迅速做专、做大、做强。比如，将自身业务发展与所服务企业的长远发展有机结合、以多层次资本市场发展为契机，将资产证券化作为业务创新的突破点。

（三）找准行业定位，稳步提升收入

一是细分市场，精准定位，建立完善的金融产品服务体系。比如：通过建立完善的金融产品服务体系来改变现有证券公司的盈利模式。必须逐步建立起能够覆盖不同风险和收益的全面的金融产品体系，来满足不同客户在不同市场环境下的各种投资需求，从而通过形成完善的金融产品服务体系建立起多层次、多渠道的盈利模式；比如：证券公司要结合自身的条件和经营目标进行合理、精准定位，做强、做优自己。无论是选择高端还是低端市场，细分市场、在特定领域内做强、做精才是其取胜之道。因此，我国的证券公司要结合自身的条件和经营目标精准定位，做强、做优自己，积极为自身拓展新的利润增长点。

二是提高融资融券等非通道收入占总收入之间的比重。比如：全面提升投资顾问收入水平。通过开展投资顾问业务，可以合理、合法地收取相关费用，从而改变现有盈利模式。因此，证券公司在人员的配置、资金的投入、内部政策的导向等方面应加大对投资顾问业务的倾斜力度，通过向客户提供满意的增值服务来提高投资顾问业务的收入，使其成为证券公司中间业务收入的重要来源；比如：增加研究报告业务收入。研究报告的范围涵盖了衍生品、理财产品、大宗商品、金融创新等方面。研究报告的推广形式则包含了联合调研、高端论坛、电话会议、媒体互动、专题研讨会、委托定制等方式；比如：改善和提高融资融券业务收入。通过获得融资融券业务资格的证券公司，要使自身的公司治理、内部控制、净资本、注册资本等指标满足监管部门开展融资融券业务的刚性条件，使自身尽快获得开展融资融券业务的资格；要培养和储备适当数量的融资融券业务方面的高级管理人员和专业人员，同时在本公司现有客户中筛选出有融资融券需求并符合参与融资融券业务的客户人选。进一步放宽券商依靠自有资金和证券提供融资融券服务的限制。通过采取这些有效的改进措施，我们有理由相信，融资融券业务在不久的将来会有相当大的提升空间，必将改变现有证券公司的盈利模式。比如：提升直接投资业务收入。通过证券公司的直接投资公司设立直投基金、筹集并管理客户资金进行股权投资，这不仅为证券公司拓宽了直接投资业务的资金来源，也形成了证券公司自有资金投资和第三方资产管理并行的业务格局，这必将为证券公司的发展带来新的机遇。比如：积极开拓国际业务收入。证券公司业务则主要集中于内地，国际化步伐才刚刚起步，主要以从事投资银行业务为主，地域上则主要集中在我国香港地区，贡献很小。因此，加快推进证券公司的国际化步伐是我国证券行业发展的关键步骤，是证券公司盈利模式创新的重要举措。

（四）加强团队建设，壮大创新人才队伍

每一项创新都需要投入巨大的人力物力，证券公司创新发展的决定性因素是人才。当前证券公司总体创新能力弱，创新人才缺乏。证券公司应当针对各自特点，确定创新方向，有组织地加强团队建设，突出自身优势，吸引各类人才尤其是创新型人才加入公司团队，用待遇留住人、用发展激励人、用创新塑造人，壮大创新人才队伍，实现证券公司创新发展。

第三节　证券公司风险管理探索

证券公司之所以未能实现稳健而可持续的经营和发展态势，而时不时呈现出“三十年河东，三十年河西”的极端现象。从证券公司内部尝试挖掘其原因，很大程度上归因于证券公司的风险管理和内部控制问题。最近，最为典型的案例就是光大证券“8·16”事件，它充分暴露了光大证券在风险管理的重要环节，即信息系统、风险监控及报告、风险应急机制、管理组织结构和治理机制方面存在的严重缺陷。因此，任何一家证券公司，都应该时刻关注内部风险管理，总结证券公司风险管理存在的一般性问题和光大证券暴露出来的突出问题，本书结合高盛的风险管理经验，提出改进证券公司风险管理的六条措施：增强风险管理信息技术建设，强化先进风险管理手段的运用；建立统一的实时风控系统，完善风险报告流程及路径；建立有效的风险应急机制；通过合理设置风险管理部门职责和加大资源投入，提升风险管理技术能力；优化证券公司治理结构，促进风险管理有效实施；在外部监管上，应加强证券交易前端控制，通过设置“熔断机制”等制度，防范风险事件的冲击。

一、证券公司风险管理存在的问题

公司运行过程中的风险，可以归因为两个层面，一是公司治理层的风险问题，二是公司管理层的风险问题。现简要分析如下：

（一）公司治理结构失衡所孕育的风险

我国证券公司的股东大部分都是国有法人机构，股东性质单一，这使证券公司不可避免地带有国有企业的弊病，难以形成规范、健康的法人治理结构。突出表现在：一是股权过分集中导致非效率的治理结构。证券公司中的国有股代表多以控股身份扼制了其他股东，中小股东的权益得不到体现，董事会成为政府行政命令的中介，常常无视股东大会，越权竞争，甚至出现董事长一人说了算的情况。二是代理成本高，效率低下。很多国有证券公司由于责任机制不健全，常常发生经营者有意或无意的经营决策失误和其他损害所有者利益的行为，甚至有人利用手中权利，通过权钱交易等形式进行企业内外寻租活动获取隐性收入。三是“内部人”控制严重。公司内部人包括董事会、监事会、经理人员等利用手中职权损害所有者的利益。由于所有者缺位，掌握控制权的人不承担经营失败的风险，公司管理层不能很好地处理自身利益与公司发展的关系，存在明显的短期化倾向。四是激励约束不相容。尽管目前证券公司的经营者拥有了更多的经营自主权、一定的企业剩余索取权，但当经营者意识到获取契约报酬与声望不如约束之外获取的隐性收入时，就会导致激励失效，如果约束又短缺，将带来激励与约束不相容的后果。

（二）企业管控并不规范而产生的风险

虽然每一家证券公司都有自己的内控制度，但在实际运作中很难得到很好的操作和执行。制度风险主要表现在：一是制度空缺风险。在经济转轨过程中，证券公司的正常经营必须具备的基本规章制度没有完全建立起来或因空缺而导致制度风险。如前些年出现的盲目实业投资、股票炒作、国债回购等问题，都与没有明确的制度规范有关。二是制度不严密风险。许多制度的设计，从方便工作和扩张规模的角度考虑较多，而从方便客户和防范风险的角度考虑不够。如证券公司一级法人制度是建立严格有效的内控机制，防止风险的基础，但在一级法人体制下又存在分散经营情况，分支机构常常违规经营，不承担相应的偿付责任和维护资产质量的责任，给公司在管理、调度和核算的统一方面造成层层阻隔，产生了许多经营风险。三是有章不循风险。证券公司中不少分支机构追求本单位利益和个人利益，有法不依，有章不循，对违纪违规行为护短或宽容，对统一的证券行业规章制度，采取上有政策、下有对策的实用主义态度。四是以简单的行政领导代替科学的制度规范。最突出的是重大的投资决策以及为防范风险而设计的会计核算制度和内部稽核制度不健全，致使重大事项由少数人甚至一人说了算。当发生问题追究责任时，又以集体领导、集体决定代替个人责任。五是风险管理不严。严格有效的风险管理是证券公司赖以生存和发展的基本条件。国际上一系列金融机构巨额亏损甚至倒闭事件，往往与有关机构缺乏健全的内部风险管理制度，没有实施严格有效的风险管理有关。经营决策上，多数证券公司缺乏对高级管理人员、一般管理人员以及操作人员相互制衡的科学机制，具体操作人员权力过大，对下属机构的管理上缺乏有效的管理手段，部分分支机构已经失控。

二、强化风险管理与控制的对策建议

（一）重视风险管理组织设计

健全的组织架构是证券公司实行全面风险管理的重要基础。从光大证券等案例中的分析发现，应当首先从组织架构、部门职责、资源投入等方面入手，夯实风险管理基础。

1. 设置合理的风险织架构。

合理的风险管理架构能够发挥重要作用，其风险管理组织架构主要分为三个层级：一是最高层，即董事会和董事会下属的风险委员会，负责审批公司风险管理政策和实施，并且接受来自于独立控制和支持部门、首席风险官关于公司风险的报告。二是主导层，即公司管理层面，公司首席执行官、首席风险官等高层管理人员组成公司管理委员会，是公司风险管理的最高机构。它直接或通过授权审批公司的经营活动、交易风险参数和客户评估指引等，下属有专门的公司层面的风险委员会，负责对现有业务活动进行评估，对新业务和新产品进行审核，对公司允许承受的最大风险、主权信用风险限额、特定市场和业务单位的风险限额等进行审核，对各事业部下属的业务单位的风险限额进行评估。此外还有操作风险、信用政策、资本承诺等专门委员会为其提供技术支持。三是执行层，即在部门层面，职能部门和业务部门也承担着风险管理的责任，其中公司的审计部、财务部、法律部、客户投诉部等部门都承担有风险管理的责任，例如市场风险限额执行情况的监控由财务部负责，当业务单位风险超限时，财务部要向相关的风险委员会和相关部门的经理作出汇报。在业务部门内部也设有风险委员会，对本部门风险进行管理。

2. 提高风控部门权威性。

独立性和权威性是高盛公司风险管理治理的基石，在高盛内部约有50%的员工在风险管理、合规、稽核、法律等控制部门工作，他们与创收部门在事务执行上保持独立，而且所有交易必须接受并通过风险管理部门的监控。例如，业务部门通常会就既定对手方或交易的恰当信用或其他限额提出意见和看法，但最终核定该参数是由独立的风险管理专业人员决定。在进行决策时，CEO的意见要与风险管理部门的意见融合；在执行时，业务人员行为要与风险管理部门的要求一致，风险管理部门在公司内部受到高度重视，这也是其得以在金融危机中躲过一劫的重要原因之一。

3. 落实首席风险官制度。

风险管理的一项主要要求是：它必须提供即时的风险报告给证券公司高级管理人员及董事会。大多数证券公司已经有了风险测量和公司监督的功能，例如审计、财务和专门风险管理部门。首席风险官的主要职责是站在整个证券公司范围的高度来对风险进行识别、确定轻重缓急、化解和测度，并向董事会汇报。为使首席风险官制度能够正确有效实施，证券公司应当做到以下两点：一是明确首席风险官的职责。一般情况下，证券公司首席风险官领导的风险管理部门对以下事项直接负责：根据公司战略要求，确定公司风险管理总体方向；在企业内部建立全面的风险管理框架；确定风险管理政策，通过具体的风险限度，判定管理层的风险承受能力；对风险异常情况进行调查，并制定合理解决方案；汇总集合各部门风险信息，向公司董事会和高层管理人员提供整合的风险信息报告。二是为首席风险官权力行使提供必要保障。证券公司应对首席风险官履职提供必要资源和制度保障，确保首席风险官能够充分行使履行职责。首席风险官有权参加或者列席与其履行职责相关的会议，调阅相关文件资料，获取必要信息。证券公司应当保障首席风险官的独立性，公司股东、董事不得违反规定的程序直接向首席风险官下达指令或者干涉其工作。公司各部门分支机构人员要积极配合首席风险官工作，在发现风险隐患时，应当及时主动地将风险信息汇报至首席风险官。

4. 加大风控部门资源投入。

为加大证券公司风险管理资源投入，首先要改进公司高管绩效考核与薪酬管理制度，考核要求中不仅要有公司业务收入和利润等财务指标的标准，还应当充分反映合规管理和风险管理的要求，以引导公司高层改变以往“重业务轻风控”的思想，将公司资源适当向风险管理部门倾斜；其次要制定合理的薪酬制度，吸引风险管理专业人才，以适应证券公司快速发展给业务风险管理带来的更高要求；最后，由于证券行业风险管理所涉及的知识综合性强，涵盖金融、计算机、管理学、法律等各方面，并且由于金融创新的不断发展，其专业更新速度也在逐渐加快，因此必须加强风控部门人才队伍的业务培训，追踪最新业务的发展动态，研究制定适应业务发展的风险管理制度和手段。

（二）深度营造风险应急机制

风险应急机制的缺失是光大证券事件处理不力的重要原因之一，我国很多证券公司虽然也已经制定相关制度，但大多只是简单的对原则性问题进行描述，操作性不强，在风险真正到来时往往无能为力。全球著名证券公司通常在公司内部建立了风险应急机制和预案。例如在流动性风险方面，公司的流动性风险应急方案详细说明了在发生突发的威胁流动性时该如何分析和应对。方案中提供了对流动性事件影响的分析框架，根据事件严重程度的不同确定采取何种危机应对方式以及维持流动性应该做到何种程度。同时还列出了风险事件发生时风险管理团队以及外部有关人员的角色和职责。较为详细的风险应急机制保证了高盛在面对突发风险时能够快速、有效应对，尽量减少突发事件的冲击。证券公司全面风险管理规范中强调证券公司应当针对流动性危机、交易系统事故等重大风险和突发事件建立风险应急机制，在重大风险发生的时候能够迅速采取有效措施将风险负面影响降至最低。风险应急机制应当明确应急机制触发条件、风险处置的组织体系、措施、方法和程序，并通过压力测试、应急演练等机制进行持续改进。

（三）高度强化风险治理基础

在所有权与管理权分离的现代公司，委托人和代理人具有不同的利益目标，代理人的道德风险行为会损害股东权益。公司治理机制是股东、董事会、总经理之间的权责安排和相互制衡的机制，所要解决的问题是通过契约关系的制度安排来确保委托人的权益不被侵害。完善法人治理结构能够为公司风险管理奠定良好的制度环境基础，促进各种风险管理机制的有效发挥。在一些证券公司，内部公司治理混乱，存在股权过度集中、国有产权比例过高、董事会独立性不强等问题，影响到证券公司全面风险管理的治理基础。目前，证券公司治理结构风险源自于股东大会、董事会、管理层之间相互制衡机制的缺失，从而导致权力分配的不平衡，突出表现为两种相反倾向：一种是证券公司发展完全受制于大股东，在战略目标和经营策略上严重缺乏独立性。

证券公司小股东的利益得不到有效的保护，管理层缺少自主经营的积极性。一种是股东会、董事会未能对管理层的权力进行有效制约，在公司管理上出现内部人控制问题。证券公司管理层就可能利用职权和信息优势，操纵市场、挪用客户资金、违规从事高风险业务，损害股东和投资者的利益。为此，改善证券公司风险管理的基础，可以从股权结构和董事会独立性两方面入手。

（四）注意风险信息监控传递

1. 建立统一的实时风控系统。

目前我国大多数证券公司已经建立起了风险控制系统，但是在具体执行上，还存在很多不足。在光大证券的案例中我们就可以看到，公司策略交易部仅依靠业务部门自身进行监控，未纳入统一的中央风控系统，风险防控出现了重大问题。公司所有的交易都纳入统一的风控系统之中，并且实现了风险的实时监控，有效地保障了高盛对风险的敏感性，在风险发生时能迅速采取有效应对措施。证券公司全面风险管理规范要求证券公司建立逐日盯市等风险监控制度，准确计算、动态监控关键风险指标。为此，证券公司应当建立白风险管理部门负责的统一的中央风控系统，承担对公司整体风险进行实时监控的工作，在范围上覆盖到公司各项业务。

2. 设置监控指标，强化监控手段。

证券公司监控应当涵盖两个层次的风险指标，一是整个公司层面的一级监控风险指标，反映公司整体风险情况；二是反映业务部门的二级风险监控指标。

为强化监控手段，在实时监控系统中，首先要明确各类指标的监控频率，部分指标需要在交易时段进行动态监控，哪些指标是每日盘后监控或者定期进行监控。其次是确定各类监控指标的监控手段，指标的监控有事前、事中和事后三个维度，各类指标的重点有所不同。

（五）做好信息系统配置优化

策略交易系统缺陷是光大证券出现交易事故的直接原因，其背后暴露出来的是光大证券在信息技术力量、信息技术管理流程上的一系列问题。科技的发展大大提高了证券公司的运营效率，同时也带来了新的安全挑战。安全可靠的信息系统能够为证券公司经纪交易、头寸管理、清算交割等提供高效服务，从而改善风险管理的及时性和有效性，是公司核心竞争力的重要组成部分。

1. 强化信息技术力量及规范岗位设置。

证券公司应当有足够的 IT 人员配备满足信息技术的实施与管理工作需

要，为公司各项业务提供信息技术支持。为此，证券公司要加大资源投入力度，为信息技术人员提供合理的薪酬和满足信息技术人员能力培训的需要。除了在资源投入上加大投入，在信息技术部门还应当建立起设置合理、职责明确的岗位责任制，做到不相容岗位分离——信息技术岗与清算复核业务操作岗位相分离、操作和复核岗位相分离、系统项目决策与系统开发相分离、系统开发与系统测试相分离。

2. 充分评估信息系统新项目风险。

证券公司应根据公司信息技术发展状况定期开展内部信息技术审计。负责内部审计的部门应设立充足的信息技术审计岗位，其中，具有经纪业务资格的证券公司信息技术审计岗位应至少不少于 2 名。证券公司可聘请外部信息技术专家协助开展信息技术审计工作或者聘请外部审计机构进行专门的信息系统审计。审计的侧重点应当放在发现信息系统在程序设计、系统控制、权限设置、运行环境方面的缺陷，全面评价信息系统安全性。包括发现信息系统的程序或功能缺陷、发现信息系统的控制缺陷、发现信息系统的不恰当权限设置、发现信息系统的不可靠依赖。

3. 严格执行信息系统测试。

关键信息系统在正式运行前进行完备详细的测试，包括系统功能测试、系统性能压力测试、系统扩展性测试及网络性能压力测试等。建立项目的内部测试规范和管理流程，对信息技术项目的测试重要性进行分类。信息技术测试应有业务部门参与，杜绝信息技术部门自我设计、自我实施、自我报告的情况。各部门测试完成后应出具相应的测试报告，重要的测试结果应经有关部门以及有关人员审核确认，使其对系统测试结果落实到具体部门和个人。测试结果达到公司提出的。各项技术指标后，公司关键系统方可进入正式运行阶段。对于关系重大的系统转换，可以考虑先进行小规模的切换运作，待确认结果满意之后才全部切换至新的信息系统。

4. 利用外部信息系统审计。

信息系统有效性的测试除了内部人员的校验核对外，聘请外部审计机构或者有内部审计部门进行信息系统审计也是一种行之有效的方式。在被审计单位依赖信息系统开展业务的情况下，通过对信息系统开展审计，有利于发现信息系统存在的问题，提示经营管理风险，增强风险控制能力。

第三篇

基金公司会计篇

开篇有益

基金公司可分为两大类，一类是公募基金公司，一类是私募基金即股权投资公司。

对于公募基金公司的会计核算，本篇分成四部分来阐述：第十二章是基金公司概论，包括基金、基金公司、会计核算的相关阐述；第十三章是基金公司发行与赎回业务核算，包括基金发行、赎回内容、基金发行、赎回的核算等；第十四章是基金公司投资业务核算，包括买入证券、申购新股、证券派息、卖出证券的核算；第十五章是基金损益核算，包括基金收入、费用税收、收益分配核算等。

对于私募基金公司（即股权投资公司）的会计核算，本篇通过两部分来专门阐述，第十六章是股权基金公司运行，包括发展态势、融资管理、投资管理、持有管理、退出管理；第十七章是一般企业投资于股权投资基金业务的处理，主要是换位成一般企业，对于全套业务核算进行相应的阐述。

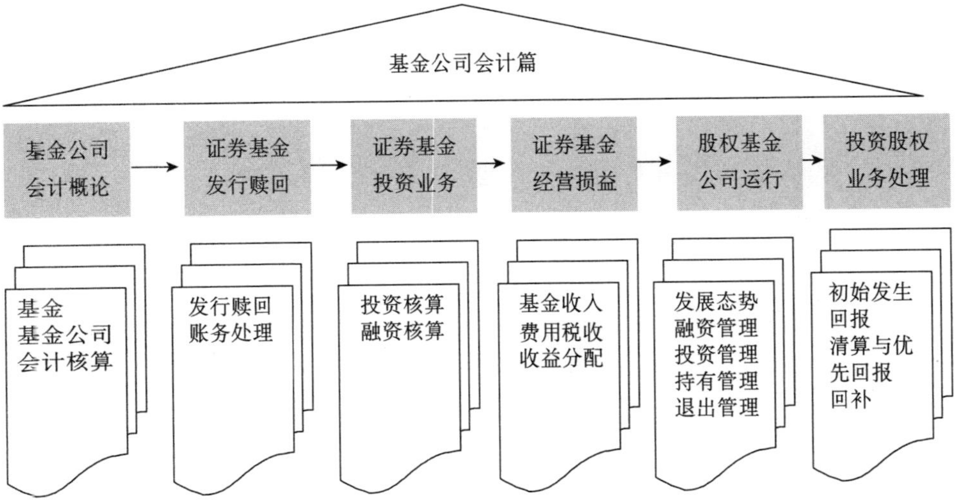

第十二章
基金公司会计概论

本章精要

本章侧重于对基金公司的基本使命、管理制度进行研读，并由此演绎出基金公司会计核算的基本特点。

认知基金公司首先需要认知基金，在比较基金与股票、债券的相同之处和不同之处的前提下，掌握基金的常见分类、主要特点；也要注意基金当事人、基金运行即设立、发行、投资管理及基金信息披露。

掌握基金公司的设立条件、基本功能和主要业务，将为以后具体从事基金会计与基金公司会计核算奠定基础。一个独立核算的基金公司，通常同时管理着多个彼此独立运营的基金主体，每一个基金都是一个特殊的目的主体，这需要单独组织相应的会计核算。同时还需要理解基金公司会计核算的特点、会计科目设置及其具体的应用。

第一节 基　　金

基金的出现尤其是伴随着基金品种的细分与规模的扩大，自然催生了专门的运营主体——证券投资基金公司（简称基金公司）。基金公司的会计核算便构成了本章的探讨主题。

证券投资基金是由专业基金管理主体将众多投资者的资金集中起来，用于对股票、债券等进行专业投资，谋求投资风险最小化和投资收益最大化的一种金融工具。由此，证券投资基金可定义为一种利益共享、风险共担的集合证券投资技术，即通过发行基金单位，集中投资者的资金，由基金托管人托管，在基金管理人的管理下，从事股票、债券等金融工具投资。

一、基金的特点

（一）基金与股票、债券的比较

与股票、债券一样，证券投资基金也是一种资本证券，虽然这种有价证券的自身没有任何价值，但由于它代表着证券持有人的资产所有权、收益分配权及剩余资产分配权等权益，因而能够在证券市场上进行交易，并在交易过程中形成自己的成交价格。

不过，证券投资基金又与股票、债券有着明显的区别，主要体现在以下几个方面：

1. 反映的权力关系不同。基金证券是由基金发起人发行的，发行人与管理人、托管人之间完全是一种信托契约关系；股票持有人对公司是一种产权关系；债券持有者与发行者之间形成的是一种债权债务关系。

2. 管理的参与程度不同。通过发行股票筹集的资金，完全可以由发行股票的股份公司掌握和运用，股票持有人也有权依法参与公司的经营管理决策；而证券投资基金与股票有很大的区别，无论哪种类型的基金，其发起人和投资人都不直接从事基金的运作，而只能委托专门的独立管理人营运。这一点，又与债券持有者的参与程度比较接近。

3. 投资的风险收益不同。从投资人面临的风险程度看，证券投资基金的投资风险要小于股票投资的投资风险，而大于债券投资的投资风险；从收益水平看，基金证券的投资收益一般小于股票投资，但大于债券投资。也就是说，三者的风险、收益排列依次是，股票的高风险、高收益，债券的低风险、低收益，基金的中风险、中收益，即投资基金的风险和收益一般小于股票投资，而大于债券投资。

4. 存续的时间长短不同。封闭式基金都规定有一定的存续时间，期满即终止，这一点类似于债券。但与债券投资不同的是，投资基金经持有人大会或公司董事会决议，可以提前终止，也可以期满后再延续；开放式基金没有固定的存续期，这一点类似于股票。但与股票不同的是，开放式基金可以随时增加或减少基金券，持有人可以按基金资产净值向公司要求申购或赎回其所持有的单位或股份。

（二）基金分类

证券投资基金的种类繁多，根据分析角度不同，可以进行多种分类：

1. 按照基金单位是否可以增加或赎回，分为开放式基金和封闭式基金。

封闭式基金的发行总额和存续期是事先确定的，在发行完毕后的规定期限内，除非发生扩募等特殊情况，基金单位总数保持不变。我国规定封闭式基金存续期不得少于5年，最低募集数额不得少于2亿元。封闭式基金在证券交易所上市，投资者不能对基金进行申购或赎回，如果要购买或出售所持的基金份额，只能在证券交易市场按市场价格进行买卖。开放式基金发行总额不固定，基金单位可以根据基金发展需要而追加发行，而投资者也可根据市场状况和自己的投资决策决定退回或增加购买该基金单位的份额。开放式基金不在证券交易所上市，但投资者可以在国家规定的营业场所，依据基金单位净值申购或者赎回一定数量的基金单位，基金的规模也就随着投资者的买卖而变化。由于随时可能发生基金的赎回，故开放式基金必须保持足够的现金或者国家债券，以备支付赎金，所以，与封闭式基金相比，开放式基金进行长期投资会受到一定的限制。

2. 按照组织形式的不同，分为公司型基金和契约型基金。

公司型基金是一种专门的股份公司，公司依法成立，以盈利为目的，通过发行股票将集中起来的资本投资于各种有价证券。公司型基金在组织结构、筹资、利润分配等方面与股份有限公司类似。公司型基金发行普通股票，供投资人购买并享有收益，然后基金将集中起来的资金进行专业性投资管理，以此分散风险、提高收益。基金公司就是基金本身，募集一个基金即成立一家公司，基金投资人即为公司股东。基金的实际管理和经营由管理公司负责，管理公司也称投资顾问，由其负责基金的投资组合和日常经营活动。

契约型基金又称信托型基金，契约型基金本身不成立公司，一般由基金管理公司、基金托管机构和投资者签订基金契约，并依据基金契约发行受益凭证设立基金并运作。契约型基金筹集资金的方式一般是发行基金受益券或者基金单位，表明投资人对基金资产的所有权，投资人借以参与投资权益的分配。与公司型基金相比，契约型基金不具有法人资格，不能向银行借款来扩大基金运营规模。

3. 按照基金经营目标的不同，分为积极成长型金、成长型基金、成长及收入型基金、平衡型基金、收入型基金等。

积极成长型基金也称高成长投资基金、最大成长投资基金，这类基金把追求最大资本利得作为其投资目标，当期收入不在其考虑范围之内，通常投资风险很大。此类基金一般投资于具有资本增值潜力的小盘、成长型公司的股票。成长型基金又称长期成长基金，这类基金追求资本的长期增值，因此将资产主要投资于资信好、具有资本增值潜力、运转良好的公司。成长及收入型基金以既能提高当期收入又能实现资本长期成长为目标，兼顾长期资本增值与稳定的股利收入。为实现这一目标，成长及收入型基金的投资策略与成长型基金相比要保守些，主要投资于运转良好、具有未来成长性并且能长期稳定支付股利的普通股。平衡型基金是指具有多重投资目标的投资基金。这类基金主要有三个投资目标：确保投资者的投资本金、支付当期收入、资本与收入的长期成长。此类基金一般将基金资产按比例投资于债券、优先股、普通股等各种证券。平衡型基金的资本成长潜力不如成长型基金，但是它能满足投资者的双重投资目标，既追求当前收入，又注重资本成长，大大降低了资本金损失的风险。收入型基金不以资本增值为其目标，它追求能为投资者带来高水平的当期收入，其投资对象主要是能带来稳定收入的各种证券。收入型基金保证了投资者投资目标的实现，降低了本金遭受损失的风险，同时也丧失了投资于风险较大，但具有成长潜力的有价证券的机会，削弱了基金的发展能力。

4. 按照投资对象不同，分为股票基金、债券基金、货币市场基金、期货基金和期权基金。

股票基金是以股票为主要投资对象的基金。股票基金既可以赚取资本收益，又可使资本增值，但风险也比较高。根据股票基金所投资股票种类的不同，可以将股票基金划归到积极成长型基金、成长型基金和成长及收入型基金中。

债券基金是以债券为投资对象的基金。债券是一种风险相对较小、获利较稳定、长短期限都可以的有价证券。一般情况下，债券基金会定期分派利息，但回报相对比较低。

货币市场基金指在货币市场上，以短期有价证券作为投资对象的一种基金，该基金主要投资于短期货币工具，如国库券、政府短期债券、商业票据、银行可转让存单等短期有价证券。由于货币市场是一个低风险、流动性高的市场，因此货币市场基金具有收益高、流动性强、购买限额低、资本安全性高的特点。

期货基金是以各类期货市场为主要投资对象的一种基金。期货是一种高收益、高风险的投资方式，具有较强的投机性，这使得期货基金具有了可以以较小的投资获得较高收益，同时也得承担较大风险的特点。

期权基金是指以分配股利的股票期权作为投资对象的基金。期权基金风险较小，其投资目的是为获取最大的当期收入。

二、基金当事人

一项证券投资基金的全面运行，始终存在着四个方面的当事人：

1. 基金发起人。

基金发起人是以基金的设立和组建为目的，采取必要的措施和步骤来设立和组建基金的法人。契约型基金的发起人在基金成立后一般成为该基金的管理人，或组建一家专门的基金管理公司来管理该基金，发起人则成为该基金管理公司的主要股东。在公司型基金中，发起人是基金管理公司的主体，它发行股票筹措资金，股东就是基金持有人。

另外，申请设立开放式基金，还必须在人才和技术设施上能够保证每周至少一次向投资者公布基金资产净值和申购、赎回价格。基金发起人必须在发起时认购基金，并在基金存续期间持有一定比例的基金单位。

2. 基金持有人。

基金持有人是基金单位的持有者，他们是基金投资人，是基金资产的最终拥有人，享有基金资产的一切权益，并对此资产负有限责任。基金持有人的权利是通过在基金持有人大会上行使表决权来实现的。通常，当修改基金契约、提前终止基金、更换基金托管人、更换基金管理人等情况出现时，应当召开基金持有人大会。出席持有人大会的持有人根据其持有基金单位的数量行使表决权，也可授权其他人代表其出席持有人大会。

3. 基金管理人。

基金管理人是根据法律、法规及基金章程或基金契约的规定，运用基金资产，凭借专门的知识与经验，进行科学的投资组合决策，以期所管理的基金资产不断增值，使基金持有人获得尽可能多收益的机构。在我国，基金设立后一般委托基金管理公司进行管理。基金管理公司是适应契约型基金的操作而产生的基金经营机构。基金管理公司的主要发起人应当是依法设立的证券公司或信托公司，其他市场信誉较好、运作规范的机构也可以作为发起人参与基金管理公司的设立。基金管理公司可以采取有限责任公司的组织形式，也可以采取股份有限公司的组织形式。

4. 基金托管人。

经批准设立的基金，应当委托商业银行作为基金托管人托管基金资产。为了保障广大投资者的权益，防止基金资产挪作他用，基金组织必须实行经营与保管严格分开的原则。根据这一原则，基金管理公司只负责基金的日常管理和操作，对投资者提供基金买卖和咨询服务，下达投资决策指令。基金托管人必须将其托管的基金与托管人的自有资产严格分开，对不同基金分别设置账户，实行分账管理，根据基金管理公司的指令对基金资产进行处理。

三、基金运行

从基金管理人的角度看，证券投资基金运行程序包括：基金设立、发行或赎回基金、投资管理、信息披露、收益分配。

（一）基金的设立

基金的设立是基金运作的第一步，世界上各个国家和地区对基金的发起设立都有一定的资格要求和限制。集中起来看，存在着注册制和审批制两种不同的设立程序。其中，注册制更加宽松，而审批制则相对严格。

我国采取审批制，在这种制度下，基金管理公司发起设立基金必须经过中国证监会的批准。在基金设立阶段，基金管理人向证监会提出设立基金申请。申请设立基金时，首先必须准备上报有关法律文件，如设立申请报告、基金契约、基金托管协议、基金招募说明书、销售协议等。中国证监会收到文件后对基金管理人资格、基金托管人资格、托管协议、招募说明书以及上报材料的完整性、准确性进行审核无误后，批准其设立。

（二）基金的发行

证券投资基金的发行即基金募集，是指基金发起人在发起设立或扩募基金的申请获得国家证券监管机关批准后，向投资者推销基金单位、募集资金的行为。证券投资基金的发行方式主要包括三种类型：

1. 公募发行与私募发行。

基金公募发行与私募发行的主要区别为两者选择了不同的投资者作为发行对象。公募发行又称公开发行，是指发行人通过中介机构向不特定的社会公众广泛地发行基金，所有合法的社会投资者都可以参加认购；与公募相对应，私募基金则是面向特定投资者募集设立的基金，规模虽小但门槛很高，一般是为实力雄厚的个人投资者和一些大机构投资者量身定做的投资工具，像巴菲特、索罗斯这些国际上最著名的基金经理掌管的都是这类私募基金。

2. 自办发行与代理发行。

自办发行即基金不通过券商或其他中介机构而直接发行。这种发行方式手续简便，费用少，但发行范围有限，募集时间长，容易造成认购集中，所以，一般只是在发行额较少时才采用这种方式；代理发行是指由发行者委托第三者（承销者）办理基金券的发行。

3. 网上发行与网下发行。

网上发行方式是指将所发行的基金单位通过与证券交易所交易系统联网的全国各地的证券营业部，向广大社会公众发售基金单位的发行方式；网下发行是指将所要发行的基金通过分布在一定地区的证券或银行营业网点，向社会公众发售基金单位的发行方式。

此外，基金的募集期是有时间限制的。封闭式基金的募集期限为3个月，自该基金批准之日起计算。封闭式基金自批准之日起3个月内募集的资金超过该基金批准规模80%的，该基金方可成立；募集期满时其所募集的资金少于该基金批准规模的80%的，该基金不得成立。开放式基金自批准之日起3个月内净销售额超过2亿元的，该基金方可成立，自批准之日起3个月内净销售额少于2亿元的，该基金不得成立。如果基金未能成立，则基金发起人必须承担基金募集费用，已募集的资金加计银行活期存款利息，必须在30天内退还基金认购人。

（三）基金的投资管理

投资管理是指基金发行后基金管理公司在对基金风险、收益偏好等进行分析后，确立投资目标、投资范围和投资策略，进行投资组合等一系列事项的处理过程。一般来讲，基金管理公司要根据基金的风险、收益偏好确定投资目标和投资资产的组合办法。不同基金，风险和收益偏好不同，则投资目标和投资办法有所不同。基金净资产值的高低和增长速度的快慢取决于基金管理人对基金风险、投资风险和投资组合把握的好坏。

（四）基金的信息披露

信息披露是指基金管理公司为了方便投资者及时了解基金的运作情况，

按照规定披露有关基金信息。按照规定，基金管理公司应按期公布季度投资组合公告、中期报告、年度报告。此外，每天还要公布开放式基金上一工作日的单位基金净值，使投资者及时了解基金情况。

收益分配是指基金管理公司对运作基金所产生的收益，按照契约规定进行分配。在基金运作过程中，必然会产生收益，发生费用，形成基金损益。基金管理公司必须严格按照基金契约规定计算基金收益、计提费用和进行收益分配。

第二节 基金公司

一、证券投资基金管理公司的设立条件

按照《公司法》《证券投资基金法》和中国证监会的有关法规规定，设立基金管理公司，应当具备下列条件：

1. 注册资本不低于1亿元人民币，且股东必须以货币资金实缴，境外股东应当以可自由兑换货币出资；
2. 有符合法律、行政法规和中国证监会规定的拟任高级管理人员以及从事研究、投资、估值、营销等业务的人员，拟任高级管理人员、业务人员不少于15人，并应当取得基金从业资格；
3. 有符合要求的营业场所、安全防范设施和与业务有关的其他设施；
4. 设置了分工合理、职责清晰的组织机构和工作岗位；
5. 有符合中国证监会规定的监察稽核、风险控制等内部监控制度；
6. 中国证监会规定的其他条件。

基金管理公司的主要股东是指出资额占基金管理公司注册资本的比例（以下简称出资比例）最高，且不低于25%的股东。主要股东应当具备下列条件：

1. 从事证券经营、证券投资咨询、信托资产管理或者其他金融资产管理；
2. 注册资本不低于3亿元人民币；
3. 具有较好的经营业绩，资产质量良好；
4. 持续经营3个以上完整的会计年度，公司治理健全，内部监控制度完善；

5. 最近 3 年没有因违法违规行为受到行政处罚或者刑事处罚；

6. 没有挪用客户资产等损害客户利益的行为；

7. 没有因违法违规行为正在被监管机构调查，或者正处于整改期间；

8. 具有良好的社会信誉，最近 3 年在税务、工商等行政机关，以及金融监管、自律管理、商业银行等机构无不良记录。

基金管理公司除主要股东外的其他股东，注册资本、净资产应当不低于 1 亿元人民币，资产质量良好，且持续经营 3 个以上完整的会计年度，没有重大违法违规行为。

二、证券投资基金管理公司的基本功能

从机制设计来看，证券投资基金管理公司具有特殊的功能定位，这些功能可能概括如下：

1. 释放专家理财效能，有利于提高投资效率。基金资产由专业的基金管理公司负责管理，主要投放于法定的股票、债券等项目。鉴于投资市场收益性与风险性的“双刃剑”状况，不论是股票，或者是创新类衍生金融产品，对专业知识的要求更高，所以基金的操作一般都是由熟悉专业操作的基金经理或投资顾问来进行。相对一般公众投资者而言，其实际操作经验丰富，对国内外宏观经济形势、产业发展和政策、上市公司基本情况都占有相当的信息优势，所以，这种专家理财模式更加有利于提高投资回报。

2. 营造“聚沙成‘塔’”效应，服务于中小投资群体。通过基金的发行与交易，可以汇集众多小投资者的资金，形成一定规模的大额资金，在参与证券投资时能享有规模效益。基金公司承载的社会资金量越大，在其信息资料的搜集、分析和处理成本固定不变的情况下，自然就承担了较少的成本，从而体现了规模效益，这对广大中小投资群体来说，自然减少了投资成本。

3. 实施专业组合投资，效力于风险分散规避。市场投资总是面临着各种风险，许多投资者并不能理性地认识风险问题。而通过专业的组合式投资，“不会将所有鸡蛋放在同一个篮子里”。凭借基金管理者的专业知识，能够较为准确地判断投资面临风险的种类、性质、大小，从而采取相应的风险控制措施，并且相关法规也都要求基金在投资时采取分散投资的原则来控制投资风险。

三、基金管理公司的主要业务

证券投资基金管理公司应该根据经批准从事的业务范围，按照《证券投

资基金会计核算办法》的规定，进行相关业务的会计核算。以下是证券投资基金管理公司主要从事的业务：

1. 按照基金契约的规定运用基金资产投资并管理基金资产；
2. 及时、足额向基金持有人支付基金收益；
3. 保存基金的会计账册、记录 15 年以上；
4. 编制基金财务报告，及时公告，并向中国证监会报告；
5. 计算并公告基金资产净值及每一基金单位资产净值；
6. 基金契约规定的其他职责。

开放式基金的管理人还应当按照国家有关规定和基金契约的规定，及时、准确地办理基金的申购和赎回。

第三节 基金公司的会计核算

一、基金公司会计运行的特点

由上述证券投资基金业务的特点可知，证券投资基金的当事人至少涉及三方，以基金管理人为主体的会计核算，势必以基金持有人的权益变化为导向。基金会计报表包括资产负债表、经营业绩表、基金收益分配表和基金净值变动表。基于证券投资基金业务的特点，证券投资基金业务会计有以下几个特点：

1. 建立独立的会计核算体系。基金公司必须以基金作为会计核算主体，独立建账、独立核算，不同基金之间在名册建立、账户设置、资金划转、账户记载等方面也是独立的。基金公司必须将自有资产和负债与受托经营的基金资产和负债区分开来，独立设账，分别核算。这是因为，对于专门从事基金运作的企业，由于管理多只基金，而每只基金的权益由不同的基金持有人所拥有，因此，除了将自有资产负债与受托运作的资产负债分开核算外，还要对每只基金单独建账，以核算每只基金的资产、负债、收入、费用及单位基金净值情况，为基金投资人买卖基金提供可靠数据。

2. 计算和公告基金单位净值。在“决策有用型”会计目标下，基金外部信息使用者对基金会计信息的需求大大增加。因此，基金会计核算的目的是要反映证券投资基金的财务状况和基金管理公司的运作业绩，为基金持有人提供投资决策依据。基金管理公司应于估值日计算基金净值和基金单位净值，并予以公告。基金净值是指基金资产减去基金负债后的差额，基金单位净值是基金净值除以基金单位的一个单位基金的经济价值指标，反映着基金业务经营业绩的最终指标。

3. 按公允价格计价。按照规定，基金会计采用公允价值计价，以市场交易价格或未来现金流量现值作为主要计量属性。这是因为，随着金融工具的诞生尤其是衍生金融工具日新月异的迅猛发展，从对决策有用的角度来说，会计更加强调相关性。采用公允价格计价，可以随时“跟踪”金融工具价值的变动及其风险，更有利于投资者对基金价值和风险作出正确的判断。

二、基金公司的会计核算态势

根据《CAS 30 应用指南》的规定，在财务报表的组成和适用范围的规定方面，基金公司应当执行证券公司财务报表格式和附注规定，如有特别需要，可以结合本企业的实际情况，进行必要调整和补充。在科目的使用上，应当和证券公司保持一致。

基金公司自身使用的会计科目，资产类共 6 个科目，即存出保证金、拆出资金、买入返售金融资产、贵金属、抵债资产；负债类共 4 个科目，即存入保证金、拆入资金、卖出回购金融资产款；还有 1 个共同类科目，即货币兑换；1 个权益类科目，即一般风险准备；5 个损益类科目，即利息收入、手续费及佣金收入、汇兑损益、利息支出、手续费及佣金支出。

需要说明的是，基金公司作为一个承担专业管理证券投资基金的公司，其自身的会计核算与前述证券公司存在着相近或相似的情况，在会计科目设置、会计报表格式等方面，都先后参阅执行证券公司的相关规定。

三、证券投资基金会计科目的设置

对基金公司而言，最具有特色的地方莫过于证券投资基金会计主体的独立运行。针对证券投资基金会计的核算问题，财政部曾经专门颁布《证券投资基金会计核算办法》，并于 2002 年 1 月 1 日起施行。

在新的企业会计准则指南精神之下，我们结合基金公司在管理证券投资基金业务当中的实际业务需要，从证券投资基金这一特殊会计主体的核算出发，也需要设置相应的会计科目体系，如表 12 - 1 所示。

表 12－1　　基金会计主体业务核算专用主要会计科目表

类别	名称	主要核算内容
资产类	应收申购款	核算基金发行过程中应收申购款和申购款结清情况
	结算备付金	核算公司为证券交易的资金清算与交收而存入指定清算代理机构的款项。向客户收取的结算手续费、向交易所支付的结算手续费，也纳入本科目核算
	证券清算款	因证券交易与清算代理机构办理资金清算的款项等，可以单独设置“证券清算款”科目
负债类	应付赎回费	核算基金赎回过程中，按照基金契约和招募说明书中载明的相关事项计算的，应付给办理赎回业务的机构的赎回费
	应付赎回款	核算基金赎回过程中的应付未付款项。本科目贷方反映应付赎回款的增加数，借方反映应付赎回款的减少数。本科目贷方余额表示尚未支付的应付赎回款
权益类	实收基金	核算基金管理公司实际发行的基金数，即持有人权益。贷方反映实际发行基金数，借方反映基金赎回数。贷方余额表示发行在外尚未赎回的基金数
	未实现利得	核算开放式基金申购和赎回过程中形成的尚未实现的利得或损失。借方余额表示未实现的损失；贷方余额则表示未实现的利得
	损益平准金	核算开放式基金发行和赎回款中含有的未分配收益情况。贷方反映申购款中含有的未分配收益，借方反映基金赎回款中含有的未分配收益。资产负债表日，本科目余额应全部转入“收益分配”科目，结转后本科目的期末余额为零

同时，需要特别指出的是，与上述证券公司与基金公司作为企业法人主体对外提供自身经营活动的财务报表相区别的是，对基金管理公司所管辖的基金主体，也需要基金管理公司编制和对外提供真实、完整的基金财务会计报告。即基金作为独立的会计主体，也需要独立编制财务会计报告，即分为年度、半年度、季度和月度财务会计报告。财务会计报告由会计报表和会计报表附注组成。对外提供的会计报表包括：资产负债表、经营业绩表、基金净值变动表及其附表。会计报表附注至少应披露主要会计政策及其变更的影响数、关联方关系及其交易和主要报表项目说明等内容。

第十三章
证券基金发行赎回核算

本章精要

本章主要针对基金公司与外界交易关系的处理，即发行与赎回活动。当然，我们需要在掌握不同基金独特性质基础上具体掌握其发行与赎回的会计核算。

首先需要理解基金的特殊分类及其会计核算的基本原则：封闭式基金事先确定发行总额，在封闭期内基金单位总数不变，而开放式基金的基金单位总额不固定，基金单位总额随时增减。基金的发行是指将基金券或受益凭证向投资者销售的行为，是投资基金运作过程中的一个基本环节。按照发行对象和发行范围的不同，基金的发行方式可以分为面向社会公众的公募和面向少数特定投资者的私募两种形式。按照销售渠道，其发行方式可以分为直接销售法、投行券商或信托投资公司的承销法。在我国，按照《证券投资基金管理暂行办法》的规定，证券投资基金的发行只能采用公募的方式，目前主要采取网上公募的方式，即将所发行的基金单位通过和证券交易所交易系统联网的证券营业部向广大的社会公众发售的发行方式。

其次，认知基金需要在比较其与股票、债券的相同之处和不同之处的前提下，掌握基金的常见分类、主要特点；也要注意基金当事人及基金运行。开放式基金的价格以基金资产净值为基础进行计算。一般基金的卖出价包括首次认购费用，或者为了吸引投资者，在报价时免掉销售费用，而买入价则包括在内。

第一节 基金发行和赎回概述

一、基金发行和赎回的含义

基金发行分为自行发行和代理发行两种方式，其中，自行发行是基金按净资产价值由基金单位发行人直接销售给投资人，并按照面值加一定比例的手续费，而代理发行则是指发行人通过证券承销商向社会发行基金单位。一般基金的募集期限为自批准之日起 3 个月，在此期间封闭式基金募集的资金超过该基金批准规模的 80%，开放式基金净销售额超过 2 亿元，则该基金方可成立。如基金未能成立，应在 30 天内按银行活期存款利息退还给基金认购人。

基金赎回（Redemption）又称买回，它是针对开放式基金，投资者以自己的名义直接或通过代理机构向基金管理公司要求部分或全部退出基金的投资，并将买回款汇至该投资者的账户内。投资人需填写一份买回申请书，并注明买回基金的名称及单位数（或金额），买回款项欲汇入的银行账户，一般需三至四个工作日。当出现巨额赎回时，基金管理人可以根据本基金当时的资产组合状况决定全额赎回或部分顺延赎回。

二、基金发行和赎回的核算原则

基金发行不同于一般证券发行，有其特殊性，因而基金发行和赎回都必须遵守一定的规则。

1. 封闭式基金事先确定发行总额，在封闭期内基金单位总数不变。基金成立时，实收基金按实际收到的基金发行总额入账。基金发行收入扣除相关费用后的结余，作为其他收入处理。

2. 开放式基金的基金单位总额不固定，基金单位总额随时增减。基金成立时，实收基金按实际收到的基金单位发行总额入账；基金成立后，实收基金应于基金申购、赎回确认日，根据基金契约和招募说明书中载明的有关事项进行确认和计量。

3. 基金管理公司应于收到基金投资人申购或赎回申请之日起，在规定工作日内对该交易的有效性进行确认。在确认日，按照实收基金、未实现利得、未分配收益和损益平准金的余额占基金净值的比例，将确认有效的申购款项分割为三部分，分别确认为实收基金、未实现利得、损益平准金的增加或减少。

4. 基金管理公司应当在接受基金投资人有效申请之日起，在规定的工作日内收回申购款项，尚未收回之前作为应收申购款入账。

5. 办理申购业务的机构按规定收取的申购费，如在基金申购时收取的，由办理申购业务的机构直接向投资人收取，不纳入基金会计核算范围；如在基金赎回时收取，待基金投资人赎回时在赎回款中抵扣。

6. 基金管理公司应当在接受基金投资人有效申请之日起，在规定的工作日内支付赎回款项，尚未支付之前作为应付赎回款入账。

7. 开放式基金按规定收取的赎回费，其中基本手续费部分归办理赎回业务的机构所有，尚未支付之前作为应付赎回费入账；赎回费在扣除基金手续费后的余额归基金所有，作为基金收入入账。

第二节　基金发行和赎回的账务处理

封闭式基金发行、开放式基金发行、开放式基金赎回在会计核算上存在着明显的区别，因此，对其会计核算也分别进行阐述。

一、封闭式基金发行的核算

封闭式投资基金的基金单位一旦募集完毕便不能赎回，投资者在证券市场上买卖基金单位的活动是投资者之间的业务，与封闭式投资基金无直接联系。所以它的净资产与其他行业企业的股东权益类似，只受基金经营活动的影响发生增减变动，例如投资盈亏、派发红利等，因此，封闭式基金所有者权益的核算比较简单。

无论是封闭式基金还是开放式基金，基金成立前发生的开办费不应由基金资产承担，同样投资者购买基金时支付的发行费用也不应计入基金资产和基金净资产。按照《证券投资基金会计核算办法》的规定，封闭式基金设立后，发行费收入与相关费用相抵后的余额，应作为其他收入处理。

在封闭式基金的会计核算上，应设置“实收基金”科目，该科目相当于一般企业中的“实收资本”科目，实收资本是指投资者按照企业章程，或合同、契约的约定实际投入的资本。封闭式基金募集发行期结束，按照实际收到的金额，借记“银行存款”科目，按基金单位发行总额，贷记“实收基金”科目，按其差额，贷记“其他业务收入”科目。

【例 13 -1】 博宝证券投资基金管理公司发行10亿份基金单位，基金单位发行价为1.02元，支付费用800万元。其会计分录为：

借：银行存款　　1 004 000 000

　贷：实收基金　　1 000 000 000

　　其他业务收入——基金发行费收入　　4 000 000

二、开放式基金净值的测度评估

与封闭式投资基金不同，开放式投资基金募集成立后，投资者直接从基金购买基金单位，投资者卖出的基金单位也由基金收回。此时投资者购买基金单位，相当于购买该基金单位所代表的投资组合；反之，投资者出售基金单位，则相当于出售该基金单位代表的投资组合。投资基金是投资其他金融工具的中介，按规定，不允许折价或溢价发行。因此，开放式投资基金的净资产不仅因投资盈亏、发放红利等经营活动而改变，而且还因投资者不断购买基金单位而增加、因投资者不断卖出基金单位而减少。此时的开放式基金单位价格不再等于基金单位的面值。其申购价格和赎回价格将依据申购日和赎回日基金单位净资产加、减有关费用计算而得。

开放式投资基金的卖出或赎回基金单位价值以单位净资产为基础，主要包括每基金单位投入资本、未实现资本利得和未分配利润三个部分，即按照开放日闭市后该项基金资产净值除以当日基金单位的余额数量来测度。

基金单位资产净值的计算公式如下：

某基金单位资产净值 = （该基金总资产 - 该基金总负债）/该基金单位总数

上述公式的项目取数注意事项如下：

该基金总资产是指该基金所持有的所有资产，包括银行存款、结算备付金、交易保证金、各种股票、债券及其他有价证券等。总资产按照当日的公允价值进行计算；

该基金总负债是指基金在运作过程中所形成的各种应付款项、短期借款等；

该基金单位总数是指开放日发行在外的基金单位的余额数量。

基金管理公司应于估值日计算基金净值和基金单位净值，并于每个开放日的第二天公告开放日基金单位资产净值。基金单位资产净值计算错误时，基金管理人应立即公告予以纠正，计价错误偏差达到基金资产净值的0.5%时，基金管理人应当通报基金托管人并报中国证监会备案。

【例13－2】ABC基金管理公司奋发图强开放式基金20×1年3月1日的资产负债表如表13－1所示，请计算奋发图强基金单位资产净值。

表13－1　　资产负债表

编报单位：ABC基金管理公司　　基金01表

基金：奋发图强开放式基金　　20×1年03月01日　　单位：元

资产	行次	年初数	期末数	负债和净资产	行次	年初数	期末数
资产：				负债：			
银行存款			600 000 000.00	应付证券清算款			10 066 080.00
结算备付金			400 000 000.00	应付赎回款			
应收利息			41 676.66	应付管理人管理费			41 095.90
应收申购款				应付托管费			6 849.32
交易性金融资产			33 000 000.00	应付佣金			25 500.00
其中：股票投资成本			30 091 500.00	应付利息			14 000.00
持有到到期投资				卖出回购证券款			20 000 000.00
其中：债券投资成本				负债合计			30 153 525.22
其他资产				持有人权益：			
				实收基金			1 000 000 000
				未实现利得			2 908 500.00
				未分配收益			－20 358.56
				持有人权益合计			1 002 888 141.44
资产总计			1 033 041 666.66	负债及持有异议人权益总计			1 033 041 666.66

根据上述公式，测度奋发图强开放式基金2014年3月1日的单位资产净值如下：

奋发图强基金单位资产净值 =(基金总资产 - 基金总负债)/该基金单位总数
=(1 033 041 666.66 - 30 153 525.22)/1 000 000 000
= 1.0029(元)

三、开放式基金申购的核算

投资者在进行开放式基金申购时，是按购买的金额提出申请，而不是按购买的份额提出申请，即开放式基金的申购金额里包含了申购费用和净申购金额。投资者在进行申购时要缴纳申购费。我国《开放式证券投资基金试点办法》规定申购费率不得超过申购金额的5%。申购费可以在申购基金时收取，也可以在赎回时从赎回金额中扣除。办理申购业务的机构按规定收取的申购费，如在基金申购时收取的，由办理申购业务的机构直接向投资人收取，不纳入基金会计核算范围；如在基金赎回时收取的，待基金投资人赎回时从赎回款中抵扣。对某一笔申购金额可以买到的基金单位的计算方法为：

申购费用 = 申购金额 × 申购费率

净申购金额 = 申购金额 - 申购费用

申购份数 = 净申购金额/申购当日基金单位资产净值

依据规定，基金管理公司应当在接受基金投资人有效申请之日起3个工作日内收回申购款项，尚未收回之前作为“应收申购款”入账。基金申购确认日，按有效申购款，借记“应收申购款”；按有效申购款中含有的实收基金，贷记“实收基金”科目；按有效申购款中含有的未实现利得，贷记“未实现利得”科目；按有效申购款中含有的未分配收益，贷记“损益平准金”科目。收到有效申购款时，借记“银行存款”科目，贷记“应收申购款”科目。“应收申购款”科目应按办理申购业务的机构设置明细账，进行明细核算。期末，“应收申购款”科目的借方余额反映尚未收回的有效申购款。

【例13-3】 20×1年3月2日，某投资者向江南证券投资基金管理公司申购开放式基金1 050万元，当日该基金单位资产净值为2元，申购费为50万元。按照契约规定，高于基金单位的部分在扣除费后，将3/5作为未实现利得，2/5作为未分配收益。核算过程如下：

首先，计算投资者用1 050万元可以买到的基金单位：

净申购金额 = 申购金额 - 申购费用 = 10 500 000 - 500 000 = 10 000 000（元）

可申购份数＝净申购金额/申购当日基金单位资产净值＝10 000 000/2＝5 000 000（份）（每基金单位为1元）

根据计算结果，编制基金申购环节的会计分录如下：

借：应收申购款　　10 000 000

　贷：实收基金　　5 000 000

　　未实现利得　　3 000 000

　　损益平准金　　2 000 000

目前，我国实施基金采取T+1交割方式，即在交易日的第二天进行款项的交割，则3月3日款项交割时，基金公司的会计分录为：

借：银行存款　　10 000 000

　贷：应收申购款　　10 000 000

以后收到申购款时的会计分录为：

借：银行存款　　10 000 000

　贷：应收申购款　　10 000 000

【例13－4】 如果该投资者用1 050万元申请购买江南证券投资基金管理公司新发行的开放式基金，每个基金单位市价为1元，申购费为50万元。核算过程如下：

申购份数＝净申购金额/申购当日基金单位资产净值＝10 000 000/1＝10 000 000（份）

会计分录为：

借：银行存款　　10 000 000

　贷：实收基金　　10 000 000

四、开放式基金赎回的核算

开放式基金可以根据基金管理运作的实际需要收取赎回费，赎回费率一般不超过赎回金额的3%，赎回费收入在扣除基本手续费后，余额归基金所有。基金赎回是按份额赎回，即投资者在提出赎回申请时按卖出的份额提出申请，而不是按卖出的金额提出。基金赎回时投资者所得到的金额是赎回总额扣除赎回费用的部分。其计算公式为：

赎回总额＝赎回份数×赎回当日基金单位净值

赎回费用＝赎回总额×赎回费率

赎回金额 = 赎回总额 - 赎回费用

基金管理公司应当在接受基金投资人有效申请之日起7个工作日内支付赎回款项，尚未支付之前作为“应付赎回款”入账。开放式基金按规定收取的赎回费，其中基本手续费部分归办理赎回业务的机构所有，尚未支付之前作为应付赎回费入账；赎回费在扣除基本手续费后的余额归基金所有，作为其他收入入账。

基金赎回确认日，按赎回款中含有的实收基金，借记“实收基金”科目；按赎回款中含有的未分配收益，借记“损益平准金”科目；按赎回款中含有的未实现利得，借记“未实现利得”科目；按应付投资的赎回款，贷记“应付赎回款”科目；按赎回费中属于销售机构所有的部分，贷记“应付赎回费”科目；按赎回费中属于基金所有的部分，贷记“其他收入——赎回费”科目。

支付投资人赎回款时，借记“应付赎回款”科目，贷记“银行存款”科目。“应付赎回款”应按办理赎回业务的销售机构或申请赎回业务的投资人设置明细账，进行明细核算，期末贷方余额反映尚未支付的基金赎回款。向办理赎回业务的机构支付赎回费时，借记“应付赎回费”科目，贷记“银行存款”科目。“应付赎回费”应按办理赎回业务的机构设置明细账，进行明细核算。期末贷方余额反映尚未支付的基金赎回费用。

基金赎回确认日的会计分录为：

借：实收基金　　×××
　　未实现利得　　×××
　　损益平准金　　×××
　　贷：应付赎回款　　×××
　　　　其他收入——赎回费　　×××
　　　　应付赎回费——Y银行　　×××

基金管理公司支付投资人赎回款项的会计分录为：

借：应付赎回款　　×××
　　贷：银行存款　　×××

【例13-5】 20×1年6月2日，投资者申请赎回华山汇金证券投资基金管理公司的开放式基金50万份，当日该基金单位资产净值为1.0029元，赎回费率为0.5%，应付给代为办理赎回业务的某商业银行300元，同时按照契约规定，结转未实现利得1 454.25万元，损益平准金为-4.25元，有关会计分录如下：

首先，计算投资者赎回总额和扣除费用之后的赎回金额。

赎回总额 = 赎回份数 × 赎回当日基金单位净值 = 500 000 × 1.0029 = 501 450（元）

赎回费用 = 赎回总额 × 赎回费率 = 501 450 × 0.5% = 2 507.25（元）

赎回金额 = 赎回总额 - 赎回费用 = 501 450 - 2 507.25 = 498 942.75（元）

会计分录为：

借：实收基金　　500 000
　　未实现利得　　1 454.25
　　损益平准金　　-4.25
　　贷：应付赎回款　　498 942.75
　　　　其他收入——赎回费　　2 207.25
　　　　应付赎回费——Y 银行　　300.00

其次，支付赎回款。款项交割时作会计分录如下：

借：应付赎回款　　498 942.75
　　贷：银行存款　　498 942.75

如果在某一开放日，基金净赎回申请超过了上一日基金总份额的 10%，即认为发生了巨额赎回。在出现巨额赎回时，如果基金管理公司认为有能力兑付投资人的全部赎回申请，按正常赎回程序执行，对投资人的利益没有影响。如果基金管理公司认为兑付投资人的赎回申请有困难，可在当日接受赎回比例不低于上一日基金总份额 10% 的前提下，对其余赎回申请延期办理。对于当日的赎回申请，应当按照单个账户赎回申请量占赎回申请总量的比例，确定当日受理的赎回份额，未受理部分可延迟至下一个开放日办理，并以该开放日的基金资产净值为依据计算赎回金额。投资者可以在申请赎回时选择将当日未获受理的部分予以撤销。如果连续发生巨额赎回，基金管理人可以按照基金契约及招募说明书载明的规定，暂停接受赎回申请，已经接受的赎回申请可以延缓支付赎回款项，但不能超过正常支付时间 20 个工作日，并应在中国证监会指定的信息披露媒体上公告。

第十四章
证券基金投资业务核算

本章精要

基金公司的投资业务是整个基金事业链条的重中之重，也是广大基金持有者通过持有基金而获得投资收益的原始基础。证券投资基金成立以后，各类投资基金通过基金管理公司对股票、债券等进行分散投资，在这一过程中，基金管理人需要采取科学的投资组合和经营运作方式，以谋求投资风险的最小化和投资收益的最大化，保证基金资产在未来能够获得经济收益。。按照《企业会计准则》的规定，股票投资和债券投资应当作为公司的金融资产来管理。

基金公司运用基金的投资业务，包括投资证券的核算（买入证券时、申购新股时、证券派息时和卖出证券时的核算以及证券估价日计价），融券融资业务（买入返售证券业务、卖出回购证券业务）的核算。进行投资业务的核算，需设置“交易性金融资产”“证券清算款”“应付佣金”“结算备付金”“应收股利”“应收利息”“公允价值变动损益”等科目。

第一节　证券投资业务的核算

一、投资于股票时的核算

对买入证券进行核算时，有买入上市证券和买入非上市证券两种情况。

（一）买入上市公司股票

买入上市证券应于成交日按照公允价值确认为基金管理公司的交易性金

融资产。很显然，这在CAS 22金融工具确认与计量的准则中已经作了明确而具体的规定。如果购进证券支付的价款中，包含已到付息期但尚未领取的利息或已宣告但尚未发放的现金股利，应作为“应收利息”或“应收股利”单独核算，不构成证券投资成本。与证券投资相关的交易费用，直接作为当期损益处理，也不构成证券投资成本。资金交收日，按实际支付的价款与证券登记结算机构进行资金交收。具体会计分录如下：

借：交易性金融资产（成本）　　×××
　　应收股利（或应收利息）　　×××
　　投资收益　　×××
　　贷：证券清算款——××证券中央登记结算公司　　×××
　　　　应付佣金　　×××

（二）买入非上市股票

买入非上市证券与买入上市证券相比，对证券投资成本的核算是一致的，只是在资金交收日，基金管理公司需通过银行办理资金转账结算。具体会计分录如下：

借：交易性金融资产（成本）　　×××
　　应收股利（或应收利息）　　×××
　　投资收益　　×××
　　贷：银行存款（或其他应付款）　　×××

【例14-1】 20×1年3月1日，华山基金管理公司从上海中央登记结算公司购入1 500万股A股票，购入价格为10元/股，应付佣金12 750元，其他各项费用3 000元，印花税税率为0.2%。

3月1日，购入股票时，会计分录为：

借：交易性金融资产——A股票（成本）　　15 000 000
　　投资收益　　45 750
　　贷：证券清算款——上海证券中央登记结算公司　　15 033 000
　　　　应付佣金　　12 750

3月2日，资金交收时，作如下会计分录：

借：证券清算款——上海证券中央登记结算公司　　15 033 000
　　贷：结算备付金——上海证券中央登记结算公司　　15 033 000

二、申购新股时的核算

1. 网上认购新股。基金管理公司通过网上认购新股，公司申购款被证券交易所从账户中划出并冻结时：会计分录为：

借：证券清算款——认购新股占用款　　×××

　　贷：结算备付金　　×××

认购新股中签，与证券交易所结算中签款项时，按中签股票的公允价值入账，会计分录为：

借：交易性金融资产——成本　　×××

　　贷：证券清算款——认购新股占用款　　×××

同时，退回未中签款项的会计分录为：

借：结算备付金　　×××

　　贷：证券清算款——认购新股占用款　　×××

2. 网下认购新股，其会计分录与网上认购有所不同：

借：其他应收款——应收认购新股占用款　　×××

　　贷：银行存款　　×××

认购新股中签，与证券交易所结算中签款项时，按中签股票的公允价值入账，会计分录为：

借：交易性金融资产——成本　　×××

　　贷：其他应收款——应收认购新股占用款　　×××

按退回的未中签款项，作会计分录如下：

借：银行存款　　×××

　　贷：其他应收款——应收认购新股占用款　　×××

【例 14－2】 华山基金管理公司通过网上认购 E 股份有限公司发行的新股，证券交易所从该公司的账户中划出 200 000 元作为申购款，中签款项为 160 000 元。

划拨申购款时，会计分录为：

借：证券清算款——认购新股占用款　　200 000

　　贷：结算备付金　　200 000

中签认购新股，会计分录为：

借：交易性金融资产——E 股票（成本）　　160 000

贷：证券清算款——认购新股占用款　160 000

退回未中签的申购款项，会计分录为：

借：结算备付金　40 000

贷：证券清算款——认购新股占用款　40 000

三、证券派息时的核算

1. 股票股利的核算。股票持有期间上市公司分派的股票股利（包括送红股和公积金转增股本），应于除权日根据上市公司股东大会决议公告，按股权登记日持有的股数及送股或转增比例，计算确定增加的股票数量，在“交易性金融资产——股票”账户“数量”栏进行记录。

2. 现金股利的核算。股票投资应分派的现金股利，在除息日按照上市公司宣告的分红派息比例确认股利收入，作如下会计分录：

借：应收股利　×××

贷：投资收益　×××

实际收到现金股利时，作如下会计分录：

借：结算备付金　×××

贷：应收股利　×××

3. 买入的分期付息、到期还本的债券，其持有期间分期取得的利息，应按实际利率计算的金额计入当期损益，作如下会计分录：

借：结算备付金或银行存款

贷：投资收益

【例 14－3】 华信证券公司持有 B 公司股票 100 000 股，B 公司于 20×1 年 4 月 5 日宣布分派现金股利，每 12 股 0.15 元。20×1 年 4 月 10 日华信证券公司收到 B 公司发放的现金股利 15 000 元。应作如下会计分录：

20×1 年 4 月 5 日（宣告日），会计分录如下：

借：应收股利　15 000

贷：投资收益　15 000

20×1 年 4 月 10 日（派息日），会计分录如下：

借：结算备付金　15 000

贷：应收股利　15 000

四、证券估价日的计价

基金单位资产净值是制定基金单位交易价格的依据，而证券市场每天都在波动，基金资产净值也随之不断变化，对基金资产进行适时的估值，能够客观、准确地反映基金资产是否增值、保值，同时也能够真实地反映基金当时的实际价值，便于基金单位在市场上交易。估值日是指对基金资产进行估值的实际日期，大部分基金每个开放日都对基金资产进行估值，即每个开放日都是估值日。

我国《证券投资基金会计核算办法》规定了以下投资估值原则：

1. 任何上市流通的有价证券，以其估值日在证券交易所挂牌的市价（平均价或收盘价）估值；估值日无交易的，以最近交易日的市价估值。

2. 未上市的股票应区分以下情况处理：对配股和增发新股，按估值日在证券交易所挂牌的同一股票的市价估值；对首次公开发行的股票，按成本估值。

3. 配股权证，从配股除权日起到配股确认日止，按市价高于配股价的差额估值；如果市价低于配股价，按配股价估值。

4. 如有确凿证据表明按上述方法进行估值不能客观反映其公允价值，基金管理公司应根据具体情况与基金托管人商定后，按最能反映公允价值的价格估值。

5. 如有新增事项，按国家最新规定估值。

估值日对基金持有的股票、债券估值时，如为估值增值，按所估价值与上一日所估价值的差额，会计分录如下：

借：交易性金融资产——公允价值变动　　×××

　　贷：公允价值变动损益　　×××

如为估值减值，按所估价值与上一日所估价值的差额，会计分录如下：

借：公允价值变动损益　　×××

　　贷：交易性金融资产——公允价值变动　　×××

【例 14－4】 华山基金管理公司持有宏达股票 100 000 股，持有新阳股票 200 000 股，20×1 年 3 月 1 日，宏达股票的收盘价为 5 元/股，新阳股票的收盘价为 11 元/股。3 月 2 日，宏达股票的收盘价为 6 元/股，新阳股票的收盘价为 12 元/股。则，3 月 2 日，宏达股票估值增值为：100 000×6－100 000×

5 = 100 000（元）

新阳股票估值增值为：200 000 × 12 − 200 000 × 11 = 200 000（元）

据此，当日对证券投资价值变动，编制如下会计分录：

借：交易性金融资产——宏达股票（公允价值变动）　100 000
　　贷：公允价值变动损益　100 000

借：交易性金融资产——新阳股票（公允价值变动）　200 000
　　贷：公允价值变动损益　200 000

五、卖出证券时的核算

1. 基金管理公司卖出证券，将成交日实际应收到的总额、账存成本、交易手续费与差额收益，作如下会计分录：

借：证券清算款　×××
　　贷：交易性金融资产——成本　×××
　　　　应付佣金　×××
　　　　投资收益　×××

2. 如果公司出售的该笔证券在持有期间存在公允价值变动损益，会计分录如下：

借：证券清算款　×××
　　交易性金融资产——公允价值变动（持有期间发生公允价值变动损失）　×××
　　贷：交易性金融资产——成本　×××
　　　　　　　　　　　——公允价值变动　×××
　　　　应付佣金　×××
　　　　投资收益　×××

【例 14－5】 20×1 年 7 月 2 日，华山基金管理公司以 12 元/股的价格卖出 A 股票 1 500 000 股，其购入价格为 10 元/股，期间没有公允价值变动损益，应支付的佣金为 5 100 元，印花税税率为 0.2%。

应收取的证券清算款 = 1 500 000 × 12 − 1 500 000 × 12 × 0.2% = 17 964 000（元）

会计分录为：

借：证券清算款　17 964 000

贷：交易性金融资产——A股票（成本） 15 000 000
应付佣金 5 100
投资收益 2 958 900

资金交收日，会计分录为：

借：结算备付金 17 964 000
贷：证券清算款 17 964 000

第二节 证券融资业务的核算

一、买入返售证券业务

通过国家规定的场所进行融券业务和证券回购业务，实质上是通过购入债券并约定由卖出证券的一方在约定的日期回购证券来实现资金的融通。发生这种交易时，通常由买卖双方事先约定好回购日期和利息，并由双方按照约定的利息和日期逐日计提利息。

进行融券业务发生的实际成本，通过“买入返售金融资产”账户核算，此类业务通常可以经过两个渠道来进行：

1. 通过证券交易所进行的融券业务。

（1）通过证券交易所进行融券业务，按成交日应付金额作如下会计分录：

借：买入返售金融资产 ×××
投资收益（核算与交易有关的手续费） ×××
贷：证券清算款 ×××

资金交收日，按实际支付金额作如下会计分录：

借：证券清算款 ×××
贷：结算备付金 ×××

注意：因取得票据、证券、贷款等资产发生的交易费用，除划分为交易性金融资产的以外，均应计入取得资产的初始确认金额。

（2）需要逐日计提利息，计息利率应按合同约定的名义利率计算确定每日买入返售金融资产的利息收入，合同约定的名义利率与实际利率差异较大的，应采用实际利率计算确定利息收入。作如下会计分录：

借：应收利息（或应收股利） ×××

贷：投资收益 ×××

收到支付的买入返售金融资产的利息、现金股利等，作如下会计分录：

借：证券清算款 ×××

贷：应收利息（或应收股利） ×××

（3）证券到期返售，按返售证券的应收金额，作如下会计分录：

借：证券清算款 ×××

贷：买入返售金融资产 ×××

投资收益 ×××

资金交收日，按实际收到金额，作如下会计分录：

借：结算备付金 ×××

贷：证券清算款 ×××

2. 通过银行间市场进行的融券业务。

如果上述交易是通过银行间市场进行的，按实际支付的价款，借记“买入返售金融资产”科目，贷记“银行存款”科目；逐日计提利息，借记“应收利息”科目，贷记“利息收入”科目；证券到期返售时，按实际收到的金额，借记“银行存款”科目，贷记“买入返售金融资产”科目和“应收利息”科目。“买入返售金融资产”科目按买入返售证券的种类设置明细账，进行明细核算。期末，“买入返售金融资产”科目借方余额反映已经买入但尚未到期返售证券的实际成本。

【例 14－6】 20×1 年 3 月 1 日，华山基金管理公司从上海证券中央登记结算公司买入返售金融资产 1 000 万元，其他费率为 0.0004%，3 日后返售，利息为 21 000 元，其会计分录为：

3 月 1 日，记录该笔业务：

借：买入返售金融资产——3 日返售证券 10 000 000

投资收益 40

贷：证券清算款——上海证券中央登记结算公司 10 000 040

3 月 1 日、2 日和 3 日分别计提应收利息，并作如下会计分录：

借：应收利息 7 000

贷：投资收益 7 000

3 月 4 日，证券到期返售，作如下会计分录：

借：证券清算款——上海证券中央登记结算公司　　10 021 000
　　贷：买入返售金融资产——3 日返售证券　　10 000 000
　　　　应收利息　　21 000

二、卖出回购证券业务

国家规定的场所进行证券回购业务卖出证券取得的款项，通过“卖出回购金融资产款”账户核算。此类业务通常可以经过两个渠道来进行：

1. 通过银行间市场进行的业务。

（1）通过证券交易所卖出证券成交时，按成交日应收金额，作如下会计分录：

借：证券清算款　　×××
　　贷：卖出回购金融资产款　　×××

资金交收日，按实际收到的价款，作如下会计分录：

借：结算备付金　　×××
　　贷：证券清算款　　×××

（2）在融资期限内逐日计提融资利息支出，计息利率应按合同约定的名义利率计算确定每日买入返售金融资产的利息支出，合同约定的名义利率与实际利率差异较大的，应采用实际利率计算确定利息支出。作如下会计分录：

借：利息支出　　×××
　　贷：卖出回购金融资产款　　×××

（3）卖出回购金融资产协议到期时，作如下会计分录：

借：卖出回购金融资产款　　×××
　　贷：证券清算款　　×××

资金交收日，按实际支付金额，作如下会计分录：

借：证券清算款　　×××
　　利息支出　　×××
　　贷：结算备付金　　×××

2. 通过银行间市场进行的业务。

通过银行间市场卖出回购证券，按卖出证券的实收金额，借记“银行存款”科目，贷记“卖出回购金融资产款”科目；在融资期限内逐日计提融资利息支出，借记“利息支出”科目，贷记“卖出回购金融资产款”科目。到期购回该批证券时，借记“卖出回购金融资产款”科目，按实际支付的本金和利息的金额，贷记“银行存款”科目。“卖出回购金融资产款”科目应按证券种类等设置明细账，进行明细核算，贷方余额反映卖出尚未回购的证券款。

【例 14－7】 20×1 年 4 月 1 日，华山基金管理公司向上海证券中央登记结算公司卖出回购证券 2 000 万元，手续费率为 0.0004%，2 日后回购，利息支出为 10 000 元，其会计分录为：

4 月 1 日，记录该笔业务：

借：证券清算款——上海证券中央登记结算公司　　19 999 920

　　贷：卖出回购金融资产款——2 日回购证券　　19 999 920

4 月 1 日、2 日和 3 日分别计提应付利息，作如下会计分录：

借：利息支出　　5 000

　　贷：卖出回购金融资产款——2 日回购证券　　5 000

4 月 3 日，证券到期回购，作如下会计分录：

借：卖出回购金融资产款——2 日回购证券　　20 009 920

　　贷：证券清算款——上海证券中央登记结算公司　　20 009 920

第十五章 证券基金经营损益核算

本章精要

证券投资基金经营活动发生的经营损益，在与基金公司自身经营好坏存在着相应关系的前提下，直接与基金会经理们所操作的各个基金的营运水平息息相关，基金经理们运营而来的市场价值估价高低，又对广大基金持有人的收益水平高低产生相应的影响联系。

证券投资基金损益是在各项收入扣除各项支出之后的差额，支出主要包括：利息支出、基金年金费、基金托管费、其他支出、基金税收等项目支出；基金收入则包括投资收益、利息收入、其他收入、公允价值变动损益等项目；基金费用和税收包括利息支出、基金管理人报酬、基金托管费、其他费用和基金税收；最后是基金的收益与分配，即基金净收益、收益分配和以前年度损益的调整。

对证券投资基金这一特殊会计主体而言，在独立确认与计量其实收基金、运营收入与支出之后，需要独立披露其相应的会计报表。基金公司自身的财务报表参照证券公司财务报表执行。

第一节 基金收入的核算

基金公司的收入项目主要有：股票差价收入、股票分红收入、债券差价收入（上市债券与非上市债券）包含买入返售证券收入在内的证券投资收益、存款利息收入、卖出回购证券收入、其他收入和公允价值变动损益。

一、投资收益

证券投资基金投资于证券就是为了获利，这种获利来源有二：一是利息和分红，二是证券价值增长，即买卖证券所实现的差价收入。一般来说，投资于证券的基金，尤其是一些以积极成长为经营目的的基金所看重的并非是证券所分配的利息，它们更看重证券价格的增长，它们按照“低进高出”原则进行短线证券交易，以赚取证券差价利润。

基金管理公司投资证券所取得的买卖价差收入，通过“投资收益”科目核算，在证券持有期间实现的股利或利息收入也通过本科目核算。基金管理公司的持有至到期投资和买入返售金融资产在持有期间取得的投资收益和处置损益，也在“投资收益”科目核算。“投资收益”科目应当按照基金公司证券投资的品种分别设置明细账核算。

二、利息收入

基金将货币资金存入银行或将结算备付金存入证券交易所就会产生存款利息收入，此类利息收入通过“利息收入”科目核算。存款利息收入应逐日计提，并按本金与适用的利率计提的金额入账。逐日计提银行存款、结算备付金存款等各项存款利息时，借记“应收利息”科目，贷记“利息收入”科目。实际结息时，借记“银行存款”“结算备付金”科目，贷记“应收利息”科目。“利息收入”科目应分别按银行存款、结算备付金存款等设置明细账，进行明细核算。期末，应将“利息收入”科目贷方余额全部转入“本期收益”科目，结转后本科目应无余额。

另外，基金公司通过银行间市场取得的买入返售金融资产，获得的持有期间的利息收入及买卖价差收入也通过“利息收入”科目核算。

三、股利收入

股利收入是指上市公司分红派息而确认的股利收入。股利收入应该在除息日确认，并按上市公司宣告的分红派息比例计算的金额入账。基金持有的股票，应该在除息日按上市公司宣告的分红派息比例计算确认其相应的股利收入，并同时确认应收股利。

四、其他收入

除上述收入以外，在基金运作过程中还会发生其他一些收入项目，如赎回费扣除基本手续费后的余额、配股手续费返还等。在基金运作过程中发生的其他各项收入，在“其他收入”科目核算。发生的其他收入，借记有关科目，贷记“其他收入”科目。“其他收入”科目应按其他收入种类设置明细账，进行明细核算。期末，应将“其他收入”科目的贷方余额全部转入“本期收益”科目，结转后本科目应无余额。

五、公允价值变动损益

公允价值变动损益专门核算基金管理公司持有的交易性金融资产的公允价值变动形成的应计入“未实现利得”科目的部分。当基金公司持有的交易性金融资产的公允价值高于其账面余额的差额时，通过“公允价值变动损益”科目的贷方反映；当基金公司持有的交易性金融资产的公允价值低于其账面余额的差额时，通过“公允价值变动损益”科目的借方反映，期末，“公允价值变动损益”科目的余额单独在基金公司经营业绩表中反映，不需要转入“本期收益”科目，也不参与本年度的净收益分配。

第二节　基金费用和税收的核算

一、利息支出

基金运作过程中发生的利息支出，如银行借款利息支出在“利息支出”科目核算。

利息支出应在借款期内逐日计提，并按借款本金与适用的利率确定的金额入账。计提利息支出时，借记“利息支出”科目，贷记“应付利息”科目。“利息支出”科目应按利息支出的种类设置明细账，进行明细核算。期末，应将“利息支出”科目的借方余额全部转入“本期收益”科目，结转后本科目应无余额。

另外，基金通过国家规定的场所进行证券回购业务，发生的卖出回购证券支出也通过“利息支出”科目核算。卖出回购证券支出在融资期限内逐日计提的利息支出，借记“利息支出”科目，贷记“卖出回购金融资产款”科目。“利息支出”科目应按银行借款、卖出回购证券的种类等设置明细账，进行明细核算。期末，应将“利息支出”科目的借方余额全部转入“本期收益”科目，结转后本科目应无余额。

二、基金管理年费

基金管理公司经营、管理基金，每年要从基金资产中提取一定的管理费，用于支付基金管理公司该年度的各项必要开支。基金管理费按照基金资产净值的一定比例提取，基金管理费的提取比例为基金资产净值的0.25%～2.5%，一般是逐日累计，按月支付。提取基金管理费时按照前一日的基金资产净值乘以按当年实际天数折算的日费率计算。计算方法如下：

管理人报酬＝前一日基金资产净值×年管理率/当年天数

按基金契约和招募说明书的规定计提的基金管理人报酬，包括管理费和业绩报酬，在“管理人报酬”科目核算。管理人报酬应按照基金契约和招募说明书规定的方法和标准计提，并按计提的金额入账。计提基金管理费和报酬时，借记“管理人报酬”科目，贷记“应付管理人报酬”科目；支付基金管理人报酬时，借记“应付管理人报酬”科目，贷记“银行存款”科目。“应付管理人报酬”科目和“管理人报酬”科目都应分别按管理费和业绩报酬设置明细账，进行明细核算。期末，应将“管理人报酬”科目的借方余额全部转入“本期收益”科目，结转后“管理人报酬”科目应无余额。“应付管理人报酬”科目期末贷方余额反映尚未支付给基金管理人的基金管理费和业绩报酬。

三、基金托管费

基金托管人保管并处理基金资产也要收取一定费用，即托管费。托管费的年费用标准一般为基金资产净值的0.2%，计提方式也是逐日累计，按月支付。其计算方法如下：

基金托管费＝前一日基金资产净值×年托管费率/当年天数

按基金契约和招募说明书的规定计提的基金托管费通过“基金托管费”科目核算。

基金托管费应按照基金契约和招募说明书定的方法和标准计提，并按计提的金额入账。计提基金托管费时，借记“基金托管费”科目，贷记“应付托管费”科目；支付基金托管费时，借记“应付托管费”科目，贷记“银行存款”科目。期末，应将“基金托管费”科目的借方余额全部转入“本期收益”科目，结转后“基金托管费”科目应无余额，“应付托管费”科目的贷方余额反映尚未支付给基金托管人的基金托管费。

四、其他费用

基金运作过程中发生的除上述费用支出以外的其他各项费用，如注册登记费、上市年费、信息披露费用、持有人大会费用、审计费用、律师费用等通过“其他费用”科目核算。发生的其他费用，发生时直接记入基金损益，借记“其他费用”科目，贷记“银行存款”等科目。“其他费用”科目应按费用种类设置明细账，进行明细核算。期末，应将“其他费用”科目的借方余额全部转入“本期收益”科目，结转后本科目应无余额。

五、基金的税收

随着我国基金活动涉及面持续拓宽，其相关的税收政策也逐渐形成，势必从开始的扶持导向渐渐地转向合理与规范导向。在证券投资基金起步阶段，需要政策扶植，财政部和国家税务总局联合下发了《财政部、国家税务总局关于证券投资基金税收问题的通知》（财税字〔1998〕55 号及财税字〔2001〕61 号）和（《财政部、国家税务总局关于开放式证券投资基金有关税收问题的通知》（财税字〔2002〕128 号），在税收方面给予了基金很大的政策优惠。随着 2016 年营改增政策的启动，财政部和国家税务总局发布《关于全面推开营业税改征增值税试点的通知（财税〔2016〕36 号）》，对全面推开营业税改征增值税进行了全面而详细的规定。经过分析和梳理，基金业务的相关税收政策主要规范如下：

（一）增值税

以发行基金方式公开募集的资金不属于增值税的征税范围，不征收增值税。基金运营中涉及的增值税应税行为按贷款服务或金融商品转让缴纳，税率 6%（即一般计税办法，可以对相应的进项税额进行扣除）。如果基金以契约式存在，主要涉及增值税（但它没工商主体，自己交不了税，由基金管理人缴纳），按资管新规（财税〔2017〕56号文）要求资管产品运营中产生的增值税应税行为（贷款服务和金融商品转让），暂适用简易计税方法，按照按3%的征收率缴纳增值税（简易征收，其进项税额不得扣除）。

（二）所得税

我国对证券投资基金基本上是不征或免征所得税，但是对基金投资人要征收所得税。具体征收办法如下：

对封闭式基金从证券市场中取得的收入，包括买卖股票、债券的差价收入，股票的股息、红利收入，债券的利息收入及其他收入，暂不征收企业所得税；对开放式基金管理人运用基金买卖股票、债券的差价收入在2003年年底前暂免征收企业所得税。

基金取得的股票股息、红利收入以及企业债券的利息收入，由上市公司和发行债券的企业在向基金派发股息、红利、利息时代扣代缴20%的个人所得税。

对个人投资者买卖封闭式基金或申购和赎回开放式基金单位而获得的差价收入，在对个人买卖股票的差价收入未恢复征收个人所得税以前，暂不征收个人所得税；对企业则应并入企业的应纳税所得额，征收企业所得税。

对投资者从基金分配中获得的股票的股息、红利收入以及企业债券的利息收入，由上市公司和发行债券的企业在向基金派发股息、红利、利息时已经代扣代缴所得税，所以投资者从基金分配中取得的该部分收入，暂不征收所得税。

对投资者从基金分配中获得的国债利息和买卖股票价差收入，在国债利息收入、个人买卖股票差价收入未恢复征收所得税以前，暂不征收所得税。对个人投资者从基金分配中获得的企业债券差价收入和储蓄存款利息，应按税法规定对个人投资者征收个人所得税，税款由基金在分配时依法代扣代缴，对企业投资者从基金分配中获得的债券差价收入，暂不征收企业所得税。

（三）印花税

证券交易印花税是依据证券买卖成交额和印花税率而交纳的税款，是证券交易成本的组成部分，因此，基金管理人运用基金买卖股票要按照0.2%的税率征收印花税。对投资者（包括个人和企业）买卖基金单位或申购和赎回基金单位，暂不征收印花税。

第三节　基金的收益与分配核算

一、基金净收益

基金净收益是指基金收益扣除按照有关规定应扣除的费用后的余额。本期实现的基金净收益（或基金净亏损）通过“本期收益”科目核算。期末，结转基金收益时，将“投资收益”“利息收入”“其他收入”等科目的余额转入“本期收益”科目的贷方，注意，本期的基金收入不包括未实现的公允价值变动损益。将“管理人报酬”“基金托管费”“利息支出”“其他费用”等科目的余额转入“本期收益”科目的借方。本期收入和支出相抵后即结出本期实现的净收益。期末，将本期实现的净收益转入“收益分配”科目贷方，借记“本期收益”科目，贷记“收益分配——未分配收益”科目，如为净亏损，作相反分录。结转后“本期收益”科目应无余额。

二、收益分配

基金净收益再扣除应纳的税额即为基金可分配的收益。由于我国目前对基金免征营业税和所得税，而股票交易的印花税在股票交易的同时已经交纳，所以目前基金可分配的收益就是基金净收益。我国《证券投资基金管理暂行办法》规定，基金收益分配应当采用现金分配形式，每年至少1次。基金收益分配比例不得低于基金净收益的90%。按规定分配给基金持有人的净收益以及历年分配后（或弥补亏损后）的结存余额通过“收益分配”科目核算。

除权日，根据基金收益分配方案，借记“收益分配——应付收益”科目，贷记“应付收益”科目。基金持有人用分配的红利再投资时，借记“应付收益”科目，贷记“实收基金”“损益平准金”“未实现利得”等科目。期末，应将本期实现的净收益，自“本期收益”科目转入“收益分配”科目，借记“本期收益”科目，贷记“收益分配——未分配收益”明细科目；如为净损失，作相反会计分录。将“损益平准金”科目的余额转入“收益分配”科目，借记“损益平准金”科目，贷记“收益分配——未分配收益”明细科目，同时，将“收益分配——应付收益”明细科目的余额转入“收益分配

——未分配收益”明细科目，借记“收益分配——未分配收益”科目，贷记“收益分配——应付收益”科目。“收益分配”科目应分别按应付收益、未分配收益设置明细账，进行明细核算。“收益分配”科目期末贷方余额反映基金历年积存的未分配收益，借方余额反映未弥补亏损。

三、以前年度损益的调整

本年度发生的调整以前年度损益的事项通过“以前年度损益调整”科目核算。本年度资产负债表日至财务会计报告批准报出日之间发生的需要调整报告年度损益的事项也在“以前年度损益调整”科目中核算。本年度发生的调整以前年度损益的事项，应当调整本年度会计报表相关项目的年初数或上年实际数，并编制在年度资产负债表日至财务报告批准报出日之间的调整报告。

本年度发生的调整以前年度损益的事项“以前年度损益调整”账户核算。本年度资产负债表日至财务会计报告批准报出日之间发生的需要调整报告年度损益的事项也在“以前年度损益调整”账户中核算。

本年度发生的调整以前年度的事项，应当调整本年度会计报表相关项目的年初数或上年实际数；在年度资产负债表日至财务报告批准报出日之间发生的调整报告年度损益的事项，应当调整报告年度会计报表相关项目的数字。调整增加的以前年度收益和调整减少的以前年度亏损，借记有关账户，贷记“以前年度损益调整”账户；调整减少的以前年度收益或调整增加的以前年度亏损，借记“以前年度损益调整”账户，贷记有关账户。经上述调整后，应同时将本账户的余额转入“收益分配——未分配收益”账户；如为贷方余额，借记“以前年度损益调整”账户，贷记“收益分配——未分配收益”账户；如为借方余额，作相反会计分录。结转后本账户应无余额。

以上针对证券投资基金的日常运行，对其发行、投资、损益等业务进行了相应的阐述。当然，与一般企业相似，作为证券投资基金会计，也需要定期对投资者报送相应的会计报表，基金会计报表包括资产负债表、经营业绩表、基金净值变动表等。具体内容不再详细阐述。

同时，基金公司也需要在日常会计核算的基础上，定期编制财务报表，这些财务报表的编制，本书在公司综合业务之后，统一纳入第四篇财务报告篇，与证券公司财务报表一道，进行相应的阐述。

第十六章 股权投资基金的财务运行

本章精要

近几年来，随着市场经济的深化和金融体系的完善，我国以股权投资基金为代表的新型金融业务发展迅速，数量和规模不断扩大，私募业务在我国金融体系中扮演着越来越重要的角色，成为仅次于银行贷款和证券发行的重要融资方式，对经济发展的影响越来越大。总体而言，股权投资基金的大力发展，对于拓宽中小企业直接融资渠道、推进产业结构升级和科技创新、优化资源配置，进而推动多层次资本市场的发展、促进经济健康发展，都具有十分重要的意义。

第一节 股权投资基金的发展态势

一、私募股权投资基金的主要特点

基金通常有公募与私募之分，顾名思义，其基本区别在于前者可以通过公开发售方式向社会公众（即社会不特定的投资者）募集，而后者只能通过非公开发售方式向少数特定投资者（包括机构和个人）募集；此外，前者对信息披露有非常严格的要求，其投资目标、投资组合等信息都要披露，而后者则对信息披露的要求很低，具有较强的保密性；前者在投资品种、投资比例、投资与基金类型的匹配上有严格限制，而私募基金的投资限制完全由协议约定；前者只收取管理费而不提取业绩报酬，而后者则以收取业绩分成报酬为主，一般不收或收取不高于公募基金的管理费比例。

进一步分析，私募股权投资基金的特征至少可以归纳为如下几点：一是资金募集上，私募股权基金主要通过非公开方式向合格的特定机构投资者或个人募集，本质上是一种信托关系，资金来源广泛，如富有的个人、大型企业、风险基金、杠杆并购基金、养老基金、保险公司等；在投资方式上，多采取权益型投资方式，以私募形式进行，很少涉及公开市场操作，披露信息较少；在投资对象上，一般投资于非上市企业，倾向于投资已形成一定规模和产生稳定现金流的项目，较少投资于上市公司，投资后会参与被投资企业的经营管理并提供增值服务；在投资期限上，一般可达 3 至 5 年或更长，属于中长期投资；在组织形式上，多采取有限合伙制，管理效率较高，避免双重征税；在投资退出上，流动性差，退出渠道多样化，一般通过 IPO 上市、股权转让给第三方、被并购、回购等方式退出。

二、股权投资基金的组织形式

公司制私募股权投资基金。我国目前设立公司制私募股权投资基金的法律依据主要是《公司法》《外商投资创业投资企业管理规定》《创业投资企业管理暂行办法》以及相关配套法规。公司制基金的主要形式为有限责任公司或股份有限公司，投资者作为股东参与基金的投资、依法享有《公司法》规定的股东权利，并以其认缴的出资额或认购股份为限承担责任。

合伙制私募股权投资基金是目前私募股权投资基金的运作方式，其依《合伙企业法》设立，是不具法人资格的企业主体。合伙人由有限合伙人和普通合伙人构成。合伙制依协议约定出资，方式比较灵活，管理权相对集中在普通合伙人，资金回收的方式比较灵活，激励方式简便明确，税务的归属仍然由各合伙人并入原属地应纳税总额后缴纳，自然人则要求在注册地代扣代缴个人所得税。合伙制也有不便之处，各合伙人之间要充分信任，大事、要事要取得一致意见方可执行，对普通合伙人的能力与素质要求相对较高，理论上承担无限责任，具有独立的经营管理权，有限合伙人具有监督权，不直接参与经营管理。

信托制。由基金管理机构与信托公司合作设立，通过发起设立信托收益份额募集资金，进行投资运作的集合投资基金。基金由信托公司和基管理机构形成决策委员会共同进行决策。

契约型基金。依《合同法》设立，多为公募基金采用的形式。依基金管理人、基金托管人之间所签署的合同设立，基金合同规定当事人之间的权利义务，投资者自取得基金份额后即成为基金份额的持有人和基金合同的当事人，依法享有权利并承担义务。目前私募基金无法采用，主要是投资的法律主体无从着落，但随着政策的放开，技术的完善，如同公募基金进入统一的股权投资登记平台后，也可以以基金代号作为出资人，承担股东责权。

三、股权投资基金现有规模与态势

根据中国证券投资基金业协会披露的数据，截至2014年12月31日，在证券业协会登记备案的共有4 955家私募基金，其中：私募证券投资基金1 438家，非证券基金3 607家。私募基金资产管理规模2.13万亿元，其中：私募证券投资基金规模4 878亿元，占总规模的22.91%，非证券投资基金16 422亿元，占77.09%。

以浙江省为例，该省股权投资行业发展报告（2014）及有关通报，2014年浙江VC（venture capital）/PE（private equity）计1 140家，管理规模1 300亿元，2015年发展到1 747家，管理规模2 700亿元。2014年杭州计435家，管理规模586亿元，2015年发展到995家，管理规模1 255亿元。

相较于公募基金的规范程度，私募基金门类众多，运行灵活，良莠不齐，尽管社会影响逐渐扩大，行业的健康发展仍非常艰辛。

本章拟从基金财务“融、投、管、退”四个重要环节，以企业上市前股权性投资集合资金（简称“股权投资基金”）为对象，介绍股权投资基金财务组织与运行情况，帮助理解股权投资在当前国内经济发展阶段和市场环境下的正当理念。

第二节　股权投资基金的融资管理

在团队组建基础上，融资的主要工作有：选择基金组织形式，分析自身的优劣势，以市场为导向分析符合自身特点的潜在投资人，设计基金产品，接洽、选择合格投资人，完成合约签署，完成首笔缴款，办理资金托管（可选），完备工商注册等。

一、业务拓展的态势

股权投资基金能不能生存与发展，完全取决于其对融资市场的开拓力度。主要表现为如下几个要素：

（一）理性认知有效资本供应

投资市场的主要矛盾在于：社会资金总量大但合格投资人少，高净值人士或具有资金实力的单位已有投资机构或已经从事基金业务，国有单位资金相对优越但成分过重，今后上市面临部分国有股划拨社保风险，有投资需求的反而并不是“合格投资人”的大量散户。P2P 正是迎合了散户的这一需要迅速得以壮大。另外，同期市场其他投资渠道的赚钱效应，同业以不收或少收管理费，放弃最终决策权等的另类竞争均影响融资的成功与否。

（二）选择合适的投资人

对投资人而言，基金赚钱是硬道理，是第一要务，进而关注团队业绩的具体组成、背景、发起人实力（认购份额）、投资理念，项目储备等。潜在投资人主要有：一是政府引导基金或政府及政府机构管理的基金，一般是基金的基金；二是已经实现财富的上市公司或上市公司高管；三是规模较大，具备资金实力但没有投资能力的传统优质企业；四是名医生、律师、名人等收入高、理财时间少的高端职业人士；五是其他财富管理机构、金融业渠道内的优质客户；六是合格外资；七是国有企业或投资机构；八是经济发达区域较早从事中小工商业并有投资、投机经历的“专业户”；九是第三方（中介性）合适的资金；十是管理人（GP）自己力所能及的出资，国内至少 1%，以增强有限合伙人的信心。不宜吸收散户，特别是资金在 100 万元以下，也不宜利用 FOF（FUND OF FUND）的资金，审慎利用机构资金池。上述一些对象通过公开渠道就能获悉，因此，许多募资机构会同时找到他们，投资人就会比较不同的管理人。对管理人而言，形成稳定的渠道是基金的必经之路，除非已经成为路人皆知的“高大上”管理机构。另外，有限合伙人要正确认识普通合伙人承担无限责任的问题，如果协议约定企业不能对外负债，普通合伙人事实上不会产生无限责任。也不意味着对有限合伙人投资保本保息，有限合伙人也无偿还企业负债的责任。

（三）恰当安排出资节奏

由于私募可以承诺性出资，在出资节奏上要注意首笔出资的比例与时限，出资的份额越少，节奏越慢，极易引起出资意愿的变化。宜首次出资50%以上，1年内出资完毕，最多不超2年，这是考察双方实力、效率较好的办法。较易变故的是一次承诺，投资期内（3～5年）按项目投成实际时点出资。一旦项目缓慢或投资人出资意愿、实力变化，对基金架构的稳定极为不利。基金份额进与退理论上可以做到，实际上利益的清算，违约责任的落实会非常复杂，也可能导致整个基金难以正常运行。

（四）差异化资管手段

管理人处于弱势的情况下，私募市场中也有一些特殊做法，如先有储备项目再针对性地募资，给投资人以充分的选择权与决定权，也有只负责推荐项目的投资类顾问公司，由投资人最终决策。管理费按实际投出额收取，绩效在投资人取得年化8%左右后按管理人与投资人2:8进行再分成。也有设定优先退出权的，特别是政府出资或资金池出资，还有一些优先股的设置等。以上种种都是管理人与投资人协商的结果，草根基金，甚至不能叫基金的众多“投资公司”，“投资管理公司”在严峻的市场挑战中得以起步、发展，往往采用一些半公募的手法实现募资，尽管不一定规范，但适者生存，各家利器难以示人。

二、财务管理的配套

股权投资基金始终是一个资本运行，是资本有机构成与操作风险高度融合的运转，因此，从财务风险的核算、管理与控制角度，务必紧紧做好以下各项工作：

（一）妥善对募集资金进行账务处理

根据基金组织形式的不同和协议安排，正确对投资人资金入账。常规的是公司制、合伙制、契约制。

公司制下，既有政策也可以承诺出资，资金到位时计入“实收资本”，资本金有印花税负担，在项目退出时会造成相应资本金减少，这在内部程序和外部工商变更上增加麻烦，除非一个公司只有一个项目并一次性退出清算。

合伙制下，主要依据是合约，投资人得到收益凭证，没有注册资金与工商执照上记载的要求。出资表明合伙企业投资人的一份子并据此享受收益或承担风险，但不表明他们对这个企业拥有所有权。在这种组织形式下，拟将到位资金计入“长期负债”，但也不是付息还本的债务合同，免于印花税，也符合国际会计准则的精神和国内新修订的会计准则对于“金融工具”的处理原则。正因为如此，项目退出时的本利（也可能是亏损）返还就比较灵活，不涉及减资，只是履行合约规定义务，与法律不矛盾。

信托或契约制基金本身并不成为一个法律主体，往往是管理人与信托公司共同管理一个集合资金（负债），以信托公司名义对该资产进行投资运作。

一些基金还利用杠杆资金一并参与项目投资，这需要极高的管理能力，有可能提增风险收益的同时，也加大了风险威胁，合伙制下，管理人要对此负无限责任。

（二）募集与运营费用的处理

基金募集成功，一般会支出一笔募集费用，这在合约订立时要明确，根据规模大小或是比例，或是总额，类似筹建费用。基金正式设立前的费用可能需要管理人代垫，财务需做好票据的区分与移交。募集费用不影响投资人的投资成本，即不能冲减投资人的本金，只作为基金的公共费用。其他在投资额度内每年按合约需支出的管理费用、托管费用均是基金公共费用，以同样的方式处理。基金运行过程中发生的一些其他费用，如项目尽调费、差旅费、诉讼费、审计费、合伙人会议费，理论上也是同样处理，但实际上除明确可以归属基金的托管费、年报审计费、诉讼费等外，其他费用对于已经收取管理费的管理人而言，应当由管理人开支更合适，至于多少，可以在基金总额的提取比例上事先协商好。

例如：就某一投资成功的项目，投前的项目考察、调研、论证等费用可以归属于基金承担，但投成之前并不知道项目能否成功，且多个拟投项目同时考察，人员交叉。财务何时对此类项目的费用单独记账是比较困难的一件事。在实务中可以采取以投委会通过“立项”为时点，对项目费用单独记账，投成后，费用可以转嫁到基金，票据同时转移或证明原始保留处，未投成，由管理人承担。第三方尽调费用也可以如此处理，对于没有投成的项目尽调费用，不宜作为基金的费用。若鉴于尽调费较高，或可以安排专门比例用于尽调，无论项目投成与否均适用，不必再就事论事地划分。

除非协议约定基金类似的费用均为投资额以外的单独费用，除管理费可以直接收取，其他费用管理人直接收取并（代）支出，就会增加税负，增加操作难度，也不利于投资人成本核算。投资人对于基金的任何出资都是投资成本，都有权取得相应的回报，管理人只能在合约规定的范围内对投资资金分别加以利用，费用多，可投的本钱就少，回报实现的难度就大，费用少，可用于投资的资金就多，回报相对会多。

例如，投资人承诺出资 100 万元，如果有 10% 用于管理和运行的各项开支，真正可以用于项目投资的资金只有 90 万元，即便全部投出，取得年化 10% 的收益，绝对值是 9 万元/年，100 万元总成本的收益率是 9%。如果管理费不变而投资进度缓慢，投资期内只投出了 40 万元，同样的项目在 10% 收益率下，实际总成本的收益率为 8%（4 ÷ 50）。为了尽可能降低费用（尽管费用在优质项目面前微不足道）对回报的影响，民间一些机构采用按实际投资额（或持有余额）收取管理费的办法，可以控制管理费占实际投资本金过高而影响回报难以提高的问题。

（三）基金托管

私募基金规章上不要求强制托管，但托管有助于增加基金的公信力和安全性。托管机构会严格按协议的规定对投资的行为和流程进行审查，对资金的进出进行明细记录。管理人健全融资、投资、退出分配等决定性基础资料，完备指令、印章管理，建立专人的联络方式与渠道，提高安全与效率，防止非协议规定的行为发生。托管主要能防止移用、混用，乱投，不公平分配，越权。托管账户一般无法使用银网转账功能，只能查阅。托管账户要与日常费用账户分开，费用账户类似于基金的备用金，核实后划拨，按实开支，无须事无巨细走托管户。一些投融资平台之所以出现资金挪用等大问题，与没有严格的托管有很大关系。

第三节　股权投资基金的投资管理

领导层、投资经理对基金的业务全过程负责，并着重对投资方向、结构、比重、进度、期限进行合理安排或规划。财务上在这个阶段主要衔接的业务有：

（一）按时依约投出

沟通投资协议付款条款与时间节奏，及时组织资金到位。由于出资方式不同，基金账上不一定有资金沉淀，对于依项目进程出资的基金，一些出资人经常会拖延出资时间，进而影响基金对项目出资的承诺。因此，有必要经预通知、项目简介、正式通知、上门沟通等环节，要留有充分的余地，所有投资人资金齐全才算完成，出资时缺一不可。

（二）流程推进

依合约和内部流程办理付款指令并跟踪落实情况，直至完备相应的法律手续。由于工商制度变迁，可以主张先签协议，完备法律手续，再出资到位，以把握投资前的主动性，防止变更拖延而可能造成的职权真空期，进而影响基金利益。

（三）账务处理

投资项目的账务处理。按照最新的会计准则，股权投资一般比例不会超过20%或不具有控制权，可在“可出售金融资产”科目核算，由于不具体公开市场的流通性且难以找到合适的活跃交易的同类参照物，以投资成本入账为宜。如果上市，即可按市价计。受让老股有印花税负但，增资没有该税负。既要关心总额，也要关心股权数与每股成本，并与其他老股东的成本进行比较，股份若在同一时点退出，不同成本退出的时机与压力不一样。既要算自己的账，也要明白其他股东的账。

第四节 股权投资基金的持有管理

项目进入后，基金管理人主要应当提供增值服务，促进项目价值的提升，具体工作设计上涉及建立责任体系、信息收集、访谈调研、项目报告、重大事项、增值服务、工作底稿等，涉及财务核算方面的工作主要有：

一、建立项目信息库

基金财务线应该会同项目组或投资部门建立项目基本财务资料库。财务系统是规范有序的信息集散中心和对外披露中心，实际运转中，一些基金财务只有一本基金总账，没有项目单位总体的、历年的财务资料，这些资料往往掌握在项目经理手上，有必要维护财务披露项目所需要的总体情况。因此，无论在哪个环节，财务和其他投后、风控管理人员均有必要掌握项目单位的历年基本财务资料，以便掌握基金整体与具体的投资情况。

二、专业审慎处理估值

基金投资十分重视估值问题，基金对内的考核也以估值为依据。但对财务而言，除非有确切的证据表明增值或减值，轻易不能依估值而调账。在项目没有退出之前，类似的账面调整没有实际意义。但这不妨碍内部对于项目按一定的方法、程序进行重估，以检验阶段性成效。财务应当在投资经理的主导下检验、复核估值的合理性。

三、妥善处理投资成本变化

项目持有期间会发生各种变化，比如再融资，只要估值提高，虽然比率下降，但每股投资成本不变，每股的净资产提高，不必因此比照新一轮融资价而调整投资成本。如果是估值降低，原始发起股东有承担补偿的义务且已用现金方式履行，则应冲减投资成本。如果用股权补偿，只影响每股成本，不影响投资总额。若是承诺补偿且有反对赌条件而没有实际的现金或股权交割，只能作为或有事项关注。对未实现的补偿业务，有不同认知，以审慎原则处理为上。项目税后分红按投资收益处理，不影响投资成本。

基金在公司制下，从项目分回的税后利润可以免税不重征，分给投资人时也可以出具免税或完税凭证，但合伙制下多数无法“穿透”，造成税后利润在投资人层面重征，国内有少数地方（中关村、苏州高新园）或可以有此“穿透”优惠。由于合伙企业本身不是所得税的纳税主体，投资人的税后分利是间接分配，是否会与合伙企业的其他收支混淆有时难以区分。因此，一般合伙企业投出的项目不如不分红，而通过股权增值来一次或分次实现最终的利益分派更为直接。

四、及时发送对账函和定期报告

私募基金的对账函好比给每个投资人开了一个账户，同时又有总账。主要反映承诺出资总额，已经出资的金额与性质，已经退还的资金与性质，尚未出资的余额等，每一笔与具体的时间对应。由于投资人的账务处理可能各有不同，管理人要细分到项目以方便投资人核对。不定期的对账函在项目出资通知与投资人有需要时发送。基金定期报告要结合基金财务报告为基础素材，结合投资亮点、大事记、管理团队、行业分析等向投资人报送，财务要协助、协同对外披露。

第五节 股权投资基金的退出管理

退出方式比较有限，主要是回购、转让给第三方、上市公开交易。退出的政策与节奏一般由决策层安排。在此阶段，财务关心的重点是：

一、以尽早分配为原则争取管理绩效收入

项目退出时自然就有资金回收，无论盈亏，尽早分配，这是一个基本原则。不同性质，所有分配的资金，分配后停止计算优先回报相应基数。即管理人不管还给投资人什么性质的资金，在计算管理绩效时，投资入账即开始计算优先回报，资金退还，即停止计算该金额的优先回报。优先回报率主要用于计算管理人与有限合伙人之间的绩效管理分成的分界线，而非保息保本的承诺。

【例 16－1】 假定某股权投资基金的项目投资人出资 1 亿元，已历时两年，优先回报率约定为单利率 8%/年，此时要求的优先回报达到了 1 600 万元。恰巧其中一个项目本金虽然只有 5 000 万元，两年后退出，收回了 15 000 万元并分配，仅这个项目，管理人已经可以覆盖投资人 1 亿元的本，并满足 1 600 万元的优先回报要求，仍余 3 400 万元，如果是超过部分 2∶8 分成，管理人可以得到 680 万元，如果是全额分成，可以得到 1 000 万元。投资人分得 4 000 万元盈利。这也意味着另 5 000 万元本金的其他项目无论盈亏，对投资人而言，不再计算优先回报，因为投资人出了 1 亿元，已收回 1.4 亿元，成本全部收回了，今后收多收少，与管理人分成后全部构成盈利。

同上，如果两年底刚好全部清算，总共只有 11 600 万元的收入，那管理人只能全部还给投资人；如果只有 1 亿元，投资人只能拿到 1 亿元，不能要求管理人贴补 1 600 万元。管理人在这种情况下不能取得管理绩效收入。如果是 12 000 万元，后一种全额分成办法，管理人有 400 万元可分，相当于 2 000 万元的 20%，而投资人 1 600 万元优先回报正好满足。可见，全额分成对管理人有利。

二、妥善处理退出过程中的盈亏与税负

除非是项目基金，基金投出去是一组项目，技术上可以明细核算，事实上基金对投资人而言就是一个产品。在基金的核算上，公司制条件下，如果按项目分别核算，很有可能当年的收入产生盈余而面临纳税问题，除非前期累计费用支出较大可以抵扣。即便如此，后续未退出的项目，若是全部亏损或部分亏损则产生真正亏损，且难以在项目间平衡弥补。这种情形的出现直接违背了基金的集合特点。在退出阶段，普遍情况是不同项目不同的时点退出，同一项目也会在较长一段时间内逐笔退出。在所有的项目没有清算和投资期末结束之前，投资成本始终存在，是动态的，可能的收入也是高低动态的，审慎的做法是收入不能覆盖总成本（含所有项目成本、管理费成本、其他费用）之前，不结转损益，直接先冲成本和弥补早期累计支出的费用。否则，自然人股东还有可能面临公司所得税和个人所得税的双重负担。由于合伙制企业没有企业所得税问题，如此账务处理不涉及税务问题，而投资人视为一个基金产品加以处理也最为妥当。尤其是承诺出资的投资人，出资、回收、又投资交织在一起，后面投出的项目与前期投出的项目成本的安全性、保障性无法确认，极有可能后续项目全部亏损，若是之前的项目缴税已无法抵扣，就很不合理。比较合适的是可以预缴部分项目，最后以清算结果为准。管理人的绩效分配提出也是类似情况，在没有满足退出项目的成本与优先回报之前，不能提取绩效管理收入。

【例 16－2】 投资人五年内共投资 5 亿元，5 个项目，其中：第三年退出项目一个，本金 1 亿元，收回本利 13 000 万元；第四年退出项目两个，本金 2 亿元，收回本利 26 000 万元；第五年退出项目两个，本金 1.95 亿元，仅收回本金 1 亿元，亏损 9 500 万元；投资人五年累计负担各项费用 500 万元。

视为一个产品清算，总的收回 49 000 万元，亏损 1 000 万元。如果分年分项目算，前盈后亏增加税负，亏损将更大（增加税负部分）。

实际操作中，管理人一般先退好项目、后退风险项目；对投资人而言，如有税收负担，肯定会把基金作为一个产品对待来核算完全成本。除非如前所述，一个项目或一个优质的项目就可以覆盖所有项目的本金，但也要防止投资期没有结束前仍有项目需出资，仍面临血本无归的风险，在股权投资领域，尤其是 VC 和天使投资，这种情况并不少见。

举例说明，投资人买了一个资产包（包括空调和电视等），总价 100 万元，技术上两种商品的成本可以分开，但空调比较好卖，卖完收到 80 万元，直观上是赚的，问题是电视大大贬值，如只值 10 万元，且年内无法处理，总的要亏。可以通过减值报备程序，或能免于税收负担。否则，若是技术上不以资产包处理，认定空调成本为 60 万元，差价 20 万元，而未处理的电视成本 40 万元，只值 10 万元，将损失 30 万元，总损失 10 万元。股权投资项目减值没有单一商品那么清晰和可界定，更加切忌前盈后亏。

三、把握时机，追求退出价值最大化

实现基金退出价值最大化是基金的共同追求，除了宏观经济、政策、金融市场影响，基金退出财务政策上可以争取：一是退出资金在投资期内可用于再投资，即用投资人少量的钱取得双倍的效果；二是并购退出中侧重给希望得到控股权的一方，实现部分价值溢价；三是在相关多方股东的股份变化中有望逐渐成为控股股东，实现控股股份的溢价；四是暂缓利润分配，优先实施管理层股份激励并约束，提高业绩，提升企业估值水平和股权流动性；五是在平衡现金流的基础上，审慎利用质押和抵押，暂时增强股权的流动性和变现力；六是难以退或暂不能清算退出的，根据投资人意见分解给投资人直接持有，或是依投资人管理优势，互换股权。

好的基金运营管理，需要一批精神执着，道德优良，眼界开阔，专业深厚的人才。本章只是基金偏重财务部分内容的描述，希望通俗易懂，揭开私募，以供私募股权投资财务统筹业务参考。

第十七章 一般企业投资私募股权的核算

本章精要

近年来，随着经济组织形式的进一步发展、投资渠道的进一步丰富，企业除了通过子公司的直接投资、股票等公开市场的间接投资等业务外，还可以将资金通过一定的契约关系交付给专门从事股权投资的私募股权投资管理公司（简称管理人），委托其从事专业股权投资，以获取相应的股权投资收益。作为企业投资者（简称投资人），如何对此类通过私募股权投资企业（包括基金公司、有限合伙企业、投资中心、股权投资企业、创投企业、投资管理企业等）所发生的投资业务进行准确、科学的会计确认与计量，是有别于传统投资核算的一个新问题。本章将基于会计准则的原则性规定，针对许多企业的此类投资业务，就有关会计处理问题的精细化推进进行阐述。

第一节 私募股权投资初始发生的会计确认

企业从事对外投资业务，通常需要付出货币性资产。目前情况下，此类投资实施后可能确认的会计科目主要包括：交易性金融资产、可供出售金融资产、持有至到期投资、长期股权投资、投资性房地产。而对具有合伙性质的投资于私募股权企业的业务活动，其具体处理方法需要进一步分析。

一般企业在投资私募股权投资基金时，对于事前明确约定了退出期限或可以推定退出日期的产品，以“持有至到期投资”最为合适。但是，就多数基金投资而言，虽有投资期的约定，并不表明投资期结束后能立即全部退出，依据企业会计准则与业务性质，应计入可供出售金融资产。这主要是基于概念或国际通行的认识而言，股权基金也是一种金融产品。

合伙企业没有注册资本的概念，并不是公司制的那种股权，份额只是一种权益凭证，私募股权企业依照《合伙法》的原则和合伙人的约定确定合伙人基本权益。

投资资金从“一般企业”（投资人）进入“私募股权企业”（管理人），再通过私募股权企业具体投入其所选择的实业项目（项目企业群体）。对一般投资企业而言，整个投资过程在投入到私募股权企业后便开始运作，期间有可能产生损益，参照基金通行原则，合伙的权益会有一个净值，投资人可以根据私募股权企业的权益净值，依照自己所持有的合伙份额计算出自身相应的净值，再据以调整原始出资额。这从总体上看是正确的，问题在于处在投资期的合伙制私募股权企业一般只有费用而没有收益，而处在退出期的时候，可能带来大额的收益。从根本上看，投资人的出资，包括其在投资期要承担的费用均视为投资，实践中多数将费用涵盖在出资总额中而不会另行要求投资人再追加费用，否则，会增加投资人真正的出资额。因此，对于投资在没有退出前应全额按投资成本入账，不应分摊或抵减费用，只有到回收时才一并将所投基金作为一个产品清算损益较为合适。在此前提下，在技术上再明细核算到具体的项目，以了解基金的整体项目情况便于把握整体的盈亏情况，防止成本收益不匹配。

以列入“其他权益工具投资”为例，以下通过范例对基金投资进行明细核算。

【例 17-1】恒定远大（投资人）对某基金已签署合伙协议，总共承诺出资 1 亿元人民币，投资期为三年，按承诺总额的 1.5% 缴付基金管理年费，20×1 年 7 月，根据协议首次出资（一般首期出资不少于 20%，暂时没有明确的项目）2 000 万元，当年六个月的管理费 75 万元。出资时的分录如下：

借：其他权益工具投资——某基金（合伙企业）——首期出资

20 000 000

——管理费

750 000

贷：银行存款 20 750 000

20×1 年 9 月，该基金通过决策投第一个项目，涉及恒定远大（投资人）

的资金份额是2 500万元，则出资时的分录如下：

借：其他权益工具投资——某基金（合伙企业）——项目之一　25 000 000

　　贷：其他权益工具投资——某基金（合伙企业）——首期出资　20 000 000

　　　　银行存款　5 000 000

20×1年11月，该基金通过决策投第二个项目，涉及恒定远大（投资人）的份额1 000万元，则出资分录如下：

借：其他权益工具投资——某基金（合伙企业）——项目之二　10 000 000

　　贷：银行存款　10 000 000

凡涉及项目出资的，分录同上。

20×1年12月，根据基金的运营需要，涉及恒定远大（投资人）需承担的运营费用出资20万元，分录如下：

借：其他权益工具投资——某基金（合伙企业）——运营费用　200 000

　　贷：银行存款　200 000

上述管理费与运营费用虽然是基金的费用，但从投资人的角度来讲都是投入基金的成本，含在承诺总额中，期待从基金的回报中收回。

通过以上明细分录，可以清晰地反映出资金的明细用途以及权益情况。同时，虽然投资人投的是一个整体的基金，但从技术上为项目一一退出时的损益计算奠定了可对应的合理、合规的基础。

如果合伙企业投资的项目已经上市，理论上应当可以将相应的金额切换至“交易性金融资产”，但这会把一个基金当做两个产品核算且易忽视成本的分担或完整性。作为基金的出资人，以成本法核算为基准，不调整为妥，投资人投的是基金而不是项目，项目对基金而言是交易性金融资产，但对基金投资人而言，是间接关系，并不意味着基金整体已是交易性金融资产。若要调整，也仍在“其他权益工具投资——某基金（合伙企业）——项目之×”进行调整为宜，将成本转换为市价，定期调整，相应损益计入权益性过渡科目。直到全部回收或清算方结转项目成本与收益，但还不是对于基金整体损益的清算。

第二节　私募股权投资回报的会计处理

目前，国内私募股权企业的惯常做法是，管理人每年收取的管理费为合伙资金总规模的1% ~2%，优先回报率（非承诺性的回报）为年8% ~10%，超过优先回报率的，管理人可以取得盈余的20%作为管理的绩效收益。

现举例说明相关处理，假设以出资总额的年管理费1.5%、优先回报率10%、绩效全额分成2∶8的标准为例，进行相应的会计处理阐述。

先对合伙制私募股权企业进行对照：

【例17-2】 某一项目1 000万元本金，持有5年，收回本利1 500万元，即收益500万元，年化收益率10%。据此计算优先回报要求：1 000×10% ×5年=500（万元），收益500万元，只能全部返给投资人。

投资人分录如下：

借：银行存款　　15 000 000

　　贷：其他权益工具投资——某基金（合伙企业）——某项目　　10 000 000

　　　　——项目盈余——某项目盈余　　5 000 000

上述做法是为了保证基金整体有盈利才算是盈利，而不能就单一项目有盈利就直接转入“投资收益”科目。一方面有些项目可能有亏损，另一方面已经付出的管理费、营运费都要通过项目盈余才能补回来。所以“项目盈余”也是一个过渡性明细科目。理论上可以理解为若某一项目盈利巨大，可以冲抵其他项目的成本和一切成本性费用，仍有多余即为投资基金的盈利。

【例17-3】 本金1 000万元，持有5年，收回1 600万元，收益600万元，年化收益率12%。据此计算优先回报要求：500万元，全部给投资人，余下收益100万元，普通合伙人可先取得优先回报总额的25%，即125万元，但多出来的只有100万元，全部给管理人。如果简单的按总收益2∶8分成，则得出的结论会是120万元，管理人会超分配，投资人只分得480万元，就不能率先满足投资人的优先回报要求。

在此情形下，投资人取得源于此项业务的收益也是1 500万元，分录如下：

借：银行存款　　15 000 000

　贷：其他权益工具投资——某基金（合伙企业）——某项目　　10 000 000

　　——项目盈余——某项目盈余　　5 000 000

【例17－4】 本金1 000万元，持有5年，若收回1 625万元，收益625万元，年化收益率12.5%。优先回报500万元全部给投资人，余下收益125万元，管理人先取得优先回报总额的25%，即125万元，刚好满足普通合伙人与有限合伙人的回报。

投资人在此条件下，收到的仍是1 500万元，分录如下：

借：银行存款　　15 000 000

　贷：其他权益工具投资——某基金（合伙企业）——某项目　　10 000 000

　　——项目盈余——某项目盈余　　5 000 000

【例17－5】 本金1 000万元，持有5年，若收回2 000万元，收益1 000万元，年化收益率20%。优先回报500万元全部给投资人，余下收益500万元，管理人先取得优先回报总额的25%，即125万元。再收取超额（500－125）的20%为75万元，投资人在此条件下，投资收到的是1 800万元。

投资人在此条件下，分录如下：

借：银行存款　　18 000 000

　贷：其他权益工具投资——某基金（合伙企业）——某项目　　10 000 000

　　——项目盈余——某项目盈余　　8 000 000

只有当年化收益率超过12.5%时，管理人可以对总收益作简单的2∶8分成，上例为盈余1 000万元的20%，其结果是一样的。提取管理绩效分成以后即为投资人所得。

同一个项目可能分一次退出，也可能分次退出，其分配的原理一样。合伙人可以根据合伙企业的上述分配据以相应入账，收回本利，也有可能是分担亏损，但对于合伙人而言，这是不完整的。

前面已经提到投资成本还有管理费等构成，如果不在项目退出过程中随之摊销，管理费积累到最后会无从着落。因此，需要按项目退出的进度、额度占总投资的比重来分摊，以同样视作投资成本进行回收。还有可能在投资期内产生边投资边退出的情况，其总的投资成本难以锁定，而管理费与日常费用却是刚性的，总的原则是只能根据退出项目占已投项目的成本比重来确定费用的分例较为可靠。

【例17-6】 管理费的分摊，以单个项目逐一分摊。某投资人出资（或承诺）总额1亿元，投资期5年退出了其中一个项目1 000万元本金，收益500万元，需先摊销该项目资金所涵盖的管理费才构成真正的项目利润。即：1 000万元×1.5%×5年=75（万元）。

投资收回时的分录就会稍有变化，会计分录如下：

借：银行存款　　15 000 000

　　贷：其他权益工具投资——某基金（合伙企业）——某项目

　　　　10 000 000

　　——项目盈余——

　　某项目盈余

　　　　4 250 000

　　——管理费

　　　　750 000

相当于该项目的真正本金是1 075万元，只是管理费的出资时间与项目本金是不一样的。本金一般是一次性投入，管理费是按年投入，一年内也可能再分两次或若干次。

在不考虑还有其他日常费用分摊的情况下，该单个项目的真正收益只有425万元，还没有达到五年优先回报50%的要求水平。

【例17-7】 在上述基础上还要分摊管理费的管理费。仍以【例17-6】为例：承诺1亿元总额，投资期6年内假定没有退出项目，在不考虑累计日常营运费用的情况下，管理费的总支出为：1亿×1.5%×6=900（万元），可投的资金实际只有9 100万元，当9 100万元全部退出的时候，按照上述方法分摊，只有与9 100万元项目相应的管理费得到了回收，而此期间内总共承担的管理费900万元相应承载的管理费没有了现实的回收渠道。合理的办法是再让真正投资的项目资金去分摊。

据此仍以退出其中一个项目本金1 000万元为例，相应管理费的管理费分摊计算如下：

例：1 000 ÷ 9 100 ×（1 000万 × 1.5% × 5年 × 1.5% × 5年）= 0.62（万元）。分录进一步变为：

借：银行存款　　15 000 000

　　贷：其他权益工具投资——某基金（合伙企业）——某项目　　10 000 000

　　——项目盈余——某项目盈余　　4 243 800

　　——管理费　　750 000（依项目分摊的管理费）

　　——管理费　　6 200（管理费投资的分摊）

括号内的就是管理费的管理费，前面是退出项目占真正用在项目上的总金额之比。这样，当所有投资项目退完的时候，不仅与本金直接相关的管理费可以收回，与本金不直接相关但也是投资总额组成的管理费的管理费也可以收回。否则，只收了项目直接投资9 100万元作相应的管理费，而视同投资的管理费900万元作相应的管理费支出就会无从着落。加上这个因素，本项目的收益只有424.38万元。

简单的办法。不以单个项目而以基金整体计，不管投资期内退出或是投资期后退出，当某一时点的管理费总额确定时，简单按项目退出成本占已投项目总成本的比例来分配管理费的负担即可，这样，当项目全退的时候，管理费作为投资成本也一并处理完毕。只不过在边投边退的时期，总的项目成本无法锁定，分子分母均是变量，分摊的比例会变动。

投资人（合伙人）根据以上业务以基金为对象作相应记录。技术上也可以细化到基金的具体项目。

第三节 私募股权投资清算与优先回报的核算

一、清算办法

以上只是描述过程中的事宜，投资人对基金投资是一个整体，最终按所有的项目来清算。基金项目有盈有亏，时间有长有短，总体的清算思路与日常分配的原则相同。其先后顺序是：所有项目的成本与回报的金额是多少；所有项目成本的优先回报要求是多少，如果存在超分配的，则预提的绩效部分普通合伙人应当回补，但回补只能限于绩效分成的税后部分；扣除本金和优先回报以后还余多少；管理人提取绩效，直到优先回报总额的25%；仍有余额，以2∶8在普通合伙人与有限合伙人之间分配；应当由合伙企业承担的费用都列支或预计预留。

特别需要说明的是：优先回报不是现实的回报或保本的回报，只是计算管理绩效时的一个标准线，也并不表明资金的年化收益率一定要在10%以上。如果投资基金的资金整体收益在年化单利12.5%以上，则不存在优先回报的问题，因为肯定全部满足，只是过程中可能有高有低，先后退出项目预分配时要考虑这个因素并留有充分的余地。

二、优先回报的起始计算与停止

一般均按项目或费用出资时开始计算优先回报。但项目退出时，既有本，也有利。返本后先停止或是消除该项目本金的优先回报，利的部分按时间先后停止计算其他出资项目本金的优先回报。即，项目产生的利益可以按时间先后覆盖其他所有项目的优先回报计算的期限。当返本付利的资金达到出资总额时，优先回报的基数即宣告消失。这有助于管理人尽快地还本付利而不是有利而不分、不还，同时可以有效提高管理绩效的水平，也保证投资人尽快实现投资本金的安全。

清算时，各个项目的年化收益之和除以退出的本金（含管理费用及其他费用）即为整个合伙资金的年化收益率，再根据约定的程序分配。

合伙人（投资人）要根据具体的合伙约定，按照上述原则，注意自己的权益落实。

第四节　私募股权投资回补的核算

由于投资运作的时间跨度较长，在项目先后退出的时候可能提取相应的绩效，但对于整体项目的投资收益来讲还是一个不确定因素，有可能超分配，为了限制管理人前期有可能的超分配，会特别设置这个机制，这是对投资人利益的保护。当然，管理人在预分配时必须留足回补可能需要的资金或是回收前期尽量不分配、少分配管理绩效的预分成部分。或是当已经满足了全部优先回报后才可以对预提绩效进行分配。

合伙人要注意到：管理人一旦取得绩效管理收入，即有税收的负担问题，通常情况下，大约每 100 元绩效管理收入就存在相应的增值税及附加约 6 元、所得税 23.5 元，余下约 70 元。也就是说，如果预分管理绩效 100 元，真正管理公司得益的只有 70 元左右，要回补最多也只有预分总量的 70%。若回补的话回补到满足优先回报率为止，或虽不到优先回报，以预分的税后金额回补完为止。所以，一旦发生回补，金额比预分时会少 30% 以上。

投资人若收到回补，则表明所投资的基金肯定没有在整体上达到优先回报，还有可能仍是亏损的，收到回补时，分录模型如下：

借：银行存款

　　贷：其他权益工具投资——某基金（合伙企业）

　　　　　　　　　　　　——项目盈余——某项目盈余

　　　　　　　　　　　　——管理费

　　　　　　　　　　　　——营运费用

当某一基金的明细科目真正出现贷方余额时，表明真正实现了利润，分录如下：

借：其他权益工具投资——某基金（合伙企业）

　　　　　　　　　　——项目盈余

　　贷：投资收益

第四篇

综合业务篇

开篇有益

本篇是在掌握基础要素会计篇、证券公司会计篇、基金公司会计篇之后，进入财务报告编制之前的综合篇章。本篇所阐述的业务，属于高级会计业务范畴的活动，并不会经常性地发生于每家证券公司与基金公司的每个会计期间，但是，如果发生就会引发公司盈利状况的直接变化，就可能遭遇会计核算方面的“向左走”或“向右走”现象。所以，尽管这类业务具有综合性、复杂性，有些项目具有偶然性，我们也要根据准则的相应理念去深入解剖、准确理解。

资产减值是市场经济的恒定话题，通过可收回金额与预计未来现金流量的现值对比，可以确定资产的减值损失，具体处理时，则区别金融资产与非金融资产采用差异化方法。债务重组可以实现经济主体之间的营业外损益，其会计处理值得关注；会计政策变更、会计估计变更和前期差错更正，是会计实践中经常出现的问题，不仅限于技术层面，更多的还与盈亏状况相链接，这三个关联甚至于经常可能有被混淆的问题，是需要规范掌握的；资产负债表日后事项，也需要规范地进行处理或披露。

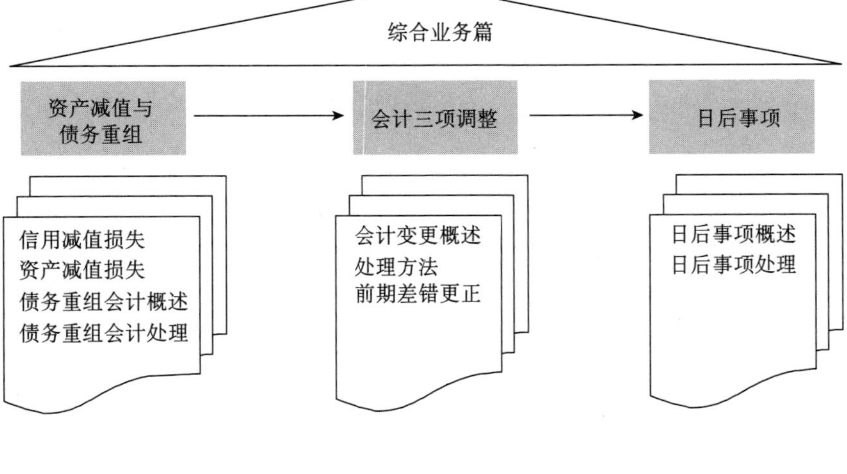

第十八章 资产减值与债务重组

本章精要

本章主要阐述两个彼此不同而又相互关联的主题，即资产减值会计与债务重组会计。

在减值会计领域，先阐述金融企业拥有的金融工具减值（即信用减值损失），再阐述金融企业拥有的除金融工具之外的资产的减值（即资产减值损失）。在债务重组会计领域，先阐述债务重组的管理主题，再阐述债务重组的会计处理。因此，本章分为四节内容：

第一节是信用减值损失，包括金融资产减值损失的概念与计量、信用减值损失计算以及账务处理。

第二节是资产减值损失，即除金融资产之外的资产，阐述其可收回金额的计量、减值损失核算。

第三节是债务重组会计概述，理解在新环境下的债务重组定义，并掌握以下几种方式（以资产清偿债务、债务转为资本、修改其他债务条件和以上三种方式的组合）的具体判断标准。

第四节是债务重组的确认与计量，分别掌握以清偿债务、以债务转为资本清偿债务、修改其他债务条件、三种方式组合等清偿债务下的会计处理，特别需要理解债权人、债务人的对应性处理。

第一节　信用减值损失

作为金融企业，证券公司和基金公司都会经常关注其金融资产的价值是如何通过市场化运行而增值的。当然，在资产负债表日，也需要对其持有的金融资产进行价值测试，尤其是基于未来市场信用态势进行技术分析和相应的金融资产减值预报，这就是对信用减值的损失进行相应的确认、计量的报告。即本节阐述金融资产的减值。对证券公司和基金公司的非金融工具类资产项目（如长期股权投资、固定资产、无形资产、商誉等）如何计提减值准备，则在第二节阐述。

一、预期信用损失的概念及其计量

根据金融工具准则规定，公司应当在资产负债表日对金融资产和信贷承诺等，以预期未来的信用损失为基础确认减值损失，计提减值准备，以便于能够更加有效反映和防控金融工具的信用风险。新准则对金融工具减值指定为“预期信用损失法”，这与过去根据实际已发生减值损失确认减值准备的思路根本不同。在预期信用损失法下，减值准备的计提不以减值的实际发生为前提，而是以未来可能的违约事件造成的损失的期望值来计量当前（资产负债表日）应当确认的减值准备。

预期信用损失，是指以发生违约的风险为权重的金融工具信用损失的加权平均值。违约风险就是发生违约的概率，而信用损失则是指根据合同应收的现金流量与预期能收到的现金流量之间的差额（以下称现金流缺口）的现值。根据现值的定义，即使企业能够全额收回合同约定的金额，但如果收款时间晚于合同规定的时间，也会产生信用损失。

按照金融工具准则相关规定，可以将金融工具发生信用减值的过程分为三个阶段，对于不同阶段的金融工具的减值有不同的会计处理方法：第一阶段，信用风险自初始确认后未显著增加，应当按照未来12个月的预期信用损失计量损失准备，并按其账面余额（即未扣除减值准备）和实际利率计算利息收入（若该工具为金融资产，下同）；第二阶段，信用风险自初始确认后已显著增加但尚未发生信用减值，应当按照该工具整个存续期的预期信用损失计量损失准备，并按其账面余额和实际利率计算利息收入；第三阶段，初始确认后发生信用减值，应当按照该工具整个存续期的预期信用损失计量损失准备，但对利息收入的计算不同于处于前两阶段的金融资产。对于已发生信用减值的金融资产，企业应当按其摊余成本（账面余额减已计提减值准备，也即账面价值）和实际利率计算利息收入。以下具体分析预期信用损失基本计算方法的各个要素：

（一）关于计量基础要素

不同金融工具的预期信用损失有着不同的计算基础：其中，对于金融资产，信用损失应为下列两者差额的现值：其一，依照合同应收取的合同现金流量，其二，预期能收到的现金流量。在不违反准则第五十八条规定（金融工具预期信用损失计量方法应反映的要素）的前提下，企业可在计量预期信用损失时运用简便方法。例如，对于应收账款的预期信用损失。企业可参照历史信用损失经验，编制应收账款逾期天数与固定准备率对照表［如，若未逾期为1%；若逾期不到30日为2%；若逾期天数为30－90（不含）日，为3%；若逾期天数为90－180（不含）日，为20%等］，以此为基础计算预期信用损失。如果确有历史经验表明不同细分客户群体发生损失的情况存在显著差异，那么企业应当对客户群体进行恰当的分组，在分组基础上运用上述简便方法。

（二）关于折现率选择要素

公司应当采用相关金融工具初始确认时确定的实际利率或其近似值，将现金流缺口折现为资产负债表日的现值，而不是预计违约日或其他日期的现值。如果金融工具具有浮动利率，那么企业应当采用根据当前实际利率（即最近一次利率重设后的实际利率）对现金流缺口进行折现。对于购买或源生已发生信用减值的金融资产，企业应当采用在初始确认时确定的经信用调整的实际利率（即购买或源生时将减值后的预计未来现金流量折现为摊余成本的利率）。

（三）关于预期信用损失的概率加权属性要素

预期信用损失的概率加权属性是指企业对预期信用损失的估计，采用概率加权的结果，应当始终反映发生信用损失的可能性以及不发生信用损失的可能性（即便最可能发生的结果是不存在任何信用损失），而不是仅对最坏或最好的情形作出估计。实务中，这一要求可能并不需要企业开展复杂的分析。在某些情形下，运用相对简单的模型可能足以满足上述要求，而不需要使用大量具体的情景模拟。例如，一个较大的具有共同风险特征的金融工具组合（如小额贷款）的平均信用损失，可能是概率加权金额的合理估计值。而在其他情形下，企业可能需要识别关于现金流量金额、时间分布以及各种结果估计概率的具体数值。在这种情形下，预期信用损失应当至少反映发生信用损失和不发生信用损失两种可能性（即企业需要估计发生信用损失的概率和金额）。

（四）关于计量中采集和使用的信息要素

对金融工具预期信用损失的计量方法应当反映能够以合理成本即可获取的、合理且有依据的、关于过去事项、当前状况以及未来经济状况预测的信息。换言之，企业应当采集上述信息，作为金融工具预期信用损失计量的依据。

（五）关于估计预期信用损失的期间要素

即金融工具可能发生的现金流缺口所属的期间。最长期限应当为企业面临信用风险的最长合同期限（包括由于续约选择权可能延续的合同期限）。对于贷款承诺和财务担保合同，计量预期信用损失的最长期限应当为企业承担提供信贷或财务担保的现时义务的最长合同期限。

【例 18－1】 华发证券公司发放一笔 5 年期项目合作贷款，按合同面值到期一次偿还本金。合同面值为 1 000 万元，利率 5%，按年付息。本例假定实际利率为 5%。第一个会计期间（简称“第一期”）期末，由于自初始确认后信用风险无显著增加，华发公司按 12 个月内预期信用损失确认损失准备，损失准备余额为 20 万元。

在第二期期末，华发公司确定该贷款自初始确认后的信用风险已显著增加，因此对该笔贷款确认整个存续期内的预期信用损失，损失准备余额为 30 万元。

在第三期期末，由于借款人出现重大财务困难，华发证券修改了该笔贷款的合同条款和现金流量，将该笔贷款的合同期限延长了一年。因此在修改日（第三期期末），该笔贷款的剩余期限为三年。本次修改并未导致华发证券终止确认该贷款。

由于进行了上述修改，华发证券根据该贷款的初始实际利率 5%，重新计算修改后的合同现金流量的现值作为该金融资产的账面余额，并将重新计算的账面余额与修改前的账面余额之间的差额确认为合同变更利得或损失。在本例中假定，华发证券确认了修改损失 80 万元，账面余额降为 920 万元。

在考虑修改后的合同现金流量的基础上，华发证券评估了是否应继续对该贷款按整个存续期内预期信用损失计量损失准备，并重新计算了损失准备。华发证券将当前信用风险（基于修改后的现金流量）与初始确认时的信用风险（基于初始未修改的现金流量）进行比较，认为信用风险已显著增加，因此继续按整个存续期内的预期信用损失计量损失准备。在资产负债表日，该贷款按照整个存续期内的预期信用损失计量的损失准备余额为100万元。

华发证券公司对于上述合同现金流量修改的相关计算如表18－1所示。

表18－1　　华发证券公司信用损失测算表　　单位：万元

期间	期初账面余额	减值损失/利得	修改损失/利得	利息收入	现金流量	期末账面余额	损失准备	期末摊余成本
	（A）	（B）	（C）	（D＝A×5%）	（E）	（F＝A＋C＋D－E）	（G）	（H＝F－G）
1	1 000	（20）		50	50	1 000	20	980
2	1 000	（10）		50	50	1 000	30	970
3	1 000	（70）	（80）	50	50	920	100	820

注：括号内的金额代表损失。

在后续资产负债表日，华发证券按照准则第五十六条规定，将该贷款初始确认时的信用风险（基于初始未修改的现金流量）与资产负债表日的信用风险（基于修改后的现金流量）进行比较，以评估信用风险是否显著增加。

修改贷款合同再过两个期间之后（第五期），与修改日的预期相比，借款人的实际业绩明显好于其经营计划。而且，借款人所属行业的前景好于此前预测。通过使用以合理成本即可获得的、合理且有依据的信息进行评估，华发证券发现该贷款的整体信用风险和在整个存续期内的违约风险率下降，因此华发证券在第五期期末调整了借款人的内部信用评级。

考虑到这一进展，华发证券对该贷款信用状况进行了重新评估，并确定该贷款的信用风险已经下降，与初始确认时的信用风险相比已无显著增加。因此，华发证券重新按12个月内预期信用损失计量该贷款的损失准备。

二、金融资产减值与利息收入的计算

（一）未发生信用减值的资产

对于处于信用减值第一和第二阶段的金融资产，以及按照准则规定适用实务简化处理的应收款项、合同资产和租赁应收款，企业应当按照该金融资产的账面余额（即不考虑减值影响）乘以实际利率的金额确定其利息收入。

（二）已发生信用减值的资产

当对金融资产预期未来现金流量具有不利影响的一项或多项事件发生时，该金融资产成为已发生信用减值的金融资产。金融资产已发生信用减值的证据包括下列可观察信息：一是发行方或债务人发生重大财务困难；二是债务人违反合同，如偿付利息或本金违约或逾期等；三是债权人出于与债务人财务困难有关的经济或合同考虑，给予债务人在任何其他情况下都不会做出的让步；四是债务人很可能破产或进行其他财务重组；五是发行方或债务人财务困难导致该金融资产的活跃市场消失；六是以大幅折扣购买或源生一项金融资产，该折扣反映了发生信用损失的事实。显而易见，金融资产发生信用减值，有可能是多个事件的共同作用所致，未必是可单独识别的事件所致。

已发生信用减值的金融资产分两种情形：一是对于购买或源生时未发生信用减值、但在后续期间发生信用减值的金融资产，企业应当在发生减值的后续期间，按照该金融资产的摊余成本（即账面余额减已计提减值）乘以实际利率（初始确认时确定的实际利率，不因减值的发生而变化）的金额确定其利息收入；二是对于购买或源生时已发生信用减值的金融资产，企业应当自初始确认起，按照该金融资产的摊余成本乘以经信用调整的实际利率（即购买或源生时将减值后的预计未来现金流量折现为摊余成本的利率）的金额确定其利息收入。

三、金融工具减值的账务处理

（一）减值准备的计提和转回

企业应当在资产负债表日计算金融工具（或金融工具组合）预期信用损失。如果在当期的资产负债表日测试的未来信用损失大于该工具（或组合）当前已经计提的减值准备账面金额时，公司应当将其差额确认为当期的减值损失，借记“信用减值损失”科目，根据金融工具的种类，贷记“债权投资减值准备”或“其他综合收益”（用于以公允价值计量且其变动计入其他综合收益的债权类资产）等相关科目。如果资产负债表日计算的预期信用损失小于该工具（或组合）当前减值准备的账面金额，则应当将差额确认为减值利得，做相反的会计分录。

（二）已发生信用损失金融资产的核销

企业实际发生信用损失，认定相关金融资产无法收回，经批准予以核销的，应当根据批准的核销金额，借记“债权投资减值准备”等科目，贷记相应的资产科目，如“贷款”“应收债券”“应收账款”等。若核销金额大于已计提的损失准备，还应按其差额借记“信用减值损失”科目。

【例 18－2】 华发证券公司对其持有的摊余成本计量的金融资产进行未来信用风险测试。于 2×20 年 12 月 31 日，该债权投资本金 5 000 万元，年利率 4%，每年 12 月 31 日付息，2×25 年 12 月 31 日还本。假设不考虑交易费用，该项目实际利率为 4%。

2×21 年 12 月 31 日，按约定向浙华公司收取利息。华发证券评估认为该贷款信用风险自初始确认以来未显著增加，并计算其未来 12 个月预期信用损失为 80 万元。

2×22 年 12 月 31 日，按约定向浙华公司收取利息。华发证券评估认为该贷款信用风险自初始确认以来已经显著增加，并计算剩余存续期预期信用损失为 300 万元。

2×23 年 6 月 30 日，通过相关渠道，获知浙华公司面临重大财务困难，认定该贷款已发生减值。同日，华发证券计算剩余存续期预期信用损失为 800 万元。

2×23 年 12 月 31 日，未能如期收到浙华公司利息。华发证券计算剩余存续期预期信用损失为 1 200 万元。

2×24 年 6 月 30 日，华发证券公司计算剩余存续期预期信用损失为 1 600 万元，并以 3 500 万元价格将该贷款所有风险和报酬转让给信光辉资产管理公司。

根据上述资料，华发证券公司的相关账务处理如下（不考虑税费影响）：

1. 2×20 年 12 月 31 日，发生该项投资时的会计分录如下：

借：债权投资　　50 000 000

　　贷：银行存款　　50 000 000

2. 2×21 年 12 月 31 日，如期确认利息收入和收到利息时的会计分录如下：

利息收入 = 账面余额 × 实际利率 = 5 000 × 4% = 200（万元）

借：应收利息　　2 000 000

　　贷：利息收入　　2 000 000

借：银行存款　　2 000 000

贷：应收利息　　2 000 000

计提减值准备：

借：信用减值损失　　800 000

贷：债权投资减值准备　　800 000

3. 2×22 年 12 月 31 日，如期确认利息收入和收到利息时的会计分录如下：

借：应收利息　　2 000 000

贷：利息收入　　2 000 000

借：银行存款　　2 000 000

贷：应收利息　　2 000 000

补提减值准备：

借：信用减值损失　　2 200 000

贷：债权投资减值准备　　2 200 000

4. 2×23 年 6 月 30 日，确认实际减值前利息收入及其相应的会计分录如下：

利息收入 = 账面余额 × 实际利率 = 50 000 000 × $[(1+4\%)^{0.5}-1]$ = 990 195（元）

借：应收利息　　990 195

贷：利息收入　　990 195

补提减值准备：

借：信用减值损失　　5 000 000

贷：债权投资减值准备　　5 000 000

5. 2×23 年 12 月 31 日，未能收到利息，确认实际减值后利息收入及其相应的会计分录如下：

利息收入 = 摊余成本 × 实际利率 =（50 000 000 + 990 195 − 8 000 000）× $[(1+4\%)^{0.5}-1]$ = 851 374（元）

借：应收利息　　851 374

贷：利息收入　　851 374

补提减值准备：

借：信用减值损失　　4 000 000

贷：债权投资减值　　4 000 000

6. 2×24 年 6 月 30 日，确认利息收入：

利息收入 = 摊余成本 × 实际利率

$= (50\ 000\ 000 + 990\ 195 + 851\ 374 - 12\ 000\ 000) \times [(1+4\%)^{0.5} - 1]$

$= 789\ 019$（元）

借：应收利息	789 019	
贷：利息收入		789 019

补提减值准备：

借：信用减值损失	4 000 000	
贷：债权投资减值		4 000 000

实现资产转移，并终止确认贷款时的会计分录如下：

借：银行存款	35 000 000	
债权投资减值	16 000 000	
投资收益	1 630 588	
贷：债权投资		50 000 000
应收利息		2 630 588

第二节　资产减值损失

对于证券公司和基金公司来说，除了对自身拥有的金融工具按照前述进行信用减值损失核算外，对非金融资产（如对子公司、联营企业和合营企业的长期股权投资；采用成本法核算的投资性房地产；固定资产；无形资产；商誉等），也应判断其减值迹象，进行相应的资产减值的确认与计量。

现在阐述资产可收回金额之后，论述此类资产的减值损失核算。

一、可收回金额的计量

（一）估计资产可收回金额的基本方法

企业资产存在减值迹象，应当估计其可收回金额，然后将所估计的资产可收回金额与其账面价值相比较，以确定资产是否发生减值，以及是否需要计提减值资产减值准备并确认相应的减值损失。在估计资产可收回金额时，原则上以单项资产为基础，如果企业难以对单项资产的可收回金额进行估计，应当以该项资产所属的资产组为基础确定资产组的可收回金额。

资产可收回金额的估计，应当根据其公允价值减去处置费用后的净额与资产预计未来现金流量的现值两者之间的较高者确定。因此，要估计资产的可收回金额，但是在下列情况下，可以有例外或者作特殊考虑：

1. 资产的公允价值减去处置费用后的净额与资产预计未来现金流量的现值，只要有一项超过了资产的账面价值，就表明资产没有发生减值，不需要估计另一项金额。

2. 没有确凿证据表明，资产预计未来现金流量现值显著高于其公允价值减去处置费用后的净额，可以将公允价值减去处置费用后的净额的，可以将资产的公允价值减去处置费用后的净额作为资产的可收回金额。对于企业持有待售的资产往往属于这种情况，即该资产在持有期间（处置之前）所产生的现金流量可能很少，其最终取得的未来现金流量往往就是资产的处置净收入。因此。在这种情况下，以资产公允价值减去处置费用后的净额作为其可收回金额是适宜的，因为资产的未来现金流量现值不大可能显著高于其公允价值减去处置费用后的净额。

3. 资产的公允价值减去处置费用后的净额如果无法可靠估计的，应当以该资产预计未来现金流量的现值作为其可收回金额。

（二）资产的公允价值减去处置费用后的净额的估计

资产的公允价值减去处置费用后的净额，通常反映的是资产如果被出售或者处置时可以收回的净现金收入。其中，资产的公允价值是指在公平交易中熟悉情况的交易双方自愿进行资产交换的金额；处置费用是指可以直接归属于资产处置的增量成本，包括与资产处置有关的法律费用、相关税费、搬运费以及为使资产达到可销售状态所发生的直接费用等，但是，财务费用和所得税费用等不包括在内。

企业在估计资产的公允价值减去处置费用后的净额时，应当按照下列顺序进行：

首先，应当根据公平交易中资产的销售协议价格减去可直接归属于该资产处置费用的金额确定资产的公允价值减去处置费用后的净额。这是估计资产的公允价值减去处置费用后的净额的最佳方法，企业应当优先采用这一方法。

其次，在资产不存在销售协议但存在活跃市场的情况下，应当根据该项资产的市场价格减去处置费用后的金额确定。资产的市场价格通常应当按照资产买方的出价确定。

再次，在既不存在资产销售协议又不存在资产活跃市场的情况下，企业应当以可获取的最佳信息为基础，如果处置该资产的话，熟悉情况的交易双方自愿进行公平交易，以愿意提供的交易价格减去资产的处置费用后的净额。

如果企业按照上述要求仍然无法可靠估计资产的公允价值减去处置费用后的金额，应当以该资产预计未来现金流量的现值作为其可收回金额。

（三）资产预计未来现金流量的现值的估计

资产预计未来现金流量的现值，应当按照资产在持续使用过程中和最终处置时所产生的预计未来现金流量，选择恰当的折现率对其进行折现后的金额加以确定。因此，预计资产未来现金流量的现值，主要应当综合考虑以下因素：（1）资产的预计未来现金流量；（2）资产的使用寿命；（3）折现率。其中，资产使用寿命的预计与 CAS 4 号固定资产准则、CAS 6 号无形资产准则等规定的使用寿命预计方法相同。以下重点阐述资产未来现金流量和折现率的预计方法。

1. 资产未来现金流量的预计。

（1）预计资产未来现金流量的基础。

为了估计资产未来现金流量的现值，需要首先预计资产的未来现金流量。为此，企业管理层应当在合理和有依据的基础上对资产剩余使用寿命内的整个经济状况进行最佳估计，并将资产未来现金流量的预计建立在经企业管理层批准的最近财务预算或者预测数据之上。但是，出于数据可靠性和便于操作等方面的考虑，建立在该预算或者预测基础上的预计现金流量最多涵盖 5 年，企业管理层如能证明更长的期间是合理的，可以涵盖更长的期间。

如果资产未来现金流量的预计还包括最近财务预算或者预测期之后的现金流量，企业应当以该预算或者预测期之后年份稳定的或者递减的增长率为基础进行估计。但是，企业管理层如能证明递增的增长率是合理的，可以以递增的增长率为基础进行估计。同时，所使用的增长率除了企业能够证明更高的增长率是合理的之外，不应当超过企业经营的产品、市场、所处的行业或者所在国家或者地区的长期平均增长率，或者该资产所处市场的长期平均增长率。在恰当、合理的情况下，该增长率可以是零或者负数。

(2) 资产预计未来现金流量应当包括的内容。

预计的资产未来现金流量应当包括下列各项：①资产持续使用过程中预计产生的现金流入；②为实现资产持续使用过程中产生的现金流入所必需的预计现金流出（包括为使资产达到预定可使用状态所发生的现金流出）；③资产使用寿命结束时处置资产所收到或者支付的净现金流量。

(3) 预计资产未来现金流量应当考虑的因素。

企业为了预计资产未来现金流量，应当综合考虑下列因素：

一是以资产的当前状况为基础预计资产未来现金流量。企业资产在使用过程中有时会因为修理、改良、重组等原因而发生变化。因此，在预计资产未来现金流量时，企业应当以资产的当前状况为基础。不应当包括与将来可能会发生的、尚未作出承诺的重组事项或者与资产改良有关的预计未来现金流量。具体包括以下几层意思：①重组通常会对资产的未来现金流量产生影响，有时还会产生较大影响，因此。对于重组的界定就显得十分重要。这里所指的重组，专门指企业制定和控制的，将显著改变企业组织方式、经营范围或者经营方式的计划实施行为。关于重组的具体界定和对已作出承诺的重组事项的判断标准，企业应当依据 CAS 13 号或有事项准则有关规定加以判断。②企业已经承诺重组的，在确定资产的未来现金流量的现值时，预计的未来现金流入和流出数，应当反映重组所能节约的费用和由重组所带来的其他利益，以及因重组所导致的估计未来现金流出数。③企业在发生与资产改良（包括提高资产的营运绩效）有关的现金流出之前，预计的资产未来现金流量仍然应当以资产的当前状况为基础，不应当包括因与该现金流出相关的未来经济利益增加而导致的预计未来现金流入金额。④企业未来发生的现金流出如果是为了维持资产正常运转或者资产正常产出水平而必要的支出或者属于资产维护支出。应当在预计资产未来现金流量时将其考虑在内。

二是预计资产未来现金流量不应当包括筹资活动和所得税收付产生的现金流量。企业预计的资产未来现金流量，不应当包括筹资活动产生的现金流入或者流出以及与所得税收付有关的现金流量。其原因：一是所筹集资金的货币时间价值已经通过折现因素予以考虑；二是折现要求是以税前基础计算确定的，因此，现金流量的预计也必须建立在税前基础之上，这样可以有效避免在资产未来现金流量现值的计算过程中可能出现的重复计算等问题，以保证现值计算的正确性。

（4）预计资产未来现金流量的方法。

企业预计资产未来现金流量的现值，需要预计资产未来现金流量。预计资产未来现金流量，通常应当根据资产未来每期最有可能产生的现金流量进行预测。这种方法通常叫做传统法，它使用的是单一的未来每期预计现金流量和单一的折现率计算资产未来现金流量的现值。

【例 18－3】 某公司一项固定资产剩余使用年限为 3 年，企业预计未来 3 年里在正常的情况下，该资产每年可为企业产生的净现金流量分别为 100 万元、50 万元、10 万元。该现金流量通常即为最有可能产生的现金流量，企业应以该现金流量的预计数为基础计算资产的现值。

但在实务中，有时影响资产未来现金流量的因素较多，情况较为复杂，带有很大的不确定性，为此，使用单一的现金流量可能并不会如实反映资产创造现金流量的实际情况。这样，企业应当采用期望现金流量法预计资产未来现金流量。

【例 18－4】 沿用［例 18－3］，假定利用固定资产生产的产品受市场行情波动的影响大，企业预计未来 3 年每年的现金流量情况如表 18－1 所示。

表 18－2　　各年现金流量概率分布及发生情况

年份	产品行情好（30%的可能性）	产品行情一般（60%的可能性）	产品行情差（10%的可能性）
第 1 年	150	100	50
第 2 年	80	50	20
第 3 年	20	10	0

在这种情况下，采用期望现金流量法比传统法更为合理。在期望现金流量下，资产未来现金流量应当根据每期现金流量期望值进行预计，每期现金流量期望值按照各种可能情况下的现金流量与其发生概率加权计算。按照表 18－1 提供的情况，企业应当计算资产每年的预计未来现金流量如下：

第 1 年的预计现金流量（期望现金流量）：

$150 \times 30\% + 100 \times 60\% + 50 \times 10\% = 110$（万元）

第 2 年的预计现金流量（期望现金流量）：

$80 \times 30\% + 50 \times 60\% + 20 \times 10\% = 56$（万元）

第 3 年的预计现金流量（期望现金流量）：

$20\times30\% + 10\times60\% + 0\times10\% = 12$（万元）

应当注意的是，如果资产未来现金流量的发生时间是不确定的，企业应当根据资产在每一种可能情况下的现值及其发生概率直接加权计算资产未来现金流量的现值。

2. 折现率的预计

为了资产减值测试的目的，计算资产未来现金流量现值时所使用的折现率应当是反映当前市场货币时间价值和资产特定风险的税前利率。该折现率是企业在购置或者投资资产时所要求的必要报酬率。需要说明的是，如果在预计资产的未来现金流量时已经对资产特定风险的影响作了调整的，折现率的估计不需要考虑这些特定风险。如果用于估计折现率的基础是税后的，应当将其调整为税前的折现率以便于与资产未来现金流量的估计基础相一致。

在实务中，折现率的确定应当首先以该资产的市场利率为依据。如果该资产的利率无法从市场上获得，可以使用替代利率估计，在估计替代利率时，企业应当充分考虑资产剩余寿命时间的货币时间价值和其他相关因素，比如资产未来现金流量金额及时间的预计离异程度、资产内在不确定性的定价等。如果资产预计未来现金流量已经对这些因素作了相关调整，应当予以剔除。

估计替代利率时可以根据企业加权平均的资金成本、增量借款利率以及其他相关市场借款利率作出适当的调整后确定。调整时，应当考虑与资产预计现金流量有关的特定风险以及其他有关的政治风险、货币风险、价格风险等。

估计资产未来现金流量现值，通常应当使用单一的折线率。但是如果资产未来现金流量的现值对未来不同期间的风险差异或者利率的期间结构反应敏感的，企业应当在未来不同期间采用不同的折现率。

3. 资产未来现金流量现值的预计

在预计了资产的未来现金流量和折现率后，资产未来现金流量的现值只需将该资产的预计的未来现金流量按照预计的折现率在预计的资产使用寿命里加以折现即可确定。其一般计算公式如下：

资产未来现金流量的现值 PV = Σ[第 t 年预计资产年未来现金流量 NCF_t/(1 + 折现率 R)^t]

【例 18 -5】XYZ 公司于 20×1 年年末对一项固定资产进行减值测试。该固定资产账面价值 1.6 亿元，预计尚可使用年限为 8 年。该固定资产的公允价值减去处置费用后的净额难以确定，因此企业需要通过计算其未来现金流量的现值确定资产的可收回金额。假定公司当初购置该固定资产用的资金是银行长期借款资金，借款年利率为 15%，公司认为 15% 是该资产的最低必要报酬率，已考虑了与该资产有关的货币时间价值和特定风险。因此，在计算其未来现金流量现值时，使用 15% 作为其折现率（税前）。

公司管理层批准的财务预算显示：公司将于 20×6 年对固定资产进行更新改建，预计为此发生资本性支出 1 500 万元，这一支出将提高资产的运营绩效。

为了计算该固定资产在 20×1 年年末未来现金流量的现值，公司首先必须预计其未来现金流量。假定公司管理层批准的 20×1 年年末的固定资产预计未来现金流量如表 18 -3 所示。

表 18 -3　　　　未来现金流量预计表　　　　单位：万元

年份	预计未来现金流量（不包括改良的影响金额）	预计未来现金流量（包括改良的影响金额）
20×2	2 500	
20×3	2 400	
20×4	2 380	
20×5	2 360	
20×6	2 390	
20×7	2 470	3 290
20×8	2 500	3 280
20×9	2 510	3 300

根据资产减值准则的规定，20×1 年年末预计资产未来现金流量时，应当以资产当时的状况为基础，不应考虑与该资产改良有关的预计未来现金流量，因此，尽管 20×6 年对该固定资产将进行更新以改良资产绩效，提高资产未来现金流量，但是在 20×1 年年末对其进行减值测试时，应当以不包括资产改良影响金额的未来现金流量为基础加以计算。如表 18 -4 所示。

表 18－4　　现值的计算　　单位：万元

年份	预计未来现金流量（不包括改良的影响金额）	以折现率为 15% 的折现系数	预计未来现金流量的现值
20×2	2 500	0.8696	2 174
20×3	2 460	0.7561	1 860
20×4	2 380	0.6575	1 565
20×5	2 360	0.5718	1 349
20×6	2 390	0.4972	1 188
20×7	2 470	0.4323	1 068
20×8	2 500	0.3759	940
20×9	2 510	0.3269	821
合计			10 965

由于 20×1 年年末，固定资产的账面价值（尚未确认减值损失）为 116 亿元，而其可收回金额为 10 965 万元，账面价值高于其可收回金额。因此，应当确认减值损失，并计提相应的资产减值准备。应确认的减值损失为：16 000－10 965＝5 035（万元）。

假定在 20×2—20×5 年间该固定资产没有发生进一步减值的迹象，因此不必再进行减值测试，无须计算其可收回金额。20×6 年发生了 1 500 万元的资本性支出，改良了资产绩效，导致其未来现金流量增加，但由于我国资产减值准则不允许将以前期间已经确认的资产减值损失予以转回。因此，在这种情况下，也不必计算其可收回金额。

二、资产减值损失核算

（一）资产减值损失确认与计量的一般原则

企业在对资产进行减值测试后，如果可收回金额的计量结果表明，资产的可收回金额低于其账面价值的，应当将资产的账面价值减记至可收回金额。减记的金额确认为资产减值损失，计入当期损益，同时，计提相应的资产减值准备。这样，企业当期确认的减值损失应当反映在其利润表中，而计提的资产减值准备应当作为相关资产的备抵项目反映于资产负债表中。从而夯实企业资产价值，避免利润虚增，如实反映企业的财务状况和经营成果。

资产减值损失确认后，减值资产的折旧或者摊销费用应当在未来期间作相应调整，以使该资产在剩余使用寿命内，系统地分摊调整后的资产账面价值（扣除预计净残值）。比如，固定资产计提了减值准备后，固定资产账面价值将根据计提的减值准备相应抵减，因此，固定资产在未来计提折旧时，应当按照新的固定资产账面价值为基础计提每期折旧。

考虑到固定资产、无形资产、商誉等资产发生减值后，一方面价值回升的可能性比较小，通常属于永久性减值；另一方面从会计信息稳健性的要求考虑，为了避免确认资产重估增值和操纵利润资产减值损失一经确认，在以后会计期间不得转回，以前期间计提的资产减值准备，需要等到资产处置时才可转出。

（二）资产减值损失的账务处理

为了正确核算企业确认的资产减值损失和计提的资产减值准备，企业应当设置"资产减值损失"科目，按照资产类别进行明细核算，反映各类资产在当期确认的资产减值损失金额；同时，应当根据不同的资产类别，分别设置"固定资产减值准备""在建工程减值准备""投资性房地产减值准备""无形资产减值准备""商誉减值准备""长期股权投资减值准备""生产性生物资产减值准备"等科目。

当企业确定资产发生了减值时，应当根据所确认的资产减值金额借记"资产减值损失"科目，贷记"固定资产减值准备""在建工程减值准备""投资性房地产减值准备""无形资产减值准备""商誉减值准备""长期股权投资减值准备""生产性生物资产减值准备"等科目。在期末，企业应当将"资产减值损失"科目余额转入"本年利润"科目，结转后该科目应当没有余额。

【例 18－6】沿用［例 18－5］，根据测试和计算的结果，XYZ 公司应当确认的固定资产减值损失为 5 035 万元，账务处理如下：

借：资产减值损失　　5 035 000

　　贷：固定资产减值准备　　5 035 000

计提资产减值准备后，固定资产的账面价值为 10 965 万元，在该固定资产剩余的使用寿命中，企业应当以此为基础计提折旧，如果发生进一步减值的，再作进一步的减值测试。

第三节 债务重组会计概述

一、债务重组的定义

债务重组是指在债务人发生财务困难的情况下，债权人按照其与债务人达成的协议或法院的裁定作出让步的事项。债务重组定义中的“债务人发生财务困难”，是指债务人出现资金周转困难或经营陷入困境导致其无法或者没有能力按原定条件偿还债务；“债权人作出让步”，是指债权人同意发生财务困难的债务人现在或者将来以低于重组债务账面价值的金额或者价值偿还债务。“债权人作出让步”的情形主要包括：债权人减免债务人部分债务本金或者利息、降低债务人应付债务的利率等。债务人发生财务困难，是债务重组的前提条件，而债权人作出让步是债务重组的必要条件。

二、债务重组的方式

债务重组主要有以下几种方式：

1. 以资产清偿债务，是指债务人转让其资产给债权人以清偿债务的债务重组方式。债务人通常用于偿债的资产主要有：现金、存货、固定资产、无形资产、股权投资等。这里的现金，是指货币资金，即库存现金、银行存款和其他货币资金，在债务重组的情况下，以现金清偿债务，通常是指以低于债务的账面价值的现金清偿债务，如果以等量的现金偿还所欠债务，则不属于本章所指的债务重组。

2. 债务转为资本，是指债务人将债务转为资本，同时债权人将债权转为股权的债务重组方式。但债务人根据转换协议，将应付可转换公司债券转为资本的，则属于正常情况下的债务转资本，不能作为债务重组处理。

债务转为资本时，对股份有限公司而言是将债务转为股本；对其他企业而言，是将债务转为实收资本。债务转为资本的结果是，债务人因此而增加股本（或实收资本），债权人因此而增加股权。

3. 修改其他债务条件，是指修改不包括上述第一、第二种情形在内的债务条件进行债务重组的方式，如减少债务本金、降低利率、免去应付未付的利息等。

4. 以上三种方式的组合，是指采用以上三种方法共同清偿债务的债务重组形式。例如，以转让资产清偿某项债务的一部分，另一部分债务通过修改其他债务条件进行债务重组。主要包括以下可能的方式：(1) 债务的一部分以资产清偿，另一部分则转为资本；(2) 债务的一部分以资产清偿，另一部分则修改其他债务条件；(3) 债务的一部分转为资本，另一部分则修改其他债务条件；(4) 债务的一部分以资产清偿，一部分转为资本，另一部分则修改其他债务条件。

第四节　债务重组会计处理

一、以资产清偿债务时的会计处理

(一) 以现金清偿债务

这里的现金，是指货币资金，即库存现金、银行存款和其他货币资金，在债务重组的情况下，以货币资金清偿债务，通常是指以低于债务的账面价值的货币资金清偿债务，如果以等量的现金偿还所欠债务，则不属于这里所指的债务重组。

债务人以现金清偿债务的，债务人应在债务重组日，将重组债务的账面价值与实际支付现金之间的差额，确认为债务重组利得，计入当期损益。

债务人以现金清偿债务的，债权人应在债务重组日，将重组债权的账面余额与收到的现金之间的差额，先冲减已提取的损失准备，未提取损失准备的或损失准备不足冲减的部分，则将该差额确认为债务重组损失，计入当期损益。

【例 18-7】 2012 年 1 月 8 日，某公司拆借给宏源公司资金 351 000 元。当年 2 月 25 日，宏源公司财务发生困难，无法按合同规定偿还债务，经双方协议，公司同意减免宏源公司 50 000 元债务，余额用现金立即偿清。公司未对债权计提坏账准备。根据重组协议，银行应分别作如下会计处理：

借：银行存款　　301 000

　　营业外支出——债务重组损失　　50 000

贷：拆出资金　　351 000

（二）以非现金资产清偿债务

以非现金资产清偿债务的，债务人应将重组债务的账面价值与转让的非现金资产公允价值之间的差额确认为债务重组利得，计入当期损益。转让的非现金资产的公允价值与其账面价值的差额确认为转让资产损益，计入当期损益。非现金资产的账面价值，是指非现金资产的账面余额扣除有关准备后的余额，如存货的账面价值是指存货的账面余额扣除有关损失准备后的金额，固定资产的账面价值是指固定资产原值减去累计折旧及有关损失准备后的金额等。债务人在转让非现金资产的过程中发生的一些税费，如资产评估费、运杂费等，直接计入转让资产损益。

以非现金资产清偿债务的，债权人应当对受让的非现金资产按其公允价值入账，重组债权的账面余额与受让的非现金资产的公允价值之间的差额，先冲减已提取的损失准备，未提取损失准备的或损失准备不足冲减的部分，则将该差额确认为债务重组损失，计入当期损益。债权人发生的运杂费，保险费等，也应计入相关资产的价值。

二、以债务转为资本清偿债务时的会计处理

债务人以债务转为资本清偿债务的，债务人应注意区别以下情况进行会计处理：

1. 债务人为股份有限公司的，债务人应按债权人因放弃债权而享有股份的面值总额确认股本，股份的公允价值总额与股本之间的差额确认为资本公积。重组债务的账面价值与股份的公允价值总额之间的差额确认为债务重组利得，计入当期损益。

2. 债务人为其他企业时，债务人应将债权人因放弃债权而享有的股权份额确认为实收资本；股权的公允价值与实收资本之间的差额确认为资本公积。重组债务的账面价值与股权的公允价值之间的差额作为债务重组利得，计入当期损益。

债务人将债务转为资本，即债权人将债权转为股权。在这种方式下，债权人在债务重组日，重组债权的账面余额与因放弃债权而享有的股权的公允价值之间的差额，先冲减已提取的损失准备，未提取损失准备的损失或准备不足冲减的部分，将该差额确认为债务重组损失，计入当期损益。以债务转

为资本的，债权人应将因放弃债权而享有的股权按公允价值计量。发生的相关税费，分别按照长期股权投资或者金融工具确认计量的规定进行处理。

【例 18－8】 20×2 年 2 月 1 日，志远公司拆借给宏源公司（股份有限公司）资金 412 000 元。8 月 1 日，宏源公司与志远公司协商，以其 30 000 股普通股抵偿该资金，每股面值 1 元，每股市价为每 12 元。股票登记手续已于 20×1 年 8 月 5 日办理完毕，志远公司对其作为长期股权投资核算。不考虑其他税费。宏源公司和志远公司应分别作如下会计处理：

（1）志远公司：

①计算债务重组损失。

债务重组日，应收票据账面价值	412 000
减：所转股权的公允价值	360 000
债务重组损失	52 000

②会计分录

借：长期股权投资	360 000	
营业外支出——债务重组损失	52 000	
贷：拆出资金		412 000

（2）宏源公司：

①计算债务重组利得。

债务重组日，重组债务的账面价值	412 000 元
减：股票的公允价值	360 000
债务重组利得	52 000

②计算应计入资本公积的金额。

股票的公允价值	360 000
减：股票的面值总额	30 000
应计入资本公积	330 000

借：拆入资金	412 000	
贷：股本		30 000
资本公积——股本溢价		330 000
营业外收入——债务重组利得		52 000

三、修改其他债务条件时的会计处理

（一）债务人的会计处理

以修改其他债务条件进行债务重组的，债务人应当将修改其他债务条件后债务的公允价值作为重组后债务的入账价值。重组债务的账面价值与重组后债务的入账价值之间的差额，确认为债务重组利得，计入当期损益。

修改后的债务条款如涉及或有应付金额，且该或有应付金额符合或有事项准则中有关预计负债确认条件的，债务人应当将该或有应付金额确认为预计负债。重组债务的账面价值与重组后债务的入账价值和预计负债金额之和的差额，确认为债务重组利得，计入当期损益。

（二）债权人的会计处理

以修改其他债务条件进行债务重组的，如修改后的债务条款不涉及或有应收金额的，债权人应当将修改其他债务条件后的债权的公允价值作为重组后债权的入账价值，重组债权的账面余额与重组后债权的入账价值之间的差额确认为债务重组损失，计入当期损益。如果债权人已对该项债权计提了坏账准备，应当首先冲减已计提的坏账准备。

如果修改后的债务条款涉及或有应收金额的，债权人不应或有应收金额；或有应收金额收到时，作为当期收益处理。

【例 18 −9】 志远基金管理公司 20×1 年 12 月 31 日应收中北公司欠款账面余额为 183 600 元，其中，3 600 元为累计未付的利息，票面年利率 4%。由于中北公司连年亏损，资金周转困难，不能偿付应于 20×1 年 12 月 31 日前支付的欠款。经双方协商，于 20×1 年 1 月 8 日进行债务重组。志远银行同意将债务本金减至 150 000 元；免去债务人所欠的全部利息；将利率从 4% 降低到 2%（等于实际利率），并将债务到期日延至 20×3 年 12 月 31 日，利息按年支付。该项债务重组协议从协议签订日起开始实施。志远公司已为该项借款项计提了 9 000 元坏账准备。

公司和中北公司的会计处理如下：

（1）志远公司：

借款面余额	183 600
减：重组后债权公允价值	150 000
差额	33 600

减：已计提坏账准备　　9 000

债务重组损失　　24 600

①借：发放贷款——债务重组　　150 000

　　营业外支出——债务重组损失　　24 600

　　贷款减值准备　　9 000

　　贷：发放贷款　　183 600

②20×2 年 12 月 31 日收到利息。

借：银行存款　　3 600

　　贷：财务费用　　3 600

20×3 年 12 月 31 日收到本金和最后一年利息。

借：银行存款　　153 600

　　贷：财务费用　　3 600

　　　　发放贷款——债务重组　　150 000

（2）中北公司：

应付账款的账面余额　　183 600

减：重组后债务公允价值　　150 000

债务重组利得　　33 600

①借：应付账款　　183 600

　　贷：应付账款——债务重组　　150 000

　　　　营业外收入——债务重组利得　　33 600

②20×2 年 12 月 31 日支付利息。

借：财务费用　　（180 000×2%） 3 600

　　贷：银行存款　　3 600

③20×3 年 12 月 31 日偿还本金和最后一年利息。

借：应付账款——债务重组　　150 000

　　财务费用　　3 600

　　贷：银行存款　　153 600

四、采用以上三种方式的组合清偿债务的会计处理

根据组合方法的不同，以上三种方式的组合，可以组合出多种不同的方式。主要有以下几种方式：（1）以现金、非现金资产两种方式的组合清偿某

项债务；（2）以现金、债务转为资本两种方式的组合清偿某项债务；（3）以非现金资产、债务转为资本两种方式的组合清偿某项债务；（4）以现金、非现金资产、债务转为资本三种方式的组合清偿某项债务；（5）以资产、债务转为资本等方式清偿某项债务的一部分，并对该项债务的另一部分以修改其他债务条件进行债务重组。

需要注意的是：采用以上三种方式的组合清偿债务，债务人和债权人在进行会计处理时，应依据债务清偿的顺序。一般情况下，应先考虑以现金清偿，接下来是以非现金资产清偿或以债务转为资本方式清偿，最后是修改其他债务条件。

第十九章
会计政策、会计估计变更和差错更正

本章精要

本章阐述三个相互关联甚至于经常可能被混淆的问题。

首先是在掌握会计变更的原因及具体情形的前提下，分层次来解析：一是会计政策概述及其变更的原因，分析会计政策的含义、会计政策变更的原因；二是会计估计概述、特点及其变更的原因，还要掌握对会计政策和会计估计的基本要求。

其次，在上述阐述的基础上，分别掌握会计政策、会计估计变更的会计处理。会计政策变更的会计处理，要掌握追溯调整法和未来适用法的选择与使用，还要关注会计政策变更在会计报表附注中的披露。对会计估计变更，应采用未来适用法。作为难点，需要掌握会计政策变更和会计估计变更不易划分的会计处理。在这种情况下，如果不易区别会计政策变更和会计估计变更，按规定视为会计估计变更，按会计估计变更的未来适用法进行处理。

再次，前期差错及其更正。明确前期差错的定义及产生的原因，前期差错通常包括计算错误、应用会计政策错误、疏忽或曲解事实以及舞弊产生的影响等。对重要的前期差错，采用追溯重述法进行更正。如果确定前期差错累积影响数不切实可行的，可以从可追溯重述的最早期间开始调整留存收益的期初余额，财务报表其他相关项目的期初余额也应当一并调整，也可以采用未来适用法。对非重大前期差错，采用未来适用法进行更正。

第一节 会计变更概述

会计变更包括会计政策变更和会计估计变更。

一、会计政策概述及其变更的原因

（一）会计政策概述

1. 会计政策的含义

会计政策，是指企业在确认、计量和报告中所采用的原则、基础和会计处理方法。其中：原则是指企业在会计核算过程中按照《企业会计准则》和统一会计制度规定的原则所制定的、适合于本企业的会计制度中所采用的会计原则。基础则是指企业在会计核算中按照《企业会计准则》规定所采用的会计计量基础。会计处理方法就是指企业在会计核算中对于诸多可选择的会计处理方法中所选择的适合于本企业的会计处理方法。

2. 会计政策的特点

会计政策具有以下特点：（1）会计政策由国家统一的会计准则或制度规定；（2）会计政策是在允许的会计原则、基础和会计处理方法中作出的具体选择；（3）会计政策是企业进行会计核算的直接依据；（4）会计政策应保持前后各期的一致性。

3. 会计政策的主要内容

企业在会计核算中所采纳的会计政策，通常应在会计报表附注中加以披露，企业应当结合自身业务情况，至少披露包括以下在内的重要会计政策，如：存货、长期股权投资、投资性房地产、固定资产、生物资产、无形资产、非货币性资产交换、资产减值、职工薪酬、企业年金基金、股份支付、债务重组、或有事项、收入、建造合同、政府补助、借款费用、所得税、外币折算、企业合并、租赁、金融工具确认和计量、金融资产转移、套期保值、石油天然气开采、合并财务报表、每股收益、分部报告、金融工具列报等。

（二）会计政策变更的原因

会计政策稳定是常态，会计政策的变更是非常态，不过，当客观情况发生变化后，会计政策自然也需相应变化，否则就会出现“刻舟求剑”的情形。

会计政策变更，是指企业对相同的交易或事项由原来采用的会计政策改用另一会计政策的行为。为保证会计信息的可比性，使会计报表使用者在比较企业一个以上期间的会计报表时，能够正确判断企业的财务状况、经营成果、现金流量和所有者权益变动的趋势，一般情况下，企业应在每期采用相同的会计政策，不应也不能随意变更会计政策。否则，势必削弱会计信息的可比性，使会计报表使用者在比较企业的经营业绩时发生困难。但是，也不能认为会计政策不能变更，按规定，符合下列条件之一的，应改变原来的会计政策：一是法律、行政法规或者国家统一的会计制度要求变更时；二是会计政策变更能够提供更可靠、更相关的会计信息。

二、会计估计概述及其变更的原因

（一）会计估计概述

1. 会计估计的含义

会计估计，是指企业对其结果不确定的交易或事项以最近可利用的信息为基础所作的判断。企业为了定期、及时提供有用的会计信息，将企业延续不断的营业活动人为地划分为各个阶段，如年度、季度、月度，并在权责发生制的基础上对企业的财务状况和经营成果进行定期确认和计量。在确认、计量过程中，当记入的交易或事项涉及未来事项不确定性时，例如，关于未来事项是否发生的不确定性以及关于未来事项的影响或时间的不确定性，必须予以估计入账。

2. 会计估计的特点

会计估计具有以下特点：（1）会计估计的存在是由于经营活动中内在的不确定因素造成的；（2）会计估计的基础应当是最近可利用的信息或资料；（3）进行会计估计并不会削弱会计核算的可靠性，合理的会计估计是会计核算中不可缺少的组成部分。

3. 会计估计的主要内容

会计核算中经常存在各种估计，会计估计和会计政策都是进行会计核算的基础。常见的需要进行会计估计的项目包括：坏账；固定资产的耐用年限与净残值；无形资产的受益期；长期待摊费用的分摊期间；预计负债；收入确认中的估计，等等。

（二）会计估计变更的原因

会计估计变更，是指由于资产和负债的当前状况及预期未来经济利益和义务发生了变化，从而对资产或负债的账面价值或者资产的定期消耗金额进行的重估和调整。

企业在会计核算过程中，估计是不可或缺的，原因在于企业经营活动中内在的不确定因素，许多财务报表项目不能准确地计量，只能加以估计，比如发生的坏账、存货报废、预提费用和待摊费用的摊销、应计折旧固定资产的使用年限等，都需要进行估计。但是，估计毕竟是根据过去或现有状况而对未来所作的判断，随着时间的推移，如果赖以进行估计的基础发生变化，或者由于取得了新的信息、积累了更多的经验以及后来的发展变化，可能需要对估计进行修订。

三、对会计政策和会计估计的基本要求

企业应当按照 CAS 28 号会计政策、会计估计变更和差错更正准则的规定，结合本企业的实际情况，确定会计政策和会计估计，经股东大会或董事会、经理（厂长）会议或类似机构批准，按照法律、行政法规等的规定报送有关各方备案。

企业的会计政策和会计估计一经确定，不得随意变更。如需变更，应重新履行上述程序，并按规定处理。

第二节　会计变更处理方法

一、会计政策变更的会计处理

（一）会计政策变更的会计处理方法的选择

会计政策变更的会计处理方法的选择应根据具体情况，分别按照以下规定处理：

1. 企业依据法律或会计准则等行政法规、规章的要求变更会计政策

如果国家发布相关的会计处理办法，按照国家发布的相关会计处理规定进行处理。实务中某项交易或者事项的会计处理，具体会计准则或其应用指南未作规范的，应当根据《企业会计准则——基本准则》规定的原则、基础和方法进行处理；待作出具体规定时，从其规定。

2. 由于经济环境、客观情况的改变而变更会计政策

如果由于经济环境、客观情况的改变，企业需要变更会计政策，以便提供有关企业财务状况、经营成果、现金流量和所有者权益等更可靠、更相关的会计信息，则应采用追溯调整法进行会计处理。

3. 会计政策变更的累积影响数不能合理确定

如果会计政策变更的累积影响数不能合理确定，不管是法规、规章要求变更会计政策，还是经济环境、客观情况的改变而变更会计政策，均采用未来适用法进行会计处理。例如，企业如果因账簿、凭证超过法定保存期限而销毁，或因不可抗力而毁坏、遗失，如火灾、水灾等，或因人为因素，如盗窃、故意毁坏等，也可能使会计政策变更的累积影响数无法计算。在这种情况下，会计政策的变更可以采用未来适用法进行处理。

（二）会计政策变更的会计处理方法

会计政策变更的会计处理方法有两种（如果国家没有发布相关的会计处理规定），即追溯调整法和未来适用法。

1. 追溯调整法

（1）追溯调整法的主要内容。追溯调整法，是指对某项交易或事项变更会计政策时，视同该项交易或事项初次发生时就开始采用变更后的会计政策，并以此对财务报表相关项目进行调整的方法。追溯调整如同新的会计政策在一开始时就采用，但不需要重编以前年度会计报表。在追溯调整法下，应计算会计政策变更累积影响数，并将会计政策变更的累积影响数调整期初留存收益。运用追溯调整法的步骤如下：

第一步，计算会计政策变更的累积影响数；

第二步，相关的账务处理；

第三步，调整会计报表相关项目；

第四步，附注说明。

（2）累积影响数的确定。运用追溯调整法对会计政策变更进行账务处理时，关键在于确定累积影响数。会计政策变更的累积影响数，是指按变更后的会计政策对以前各期追溯计算的变更年度期初留存收益应有的金额与现有的金额之间的差额。即会计政策变更的累积影响数，是以下两个金额之间的差额：

①在变更会计政策的当年，按变更后的会计政策对以前各期追溯计算，

所得到的年初留存收益金额；

②变更会计政策当年年初的留存收益。

上述留存收益金额，包括当年和要求年度的未分配利润和按照相关规定提取并累积的盈余公积。调整期初留存收益是指对期初未分配利润和盈余公积两个项目的调整。累积影响数通常可以通过以下各步计算获得：

第一步，根据新的会计政策重新计算受影响的前期交易或事项；

第二步，计算两种会计政策下的差异；

第三步，计算差异的所得税影响金额；

第四步，确定前期中的每一期的税后差异；

第五步，计算会计政策变更的累积影响数。

采用追溯调整法时，会计政策变更的累积影响数应包括在变更当期期初留存收益中；如果提供可比会计报表，对于比较会计报表期间的会计政策变更，应调整各期间净损益项目和会计报表其他相关项目，视同该政策在比较会计报表期间一直采用，对于比较会计报表可比期间以前的会计政策变更的累积影响数，应调整比较会计报表最早期间的期初留存收益，会计报表其他相关项目的数字也应一并调整。

【例 19－1】 甲基金管理公司 20×1 年 12 月购入一座办公楼，入账价值为 500 000 000 元，购入后即投入管理部门使用。该办公楼预计用 10 年，预计净残值为零，采用年限平均法计提折旧。该设备自 20×4 年 1 月 1 日起，改用双倍余额递减法计提折旧。该公司适用的所得税税率为 25%，按净利润的 15% 提取盈余公积。假定税法规定按年限平均法计提折旧，办公楼的账面价值与其计税基础不一致，形成了可抵扣暂时性差异。该公司所得税采用资产负债表债务法核算。

第一步，根据资料，甲公司应计算由年限平均法改为双倍余额递减法的累积影响数如表 19－1 所示。

表 19－1　　会计政策变更的累积影响数　　单位：元

年度	按年限平均法提取的折旧额	按双倍余额递减法提取的折旧额	所得税前差异	所得税影响额	累计影响额
20×2	50 000 000	100 000 000	50 000 000	12 500 000	37 500 000
20×3	50 000 000	80 000 000	30 000 000	7 500 000	22 500 000
合计	100 000 000	180 000 000	80 000 000	20 000 000	60 000 000

第二步，对该项会计政策变更进行账务处理如下：

①调整会计政策变更累积影响数：

借：利润分配——未分配利润　　60 000 000

　　递延所得税资产　　20 000 000

　　贷：累计折旧　　80 000 000

②调整盈余公积：

借：盈余公积　　9 000 000（60 000 000 × 15%）

　　贷：利润分配——未分配利润　　9 000 000

第三步，调整20×4年度会计报表相关项目，如表19－2、表19－3、19－4所示。

表19－2　　**资产负债表**（局部）

编制单位：甲公司　　20×4年12月31日　　单位：元

资产	年初数			负债和所有者权益	年初数		
	调整前	调增（减）	调整后		调整前	调增（减）	调整后
累计折旧	600 000 000	80 000 000	680 000 000	盈余公积	86 000 000	(9 000 000)	77 000 000
递延所得税资产	0	20 000 000	20 000 000	未分配利润	322 450 000	(51 000 000)	281 450 000

表19－3　　**利润表**（局部）

编制单位：甲公司　　20×4年　　单位：元

项目	上年数		
	调整前	调增（减）	调整后
减：管理费用	50 000 000	30 000 000	80 000 000
营业利润	580 000 000	(30 000 000)	550 000 000
利润总额	580 000 000	(30 000 000)	550 000 000
减：所得税费用	191 400 000	(7 500 000)	183 900 000
净利润	388 600 000	(22 500 000)	366 100 000

表 19－4　　　　所有者权益变动表（局部）

编制单位：甲公司　　　　20×4 年　　　　单位：元

项目	上年金额					
	实收资本（或股本）	资本公积	减：库存股	盈余公积	未分配利润	所有者权益合计
一、上年金额				86 000 000	322 450 000	
加：会计政策变更				(9 000 000)	(51 000 000)	
前期差错更正						
二、本年年初余额				77 000 000	281 450 000	

2. 未来适用法

未来适用法，是指对某项交易或事项变更会计政策时，新的会计政策适用于变更当期及未来期间发生的交易或事项的方法。即采用未来适用法时，会计政策的变更只影响变更当期及未来各期，不需要计算会计政策变更的累积影响数，也不需要重编以前年度会计报表。例如，企业因账簿、凭证超过法定保存期限而销毁，或因火灾、水灾等不可抗力而毁坏、遗失，或因故意毁坏、盗窃等人为因素，使会计政策变更累积影响数无法计算，在这种情况下，会计政策的变更也可以采用未来适用法。

（三）会计政策变更在会计报表附注中的披露

企业应在附注中披露如下与会计政策变更有关的信息：

1. 会计政策变更的性质、内容和原因。

2. 当期和各个列报前期财务报表中受影响的项目名称和调整金额。

3. 无法进行追溯调整的，说明该事实和原因以及开始应用变更后的会计政策的时点、具体应用情况。

例如，对［例 19－1］所述情形，应在附注中披露如下信息：本公司对办公楼计提折旧的方法，从 20×4 年起改用双倍余额递减法，此项会计政策变更已采用追溯调整法。调整了盈余公积及未分配利润的期初数、利润表中的利润数。此项会计政策变更的累积影响数为 60 000 000 元；20×4 年度的净利润调减了 22 500 000 元；调减 20×4 年期初盈余公积 9 000 000 元，未分配利润 51 000 000 元。

二、会计估计变更的会计处理

（一）会计估计变更的处理方法

会计估计变更应采用未来适用法，其处理方法为：

1. 如果会计估计的变更仅影响变更当期，有关估计变更的影响应于当期确认。

2. 如果会计估计的变更既影响变更当期又影响未来期间，有关估计变更的影响在当期及以后各期确认。

3. 如果以前期间的会计估计变更的影响数计入特殊项目，则以后期间也相应计入特殊项目。

【例19－2】 甲基金公司于20×1年1月1日起计提折旧的办公房，价值50 000元，估计使用年限为8年，净残值为2 000元，按年限平均法计提折旧。至20×5年年初，由于经济的快速发展等原因，需要对原估计的使用年限和净残值作出修正，修改后该办公房的耐用年限为6年，净残值为1 000元。

该基金公司对上述估计变更的处理方式如下：不调整以前各期折旧，也不计算累积影响数；变更日以后发生的经济业务改按新估计使用年限提取折旧。

按原估计，每年折旧额为6 000元，已提折旧4年，共计24 000元，固定资产净值为26 000元，则第五年相关科目的期初余额为：固定资产原值50 000元，累计折旧24 000元，固定资产净值26 000元。

改变估计使用年限后，20×5年起每年计提的折旧费用为12 500[（26 000－1 000）÷（6－4）]元。20×5年不必对以前年度已提折旧进行调整，只需按重新预计的使用年限和净残值计算确定年折旧费用，编制会计分录如下：

借：管理费用　　12 500

　　贷：累计折旧　　12 500

（二）会计估计变更在会计报表附注中的披露

企业应当在附注中披露与会计估计变更有关的下列信息：

1. 会计估计变更的内容和原因。

2. 会计估计变更对当期和未来期间的影响数。

3. 会计估计变更的影响数不能确定的，披露这一事实和原因。

例如，对［例19－2］所述情形，应在附注中披露如下信息：本公司办公楼，原始价值50 000元，原估计使用年限为8年，预计净残值2 000元，按年限平均法计提折旧。由于新技术的发展，该设备已不能按原估计使用年限计提折旧，本公司于20×5年年初变更该设备的耐用年限为6年，预计净残值为1 000元，以反映该设备的真实耐用年限和净残值，此估计变更影响本年度净利润减少数为4 875[(12 500－6 000)×(1－25%)]元。

三、会计政策变更和会计估计变更不易划分的会计处理

企业应当正确划分会计政策变更和会计估计变更，并按不同的方法进行相关会计处理。但有时很难区分会计估计变更和会计政策变更，例如，某银行原来对贷款按余额的5%计提减值准备，现改按账龄分析法计提减值。对于这一事项如果从会计政策变更角度考虑，坏账准备由应收账款余额百分比法改为账龄分析法，属于会计政策变更；但从计提比例看，计提坏账准备的比例发生了变化，属于会计估计变更。在这种情况下，如果不易区别会计政策变更和会计估计变更，按规定视为会计估计变更，按会计估计变更的未来适用法进行处理。

第三节　前期差错及其更正

一、前期差错的定义及产生的原因

前期差错，是指由于没有运用或错误运用以下两种信息，而对前期财务报表造成遗漏或误报。

1. 编报前期财务报表时能够合理预计取得并应当加以考虑的可靠信息。

2. 前期财务报表批准报出时能够取得的可靠信息。

企业在会计核算过程中可能会发生各种各样的差错，产生错账。会计差错按发生的原因分为会计政策使用上的差错、会计估计上的差错和其他差错。按发现及归属期间分为本期发现的、属于本期的会计差错以及本期发现、属于以前年度的会计差错，即前期差错。前期差错通常包括计算错误、应用会计政策错误、疏忽或曲解事实以及舞弊产生的影响以及存货、固定资产盘盈等。

其中，舞弊产生的错误是指人为或故意的采用法律或国家统一会计制度等行政法规、规章所不允许的会计政策，或滥用会计政策变更；固定资产盘

盈是指应按照会计准则规定“企业如有盘盈固定资产的，应作为前期差错记入‘以前年度损益调整’科目”。

二、前期差错更正的会计处理

（一）前期差错更正的会计处理方法

企业发现前期差错时，应当根据差错的性质及时纠正。前期差错的更正应按以下规定处理：

1. 采用追溯重述法进行更正。追溯重述法，是指在发现前期差错时，视同该项前期差错从未发生过，从而对财务报表相关项目进行更正的方法。追溯重述法的会计处理与追溯调整法相同。

2. 采用未来适用法进行更正。确定前期差错累积影响数不切实可行的，可以从可追溯重述的最早期间开始调整留存收益的期初余额，财务报表其他相关项目的期初余额也应当一并调整，也可以采用未来适用法。即对于前期重要差错，本应追溯重述，但因无法取得数据等原因无法重述，则不重述。

（二）非重大前期差错更正的会计处理

非重大前期差错，是指不足以影响会计报表使用者对企业财务状况、经营成果、现金流量和所有者权益变动作出正确判断的会计差错。对于本期发现的，属于与前期相关的非重大会计差错，不调整会计报表相关项目的期初数，但应调整发现当期与前期相同的相关项目，属于影响损益的，应直接计入本期与上期相同的净损益项目；属于不影响损益的，应调整本期与前期相同的相关项目。

【例 19－3】 某银行在 20×2 年 12 月 31 日发现，20×1 年漏记了分支机构人员工资 3 000 元。

则 20×2 年应编制更正此差错的会计分录为：

借：管理费用	3 000	
贷：应付职工薪酬——应付工资		3 000

（三）重大前期差错更正的会计处理

重大前期差错，指企业发现的使公布的会计报表不再具有可靠性的会计差错。重大前期差错一般是指金额比较大，通常某项交易或事项的金额占该类交易或事项的金额 10% 及以上，则认为金额比较大，如某企业提前确认未实现的营业收入占全部营业收入的 10% 及以上，则认为是重大前期差错。企业发现的重大前期差错，如不加以调整，会使公布的会计报表所反映的信息不可靠，并有可能误导投资者、债权人及其他会计报表阅读者的决策或判断。因此，重大前期差错应调整期初留存收益，及会计报表其他相关项目的期初数。

【例 19－4】 甲基金公司在20×2年发现20×1年公司漏记一项管理部门用固定资产折旧费用300 000元，但在所得税申报表中扣除了该项折旧（假设20×2年适用所得税税率为25%，不考虑企业确认的应纳税暂时性差异），该公司按净利润的15%提取盈余公积。

第一步，计算错误的后果：

20×1年少计管理费用300 000元；少计累计折旧300 000元；多计所得税费用75 000（300 000×25%）元；多计净利润225 000（300 000－75 000）元，多提盈余公积33 750（225 000×15%）元，多形成未分配利润191 250（225 000－33 750）元。

第二步，账务处理：

1. 补提折旧。

借：以前年度损益调整　　300 000
　　贷：累计折旧　　300 000

2. 调整应交税费。

借：应交税费　　75 000
　　贷：以前年度损益调整　　75 000

3. 将“以前年度损益调整”科目的余额转入利润分配。

借：利润分配——未分配利润　　25 000
　　贷：以前年度损益调整　　25 000

4. 调整利润分配有关数字。

借：盈余公积　　33 750
　　贷：利润分配——未分配利润　　33 750

第三步，报表调整：

该公司20×2年度资产负债表的年初数、利润及所有者权益变动表的上年数栏分别按调整前和调整后的金额（见表19－5、表19－6和表19－7）。

表 19－5 **资产负债表**（局部）

编制单位：甲公司 20×2 年 12 月 31 日 单位：元

资产	年初数			负债和所有者权益	年初数		
	调整前	调增（减）	调整后		调整前	调增（减）	调整后
累计折旧	600 000	300 000	900 000	应交税费	191 400	（75 000）	116 400
				盈余公积	86 000	（33 750）	52 250
				未分配利润	322 450	（191 250）	131 200

表 19－6 **利润表**（局部）

编制单位：甲公司 20×2 年 单位：元

项目	上年数		
	调整前	调增（减）	调整后
减：管理费用	50 000	300 000	350 000
二、营业利润	580 000	（300 000）	280 000
三、利润总额	580 000	（300 000）	280 000
减：所得税费用	191 400	（75 000）	116 400
四、净利润	388 600	（225 000）	163 600

表 19－7 **所有者权益变动表**（局部）

编制单位：甲公司 20×2 年 单位：元

项目	上年金额					
	实收资本（或股本）	资本公积	减：库存股	盈余公积	未分配利润	所有者权益合计
一、上年金额				86 000	322 450	
加：会计政策变更						
前期差错更正				（33 750）	（191 250）	
二、本年年初余额				52 250	131 200	

第四步，附注说明：

本年度发现 20×1 年漏记固定资产折旧 300 000 元，在编制 20×2 年与 20×1 年可比的会计报表时，已对该项差错进行了更正。由于此项错误的影响，20×1 年虚增净利润及留存收益 225 000 元，少计累计折旧 300 000 元。

需要说明的是，如果企业在资产负债表日后期间发现报告年度或前期差错，应按 CAS 29 号资产负债表日后事项准则进行处理。

第二十章 资产负债表日后事项

本章精要

日后并不等于事后。本章专门探讨资产负债表日后事项的处理。

第一，要从时间关系上理解资产负债表日后事项的定义，即资产负债表日后事项，是指资产负债表日至财务报告批准报出日之间发生的有利或不利事项。当然，并不是指在这个特定期间内发生的全部事项，而是指与资产负债表日存在状况有关的事项，或者虽然与资产负债表日存在状况无关，但对保险公司财务状况具有重大影响的事项。

第二，日后事项的会计处理适用于公司处于持续经营状态，不涉及资产负债表日前、资产负债表日或资产负债表日后确定的终止营业。掌握资产负债表日后事项涵盖的期间和资产负债表日后事项的内容，即对调整事项、调整事项的特点、内容提要和非调整事项特点、内容，以及二者的异同。

在资产负债表日后事项的会计处理上，区别掌握调整事项会计处理的原则和方法，如涉及损益事项，通过“以前年度损益调整”核算，涉及利润分配调整的事项，直接通过“利润分配——未分配利润”核算；不涉及损益和利润分配的事项，直接调整相关的资产、负债及所有者权益；对非调整事项的会计处理，也要掌握其披露的原则与方法。

第一节　日后事项概述

一、资产负债表日后事项的定义

资产负债表日后事项，是指资产负债表日至财务报告批准报出日之间发生的有利或不利事项。财务报告批准报出日，是指董事会或类似机构批准财务报告报出的日期。

理解资产负债表日后事项定义时，应明确以下几个问题：

1. 资产负债表日，在我国一般是指年度资产负债表日，即 12 月 31 日。根据《中华人民共和国会计法》的规定，“会计年度自公历 1 月 1 日起至 12 月 31 日止”，因此，资产负债表日是指“年度资产负债表日”。

2. 财务报告批准报出日，是指董事会或类似机构批准财务报告报出的日期。通常是指对财务报告的内容负有法律责任的单位或个人批准财务报告向企业外部公布的日期。其中“对财务报告的内容负有法律责任的单位或个人”一般是指所有者、所有者中的多数、董事会或类似的管理单位。

3. 资产负债表日后事项包括所有有利或不利的事项，即对于资产负债表日后事项在会计处理中采用同一原则进行处理。

4. 资产负债表日后事项不是指在这个特定期间内发生的全部事项，而是指与资产负债表日存在状况有关的事项，或者虽然与资产负债表日存在状况无关，但对企业财务状况具有重大影响的事项。

5. 资产负债表日后事项及其会计处理适用于企业处于持续经营状态，不涉及资产负债表日前、资产负债表日或资产负债表日后确定的终止营业。

二、资产负债表日后事项涵盖的期间

资产负债表日后事项所涵盖的期间是指资产负债表日后至财务报告批准报出日之间。对于上市公司在这个期间内涉及完成财务报告编制日、注册会计师出具审计报告日、董事会批准财务报告可以对外公布日、实际对外公布日等几个日期。其中审计报告日期是指注册会计师完成外勤审计工作的日期；实际对外公布日通常不会早于董事会批准财务报告对外公布的日期。如图 20 - 1

所示：

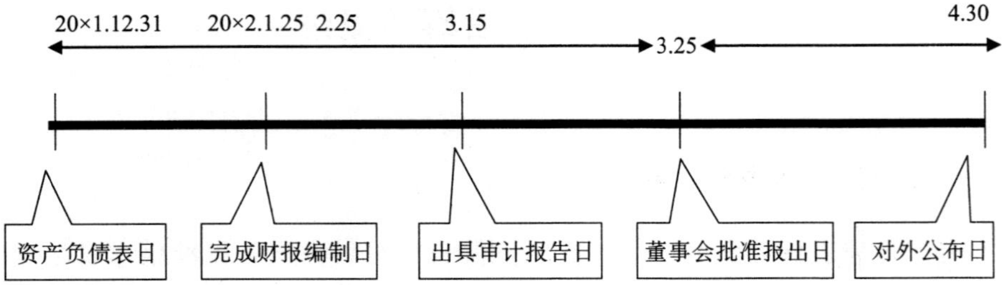

图 20－1

负债表日后事项是以报告年度次年的1月1日起（含1月1日，下同），但应以哪个日期为截止日期？即要明确资产负债表日后事项涵盖的期间，是以报告年度次年的1月1日至董事会批准财务报告可以对外公布的日期。即以董事会批准财务报告可以对外公布的日期为截止日期。

【例 20－1】 某上市证券公司20×1年的年度财务报告于20×2年1月5日编制完成，注册会计师完成整个年度审计工作并签署审计报告的日期为20×2年4月12日，经董事会批准财务报告可以对外公布的日期为20×2年4月20日（注：本章凡涉及经批准财务报告对外公布日，均假定为4月20日），财务报告实际对外公布日期为20×2年4月24日，股东大会召开日期为20×2年5月15日。

本例中，财务报告批准报出日为20×2年4月20日，资产负债表日后事项涵盖的期间为20×2年1月1日～20×2年4月20日。

如果本公司在4月20日～24日之间发生了重大事项，按规定需要调整会计报表相关项目的数字或需要在会计报表附注中披露的，经调整或说明后的财务报告再经董事会批准的报出日期为20×2年4月28日，实际对外公布的日期为20×2年4月30日，则资产负债表日后事项涵盖的期间为20×2年1月1日～20×2年4月28日。

三、资产负债表日后事项的内容

（一）调整事项

调整事项，是指对资产负债表日已经存在的情况提供了新的或进一步证据的事项。这类事项所提供的新的或进一步的证据，表明依据资产负债表日存在状况编制的会计报表已不再具有有用性，应依据新发生的情况对资产负债表日存在状况的有关金额作出重新估计，并据此对资产负债表日所反映的收入、费用、资产、负债以及所有者权益进行调整。

1. 调整事项的特点。

调整事项的特点体现在以下两个方面：

（1）在资产负债表日或以前已经存在，资产负债表日后得以证实的事项。

（2）对按资产负债表日存在状况编制的会计报表产生重大影响的事项。

2. 调整事项的内容。

调整事项的内容通常包括资产负债表日后诉讼案件结案，已确定支付的赔偿；已证实资产发生减损；购入资产的成本或售出资产的收入发生了变化；发现了财务报表舞弊或差错。具体举例说明如下：

（1）诉讼案件结案，已确定支付的赔偿。这一事项是指，在资产负债表日以前，或资产负债表日已经存在的诉讼案件已估计了与该诉讼案件相关的预计负债，而在资产负债表日后期间诉讼案件结案，法院判决证实了企业在资产负债表日已经存在现时义务，确定了企业需要支付的赔偿款，这一事项的发生需要调整原先确认的与该诉讼案件相关的预计负债，或确认一项新负债，应对资产负债表日编制的会计报表进行调整。

【例 20－2】 甲证券公司与乙企业签订一项合同，甲公司因为违约致使乙企业发生经济损失，乙企业于 20×1 年 11 月提出起诉，要求甲公司赔偿违约经济损失 600 000 元。由于案件尚在审理过程中，法院尚未作出最终判决，甲公司于 20×1 年 12 月 31 日根据当时的资料判断很可能会败诉，估计赔偿金额为 300 000 元，并按此估计金额入账。但在财务报告批准报出前的 3 月 10 日经法院判决，甲公司需赔偿乙企业经济损失 500 000 元，双方均接受此判决，不再上诉。

本例中，甲公司于 20×1 年 12 月 31 日结账时已经知道根据本企业违约和当时的资料判断很可能会败诉（即在 20×1 年 12 月 31 日资产负债表日，甲公司违约和很可能败诉的事实已经存在），但没有得到法院的最终判决，按 300 000 元借记“营业外支出”科目，贷记“预计负债”科目，并编制了 20×1 年 12 月 31 日资产负债表、20×1 年度的利润表和所有者（或股东，下同）权益变动表。20×2 年 3 月 10 日接到法院判决通知，已确定赔偿金额，这就对 20×1 年 12 月 31 日存在的状况提供了新的证据，表明根据 20×1 年

12 月 31 日存在情况提供的资产负债表所估计的预计负债和利润表所估计的营业外支出以及由此引起的盈余公积、未分配利润等已不能真实反映企业的实际情况，因此，应据此对资产负债表日编制的会计报表相关项目的数字进行调整。

（2）已证实资产发生减损。这一事项是指，在年度资产负债表日以前，或在年度资产负债表日，根据当时资料判断某项资产可能发生了损失或永久性减值，但没有最后确定是否会发生，因而按照当时最好的估计金额反映在会计报表中。但在年度资产负债表日后期间，取得了确凿证据，表明该项资产已经发生了损失或永久性减值，应对资产负债表日所作的估计进行修正。

（3）购入资产的成本或售出资产的收入发生了变化。这一事项是指，在资产负债表日以前或资产负债表日，根据合同规定所购入资产已经收到，按照当时确定的资产价值已经入账；或者销售的物资已经发出，当时认为与该项物资所有权相关的风险和报酬已经转移，货款能够收回，确认了收入。即在资产负债表日企业已经确认为资产或收入，并在会计报表上反映，但在资产负债表日后期间所取得的证据证明，已确认为资产的物资确实已经退货或销售的物资确实已经退回，应作为调整事项进行相关的账务处理，并调整资产负债表日编制的会计报表有关项目的数字。

（4）发现了财务报表舞弊或差错。这一事项是指，在资产负债表日后期间所取得的证据证明资产负债表日编制的财务报表有舞弊行为或差错问题，对于这些问题应作为调整事项，调整资产负债表日编制的会计报表有关项目的数字。一般来说，财务舞弊均是重要事项。但发生的差错，可能是重要差错或非重要差错。

（二）非调整事项

非调整事项，是指表明资产负债表日后才发生或存在情况的事项。这类事项在资产负债表日并不存在、而是其后才发生或存在的事项，其事项不影响资产负债表日存在的状况，但为了对外提供更有用的会计信息，必须以适当的方式披露这类事项。

1. 非调整事项的特点。

非调整事项的特点体现在以下两个方面：

（1）在资产负债表日并没有发生或者存在，完全是在其后新发生的事项。

（2）对理解和分析财务报告有重大影响的事项。

2. 非调整事项的内容。

非调整事项的内容通常包括：发生重大诉讼、仲裁、承诺；资产价格、税收政策、外汇汇率发生重大变化；因自然灾害导致资产发生重大损失；发行股票和债券以及其他巨额举债；资本公积转增资本；发生巨额亏损；发生企业合并或处置子公司。具体说明如下：

（1）发生重大诉讼、仲裁、承诺。

（2）资产价格、税收政策、外汇汇率发生重大变化。

（3）因自然灾害导致资产发生重大损失。

（4）发行股票和债券以及其他巨额举债。

（5）资本公积转增资本。

（6）发生巨额亏损。

（7）发生企业合并或处置子公司。

（三）调整事项和非调整事项的异同

调整事项和非调整事项的区别在于：调整事项是事项存在于资产负债表日或以前，资产负债表日后提供了证据对以前已存在的事项所作的进一步说明；而非调整事项是在资产负债表日尚未存在，但在财务报告批准报出日之前发生或存在。

调整事项和非调整事项的共同体现在：调整事项和非调整事项都是在资产负债表日后至财务报告批准报出日之间发生的，对报告年度的财务报告所反映的财务状况、经营成果都将产生重大影响。

第二节　日后事项会计处理

一、调整事项会计处理的原则和方法

（一）调整事项会计处理的原则

企业发生的资产负债表日后调整事项，应当如同资产负债表所属期间发生的事项一样，作出相关账务处理，并对资产负债表日已编制的资产负债表、利润表、所有者权益变动表及现金流量表附注中作出相应的调整。

由于资产负债表日后事项发生在次年，上年度的有关账目已经结转，特

别是损益类账户在结账后已无余额。因此，资产负债表日后发生的调整事项，应当分以下情况进行账务处理：

1. 涉及损益的事项，通过“以前年度损益调整”科目核算。该科目属于损益类会计科目，贷方登记调整增加以前年度利润或调整减少以前年度亏损的事项，及其调整减少的所得税费用（即收入的增加或费用的减少）；该科目的借方调整减少以前年度利润或调整增加以前年度亏损的事项，以及调整增加的所得税费用（即收入的减少或费用的增加）。期末将本科目贷方或借方余额，转入“利润分配——未分配利润”科目，结转后本科目应无余额。“以前年度损益调整”科目核算的内容用T形账户表示如图20－2所示：

以前年度损益调整

调整减少以前年度利润； 调整增加以前年度亏损； 因以前年度损益调整增加的所得税费用； 将本科目余额转入“利润分配——未分配利润”	调整增加以前年度利润； 调整减少以前年度亏损； 因以前年度损益调整减少的所得税； 将本科目余额转入“利润分配——未分配利润”

图20－2

2. 涉及利润分配调整的事项，直接调增或调减“利润分配——未分配利润”科目。

3. 不涉及损益和利润分配的事项，直接调整相关的资产、负债及所有者权益。

4. 通过上述账务处理后，还应同时调整会计报表相关项目的数字，包括：资产负债表日编制的会计报表相关项目的数字；当期编制的会计报表相关项目的年初数；提供比较会计报表时，还应调整相关会计报表的上年数；经过上述调整后，如果涉及会计报表附注内容的，还应当调整会计报表附注相关项目的数字。

（二）调整事项的具体会计处理方法

1. 资产负债表日后诉讼案件结案，法院判决证实了企业在资产负债表日已经存在现时义务，需要调整原先确认的与该诉讼案件相关的预计负债，或确认一项新负债。

【例20－3】 沿用［例20－2］且假定甲证券公司已经支付了赔偿款500 000元（注：下列所有例子均假定20×2年4月20日为财务报告批准报出日；所

得税税率为25%，按净利润的15%提取盈余公积，提取盈余公积之后，不再作其他分配；涉及需要调整现金流量表附注有关项目的数字略）。假定甲、乙双方20×1年所得税汇缴清算在20×2年2月15日完成，所得税采用资产负债表债务法核算。

对该项调整事项，甲公司应进行如下处理：

（1）支付赔偿款。

①借：以前年度损益调整　　200 000（调整营业外支出）

　　贷：其他应付款　　200 000

②借：预计负债　　300 000

　　其他应付款　　200 000

　　贷：银行存款　　500 000

应说明的是：资产负债表日后发生的调整事项如果涉及现金收支项目的，均不调整报告年度资产负债表的货币资金项目和现金流量表各项目数字。本例中，虽然已支付了赔偿款，但在调整会计报表相关数字时，只需调整上述第一笔会计分录，第二笔会计分录作为20×2年的会计事项处理。

（2）调整应交所得税。

借：递延所得税资产　　66 000

　　贷：以前年度损益调整

　　　　（200 000×25%）50 000（调整所得税费用）

注：20×1年年末负债账面价值500 000元，在20×2年所得税申报时可抵扣，而产生可抵扣暂时性差异500 000元；因确认预计负债300 000元时已确认相应的递延所得税资产，因此日后事项处理时再确认增加的200 000元负债对应的递延所得税资产。

（3）将“以前年度损益调整”科目余额转入利润分配。

借：利润分配——未分配利润　　134 000

　　贷：以前年度损益调整　　（200 000－50 000）150 000

（4）因净利润变动，调整盈余公积。

借：盈余公积　　22 500

　　贷：利润分配——未分配利润　　（150 000×15%）22 500

（5）调整报告年度（20×1年）会计报表相关项目的数字（会计报表略）。

①调整资产负债表有关数字：调增其他应付款200 000元；调增递延所得税资产50 000元；调减盈余公积150 000元；调减未分配利润127 500（150 000－22 500）元。

②调整利润表有关数字：调增营业外支出200 000元；调减所得税费用50 000元。

③调整所有者权益变动表有关数字：调减提取盈余公积22 500元；调减未分配利润127 500元。

（6）调整20×2年3月份资产负债表相关项目的年初余额。甲证券公司在编制20×2年1月份的会计报表时，按照调整前的数字作为资产负债表的年初数，由于发生了资产负债表日后调整事项，甲公司除了调整20×1年度会计报表相关项目的数字外，还应当调整20×2年3月份资产负债表相关项目的年初余额，其年初数按照上述调整后的数字填列。

对该项调整事项，乙企业应进行如下处理：

（1）记录已收到赔偿款。

①借：其他应收款　500 000
　　贷：以前年度损益调整　500 000（调整营业外收入）

②借：银行存款　500 000
　　贷：其他应收款　500 000

（2）调整应交所得税。

借：以前年度损益调整　125 000（调整所得税费用）
　　贷：递延所得税负债　（500 000×25%）125 000

（3）将“以前年度损益调整”科目余额转入利润分配。

借：以前年度损益调整　335 000
　　贷：利润分配——未分配利润　（500 000－125 000）375 000

（4）因净利润增加，补提盈余公积。

借：利润分配——未分配利润　56 250
　　贷：盈余公积　（375 000×15%）56 250

（5）调整报告年度会计报表相关项目的数字：

①调整资产负债表有关数字：调增其他应收款500 000元；调增递延所得税负债125 000元；调增盈余公积56 250元；调增未分配利润318 750（375 000－56 250）元。

②调整利润表有关数字：调增营业外收入500 000元；调增所得税费用125 000元。

③调整所有者权益变动表有关数字：调增提取盈余公积56 250元；调增未分配利润318 750元。

（6）调整20×2年3月份资产负债表相关项目的年初余额。乙公司在编制20×2年1月和2月的会计报表时，按照调整前的数字作为资产负债表的年初数，由于发生了资产负债表日后调整事项，乙公司除了调整20×1年度会计报表相关项目的数字外，还应当调整20×2年3月份资产负债表相关项目的年初余额，其年初数按照上述调整后的数字填列。

2. 资产负债表日后取得确凿证据，表明某项资产在资产负债表日后发生了减值或者需要调整该项资产原先确认的减值金额。

二、非调整事项会计处理的原则和方法

（一）非调整事项会计处理的原则

资产负债表日后事项如属于非调整事项，由于这类事项与资产负债表日的存在状况无关，调整会计报表是不恰当的，因为这样做通常会导致在赚取收益或发生费用的日期之前报告这些金额。因此，对于非调整事项，不需要进行账务处理，也不需要调整会计报表。但是，财务报告应当反映最近期的相关信息，以满足财务报告及时性的要求，同时，由于这类事项可能很重大，如不加以说明，将会影响财务报告的使用者对企业财务状况、经营成果作出正确的估价和决策，因而需要在会计报表附注中说明事项的内容，估计其对财务状况、经营成果的影响，以提供会计数据来补充资产负债表日编制的财务报告的信息。如无法对资产负债表日后发生或存在的事项对财务报告数据的影响作出估计，应说明其原因。

（二）非调整事项的具体会计处理方法

【例20－4】20×2年2月，甲证券股份有限公司因为违约被丁企业起诉，20×2年3月，甲证券股份有限公司同意付给丁企业800 000元的现金以使其撤回法律诉讼。

本例属于资产负债表日以后发生事项导致的索赔诉讼的结案，不论是甲证券股份有限公司，还是丁企业，均应将此事项作为非调整事项，在20×1年度会计报表附注中进行披露。

【例 20－5】 甲证券股份有限公司 20×1 年 9 月 5 日从乙企业贷款 800 000 元，甲证券股份有限公司于 20×1 年 12 月 31 日编制 20×1 年度会计报表时，将这笔贷款列入资产负债表“贷款”项目内。甲证券股份有限公司 20×2 年 1 月 20 日收到乙企业发生火灾，大部分厂房和设备烧毁，已无力偿付所欠贷款的通知。

本例属于资产负债表日后因自然灾害导致资产发生重大损失。由于火灾是在 20×2 年 1 月 20 日资产负债表日后才发生的事项，对于这一非调整事项，甲证券股份有限公司和乙企业均在 20×1 年度会计报表附注中应披露与这一非调整事项有关的损失原因、金额等信息。

第五篇

财务报告篇

开篇有益

本篇是证券公司与基金公司会计产品提供的把关篇章，规范了如何编制会计报表的各个方面、各个环节。读者学习本章时需要充分吸收相关的新视点。

企业会计准则针对证券公司的业务运行实际情况，明确规定了专业适用于证券公司的财务报表格式和附注。同时，对于基金公司，也明确规定应当执行证券公司财务报表格式和附注规定，如有特别需要，可以结合本企业的实际情况，进行必要调整和补充。

当然，除了年度报表之外，中期财务报告、分部报告编制、关联关系披露、合并报表编制和金融工具列报等也都需要掌握与理解。

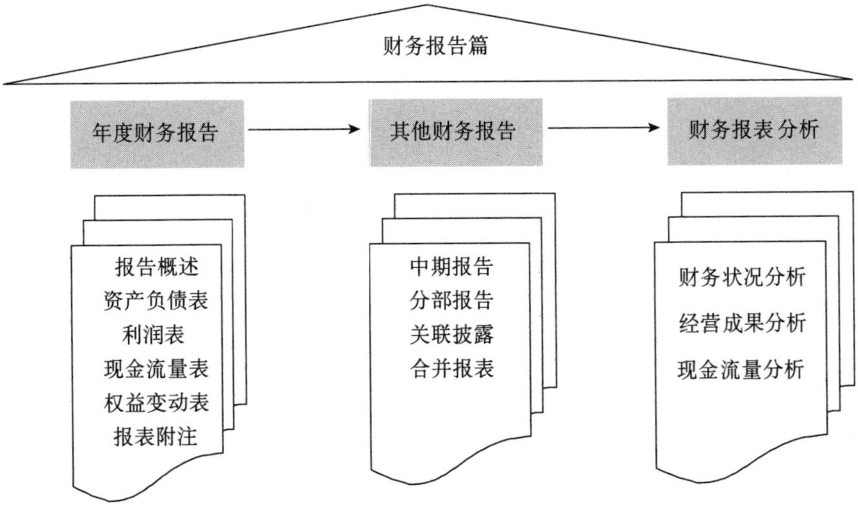

第二十一章
年度财务报告

本章精要

财务报告是会计人直接创造的产品，是最全面、最权威的信息载体，是经理层甚至全体成员的劳动成果，当然也与投资者和其他报表使用者的利益息息相关。正是基于这样的背景，我们需要对财务报告这章特别加以关注。企业会计准则专门规定了证券公司财务报表格式和附注规定，并要求基金公司也参照执行。因此，本章将重点讲解证券公司财务报告的实际应用。

第一节是财务会计报告概述。明确财务会计报告的概念、种类。年度财务会计报告应当包括：会计报表；会计报表附注和财务情况说明书三个层次，而会计报表至少应当包括资产负债表、利润表、现金流量表、所有者权益变动表；附注。

第二节是资产负债表，此为企业态势总表。要掌握资产负债表的结构和内容，对结构与内容一清二楚后，才能对流动资产、非流动资产、流动负债、非流动负债和所有者权益做到心中有数、取数科学。

第三节是利润表，此为企业新创价值表。需要从利润表的逻辑结构上来逐层分析，并对构成营业利润、利润总额、净利润的各项要素进行渐进式分析与填列。

第四节是现金流量表，此为企业活力之血液表。要在准确分析判断经营活动产生的现金流量、投资活动产生的现金流量和筹资活动产生的现金流量的基础上，掌握其列报方法：直接法和间接法；通晓其编制程序：工作底稿法和T形账户法。

第五节是所有者权益变动表。要认知所有者权益变动表的意义和作用，对所有者权益变动表的结构、内容和编制技术进行掌握。

第六节是财务报表附注。要深刻理解其价值所在，并掌握证券公司等财务报表附注的披露内容。

第一节　财务会计报告概述

一、财务会计报告的概念

财务会计报告是指企业对外提供的反映企业某一特定日期财务状况和某一会计期间经营成果、现金流量的文件。通常由会计报表、会计报表附注和财务情况说明书组成。会计报表又称为财务报表，是对企业财务状况、经营成果和现金流量的结构性表述。会计报表是财务会计报告的核心，它是根据企业日常会计核算资料归集、加工和整理后形成的，是企业会计核算的最终成果。

财务会计报告是提供会计信息的重要手段，是会计作为“商业语言”的载体，是决策者进行决策的重要经济信息来源。但是，财务会计报告所提供的信息只是一种工具，它与其他工具一样，对于那些有能力并愿意去使用的人们有直接的助益，而编制财务会计报告本身并不能确定或影响各种决策的结果，它只为人们使用这种信息提供前提条件。

二、财务会计报告的种类

财务会计报告分为年度、半年度、季度和月度财务会计报告。年度财务会计报告应当包括：会计报表；会计报表附注和财务情况说明书。会计报表至少应当包括下列组成部分：资产负债表、利润表、现金流量表、所有者权益（或股东权益，下同）变动表、会计报表附注。逻辑顺序如图 21－1 所示。

三、会计报表的编制要求

（一）做好编制会计报表的准备工作

1. 对发生的所有经济业务全部登记入账；

2. 核对账簿，做到账证、账账相符；

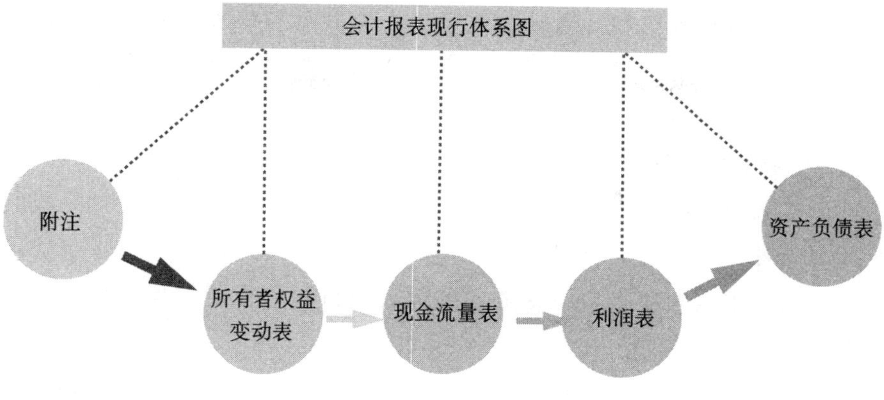

图 21－1 证券公司与基金公司会计报表体系示意图

3. 清查财产物资和往来账项，做到账实相符；

4. 收集与会计报表所反映内容有关的重要信息资料。

（二）编制会计报表的具体要求

1. 内容完整。会计报表要提供全面的会计信息，不得少报、漏报。对于应当填列的，无论是表内项目还是表外项目，都应填报齐全。对于一些重要信息，应以适当形式予以披露。

2. 计算准确。会计报表要做到数字准确，不得用估计数代替实际数。在日常的会计核算中，会计人员要严格遵守会计准则和各项会计法规制度，对发生的经济业务和会计事项进行准确地确认、计量和记录。要做好财产物资的清查盘点工作，经常进行账证核对、账账核对、账表核对，以保证账实相符，计算准确。只有做好上述工作，才能保证会计报表的真实性和准确性。

3. 数字真实。会计报表反映的各种数据要真实准确，不得弄虚作假，掩盖真相。

4. 编报及时。会计报表必须按照国家和有关部门规定的期限和程序，及时编制。为此，应科学地组织日常的会计核算，平时认真做好记账、算账、对账、报账和财产清查工作。在会计报表的编制过程中，会计人员应密切配合，加强协作，提高效率。

四、财务会计报告列报的基本要求

（一）企业应当以持续经营为基础编报财务会计报告

企业应当以持续经营为基础，根据实际发生的交易和事项，按照企业会计准则的规定进行确认和计量，在此基础上编制财务报表。企业不应以附注披露代替确认和计量。如果以持续经营为基础编制财务报表不合理的，企业应当采用其他基础编制财务报表，并在附注中披露这一事实。

（二）财务报表项目列示的一致性

财务报表项目的列报应当在各个会计期间保持一致，不得随意变更，但下列情况除外：（1）会计准则要求改变财务报表项目的列报。（2）企业经营业务的性质发生重大变化后，变更财务报表项目的列报能够提供更可靠、更相关的会计信息。

（三）财务报表项目的单独列示

性质或功能不同的项目，应当在财务报表中单独列报，但不具有重要性的项目除外。性质或功能类似的项目，其所属类别具有重要性的，应当按其类别在财务报表中单独列报。所谓重要性，是指财务报表某项目的省略或错报会影响使用者据此作出经济决策的，该项目具有重要性。重要性应当根据企业所处环境，从项目的性质和金额大小两方面予以判断。

（四）财务报表项目的相互抵销

财务报表中的资产项目和负债项目的金额、收入项目和费用项目的金额不得相互抵销，但其他会计准则另有规定的除外。这里需要强调的是，资产项目按扣除减值准备后的净额列示，不属于抵销。非日常活动产生的损益，以收入扣减费用后的净额列示，不属于抵销。

（五）比较信息的提供

除国家另有规定外，当期财务报表的列报，至少应当提供所有列报项目上一可比会计期间的比较数据，以及与理解当期财务报表相关的说明。

财务报表项目的列报发生变更的，应当对上期比较数据按照当期的列报要求进行调整，并在附注中披露调整的原因和性质，以及调整的各项目金额。对上期比较数据进行调整不切实可行的，应当在附注中披露不能调整的原因。所谓不切实可行，是指企业在作出所有合理努力后仍然无法采用某项规定。

（六）企业应当在财务报表的显著位置至少披露的项目

编报企业的名称；资产负债表日或财务报表涵盖的会计期间；人民币金额单位；财务报表是合并财务报表的，应当予以标明。

（七）企业至少应当按年编制财务报表

年度财务报表涵盖的期间短于一年的，应当披露年度财务报表的涵盖期间，以及短于一年的原因。对外提供中期财务报告的，还应遵循中期财务报告的规定。

第二节　资产负债表

一、资产负债表的性质与作用

资产负债表是反映企业在某一特定日期财务状况的会计报表，它是根据"资产＝负债＋所有者权益"这一会计等式，按照一定的分类标准和顺序，把企业在某一时点的资产、负债和所有者权益各项目予以适当排列，并对日常工作中发生的经济业务和事项产生的数据进行整理后编制而成的。资产负债表反映的是企业在某一特定日期资产、负债、所有者权益的总体规模和结构。通过资产负债表可以看出企业拥有多少资产，在这些资产中，流动资产、非流动资产各有多少；流动资产中，货币资金有多少，应收款项有多少，存货有多少等等。通过资产负债表可以看出企业所承担的债务有多少，这些债务中，流动负债有多少，长期负债有多少；通过资产负债表可以看出企业所有者权益有多少，在所有者权益中，实收资本（或股本，下同）有多少，资本公积有多少，盈余公积有多少，未分配利润有多少，等等。

资产负债表反映企业在某一特定日期所掌握的经济资源、债权人和投资者在企业所拥有的权益。从资产负债表的功能上说，主要有四个方面的作用：一是反映资产的构成及其分布状况；二是表明企业所承担的债务及其偿还时间；三是反映净资产的构成及其形成原因；四是提供财务分析所需的基本资料。

二、资产负债表的结构和内容

（一）资产负债表的结构和内容

1. 资产负债表的结构

资产负债表一般包括表首和正表两部分。其中，表首列示资产负债表的名称、编制单位、编制日期、报表编号、货币名称等。正表是资产负债表的主体，列示了用以说明企业财务状况的资产、负债和所有者权益各项目的期初和期末数。

2. 资产负债表的内容

资产负债表的项目分为资产、负债和所有者权益三类。资产类项目主要按照项目的流动性排列，按照流动资产和非流动资产分项列示。把资产分成这样几类，就是让会计信息使用者一看到流动资产就知道一年内它能够变现；看到非流动资产就知道变现期要超过一年等。而且从上往下看，变现能力是越来越差。如果企业需要钱，需要把资产变成钱，流动资产比较容易变成钱，但是要想把固定资产、无形资产等变成钱则比较困难。因此，读表时会发现，非流动资产占的比重越大，企业变现能力就越差。

符合下列条件之一的资产，应当归为流动资产：（1）预计在一个正常营业周期中变现、出售或耗用；经营周期是指从购买用于加工的资产到其收回现金或现金等价物的这段时间；（2）主要为交易目的而持有的；（3）预期在自资产负债表日起 1 年内变现的；（4）在自资产负债表日起 1 年内，交换其他资产或清偿负债的能力不受限制的现金或现金等价物。

流动资产以外的资产应当归类为非流动资产，并应按其性质分类列示。

负债类项目一般按照债务偿还期限的长短分为流动负债和长期负债并分项列示。这样分类的目的是使报表使用者看到流动负债就知道企业将在一年内要清偿的债务有多少，看到长期负债就知道企业偿还期在一年以上的债务有多少，从而判断企业的财务状况。

负债满足下列条件之一的，应当归类为流动负债：（1）预计在一个正常营业周期中清偿；（2）主要为交易目的而持有；（3）在资产负债表日起一年内到期应予以清偿；（4）企业无权自主地将清偿推迟至资产负债表日后一年以上。

当没有可靠证据表明企业的营业周期超过一年，或者同行业大多数企业的营业周期均不超过一年时，企业应当以一年作为划分流动负债与非流动负债的标准。

流动负债以外的负债，应当归类为非流动负债。非流动负债应当按照长期负债的性质分类列示。

对于在资产负债表日起一年内到期的负债，企业预计能够自主地将清偿义务展期至资产负债表日起一年以上的，应当归类为非流动负债；不能自主地将清偿义务展期的，即使在资产负债表日后、财务报表批准报出日前签订了重新安排清偿计划协议，该项负债仍应归类为流动负债。

企业在资产负债表日或之前违反了长期借款协议，导致贷款人可随时要求清偿的负债，应当归类为流动负债。

贷款人在资产负债表日或之前同意提供在资产负债表日起一年以上的宽限期，企业能够在此期限内改正违约行为，且贷款人不能要求随时清偿，该项负债应当归类为非流动负债。

所有者权益则按实收资本（或股本）、资本公积、盈余公积、未分配利润等项目分项列示。资产负债表中的所有者权益类应当包括所有者权益的合计项目。

资产负债表应当列示资产总计项目，负债和所有者权益总计项目。资产类项目金额的合计与负债和所有者权益类项目的合计数必须相等。资产项目和负债项目的金额不得相互抵销。资产项目按扣除减值准备后的净额列示，不属于抵销。

由于证券公司或基金公司在经营内容上不同于一般的工商企业，导致其资产、负债、所有者权益的构成项目也与一般工商企业有所区别。在资产负债表上列示时，资产通常需要列示：(1) 货币资金；(2) 拆出资金；(3) 交易性金融资产；(4) 衍生金融资产；(5) 买入返售金融资产；(6) 应收利息；(7) 具有本行业特点的应收款项；(8) 债权投资；(9) 其他债权投资；(10) 其他权益工具投资；(11) 长期股权投资；(12) 投资性房地产；(13) 固定资产；(14) 无形资产；(15) 递延所得税资产；(16) 其他资产。

负债也按流动性大小列示：(1) 短期借款；(2) 拆入资金；(3) 交易性金融负债；(4) 衍生金融负债；(5) 卖出回购金融资产；(6) 具有本行业特点的各类应付和预售款项；(7) 应付职工薪酬；(8) 应交税费；(9) 应付利息；(10) 预计负债；(11) 长期借款；(12) 长期应付款；(13) 应付债券；(14) 递延所得税负债。

所有者权益，按实收资本、资本公积、盈余公积、一般风险准备、未分配利润等项目分项列示。

另外，资产负债表除了列示各项资产、负债和所有者权益项目的期末余额以外，至少还应当提供所有列报项目上一年可比会计期间的比较数据，即这些项目的年初余额，通过对年初、期末数的比较，可以看出各项资产，负债及所有者权益项目的变动情况。

（二）资产负债表的格式

资产负债表有两种格式：一种是账户式格式，另一种是报告式格式。账户式资产负债表是左右结构，左边列示资产，右边列示负债和所有者权益，资产各项目的金额合计等于负债和所有者权益各项目的金额合计。我国采用的是账户式的资产负债表。

公司资产负债表的格式如表 21－1 所示。

表 21－1 资产负债表 会证 01 表

编制单位： 20×1 年 12 月 31 日 单位：千元

资　产	期末余额	年初余额	负债和所有者权益（或股东权益）	期末余额	年初余额
资产：			负债：		
货币资金	18 500		短期借款	300	
其中：客户资金存款	6 000		其中：质押借款	200	
结算备付金	13 500		拆入资金	200	
其中：客户备付金	6 000		交易性金融负债		
拆出资金			衍生金融负债		
交易性金融资产	12 500		卖出回购金融资产款	1 500	
衍生金融资产			代理买卖证券款	4 000	
买入返售金融资产			代理承销证券款	8 000	
应收利息			应付职工薪酬		
存出保证金	7 500		应交税费		
代理业务资产	17 000		代理业务负债	13 000	
债券投资			应付利息		
其他债权投资			预计负债		
其他权益工具投资			长期借款	2 000	
长期股权投资	1 250		应付债券	7 000	
投资性房地产			递延所得税负债		
固定资产	3 800		其他负债		
无形资产	4 200		负债合计	36 000	
其中：交易席位费	1 200		所有者权益（或股东权益）		
递延所得税资产			实收资本（或股本）	26 000	
其他资产			资本公积	5 000	

续表

资　产	期末余额	年初余额	负债和所有者权益（或股东权益）	期末余额	年初余额
			减：库存股		
			盈余公积	6 000	
			一般风险准备	4 000	
			未分配利润	1 250	
			所有者权益（或股东权益）合计	42 250	
资产总计	78 250		负债和所有者权益（或股东权益）总计	78 250	

另外，资产负债表除了列示各项资产、负债和所有者权益项目的期末余额外，通常还列示这些项目的年初余额，通过对年初数与期末数的比较，可以看出各项资产、负债及所有者权益的变动。所以，这种资产负债表称为比较资产负债表。

三、资产负债表的编制方法

（一）资产负债表编制的基本方法

会计报表的编制，主要是通过对日常会计核算记录的数据加以归集、整理，使之成为有用的财务信息。我国企业资产负债表各项目数据的来源，主要通过以下几种方式取得：

1. 根据总账账户余额直接填列

资产负债表各项目的数据来源，大多是根据总账账户期末余额直接填列，如“应收利息”项目，根据“应收利息”总账科目的期末余额直接填列；“短期借款”项目，根据“短期借款”总账科目的期末余额直接填列。

2. 根据总账账户余额计算填列

资产负债表的某些项目不能直接根据总账账户的期末余额填列，而是要根据若干个总账账户的期末余额合并计算填列。如“货币资金”项目，根据“现金”“银行存款”“其他货币资金”账户的期末余额合计数计算填列。

3. 根据明细账户余额计算填列

资产负债表的某些项目不能根据总账账户的期末余额或若干个总账账户的期末余额计算填列，而是需要根据有关账户所属的相关明细账户的期末余额分析计算填列。如“应付账款”项目，根据“应付账款”“预付账款”科目所属相关明细科目的期末贷方余额计算填列。

4. 根据总账账户和明细账户余额分析计算填列

资产负债表的某些项目不能根据总账账户的期末余额或若干个总账账户的期末余额计算填列，也不能根据有关账户所属的相关明细账户的期末余额分析计算填列，而是要根据总账账户和明细账户的期末余额计算填列。如“长期借款”项目，根据“长期借款”总账账户期末余额，扣除“长期借款”账户所属明细分类账户中反映的、将于一年内到期的长期借款部分，分析计算填列。

5. 根据账户余额减去其备抵项目后的净额填列

资产负债表的某些项目应当反映账面价值，应根据有关账户余额减去其备抵项目后的净额填列。如“固定资产”项目，根据“固定资产”账户的期末余额，减去“累计折旧”和“固定资产减值准备”备抵账户余额后的净额填列；又如，“无形资产”项目，根据“无形资产”账户的期末余额，减去“累计摊销”和“无形资产减值准备”备抵账户余额后的净额填列。

（二）资产负债表编制的具体方法

1. 资产负债表“年初余额”栏的填列方法

在我国，资产负债表的“年初余额”栏内各项数字，根据上年末资产负债表“期末余额”栏内各项数字填列。如果当年度资产负债表规定的各个项目的名称和内容同上年度不相一致，则按编报当年的口径对上年年末资产负债表各项目的名称和数字进行调整，填入本表“年初余额”栏内。

2. 资产负债表“期末余额”栏的内容和填列方法

资产负债表的“年初余额”栏内各项数字，根据各项目期末情况填列。

第三节 利润表

一、利润表的结构

概括地说，利润表提供了从多维角度看能够形成企业当期利润的相关指标，它主要反映以下几方面的内容：

一是构成营业利润的各项要素。营业利润是企业在生产经营活动过程中形成的利润，它从营业收入出发，减去营业成本、税金及附加、销售费用、管理费用、财务费用、资产减值净损失，加上公允价值变动净收益（或减去公允价值变动净损失），再加上投资净收益（或减去投资净损失）后得出。

二是构成利润总额的各项要素。利润总额（或利润亏损）是在营业利润的基础上，加上营业外收入，减去营业外支出后得出。

三是构成净利润的各项要素。净利润（或净亏损）是在利润总额（或亏损总额）的基础上，减去本期计入损益的所得税费用后得出。

四是反映企业投资者每个单位投资额的回报情况，包括每股收益和稀释每股收益。

从利润表的格式性结构来看。由于不同国家和地区对会计报表的信息要求不完全相同，利润表的格式也不完全相同。目前，利润表的格式主要有多步式利润表和单步式利润表两种。我国企业的利润表一般采用多步式。

单步式利润表是将本期发生的所有收入收益汇集在一起，将所有的费用损失汇集在一起，然后将收入收益合计减去费用损失合计，得出本期净利润。在单步式下，利润表分为营业收入和收益、销售费用和损失、净利润三部分。营业收入和收益包括营业收入、公允价值变动净收益、投资净收益、营业外收入等。营业费用和损失包括营业成本、税金及附加、销售费用、管理费用、财务费用、资产减值损失、信用减值损失、投资损失、公允价值变动净损失、营业外支出、所得税费用等。净利润是两者计算的结果。单步式利润表对于营业收入和收益、营业费用和损失，在各类内排列时不区分先后顺序。

多步式利润表是通过多步计算，最后确定的净利润。通常分为以下几步：

第一步，反映营业利润。从营业收入出发，减去营业成本、税金及附加、销售费用、管理费用、财务费用、资产减值损失加上公允价值变动净收益和投资收益，计算出营业利润。

第二步，反映利润总额（或利润亏损）。在营业利润的基础上，加上营业外收入，减去营业外支出，计算出利润总额（或利润亏损）。

第三步，反映净利润（或净亏损）。在利润总额（或亏损总额）的基础上，减去本期计入损益的所得税费用后，计算出净利润。

第四步，反映从企业投资者视角看的当期净利润额情况，包括每股收益和稀释每股收益。

二、利润表的编制方法

（一）利润表的编制方法概述

利润表中的“本期金额”栏反映各项目的本期实际发生数，应根据本期实际发生额填列。本表“上期金额”栏内各项数字，反映上期的实际发生额，应根据上期利润表“本期金额”栏内所列数字填列。在编制年度利润表时，“本期金额”为报表年度全年的累计实际发生额。“上期金额”为上年度全年的累计实际发生额，应根据上年度利润表“本期金额”栏数字填列，如果上年度利润表规定的各个项目的名称和内容同本年度不相一致，应对上年度利润表各项目的名称和数字按本年度的规定进行调整，填入本表“上期金额”栏内。

（二）利润表各项目的内容及其填列方法

利润表中的各项目，主要根据各损益类账户的发生额填列。

公司的利润表主要包括下列信息：（1）营业收入，其中包括利息收入、手续费及佣金收入、保费收入、投资收益、公允价值变动收益、汇兑收益、其他业务收入等；（2）营业支出，其中包括税金及附加、业务及管理费、资产减值损失、信用减值损失、其他业务成本等；（3）营业外收入；（4）营业外支出；（5）所得税费用；（6）净利润。

（三）利润表格式

根据企业会计准则的规定，我国公司的利润表包括项目和补充资料两部分，表 21 －2 列示了公司的利润表格式。

表 21 －2 **利润表** 会证 02 表

编制单位： 20 ×1 年 12 月 单位：千元

项　目	本期金额	上期金额
一、营业收入	351	
手续费及佣金净收入	170	
其中：代理买卖证券业务净收入	70	
证券承销业务净收入	100	
受托客户资产管理业务净收入		
利息净收入	－7	
投资收益（损失以“－”号填列）	188	
其中：对联营企业和合营企业的投资收益		

续表

项　目	本期金额	上期金额
公允价值变动收益（损失以“－”号填列）		
汇兑收益（损失以“－”号填列）		
其他业务收入		
二、营业支出	213	
营业税金及附加	88	
业务及管理费	100	
资产减值损失	25	
信用减值损失		
其他业务成本		
三、营业利润（亏损以“－”号填列）	138	
加：营业外收入	4	
减：营业外支出	2	
四、利润总额（亏损总额以“－”号填列）	140	
减：所得税费用	46.2	
五、净利润（净亏损以“－”号填列）	93.8	
六、每股收益：		
（一）基本每股收益	—	
（二）稀释每股收益	—	

第四节　现金流量表

一、现金及现金流量的含义与内容

（一）现金流量的含义

现金流量也称“现金净流量”，指现金和现金等价物的流入和流出的净额。现金流量表是以现金为基础编制的，这里的现金包括现金和现金等价物。具体包括以下内容：

1. 现金，是指企业库存现金以及可以随时用于支付的存款。不能随时用于支付的存款不属于现金。

应注意的是，银行存款和其他货币资金中有些不能随时用于支付的存款，如，不能随时支取的定期存款等，不应作为现金，而应列作投资；提前通知公司便可支取的定期存款，则应包括在现金范围内。

2. 现金等价物。

现金等价物，是指企业持有的期限短、流动性强、易于转换为已知金额现金、价值变动风险很小的投资。期限短，一般是指从购买日起三个月内到期。现金等价物通常包括三个月内到期的债券投资等。权益性投资变现的金额通常不确定，因而不属于现金等价物。企业应当根据具体情况，确定现金等价物的范围，一经确定不得随意变更。现金等价物的定义本身，包含了判断一项投资是否属于现金等价物的四个条件，即，（1）期限短（一般是指从购买之日起三个月内到期）；（2）流动性强；（3）易于转换为已知金额的现金；（4）价值变动风险很小。其中，期限短、流动性强，强调了变现能力，而易于转换为已知金额的现金、价值变动风险较小，则强调了支付能力的大小。

（二）现金流量的分类

现金流量是现金流量表所要反映的一个重要指标，它反映了企业各类活动形成的现金流量的最终结果，它产生于不同的来源，也有不同的用途，如企业可通过销售商品、提供劳务收回现金，通过向银行借款收到现金、对外投资分红收到现金等；购买原材料、购买固定资产、对外投资、支付职工工资等需要用现金进行支付。所以，编制现金流量表首先应对现金流量进行合理的分类。CAS 31 号现金流量表准则将一般企业现金流量分为三类，即经营活动产生的现金流量，投资活动产生的现金流量，筹资活动产生的现金流量。

1. 经营活动产生的现金流量。

经营活动是指企业投资活动和筹资活动以外的所有交易和事项。也就是说，除归属于企业投资活动和筹资活动以外的所有交易和事项，都可归属于经营活动。经营活动主要包括：公司吸收存款、发放贷款、提供结算服务，公司的保险业务、租赁公司的融资租赁业务，等等。

2. 投资活动产生的现金流量。

投资活动是指企业长期资产的购建和不包括在现金等价物范围内的投资及其处置活动，包括实物资产的投资，也包括金融资产投资。这里的长期资产是指固定资产、无形资产、在建工程、其他资产等持有期限在一年或一个营业周期以上的资产。

一般来说，投资活动产生的现金流入项目主要有：收回投资所收到的现金，取得投资收益所收到的现金，处置固定资产、无形资产和其他长期资产所收回的现金净额和收到的其他与投资活动有关的现金。

投资活动产生的现金流出项目主要有：购建固定资产、无形资产和其他长期资产所支付的现金，投资所支付的现金，取得子公司及其他营业单位支付的现金净额和支付的其他与投资活动有关的现金。

3. 筹资活动产生的现金流量。

筹资活动是指导致企业资本及债务规模和构成发生变化的活动。这里所说的资本，包括实收资本（股本），也包括资本溢价（股本溢价）。这里所说的债务，指对外举债，包括向银行借款、发行债券等。

一般来说，筹资活动产生的现金流入项目主要有：吸收投资收到的现金，发行债券所收到的现金和收到的其他与筹资活动有关的现金。

筹资活动产生的现金流出项目主要有：偿还债务所支付的现金，分配股利、利润或偿付利息所支付的现金，支付的其他与筹资活动有关的现金。

需要注意的是：在企业日常活动之外企业可能还会偶然遇到一些特殊的、不经常发生的项目，如自然灾害损失、保险赔款、捐赠等。现金流量表通过揭示企业现金流量的来源和用途，为分析现金流量前景提供信息，对于那些日常活动之外特殊的、不经常发生的项目，CAS 31 号现金流量表准则规定应当归并到相关类别中，并单独反映，也就是在现金流量相应类别下单设一项。比如，对于自然灾害损失和保险赔款，如果能够确指，属于流动资产损失，应当列入经营活动产生的现金流量；属于固定资产损失，应当列入投资活动产生的现金流量。如果不能确指，则可以列入经营活动产生的现金流量。捐赠收入和支出，可以列入经营活动。当然，如果特殊项目的现金流量金额不大，则可以列入现金流量类别下的“其他”项目，不单列项目。

二、现金流量表的编制程序和方法

（一）现金流量表的列报方法

现金流量表的列报方法有两种：直接法和间接法，它们通常也被称之为经营活动产生的现金流量表的报告方法。

1. 直接法。

直接法是指按现金收入和现金支出的主要类别，直接反映企业经营活动产生的现金流量。采用直接法编报的现金流量表，便于分析企业经营活动产生的现金流量的来源和用途，预测和评价企业现金流量的未来前景。

2. 间接法。

间接法是指以净利润为起点，调整不涉及现金的收入、费用、营业外收支等有关项目，据此计算出经营活动产生的现金流量。采用间接法编报的现金流量表，便于将净利润与经营活动产生的现金流量净额进行比较，了解净利润与经营活动产生的现金流量差异的原因，从现金流量的角度分析净利润的质量。

由于采用直接法编制“现金流量表”可以直接揭示经营活动产生的现金流量的收支总额，预测和评价企业现金流量的未来前景。所以国际会计准则鼓励企业采用直接法编制现金流量表；我国的 CAS 31 号现金流量表准则也规定企业应当采用直接法编报现金流量表，同时要求提供在净利润基础上调节经营活动产生的现金流量的信息。

（二）现金流量表的格式

财政部颁发的 CAS 31 号现金流量表准则应用指南规定：现金流量表格式分别一般企业、证券公司等企业类型予以规定。企业应当根据其经营活动的性质，确定本企业适用的现金流量表格式。

政策性银行、信托投资公司、租赁公司、财务公司、典当公司应当执行公司现金流量表格式规定，如有特别需要，可以结合本企业的实际情况，进行必要调整和补充。担保公司应当执行公司现金流量表格式规定，如有特别需要，可以结合本企业的实际情况，进行必要的调整和补充。

资产管理公司、基金公司、期货公司应当执行证券公司现金流量表格式规定，如有特别需要，可以结合本企业的实际情况，进行必要调整和补充。

直接法下企业现金流量表包括主表和现金流量表补充资料两部分。公司现金流量表格式分别如表 21 - 3 所示。

表 21 - 3 **现金流量表** 会证 03 表

编制单位： 年 月 单位：元

项 目	本期金额	上期金额
一、经营活动产生的现金流量：		
客户存款和同业存放款项净增加额		
向中央银行借款净增加额		
向其他金融机构拆入资金净增加额		

续表

项　　目	本期金额	上期金额
收取利息、手续费及佣金的现金		
收到其他与经营活动有关的现金		
经营活动现金流入小计		
客户贷款及垫款净增加额		
存放中央银行和同业款项净增加额		
支付手续费及佣金的现金		
支付给职工以及为职工支付的现金		
支付的各项税费		
支付其他与经营活动有关的现金		
经营活动现金流出小计		
经营活动产生的现金流量净额		
二、投资活动产生的现金流量：		
收回投资收到的现金		
取得投资收益收到的现金		
收到其他与投资活动有关的现金		
投资活动现金流入小计		
投资支付的现金		
购建固定资产、无形资产和其他长期资产支付的现金		
支付其他与投资活动有关的现金		
投资活动现金流出小计		
投资活动产生的现金流量净额		
三、筹资活动产生的现金流量：		
吸收投资收到的现金		
发行债券收到的现金		
收到其他与筹资活动有关的现金		
筹资活动现金流入小计		
偿还债务支付的现金		
分配股利、利润或偿付利息支付的现金		
支付其他与筹资活动有关的现金		
筹资活动现金流出小计		
筹资活动产生的现金流量净额		
四、汇率变动对现金的影响		
五、现金及现金等价物净增加额		
加：期初现金及现金等价物余额		
六、期末现金及现金等价物余额		

（三）现金流量表的编制程序

编制现金流量表的程序可以分为两种：一种是工作底稿法，一种是T形账户法。

1. 工作底稿法。

采用工作底稿法编制现金流量表，就是以工作底稿为手段，以利润表和资产负债表数据为基础，对每一项目进行分析并编制调整分录，从而编制出现金流量表。在直接法下，整个工作底稿纵向分成三段，第一段是资产负债表项目，其中又分为借方项目和贷方项目两部分；第二段是利润表项目；第三段是现金流量表项目。工作底稿横向分为五栏，在资产负债表部分，第一栏是项目栏，填列资产负债表各项目名称；第二栏是期初数，用来填列资产负债表项目的期初数；第三栏是调整分录的借方；第四栏是调整分录的贷方；第五栏是期末数，用来填列资产负债表项目的期末数。在利润表和现金流量表部分，第一栏也是项目栏，用来填列利润表和现金流量表项目名称；第二栏空置不填；第三栏、第四栏分别是调整分录的借方和贷方；第五栏是本期数，利润表部分这一栏数字应和本期利润表数字核对相符，现金流量表部分这一栏的数字可直接用来编制正式的现金流量表。

采用工作底稿法编制现金流量表的程序是：

第一步，将资产负债表的期初数和期末数过入工作底稿的期初数栏和期末数栏。

第二步，对当期业务进行分析并编制调整分录。调整分录大体有这样几类：第一类涉及利润表中的收入、成本和费用项目以及资产负债表中的资产、负债及所有者权益项目，通过调整，将权责发生制下的收入费用转换为现金基础；第二类是涉及资产负债表和现金流量表中的投资、筹资项目，反映投资和筹资活动的现金流量；第三类是涉及利润表和现金流量表中的投资和筹资项目，目的是将利润表中有关投资和筹资方面的收入和费用列入到现金流量表投资、筹资现金流量中去。此外，还有一些调整分录并不涉及现金收支，只是为了核对资产负债表项目的期末期初变动。在调整分录中，有关现金和现金等价物的事项，并不直接借记或贷记现金，而是分别记入“经营活动产生的现金流量”“投资活动产生的现金流量”“筹资活动产生的现金流量”有关项目，借记表明现金流入，贷记表明现金流出。

第三步，将调整分录过入工作底稿中的相应部分。

第四步，核对调整分录，借贷合计应当相等，资产负债表项目期初数加减调整分录中的借贷金额以后，应当等于期末数。

第五步，根据工作底稿中的现金流量表项目部分编制正式的现金流量表。

2. T形账户法。

采用T形账户法，就是以T形账户为手段，以利润表和资产负债表数据为基础，对每一项目进行分析并编制调整分录，从而编制出现金流量表。采用T形账户法编制现金流量表的程序如下：

第一步，为所有的非现金项目（包括资产负债表项目和利润表项目）分别开设T形账户，并将各自的期末期初变动数过入各账户。

第二步，开设一个大的“现金及现金等价物”T形账户，每边分为经营活动、投资活动和筹资活动三个部分，左边记现金流入，右边记现金流出。与其他账户一样，过入期末期初变动数。

第三步，以利润表项目为基础，结合资产负债表分析每一个非现金项目的增减变动，并据此编制调整分录。

第四步，将调整分录过入各T形账户，并进行核对，该账户借贷相抵后的余额与原先过入的期末期初变动数应当一致。

第五步，根据大的“现金及现金等价物”T形账户编制正式的现金流量表。

（四）现金流量表的编制方法

企业应采用直接法报告经营活动的现金流量，即通过现金收入和现金支出的主要类别反映来自企业经营活动的现金流量。现金流量表应分别经营活动、投资活动和筹资活动报告企业的现金流量。现金流量一般应分别按现金流入和现金流出总额反映。但代客户收取或支付的现金以及周转快、金额大、期限短的项目的现金收入和现金支出，应以净额列示。

企业外币现金流量以及境外子公司的现金流量，应以现金流量发生日的汇率或平均汇率折算。汇率变动对现金的影响，应作为调节项目，在现金流量表中单独列示。

有些特殊项目，如自然灾害损失、保险索赔等，应根据发生业务的性质，分别归并到前述现金流量的类别中。

采用直接法时，有关经营活动现金流量的信息，可通过以下途径之一取得：（1）企业的会计记录；（2）根据以下项目对利润表中的营业收入、营业成本以及其他项目进行调整：①当期存货及经营性应收和应付项目的变动；②固定资产折旧、无形资产摊销等其他非现金项目；③其现金影响属于投资或筹资活动现金流量的其他项目。

（五）现金流量表项目的内容和填报方法

下面以公司为例说明公司现金流量表的内容和填报方法。

1. 经营活动产生的现金流量。

（1）客户存款和同业存放款项净增加额。本项目反映公司本期向中央银行借入款项的净增加额。

（2）向中央银行借款净增加额。本项目反映了公司本期向中央银行借入款项的净增加额。

（3）向其他金融机构拆入资金净增加额。本项目反映公司本期从境内外金融机构拆入款项所取得的现金，减去拆借给境内外金融机构款项所支付现金后的金额。

（4）收取利息、手续费及佣金的现金。本项目反映了公司本期从境内外客户收取的利息、手续费及佣金收入。

（5）收到其他与经营活动有关的现金。本项目反映企业除了上述各项目外，与经营活动有关的其他现金流入，如捐赠现金收入、罚款收入、流动资产损失中由个人赔偿的现金收入等。其他现金流入如价值较大的，应单列项目反映。

（6）客户贷款及垫款净增加额。本项目反映了公司本期发放的各种客户贷款，以及办理商业票据贴现，转贴现融出及融入资金等业务款项的净增加额。

（7）存放中央银行和同业款项净增加额。本项目反映公司存放于中央银行以及存放于境内外金融机构的款项的净增加额。

（8）支付手续费及佣金的现金。本项目反映了公司委托其他企业代办业务实际支付的手续费和佣金。

（9）付给职工以及为职工支付的现金。本项目反映企业实际支付给职工的现金以及为职工支付的现金，包括本期实际支付给职工的工资、奖金、各种津贴和补贴等，以及为职工支付的其他费用。不包括支付的离退休人员的各项费用和支付给在建工程人员的工资等。支付的离退休人员的各项费用，包括支付的统筹退休金以及未参加统筹的退休人员的费用，在“支付的其他与经营活动有关的现金”项目中反映；支付的在建工程人员的工资，在“购建固定资产、无形资产和其他长期资产所支付的现金”项目中反映。

（10）支付的各项税费。本项目反映企业按规定支付的各项税费，包括本期发生并支付的税费（不包括支付的增值税进项税额），以及本期支付以前各期发生的税费和预交的税金，如支付的教育费附加、矿产资源补偿费、印花税、房产税、土地增值税、车船税等。不包括计入固定资产价值、实际支付的耕地占用税等，也不包括本期退回的增值税、所得税。本期退回的增值税、所得税，在“收到的税费返还”项目中反映。

（11）支付的其他与经营活动有关的现金。本项目反映企业除上述各项目外，支付的其他与经营活动有关的现金，如罚款支出、支付的差旅费、业务招待费、保险费、经营租赁所支付的现金等。其他与经营活动有关的现金如果价值较大的，应单列项目反映。

2. 投资活动产生的现金流量。

（1）收回投资所收到的现金。本项目反映企业出售、转让或到期收回除现金等价物以外的交易性金融资产、持有至到期投资、长期股权投资而收到的现金，以及收回长期债权投资本金而收到的现金。不包括长期债权投资收回的利息，以及收回的非现金资产。

（2）取得投资收益所收到的现金。

（3）收到的其他与投资活动有关的现金。本项目反映企业除上述各项目外，收到的其他与投资活动有关的现金。其他与投资活动有关的现金，如果价值较大的，应单列项目反映。

（4）购建固定资产、无形资产和其他长期资产所支付的现金。

（5）投资所支付的现金。

需要注意的是，企业购买股票和债券时，实际支付的价款中包含的已宣告但尚未领取的现金股利或已到付息期但尚未领取的债券利息，应在“支付的其他与投资活动有关的现金”项目中反映；收回购买股票和债券时支付的已宣告但尚未领取的现金股利或已到付息期但尚未领取的债券利息，应在“收到的其他与投资活动有关的现金”项目中反映。

（6）支付的其他与投资活动有关的现金。本项目反映企业除上述各项目外，支付的其他与投资活动有关的现金。其他与投资活动有关的现金，如果价值较大的，应单列项目反映。

3. 筹资活动产生的现金流量。

（1）吸收投资所收到的现金。

（2）取得借款所收到的现金。本项目反映企业举借各种短期、长期借款而收到的现金。本项目可根据“库存现金”“银行存款”“短期借款”“长期借款”等科目的记录分析填列。

（3）收到的其他与筹资活动有关的现金。本项目反映企业除上述各项目外，收到的其他与筹资活动有关的现金。其他与筹资活动有关的现金，如果价值较大的，应单列项目反映。本项目可根据有关科目的记录分析填列。

（4）偿还债务所支付的现金。本项目反映企业以现金偿还债务的本金，包括：归还公司的借款本金、偿付企业到期的债券本金等。需要注意的是，企业偿还的“借款利息”“债券利息”在“分配股利、利润或偿付利息所支付的现金”项目中反映，不在本项目中反映。

（5）分配股利、利润或偿付利息所支付的现金。本项目反映企业实际支付的现金股利、支付给其他投资单位的利润或用现金支付的借款利息、债券利息所支付的现金。

（6）支付的其他与筹资活动有关的现金。本项目反映企业除上述各项目外，支付的其他与筹资活动有关的现金。如“发生筹资费用所支付的现金”“融资租赁所支付的现金”“减少注册资本所支付的现金”项目等，其他与筹资活动有关的现金，如果价值较大的，应单列项目反映。

4. 汇率变动对现金的影响。

该项目反映企业外币现金流量及境外子公司的现金流量折算为人民币时，所采用的现金流量发生日的汇率或平均汇率折算为人民币金额与“现金及现金等价物净增加额”中外币现金净增加额按期末汇率折算为人民币金额之间的差额。

在编制现金流量表时，对当期发生的外币业务，也可不必逐笔计算汇率变动对现金的影响，可以通过会计报表附注中“现金及现金等价物净增加额”数额与报表中“经营活动产生的现金流量净额”“投资活动产生的现金流量净额”“筹资活动产生的现金流量净额”三项之和比较，其差额即为“汇率变动对现金的影响”。

5. 现金流量表补充资料的编制方法。

企业应当采用间接法在现金流量表附注中披露将净利润调节为经营活动

现金流量的信息。现金流量表的格式如表21－4所示。

表21－4 现金流量表补充资料

补充资料	本期金额	上期金额
1. 将净利润调节为经营活动现金流量：		
净利润		
加：资产减值准备		
固定资产折旧、油气资产折耗、生产性生物资产折旧		
无形资产摊销		
长期待摊费用摊销		
处置固定资产、无形资产和其他长期资产的损失（收益以“－”号填列）		
固定资产报废损失（收益以“－”号填列）		
公允价值变动损失（收益以“－”号填列）		
财务费用（收益以“－”号填列）		
投资损失（收益以“－”号填列）		
递延所得税资产减少（增加以“－”号填列）		
递延所得税负债增加（减少以“－”号填列）		
存货的减少（增加以“－”号填列）		
经营性应收项目的减少（增加以“－”号填列）		
经营性应付项目的增加（减少以“－”号填列）		
其他		
经营活动产生的现金流量净额		
2. 不涉及现金收支的重大投资和筹资活动：		
债务转为资本		
一年内到期的可转换公司债券		
融资租入固定资产		
3. 现金及现金等价物净变动情况：		
现金的期末余额		
减：现金的期初余额		
加：现金等价物的期末余额		
减：现金等价物的期初余额		
现金及现金等价物净增加额		

（1）“将净利润调节为经营活动现金流量”部分的内容及填列方法。

①资产减值准备。

本项目反映企业计提的各项资产的减值准备，例如坏账准备、存货跌价准备、短期投资跌价准备、长期投资减值准备、固定资产减值准备、无形资产减值准备等。企业计提的各项资产的减值准备，包括在利润表中，从利润中扣除，但是，却没有发生现金流出。所以，在将净利润调节为经营活动现金流量时，需要进行“增加”调节。本项目可根据“资产减值损失”等科目的记录分析填列。

②固定资产折旧。

本项目反映企业本期累计提取的折旧。企业计提的固定资产折旧，有的包括在管理费用中，有的包括在制造费用中。计入管理费用中的部分，作为期间费用在计算净利润时从中扣除，但是，却没有发生现金流出，所以，在将净利润调节为经营活动现金流量时，需要予以加回。计入制造费用中的已经变现的部分，在计算净利润时通过销售成本予以扣除，但是，却没有发生现金流出，计入制造费用中的没有变现的部分，由于在调节存货时，已经从中扣除，但是，却不涉及现金收支，所以，在此处将净利润调节为经营活动现金流量时，需要予以加回。本项目可根据“累计折旧”科目的贷方发生额分析填列。

③无形资产摊销、长期待摊费用摊销。

本项目分别反映企业本期累计摊入成本费用的无形资产的价值及长期待摊费用。企业摊销无形资产时，计入管理费用；长期待摊费用摊销时，有的计入管理费用，有的计入销售费用，有的计入制造费用。计入管理费用、销售费用中的部分，作为期间费用在计算净利润时从中扣除，但是，却没有发生现金流出，所以，在将净利润调节为经营活动现金流量时，需要予以加回。计入制造费用中的已经变现的部分，在计算净利润时通过销售成本予以扣除，但是，却没有发生现金流出；计入制造费用中的没有变现的部分，由于在调节存货时，已经从中扣除，但是，却不涉及现金收支，所以，在此处将净利润调节为经营活动现金流量时，需要予以加回。这两个项目可根据“累计摊销”“长期待摊费用”科目的贷方发生额分析填列。

④处置固定资产、无形资产和其他长期资产的损失（减：收益）。

本项目反映企业本期由于处置固定资产、无形资产和其他长期资产而发生的净损失。企业处置固定资产、无形资产和其他长期资产发生的损益，属于投资活动产生的损益，不属于经营活动产生的损益，所以，在将净利润调节为经营活动现金流量时，需要予以调节。本项目可根据“营业外收入”“营业外支出”等科目所属有关明细科目的记录分析填列；如为净收益，以“-”号填列。

⑤固定资产报废损失。

本项目反映企业本期固定资产盘亏（减：盘盈）后的净损失。企业发生的固定资产报废损益，属于投资活动产生的损益，不属于经营活动产生的损益，所以，在将净利润调节为经营活动现金流量时，需要予以调节。本项目可根据“营业外支出”“营业外收入”等科目所属有关明细科目中固定资产盘亏损失减去固定资产盘盈收益后的差额填列。

⑥公允价值变动损失（减：收益）。

由于公允价值计量与原账面价值的差额计入了当期损益，但不影响现金流量，故增加利润时调减，减少利润时调增。

⑦财务费用。

本项目反映企业本期发生的应属于投资活动或筹资活动的财务费用。企业发生的财务费用，可以分别归属于经营活动、筹资活动和投资活动。其中，属于经营活动的部分，本身就应该在计算净利润时予以扣除，所以，在将净利润调节为经营活动现金流量时，不需要调节。与此相对应，属于投资活动、筹资活动的部分，在计算净利润时也从中扣除，但是，这部分发生的现金流出不属于经营活动范畴，所以，在将净利润调节为经营活动现金流量时，需要予以加回。本项目可根据“财务费用”科目的本期借方发生额分析填列；如为收益，以“-”号填列。

⑧投资损失（减：收益）。

本项目反映企业本期投资所发生的损失减去收益后的净损失。企业发生的投资损益，属于投资活动产生的损益，不属于经营活动产生的损益，所以，在将净利润调节为经营活动现金流量时，需要予以调节。本项目可根据利润表中“投资收益”项目的数字填列；如为投资收益，以“-”号填列。

⑨递延所得税资产减少（减：增加）。

本项目反映企业本期期末递延所得税资产比期初减少的金额，企业发生递延所得税资产，与其相对应的是所得税的减少，增加了本期的净利润。而企业本期期末递延所得税资产比期初减少意味着本期转回递延所得税资产比本期发生的递延所得税资产多，因而增加了本期所得税费用，但却没有发生现金流出，所以，在将净利润调节为经营活动现金流量时，需要予以加回；“递延所得税资产”的期末数大于期初数的差额，以“-”号填列。

⑩递延所得税负债增加（减：减少）。

本项目反映企业本期期末递延所得税负债比期初减少的金额，企业发生递延所得税负债，与其相对应的是所得税的增加，减少了本期的净利润。而企业本期期末递延所得税负债比期初增加意味着本期发生递延所得税负债比本期转回的递延所得税负债多，因而增加了本期所得税费用，但却没有发生现金流出，所以，在将净利润调节为经营活动现金流量时，需要予以加回；“递延所得税负债”的期末数小于期初数的差额，以“-”号填列。

⑪存货的减少（减：增加）。

本项目反映企业本期存货的减少（减：增加）。在不存在赊购的情况下，如果某一期间期末存货比期初存货增加，说明当期购入的存货除耗用外，还余留了一部分，即除了为当期销货成本包含的存货发生支出外，还为增加的存货发生了现金流出，所以，在将净利润调节为经营活动现金流量时，需要从中扣除；反之，如果某一期间期末存货比期初存货减少，说明本期生产过程耗用的存货有一部分是期初的存货，耗用这部分存货并没有发生现金流出，所以，在将净利润调节为经营活动现金流量时，需要予以加回。本项目可根据资产负债表中“存货”项目的期初数、期末数之间的差额填列；期末数大于期初数的差额，以“-”号填列。

⑫经营性应收项目的减少（减：增加）。

本项目反映企业本期经营性应收项目（包括应收账款、应收票据和其他应收款中与经营活动有关的部分以及应收增值税销项税额等）的减少（减：增加）。如果某一期间经营性应收项目期末余额大于经营性应收项目期初余额，说明本期销售收入中有一部分没有收回现金，但是，在计算净利润时这部分销售收入已包括在内，所以，在将净利润调节为经营活动现金流量时，需要从中扣除；反之，如果某一期间经营性应收项目期末余额小于经营性应收项目期初余额，说明本期收回的现金大于利润表中所确认的销售收入，所以，在将净利润调节为经营活动现金流量时，需要予以加回。

⑬经营性应付项目的增加（减：减少）。

本项目反映本期经营性应付项目（包括应付账款、应付票据、应付职工薪酬、应交税费、其他应付款中与经营活动有关的部分以及应付的增值税进项税额等）的增加（减：减少）。如果某一期间经营性应付项目期末余额大于经营性应付项目期初余额，说明本期购入的存货中有一部分没有支付现金，但是，在计算净利润时却通过销售成本包括在内，所以，在将净利润调节为经营活动现金流量时，需要予以加回；反之，如果某一期间经营性应付项目期末余额小于经营性应付项目期初余额，说明本期支付的现金大于利润表中所确认的销售成本，所以，在将净利润调节为经营活动现金流量时，需要从中扣除。

⑭其他。

本项目反映影响企业损益但不包括在以上项目的其他项目。如，企业在编制会计差错更正处理当年的现金流量表时，除将会计差错更正对有关科目的影响分别反映于“净利润”有关调节项目外，还应将其对本年留存收益的影响作为“净利润”的调节因素反映于“其他”项目中。

（2）“不涉及现金收支的重大投资和筹资活动”项目的内容和填列方法。

本项目反映企业一定期间内影响资产或负债但不形成该期现金收支的所有重大投资和筹资活动的信息。这些投资和筹资活动虽然不涉及现金收支，但对以后各期的现金流量有重大影响。

①“债务转为资本”项目：反映企业本期转为资本的债务金额。

②“一年内到期的可转换公司债券”项目，反映企业一年内到期的可转换公司债券的本息。

③“融资租入固定资产”项目，反映企业本期融资租入固定资产记入“长期应付款”科目的金额。

（六）现金流量表的披露要求

企业应当在附注中披露将净利润调节为经营活动现金流量的信息。至少应当单独披露对净利润进行调节的下列项目：（1）资产减值准备；（2）固定资产折旧；（3）无形资产摊销；（4）长期待摊费用摊销；（5）待摊费用；（6）预提费用；（7）处置固定资产、无形资产和其他长期资产的损益；（8）固定资产报废损失；（9）公允价值变动损益；（10）财务费用；（11）投资损益；（12）递延所得税资产和递延所得税负债；（13）存货；（14）经营性应收项目；（15）经营性应付项目。

企业应当在附注中以总额披露当期取得或处置子公司及其他营业单位的下列信息：（1）取得或处置价格；（2）取得或处置价格中以现金支付的部

分；（3）取得或处置子公司及其他营业单位收到的现金；（4）取得或处置子公司及其他营业单位按照主要类别分类的非现金资产和负债。

企业应当在附注中披露不涉及当期现金收支，但影响企业财务状况或在未来可能影响企业现金流量的重大投资和筹资活动。

企业应当在附注中披露与现金和现金等价物有关的下列信息：（1）现金和现金等价物的构成及其在资产负债表中的相应金额；（2）企业持有但不能由母公司或集团内其他子公司使用的大额现金和现金等价物金额。

第五节 权益变动表

一、所有者权益变动表的意义和作用

所有者权益变动表是反映企业在一定会计期间所有者权益（或股东权益）变动情况的会计报表。企业所有者权益的变动，反映了当期企业净资产的增加或减少情况，除了资本的投入、回购或股利分配外，所有者权益变动综合体现了企业当期经营活动对净资产的影响。所有者权益变动表一般一年编制一次，属于年度报表。同时，该表反映的是一定期间所有者权益变动的信息，又属于动态报表。

所有者权益变动表具有以下意义：第一，所有者权益变动表除列示直接计入所有者权益的利得和损失外，同时包含最终属于所有者权益变动的净利润，在一定程度上体现企业综合收益的特点。第二，所有者权益变动表反映各项交易和事项导致的所有者权益增减变动，以及所有者权益各组成部分增减变动的结构性信息，便于信息使用者分析企业净资产的构成、来源和去向。

二、所有者权益变动表的结构和内容

（一）所有者权益变动表的结构

所有者权益变动表包括表首和正表两部分。其中，表首列示所有者权益变动表的名称、编制单位、所属报表期间、报表编号、货币名称等。正表是所有者权益变动表的主体，列示构成企业所有者权益各项目变动情况的本年金额和上年金额。表21－5列示了公司的所有者权益变动表。

表 21－5

所有者权益变动表

会金融 04 表

编制单位：×××证券股份有限公司　　20××年度　　单位：元

资　产	本年金额：实收资本（或股本）	本年金额：其他权益工具：优先股	本年金额：其他权益工具：永续股	本年金额：其他权益工具：其他	本年金额：资本公积	本年金额：减：库存股	本年金额：其他综合收益	本年金额：盈余公积	本年金额：一般风险准备	本年金额：未分配利润	本年金额：所有者权益合计	上年金额：实收资本（或股本）	上年金额：其他权益工具：优先股	上年金额：其他权益工具：永续股	上年金额：其他权益工具：其他	上年金额：资本公积	上年金额：减：库存股	上年金额：其他综合收益	上年金额：盈余公积	上年金额：一般风险准备	上年金额：未分配利润	上年金额：所有者权益合计
一、上年年末余额：																						
加：会计政策变更																						
前期差错更正																						
其他																						
二、本年年初余额																						
三、本年增减变动额（减少以“－表示”）																						
（一）综合收益总额																						
（二）所有者投入和减少资本																						
1. 所有者投入的普通股																						
2. 其他权益工具持有者投入资本																						
3. 股份支付计入所有者权益金额																						
4. 其他																						
（三）利润分配																						

续表

资产	本年金额												上年金额											
	实收资本（或股本）	其他权益工具			资本公积	减：库存股	其他综合收益	盈余公积	一般风险准备	未分配利润	所有者权益合计	实收资本（或股本）	其他权益工具			资本公积	减：库存股	其他综合收益	盈余公积	一般风险准备	未分配利润	所有者权益合计
		优先股	永续股	其他									优先股	永续股	其他							
1. 提取盈余公积																						
2. 提取一般风险准备																						
3. 对所有者（或股东）的分配																						
4. 其他																						
（四）所有者权益内部结转																						
1. 资本公积转增资本（或股本）																						
2. 盈余公积转增资本（或股本）																						
3. 盈余公积弥补亏损																						
4. 设定受益计划转增留存收益																						
5. 其他综合收益转留存收益																						
6. 其他																						
四、本年年末余额																						

（二）所有者权益变动表的内容

所有者权益变动表项目分为上年年末余额、本年年初余额、本年增减变动金额和本年年末余额四项。其中：

1. 本年年初余额是在上年所有者权益年末余额的基础上，加上（或减去）会计政策变更和前期会计差错更正对上年所有者权益的影响金额。

2. 本年增减变动金额项目是本表的主要部分，主要包括会计期间形成的综合收益总额，所有者投入和减少的资本，利润分配、所有者权益内部结转等项目对所有者权益增减变动的影响。

3. 本年年末余额是本年年初余额加上（或减去）本年所有者权益增减变动金额后的余额。

（三）所有者权益变动表的编制方法

1. “上年年末余额”项目，反映上年年末各所有者权益各项目的余额。该项目直接根据上年所有者权益变动表的“本年年末余额”项目填列。

2. “会计政策变更”项目，反映企业由于会计政策变更对上年所有者权益各项目（主要是盈余公积、未分配利润项目）的影响金额。该项目应根据“盈余公积”“利润分配”账户所属明细分类账户分析填列。

3. “前期差错更正”项目，反映企业由于前期会计差错对以前年度所有者权益各项目（主要是盈余公积、未分配利润项目）的影响金额。该项目应根据“盈余公积”“利润分配”账户所属明细分类账户分析填列。

4. “本年年初余额”项目，反映经过调整后的上年年末余额。该项目根据所有者权益各项目的“上年年末余额”加上（或减去）“会计政策变更”和“会计政策变更”对所有者权益各项目的影响金额。

5. “本年增减变动金额”项目，反映企业当期形成的综合收益（以净利润为基础的调整结果）、所有者投入和减少的资本、利润分配、所有者内部划转等对本年所有者权益的影响金额。该项目根据该项目下的“（一）综合收益总额”“（二）所有者投入和减少资本”“（三）利润分配”“（四）所有者权益内部结转”等项目对所有者权益的影响金额的合计填列。如果是减少金额，以“－”号填列。

6. “四、本年年末余额”项目，在前述“二、本年年初余额”与“三、本年增减变动金额”的基础上加总计算。

具体数据，根据“实收资本（股本）”“其他权益工具”“资本公积”

“盈余公积”“其他综合收益”“利润分配”“库存股”“以前年度损益调整”等科目的详细内容分析填列。

特别需要说明的是，作为一个新项目，“其他综合收益结转留存收益”项目，主要反映：（1）企业指定为以公允价值计量且其变动计入其他综合收益的非交易性权益工具投资终止确认时，之前计入其他综合收益的累计利得或损失从其他综合收益中转入留存收益的金额；（2）企业指定为以公允价值计量且其变动计入当期损益的金融负债终止确认时，之前由企业自身信用风险变动引起而计入其他综合收益的累计利得或损失从其他综合收益中转入留存收益的金额等。

第六节　财务报表附注

一、财务报表附注的作用

公司财务报表附注是对在资产负债表、利润表、现金流量表和所有者权益变动表等报表中列示项目的文字描述或明细资料，以及对未能在这些报表中列示项目的说明等。

附注是财务报表的重要组成部分，是对财务报表的补充说明，它对财务报表不能包括的内容，或者披露不详尽的内容，作进一步的解释和说明，从而有助于财务报告使用者理解和使用会计信息。

例如，财务报表采用报表格式，由于形式的限制，只能按照大类设置项目，反映总括情况，具有一定的固定性和规定性，至于各项目的构成明细等情况难以在表内反映，从而使其反映的会计信息受到一定的限制。再如，在可比性原则下，对于同样的经济业务，要求企业采用同样的会计方法和程序。此外，它要求前后各期采用的会计政策保持一致，不得随意变更。在实际工作中，由于会计法规发生变化，或者为了更加公允地反映企业的实际情况，企业有可能改变财务报表中某些项目的会计政策，由于不同期间的财务报表中同一项目采用了不同的会计政策，影响不同期间财务报表的可比性。为了帮助财务报表使用者掌握会计政策的变化，也需要在财务报表附注中加以说明。

需要注意的是，财务报表附注不能代替确认和计量。

二、财务报表附注的披露内容

财务报表附注应当披露财务报表的编制基础，相关信息应当与资产负债表、利润表、现金流量表和所有者权益变动表等报表中列示的项目相互参照。

财务报表附注应当按照顺序披露以下内容：

1. 财务报表的编制基础。

2. 遵循企业会计准则的声明。

3. 重要会计政策的说明，包括财务报表项目的计量基础和会计政策的确定依据等。

4. 重要会计估计的说明，包括下一会计期间内很可能导致资产、负债账面价值重大调整的会计估计的确定依据等。

5. 会计政策和会计估计变更以及差错更正的说明。

6. 对已在资产负债表、利润表、现金流量表和所有者权益变动表中列示的重要项目的进一步说明，包括终止经营税后利润的金额及其构成情况等。

7. 或有和承诺事项、资产负债表日后非调整事项、关联方关系及其交易等需要说明的事项。

此外，企业还应当在附注中披露在资产负债表日后、财务报告批准报出日前提议或宣布发放的股利总额和每股股利金额（或向投资者分配的利润总额）。

下列各项未在与财务报表一起公布的其他信息中披露的，企业应当在附注中披露：

1. 企业注册地、组织形式和总部地址。

2. 企业的业务性质或主要经营活动。

3. 母公司以及集团最终母公司的名称。

三、公司财务报表附注的内容

证券公司应当按照规定披露附注信息，主要包括下列内容：

（一）证券公司的基本情况

（二）财务报表的编制基础

（三）遵循企业会计准则的声明

（四）重要会计政策和会计估计

（五）会计政策和会计估计变更以及差错更正的说明

以上（一）至（五）项，应当比照一般企业进行披露。

（六）报表重要项目的说明

1. 货币资金的披露格式如表21－6所示。

表21－6

项　目	期末账面余额	年初账面余额
库存现金		
银行存款		
其中：公司自有		
经纪业务客户		
结算备付金		
其中：公司自有		
经纪业务客户		
其他货币资金		
其中：新股申购款		
合　计		

2. 买入返售金融资产除比照商业银行进行披露外，还应按交易对手披露的信息如表21－7所示。

表21－7

项　目	期末账面余额	年初账面余额
同业		
其他非银行金融机构		
合　计		

3. 存出保证金的披露格式如表21－8所示。

表21－8

项　目	期末账面余额	年初账面余额
交易保证金		
履约保证金		
合　计		

4. 企业应当披露代理承销证券的方式（全额包销、余额包销、代销）、承销证券的种类等情况。

5. 企业应当披露代理兑付债券的方式、种类、记名证券或无记名证券情况。

6. 交易席位费的披露格式如表21－9所示。

表21－9

项　目	年初账面余额	本期增加额	本期减少额	期末账面余额
一、原价合计				
1. 上海证券交易所				
其中：A股				
B股				
2. 深圳证券交易所				
其中：A股				
B股				
二、累计摊销额合计				
1. 上海证券交易所				
其中：A股				
B股				
2. 深圳证券交易所				
其中：A股				
B股				
三、交易席位费账面价值合计				
1. 上海证券交易所				
其中：A股				
B股				
2. 深圳证券交易所				
其中：A股				
B股				

7. 其他资产的披露格式如表21－10所示。

表 21－10

项　目	期末账面价值	年初账面价值
应收股利		
其他应收款		
—		
其他		
合　计		

8. 卖出回购金融资产款除比照商业银行进行披露外，还应按交易对手披露的信息如表 21－11 所示。

表 21－11

项　目	期末账面余额	年初账面余额
同业		
其他非银行金融机构		
合　计		

9. 代理买卖证券款的披露格式如表 21－12 所示。

表 21－12

项　目	期末账面余额	年初账面余额
个人客户		
法人客户		
……		
合计		

10. 代理承销证券款的披露格式如表 21－13 所示。

表 21－13

项　目	期末账面余额	年初账面余额
股票		
债券		
其中：国债		
金融债券		
企业债券		
其他有价证券		
合　计		

11. 代理兑付证券款的披露格式如表 21－14 所示。

表 21－14

项　目	年初账面余额	本期收到兑付资金	本期已兑付债券	本期结转手续费收入	期末账面余额
国债					
企业债券					
金融债券					
其他债券					
合　计					

12. 其他负债的披露格式如表 21－15 所示。

表 21－15

项　目	期末账面余额	年初账面余额
应付股利		
其他应付款		
—		
合　计		

13. 受托客户资产管理业务的披露格式如表 21－16 所示。

表 21－16

资产项目	期末余额	年初余额	负债项目	期末余额	年初余额
受托管理资金存款			受托管理资金		
客户结算备付金			应付款项		
应收款项					
受托投资					
其中：投资成本					
已实现未结算损益					
合　计			合　计		

14. 手续费及佣金净收入的披露格式如表 21－17 所示。

表 21－17

项　目	本期发生额	上期发生额
手续费及佣金收入		
——证券承销业务		
——证券经纪业务		
——受托客户资产管理业务		
——代理兑付证券		
——代理保管证券		
——其他		
手续费及佣金支出		
——证券经纪业务手续费支出		
——佣金支出		
手续费及佣金净收入		

15. 受托客户资产管理手续费及佣金收入的披露格式如表 21－18 所示。

表 21－18

项　目	本期发生额	上期发生额
定向资产管理业务		
专项资产管理业务		
集合资产管理业务（按项目列示） 1. ……		
合　计		

16. 分部报告

（1）主要报告形式是业务分部的披露格式如表 21－19 所示。

表 21－19　　单位：元

项目	××业务		××业务		……	其他		抵销		合计	
	本期	上期	本期	上期	……	本期	上期	本期	上期	本期	上期
一、营业收入											
手续费及佣金净收入 其中：分部间手续费及佣金净收入											

续表

项目	××业务		××业务		……	其他		抵销		合计	
	本期	上期	本期	上期	……	本期	上期	本期	上期	本期	上期
其他收入											
二、营业费用											
三、营业利润（亏损）											
四、资产总额											
五、负债总额											
六、补充信息											
1. 折旧和摊销费用											
2. 资本性支出											
3. 折旧和摊销以外的非现金费用											

注：主要报告形式是地区分部的，比照业务分部格式进行披露。

（2）在主要报告形式的基础上，对于次要报告形式，企业还应披露对外交易收入、分部资产总额。

17. 除以上项目以外的其他项目，应当比照商业银行进行披露。

（七）或有事项

比照商业银行进行披露。

（八）资产负债表日后事项

比照商业银行进行披露。

（九）关联方关系及其交易

比照商业银行进行披露。

（十）风险管理

1. 风险管理政策和组织架构

（1）风险管理政策，主要包括对各种风险的来源、正式风险治理组织和科学的监督流程及其定期复核制度，以及在严格职责分离、监督和控制基础上各相关业务部门、高级管理人员和风险管理职能部门之间的沟通和协作等。

（2）风险治理组织架构，主要包括各风险管理委员会和相关职能部门的设立和运转情况。

2. 信用风险

除比照商业银行披露必要的信用风险信息外，还应按行业、地区和交易对手的信用评级等分别披露信用风险信息。

3. 流动风险

除比照商业银行披露必要的流动风险信息外，还应披露进行流动性风险管理拟采取的主要措施。

4. 市场风险

按照 CAS 37 号金融工具列报准则第二十五条至第四十五条的相关规定进行披露。

第二十二章 其他财务报告

本章精要

在上一章阐述年度财务报告这一主导性问题之后，还要分析中期报告、分部报告与合并报告问题。

第一，中期报告。中期是指短于一个完整会计年度的报告期间。中期财务报告至少应当包括资产负债表、利润表、现金流量表和附注。在了解中期报告的定义的基础上，要进一步了解中期报告的内容、确认、计量以及差错更正的会计处理。

第二，分部报告。掌握公司分部会计信息的披露要求，即重点明确业务分部和地区分部的确定。确定分部后，应按照一定的标准对业务分部或地区分部进行测试，符合测试标准的业务分部或地区分部，方可作为报告分部在财务报告中披露其相关的会计信息。

第三，关联方披露概述。会计不能禁止关联方交易，但需要披露关联方关系，是非功过全由会计报告使用者评说。

第四，合并财务报表。明确汇总财务报表与合并报表的差异，尤其是掌握合并报表如何以“控制”为标准来确定合并范围，同时处理好抵销项目和编制程序。

第一节　中期财务报告

一、中期财务报告的概念

中期财务报告是指以中期为基础编制的财务报告。

中期是指短于一个完整的会计年度的报告期间。中期应是在某一会计年度之内但短于一个会计年度的会计报告期间，它既可以是一个月、一个季度或者半年度，也可以是其他短于一个会计年度的期间，例如1月1日至11月30日。因此，中期财务报告既有可能是月度财务报告、季度财务报告、半年度财务报告，还有可能是（包括年初至中期末的财务会计报告）。

二、中期财务报告的内容

中期财务报告至少应当包括资产负债表、利润表、现金流量表和附注。但是，中期财务报告不仅限于3张报表和附注，还可以在中期财务报告中提供有助于中期财务报告使用者进行经济决策的其他相关信息。例如，企业可以在中期财务报告中提供所有者权益（或股东权益）变动方面的信息。

三、中期财务报告的编制

企业在确认、计量和报告各中期财务报表项目时，对项目重要性程度的判断，应当以中期财务数据为基础，不应以年度财务数据为基础。中期会计计量与年度财务数据相比，可在更大程度上依赖于估计，但是，企业应当确保所提供的中期财务报告包括了相关的重要信息。

（一）中期财务报表

中期资产负债表、利润表和现金流量表应当是完整报表，其格式和内容应当与上年度财务报表相一致。当年新施行的会计准则对财务报表格式和内容作了修改的，中期财务报表应当按照修改后的报表格式和内容编制，上年度比较财务报表的格式和内容，也应当作相应调整。基本每股收益和稀释每股收益应当在中期利润表中单独列示。

1. 中期财务报告涉及的合并财务报表和母公司财务报表

上年度编制合并财务报表的，中期期末应当编制合并财务报表。上年度财务报告除了包括合并财务报表，还包括母公司财务报表的，中期财务报告也应当包括母公司财务报表。上年度财务报告包括了合并财务报表，当报告中期内处置了所有应当纳入合并范围的子公司的，中期财务报告只需提供母公司财务报表，但上年度比较财务报表仍应当包括合并财务报表，上年度可比中期没有子公司的除外。

2. 中期财务报表涉及的比较财务报表

企业在中期期末除需编制中期资产负债表、中期利润表、中期现金流量表外，还应当前期比较财务报表，以提高财务报表信息的可比性和有用性。

（1）中期财务报告中比较财务报表的种类。

①本中期末的资产负债表和上年度末的资产负债表。

②本中期的利润表、年初至本中期末的利润表以及上年度可比期间的利润表（上年度可比期间的利润表包括上年度可比中期的利润表和上年度年初至可比中期末的利润表）。

③年初至本中期末的现金流量表和上年度年初至本可比中期末的现金流量表。

【例 22-1】 20×2 年 6 月 30 日，甲公司按照规定编制第 2 季度财务报告。

本例中，甲公司在第 2 季度财务报告中应提供以下财务报告（见表 22-1）：

表 22-1

报表类别	本年度中期财务报表时间	上年度比较财务报表时间
资产负债表	20×2 年 6 月 30 日	20×1 年 12 月 31 日
利润表（本中期）	20×2 年 4 月 1 日 ~6 月 30 日	20×1 年 4 月 1 日 ~6 月 30 日
利润表（年初至本中期末）	20×2 年 1 月 1 日 ~6 月 30 日	20×1 年 1 月 1 日 ~6 月 30 日
现金流量表	20×2 年 1 月 1 日 ~6 月 30 日	20×1 年 1 月 1 日 ~6 月 30 日

（2）提供比较财务报表时应注意的几点。

①企业在中期内如果由于新的会计准则或有关法规的要求，对财务报表项目的列报或分类进行了调整或者修订，或者企业出于便于报表使用者阅读和理解的需要，对财务报表项目作了调整，从而导致本年度中期财务报表项目及其分类与比较财务报表项目及其分类出现不同，比较财务报表中的有关

金额应当按照本年度中期财务报表的要求予以重新分类，同时还应当在会计报表附注中说明财务报表项目重新分类的原因及其内容。

②企业如果在中期内发生了会计政策变更或者重大会计差错更正事项，则应当调整相关比较财务报表期间的净损益和其他相关项目，视同该项会计政策在比较财务报表期间一贯采用或者该重大会计差错在产生的当期已经得到了更正。对于比较财务报表可比期间以前的会计政策变更的累积影响数或者重大会计差错，应当根据规定调整比较财务报表最早期间的期初留存收益，财务报表其他相关项目的金额也应当一并调整。

③对于本年度中期内发生的调整以前年度损益事项，企业应当调整本年度财务报表相关项目的年初数，同时中期财务报告中相应的比较财务报表也应当为已经调整以前年度损益后的报表。

（二）中期财务报表附注

中期财务报告中的附注应当以年初至本中期末为基础编制，披露自上年度资产负债表日之后发生的，有助于理解企业财务状况、经营成果和现金流量变化情况的重要交易或者事项。对于理解本中期财务状况、经营成果和现金流量有关的重要交易或者事项，也应当在附注中作相应披露。中期财务报告中的附注至少应当包括下列信息：

1. 中期财务报表所采用的会计政策与上年度财务报表相一致的声明。会计政策发生变更的，应当说明会计政策变更的性质、内容、原因及其影响数；无法追溯调整的，应当说明原因。

2. 会计估计变更的内容、原因及其影响数；影响数不能确定的，应当说明原因。

3. 前期差错的性质及其更正金额；无法进行追溯重述的，应当说明原因。

4. 企业经营的季节性或者周期性特征。

5. 存在控制关系的关联方发生变化的情况；关联方之间发生交易的，应当披露关联方关系的性质、交易类型和交易要素。

6. 合并财务报表的合并范围发生变化的情况。

7. 对性质特别或者金额异常的财务报表项目的说明。

8. 证券发行、回购和偿还情况。

9. 向所有者分配利润的情况，包括在中期内实施的利润分配和已提出或者已批准但尚未实施的利润分配情况。

10. 根据 CAS35 号分部报告准则规定应当披露分部报告信息的，应当披露主要报告形式的分部收入与分部利润（亏损）。

11. 中期资产负债表日至中期财务报告批准报出日之间发生的非调整事项。

12. 上年度资产负债表日以后所发生的或有负债和或有资产的变化情况。

13. 企业结构变化情况，包括企业合并，对被投资单位具有重大影响、共同控制或者控制关系的长期股权投资的购买或者处置，终止营业等。

14. 其他重大交易或者事项，包括重大的长期资产转让及其出售情况、重大的固定资产和无形资产取得情况、重大的研究和开发支出、重大的资产减值损失情况等。

企业在提供上述 5、10 有关关联方交易、分部收入与分部利润（亏损）信息时，应当同时提供本中期（或者本中期末）和本年度年初至本中期末的数据，以及上年度可比中期（或者可比期末）和可比年初至本中期末的比较数据。

【例 22－2】 春光证券股份有限公司按季度编制季度财务报表，20×2 年 4 月 10 日，春光证券股份有限公司向股东实施了上年度财务报告中提出的“每 10 股送 2 股并派发现金股利 0.6 元”的利润分配方案，分配方案的基数为上年度末总股本 10 000 000 股。

本例中，春光证券股份有限公司编制第 2 季度财务报告的财务报表附注中应作如下披露：

利润分配情况的说明：

20×2 年 4 月 10 日，本公司以 20×1 年 12 月 31 日的 10 000 000 股总股本为基数，向全体股东实施了 20×1 年度财务报告中提出的“每 10 股送 2 股并派发现金股利 0.6 元”的利润分配方案，共计送股 2 000 000 股，派发现金 600 000 元，其中每股派发现金股利为 0.06 元（含税）。

四、中期财务报告的确认和计量

1. 企业在中期财务报表中应当采用与年度财务报表相一致的会计政策。

2. 企业上年度资产负债表日之后发生了会计政策变更，且变更后的会计政策将在年度财务报表中采用的，中期财务报表应当采用变更后的会计政策，并应当在附注中说明会计政策变更的性质、内容、原因及其影响数；无法追溯调整的，应当说明原因。

会计政策变更的累积影响数能够合理确定、且涉及本年度以前中期财务报表相关项目数字的，应当予以追溯调整，视同该会计政策在整个会计年度一贯采用，同时上年度可比财务报表也应当作相应调整。

3. 企业财务报告的频率不应当影响其年度结果的计量，中期会计计量应当以年初至本中期期末为基础。

4. 在同一会计年度内，以前中期财务报表项目在以后中期发生了会计估计变更的，以后中期财务报表应当反映该会计估计变更后的金额，但对以前中期财务报表项目金额不作调整。同时，企业应当在以后中期财务报表附注中披露会计估计变更的内容、原因及其影响数；影响数不能确定的，应当说明原因。

5. 企业取得的季节性、周期性或者偶然性收入，应当在发生时予以确认和计量，不应在中期财务报表中预计或者递延。但是，会计年度末允许预计或者递延的季节性、周期性或者偶然性收入，允许在中期财务报表中预计或者递延。

6. 企业在会计年度中不均匀发生的费用，应当在发生时予以确认和计量，不应当在中期财务报表中预提或者待摊。但是，会计年度末允许预提或者待摊的费用，允许在中期财务报表中预提或者待摊。

五、中期会计政策变更的处理

会计政策变更的累积影响数能够合理确定且涉及本会计年度以前中期财务报表相关项目数字的，应当予以追溯调整，视同该会计政策在整个会计年度一贯采用；同时，上年度可比财务报表也应当作相应调整。

第二节　分部报告编制

一、分部报告的概念

分部报告是指企业对外提供的财务会计报告中，按照确定的企业内部组成部分（地区分行或事业部）提供的各组成部分有关收入、资产和负债等有关信息的报告。

二、业务分部和地区分部的确定

（一）业务分部

1. 业务分部的概念。

业务分部是指企业内可区分的能够提供单项或一组相关产品或劳务的组成部分。该组成部分承担了不同于其他组成部分的风险和报酬。业务分部与一般意义上的部门并不完全相同。对于某些企业来说，某一业务部门可以是一个业务分部，也可以由若干个业务部门组成一个分部；可以将生产某一产品或提供某种劳务的部门组成一个业务分部，也可以将若干种产品生产或劳务提供的部门组成一个业务分部。在这种情况下，这些若干产品或劳务提供部门，其生产的产品或提供劳务应是具有相似风险和报酬的产品或劳务。

2. 确定业务分部的因素。

在确定业务分部时，企业应当结合企业内部管理要求，并考虑下列因素：(1) 各单项金融产品或服务的性质；(2) 经营或服务过程的性质；(3) 产品或劳务的客户类型，包括大宗户、零散客户等。(4) 其他应该考虑的因素。

（二）地区分部

1. 地区分部的概念。

地区分部是指企业内可区分的、能够在一个特定的经济环境内提供产品或劳务的组成部分。该组成部分承担了不同于在其他经济环境内提供产品或劳务的组成部分的风险和报酬。

2. 确定地区分部的因素。

地区分部可以按资产所在地为基础确定，也可以按客户所在地为基础确定。在确定地区分部时，企业应当结合内部管理要求，并考虑下列因素：

(1) 所处经济、政治环境的相似性，包括境外经营所在地区经济和政治的稳定程度等。

(2) 在不同地区经营之间的关系，包括在某地区进行产品生产，而在其他地区进行销售等。

(3) 经营的接近程度大小，包括在某地区生产的产品是否需在其他地区进一步加工生产等。

(4) 与某一特定地区经营相关的特别风险，包括气候异常变化等。如果某一地区在生产经营上存在着特定的风险，则不能将其与其他地区分部合并作为一个地区分部处理。

（5）外汇管理规定，即境外经营所在地区是否实行外汇管制。外汇管制的规定直接影响着企业内部资金的调度和转移，从而影响着企业经营风险。

（6）外汇风险。

（三）分部的合并

两个或两个以上的业务分部或地区分部同时满足下列条件时，可以将他们予以合并：

1. 具有相近的长期财务业绩，包括具有相近的长期平均毛利率、资金回报率、未来现金流量等。

2. 确定业务分部或地区分部所考虑的因素类似。

三、报告分部的确定

企业应当以业务分部或地区分部为基础确定报告分部。确定分部后，企业应按照一定的标准对业务分部或地区分部进行测试，符合测试标准的业务分部或地区分部，方可作为报告分部在财务报告中披露其相关的会计信息。

第一，业务分部或地区分部的大部分收入是对外交易收入，且满足下列条件之一的，应当将其确定为报告分部：

（1）该分部的收入占所有分部收入合计的10%或者以上。但当某一分部仅对内部其他分部提供产品或劳务，并不对外销售产品或提供劳务时，则不能将其他作为报告分部对待。

（2）该分部的分部利润（亏损）的绝对额，占所有盈利分部利润合计额或者所有亏损分部亏损合计额的绝对额两者中较大者的10%或者以上。

（3）该分部的分部资产占所有分部资产合计额的10%或者以上。但当某一分部的营业收入、营业利润或营业亏损及其可辨认的资产，每一项均达到全部分部合计数90%以上时，则企业的合并财务报表即可以提供该分部在风险及经营业绩的会计信息。此时，只需在财务报表附注中予以说明即可，而无需提供分部报告。

业务分部或地区分部未满足以上条件的，可以作以下处理：

（1）不考虑该分部的规模，直接将其指定为报告分部。

（2）不将该分部直接指定为报告分部的，可将该分部与一个或一个以上类似的、未满足以上条件的其他分部合并为一个报告分部。

（3）不将该分部直接指定为报告分部且不与其他分部合并的，应当披露分部信息时，将其作为其他项目单独披露。

第二，报告分部的对外交易收入合计额占合并总收入或企业总收入的比重未达到75%的，应当将其他的分部确定为报告分部［即使该分部未满足上述（1）中的条件］，直到该比重达到75%。也就是说，企业的业务分部或地区分部符合上述（1）中条件被确认为报告分部后，确定为报告分部的各业务分部或地区分部对外交易收入合计额应达到企业合并总收入或企业总收入的75%。

四、分部信息的披露

（一）主要报告形式和次要报告形式

企业应当区分主要报告形式和次要报告形式披露分部信息。企业可以采用业务分部作为主要报告形式，也可以采用地区分部作为主要报告形式。在确定分部信息的重要报告形式和次要报告形式时，应当以企业的风险和报酬的主要来源和性质为依据，同时结合企业的内部组织结构、管理结构以及董事会或类似机构的内部报告制度。

企业的风险和报酬的主要来源和性质，主要与其提供的产品或劳务，或者经营所在国家或地区密切相关。企业在分析其所承担的风险和报酬时，应当注意以下相关因素：（1）所生产产品或提供劳务的性质、过程、客户类型、销售方式等；（2）所生产产品或提供劳务受法律、行政法规的影响等；（3）所处经济、政治环境等。企业的内部组织结构、管理结构以及向董事会或类似机构内部报告制度的安排，通常会考虑或结合企业风险和报酬的主要来源和性质等相关因素。

1. 风险和报酬主要受企业的产品和劳务差异影响的，披露分部信息的主要形式应当是业务分部，次要形式是地区分部。

2. 风险和报酬主要受企业在不同的国家或地区经营活动影响的，披露分部信息的主要形式应当是地区分部，次要形式是业务分部。

3. 风险和报酬同时受企业产品和劳务差异以及经营活动所在国家或地区差异影响的，披露分部信息的主要形式应当是业务分部，次要形式是地区分部。

（二）主要报告形式披露的内容

企业在确定报告分布和主要报告形式之后，应当按照确定的报告分部以及其主要报告形式，进行分部会计信息的披露。对于主要报告形式，企业应当在附注中披露分部收入、分部费用、分部利润（亏损）、分部资产总额和分部负债总额等。

1. 分部收入，是指可归属于分部的对外交易收入和对其他分部的交易收入。分部的对外交易收入和对其他分部的交易收入，应当分别披露。分部收入主要由可归属于分部的对外交易收入构成，通常为营业收入，下列项目不包括在内：(1) 利息收入和股利收入。如采用成本法核算的长期股权投资的股利收入（投资收益）、债券投资的利息收入、对其他分部贷款的利息收入等。但是，分部的日常活动是金融性质的除外。(2) 采用权益法核算的长期股权投资在被投资单位实现的净利润中应享有的份额以及处置投资产生的净收益。但是，分部的日常活动是金融性质的除外。(3) 营业外收入，如处置固定资产、无形资产等产生的净收益。

2. 分部费用，是指可归属于分部对外交易费用和对其他分部的交易费用。分部的折旧费用、摊销费用以及其他重大的非现金费用应当分别披露。分部费用主要由可归属于分部的对外交易费用构成，通常包括营业成本、税金及附加、销售费用等，下列项目不包括在内：(1) 利息费用，如发行债券、向其他分部借款的利息费用等。但是，分部的日常活动是金融性质的除外。(2) 采用权益法核算的长期股权投资在被投资单位发生的净损失中应承担的份额以及处置投资发生的净损失。但是，分部的日常活动是金融性质的除外。(3) 与企业整体相关的管理费用和其他费用。但是，企业代所属分部支付的、与分部经营活动相关的、且能直接归属于或按合理的基础分配给该分部的费用，属于分部费用。(4) 营业外支出，如处置固定资产、无形资产等发生的净损失。(5) 所得税费用。

3. 分部利润（亏损），是指分部收入减去分部费用后的余额。在合并利润表中，分部利润（亏损）应当在调整少数股东损益前确定。

4. 分部资产，是指分部经营活动使用的可归属于该部分的资产，包括用于分部经营活动的流动资产、固定资产（包括融资租入的固定资产）以及无形资产等，不包括用于企业总部一般用途的资产及递延所得税资产。分部资产的披露金额应当按照扣除相关累计折旧或摊销额以及累计减值准备后的金额确定。披露分部资产总额时，当期发生的在建工程成本总额、购置的固定资产和无形资产的成本总额，应当单独披露。企业资产总额中不归属于任何一个分部的资产应作为未分配项目，在分部报告中列示。

5. 分部负债，是指分部经营活动中形成的可归属于该分部的负债，不包括递延所得税负债。企业负债总额中不归属于任何一个分部的负债，应当作为未分配项目在分部报告中列示。

企业披露的分部信息，应当与合并财务报表或企业财务报表中的总额信息相衔接。分部收入应当与企业的对外交易收入（包括企业对外交易取得的、未包括在任何分部收入中的收入）相衔接；分部利润（亏损）应当与企业营业利润（亏损）和企业净利润（净亏损）相衔接；分部总资产总额应当与企业资产总额相衔接；分部负债总额应当与企业负债总额相衔接。

（三）次要报告形式披露的内容

1. 分部信息的主要报告形式是业务分部的，应当就次要报告形式披露下列信息：

（1）对外交易收入占企业对外交易收入总额10%或者以上的地区分部，以外部客户所在地为基础披露对外交易收入。

（2）分部资产占所在地区分部资产总额10%或者以上的地区分部，以资产所在地为基础披露分部资产总额。

2. 分部信息的主要报告形式是地区分部的，应当就次要报告形式披露下列信息：

（1）对外交易收入占企业对外交易收入总额10%或者以上的业务分部，应当披露对外交易收入。

（2）分部资产占所有业务分部资产总额10%或者以上的业务分部，应当披露分部资产总额。

第三节　关联方关系披露

一、关联方关系的认定

关联方关系的存在是以控制、共同控制或重大影响为前提条件的。在判断是否存在关联方关系时，应当遵守实质重于形式原则。从一个企业的角度出发，与其存在关联方关系的各方包括：

1. 该企业的母公司，不仅包括直接或间接控制该企业的其他企业，也包括能够对该企业直接控制的部门、单位等。

（1）某一企业直接控制一个或多个企业。例如，母公司控制一个或若干个子公司，则母公司和子公司之间存在关联方关系。

（2）某一企业通过一个或者若干个中间企业间接控制一个或多个企业。例如，母公司通过其子公司，间接控制子公司的子公司，表明母公司与其子公司的子公司存在关联方关系。

（3）一个企业直接地和通过一个或者若干个中间企业间接控制一个或多个企业。例如，母公司对某一企业的投资虽然没有达到控股程度，但由于其子公司也拥有该企业的股份或权益，如果母公司与其子公司对该企业的投资之和达到拥有该企业一半以上表决权资本的控制权，则母公司直接或间接的控制该企业，表明母公司与该企业之间存在着关联方关系。

2. 该企业的子公司，包括直接或间接被该企业控制的其他企业，也包括直接或间接地被该企业控制的单位、信托基金等。

3. 与该企业同受同一母公司控制的其他企业。例如，A 公司和 B 公司共同控制 C 公司，同时 A 公司和 D 公司共同控制 E 公司，由于 C 公司和 E 公司同时受到 A 公司的共同控制，因此，C 公司和 E 公司之间构成关联方关系。

4. 对该企业实施共同控制的投资方的共同控制包括直接的共同控制和间接的共同控制。对企业实施直接或间接共同控制的投资方与该企业之间是关联方关系。但这些投资方之间并不能仅仅因为共同控制了同一家企业而视为存在关联方关系。例如，A、B、C 三个企业共同控制 D 企业，从而 A 和 D、B 和 D 以及 C 和 D 成为关联方关系。如果不存在其他关联方关系，A 和 B、A 和 C 以及 8 和 C 之间不构成关联方关系。

5. 对该企业施加重大影响的投资方。这里的重大影响包括直接的重大影响和间接的重大影响。对企业实施重大影响的投资方与该企业之间是关联方关系，但这些投资方之间并不能仅仅因为对同一家企业具有重大影响而视为存在关联方关系。

6. 该企业的合营企业。合营企业是以共同控制为前提的，两方或多方共同控制某一企业时，该企业则为投资者的合营企业。例如，A、B、C、D 企业各占 F 企业有表决权资本的 25%，按照合同规定，投资各方按照出资比例控制 F 企业，由于出资比例相同，F 企业由 A、B、C、D 企业共同控制，在这种情况下。A 和 F、B 和 F、C 和 F 以及 D 和 F 之间构成关联方关系。

7. 该企业的联营企业。联营企业和重大影响是相联系的，如果投资者能对被投资企业施加重大影响，则该被投资企业视为投资者的联营企业。

8. 该企业的主要投资者个人及与其关系密切的家庭成员。主要投资者个人，是指能够控制、共同控制一个企业或者对一个企业施加重大影响的个人投资者。

（1）某一企业与其主要的投资者个人之间的关系。例如，张三是 A 企业的主要投资者，则 A 企业与张三构成关联方关系。

（2）某一企业的主要投资者个人关系密切的家庭成员之间的关系。例如，A 企业主要的投资者张三的儿子与 A 企业构成关联方关系。

9. 该企业或其母公司的关键管理人员及与其关系密切的家庭成员。关键管理人员，是指有权力并负责计划、指挥和控制企业活动的人员。与主要投资者个人或关键管理人员关系密切的家庭成员，是指在处理与企业的交易时可能影响该个人或受该个人影响的家庭成员。

（1）某一企业与其关键管理人员的关系。例如，A 企业的总经理与 A 企业构成关联方关系。

（2）某一企业与其关键管理人员关系密切的家庭成员关系。例如，A 企业总经理张三的儿子与 A 企业构成关联方关系。

10. 该企业主要投资者个人、关键管理人员或与其关系密切的家庭成员控制、共同控制或施加重大影响的其他企业。对于这类关联方，应当根据主要投资者个人、关键管理人员或与其关系密切的家庭成员的实际影响力具体分析判断。

（1）某一企业与受该企业主要投资者个人直接控制的其他企业之间的关系。例如，A 企业的主要投资者 H 拥有 B 企业 60% 的表决权资本，则 A 和 B 存在关联方关系。

（2）某一企业与受该企业主要投资者个人关系密切的家庭成员直接控制的其他企业之间的关系。例如，A 企业的主要投资者 Y 的妻子拥有 B 企业 60% 的表决权资本，则 A 和 B 存在关联方关系。

（3）某一企业与受该企业关键管理人员直接控制的其他企业之间的关系。例如，A 企业的关键管理人员 H 控制了 B 企业，则 A 和 B 存在关联方关系。

（4）某一企业与受该企业关键管理人员关系密切的家庭成员直接控制的

其他企业之间的关系。例如，A 企业的财务总监 Y 的妻子是 B 企业的董事长，则 A 和 B 存在关联方关系。

二、不构成关联方关系的情况

1. 与该企业发生日常往来的资金提供者、公用事业部门、政府部门和机构，以及与该企业发生大量交易而存在经济依存关系的单个客户、供应商、特许商、经销商和代理商之间，不构成关联方关系。

2. 与该企业共同控制合营企业的合营者之间，通常不构成关联方关系。

3. 仅仅同受国家控制而不存在控制、共同控制或重大影响关系的企业，不构成关联方关系。

三、关联方交易的类型

存在关联方关系的情况下，关联方之间发生的交易为关联方交易，关联方的交易类型主要有：

1. 购买或销售商品。购买或销售商品是关联方交易较常见的交易事项。例如，企业集团成员之间互相购买或销售商品，形成关联方交易。

2. 购买或销售除商品以外的其他资产。例如，母公司出售给其子公司的设备或建筑物等。

3. 提供或接受劳务。

4. 担保。

5. 提供资金（贷款或股权投资）。

6. 租赁。

7. 代理。代理主要是依据合同条款，一方可为另一方代理某些事务，如代理销售货物，或代理签订合同等。

8. 研究与开发项目的转移。

9. 许可协议。当存在关联方关系时，关联方之间可能达成某项协议。允许一方使用另一方商标等，从而形成了关联方之间的交易。

10. 代表企业或由企业代表另一方进行债务结算。

11. 关键管理人员薪酬。企业支付给关键管理人员的报酬，也是一项主要的关联方交易。

四、关联方的披露

1. 企业无论是否发生关联方交易，均应当在附注中披露与该企业之间存在直接控制关系的母公司和子公司有关的信息。母公司不是该企业最终控制方的，还应当披露企业集团内对该企业享有最终控制权的企业（或主体）的名称。母公司和最终控制方均不对外提供财务报表的，还应当披露母公司之上与其最相近的对外提供财务报表的母公司名称。

2. 企业与关联方发生关联方交易的，应当在附注中披露该关联方关系的性质、交易类型及交易要素。

3. 对外提供合并财务报表的，对于已经包括在合并范围内各企业之间的交易不予披露。

第四节　汇总报表与合并报表编制

除了前述以个别会计主体为单位编制的个别财务报表之外，经常会出现汇总财务报表与合财务报表。

直观而简单地看，汇总财务报表是一个集团下面各个母子公司的个别财务报表数据的简单加总。合并财务报表是将个别财务报表的数据经过调整、抵销后编制而成的。简单加总，比如说，本期 A 公司实现销售收入 500 万元，B 公司实现 300 万元，加总就是 800 万元。但编制合并财务报表时，要考虑本期内如果 A 公司销售的 500 万元中，有 200 万元卖给了 B 公司（A 和 B 是同一集团内的两家公司）。那么从整体集团的角度看，这 200 万元只是集团内部的交易，并没有实现收入。所以，在编制合并财务报表时要将这 200 万元抵销掉，同样需要抵销的内容还有其他很多东西。

本节就分别汇总财务报表和合并财务报表进行阐述。

一、汇总财务报表

（一）汇总财务报表的基本概念

汇总财务报表是指上级主管部门、企业集团或公司总部，根据所属基层各家分支机构的会计报表和汇总单位本身的会计报表，整理、汇总编制的会计报表。它是考核各地区、各行业、各部门财务情况的。汇总财务报表大部分项目都可以按照所属单位的报表加计总数而得。但对于某一部分项目，由于要反映某种指标的平均数，或者要冲抵系统内上下级之间的结算、缴拨款项，不能用加计总数的方法编制。对于前一类情况必须按系统内各单位的报表上的数据加计总数后重新计算平均数后才能填列；对于后一类情况，由于系统内部的结算往来并不影响整个系统的总量，所以不能填入整个系统对外报送的会计报表中。

（二）汇总财务报表与合并财务报表的差异

相对于合并会计报表而言，尽管汇总财务报表在编制方法上有某些相似之处，但却有本质上的不同，表现在：

1. 会计报表的主体不同。合并会计报表的主体是企业，反映的是某个企业的财务状况和经管成果；尽管这个企业的会计报表是由其自身及其他几个独立企业的会计报表合并编制而成，但其他企业的经营活动受这个企业的控制，只是这个企业全部经营活动的一部分。汇总财务报表的主体是上级主管部门，主体本身不是经营实体，报表主要反映的是由其管理下各企业总的生产经营情况。从这个意义上讲，编制合并会计报表的企业，也是编制汇总财务报表的上级管理部门管理下的企业之一，其经营活动当然也反映在汇总财务报表中。

2. 会计报表的作用不同。合并会计报表的作用旨在向企业所有者、债权人等全面揭示企业的财务状况和财务成果；而汇总财务报表的作用主要在于为一个地区或部门、系统进行宏观管理和调控提供资料。

3. 会计报表反映的内容不同。合并会计报表主要提供企业的财务信息；汇总财务报表不仅要提供各企业的财务信息，还要提供企业生产消耗、产量、劳动工时等其他方面的信息。

二、合并财务报表概述

合并财务报表，是指反映母公司和其全部子公司形成的企业集团（以下简称企业集团）整体财务状况、经营成果和现金流量的财务报表。

与个别财务报表相比，合并财务报表反映的是企业集团整体的财务状况、经营成果和现金流量，反映的对象通常由若干个法人（包括母公司和其全部子公司）组成的会计主体，是经济意义上的主体，而不是法律意义上的主体。

（一）合并范围的确定

合并财务报表的合并范围应当以控制为基础加以确定。

控制，是指一个企业能够决定另一个企业的财务和经营政策，并能据以从另一个企业的经营活动中获取利益的权力。控制通常具有如下特征：

1. 控制的主体是唯一的，不是两方或多方。即对被投资单位的财务和经营政策的提议不必要征得其他方同意，就可以形成决议，付诸于被投资单位执行。

2. 控制的内容是另一个企业的日常生产经营活动的财务和经营政策，这些财务和经营政策一般是通过表决权来决定的。在某些情况下，也可以通过法定程序严格限制董事会、受托人或管理层对特殊目的主体经营活动的决策权。如规定除设立者或发起人外，其他人无权决定特殊目的主体经营活动的政策。

3. 控制的目的是为了获取经济利益，包括为了增加经济利益、维持经济利益、保护经济利益，或者降低所分担的损失等。

4. 控制的性质是一种权力，是一种法定权力，也可以是通过公司章程或协议、投资者之间的协议授予的权力。这种权力可以实际行使，也可以不实际行使。有权力实施控制力并不一定意味着有能力实施控制力。

（二）控制标准的具体应用

1. 母公司拥有其半数以上的表决权的被投资单位应当纳入合并财务报表的合并范围

母公司直接或通过子公司间接拥有被投资单位半数以上的表决权表明母公司能够控制被投资单位，应当将该被投资单位认定为子公司，纳入合并财务报表的合并范围。但是，有证据表明母公司不能控制被投资单位的除外。

表决权是指对被投资单位经营计划、投资方案、年度财务预算方案和决算方案、利润分配方案和弥补亏损方案、内部管理机构的设置、聘任或解聘公司经理及其报酬等的表决权。表决权比例通常与其出资比例或持股比例是一致的，但是对于有限责任公司，公司章程另有规定的除外。

当母公司拥有被投资单位半数以上表决权时，母公司就拥有对该被投资单位的控制权，能够主导该被投资单位的股东大会（或股东会下同），特别是董事会，并对其生产经营活动和财务政策实施控制。在这种情况下，子公司处在母公司的直接控制和管理下进行日常生产经营活动，子公司的生产经营活动成为事实上的母公司生产经营活动的一个组成部分，母公司与子公司的生产经营活动已一体化。拥有被投资单位半数以上表决权，是母公司对其拥有控制权的最明显的标志，应将其纳入合并财务报表的合并范围。

母公司拥有被投资单位半数以上表决权，通常包括如下三种情况：

（1）母公司直接拥有被投资单位半数以上表决权。

（2）母公司间接拥有被投资单位半数以上表决权。间接拥有半数以上表决权，是指母公司通过子公司而对子公司的子公司拥有半数以上表决权。

（3）母公司直接和间接方式合计拥有被投资单位半数以上表决权。直接和间接方式合计拥有半数以上表决权，是指母公司以直接方式拥有某一被投资单位半数以下的表决权，同时又通过其他方式如通过子公司拥有该被投资单位表决权，两者合计拥有该被投资单位半数以上的表决权。

2. 母公司拥有其半数以下的表决权的被投资单位纳入合并财务报表的合并范围的情况

母公司拥有被投资单位半数或以下的表决权，满足下列条件之一的，视为母公司能够控制被投资单位，应当将该被投资单位认定为子公司，纳入合并财务报表的合并范围。但是，有证据表明母公司不能控制被投资单位的除外：

（1）通过与被投资单位其他投资者之间的协议，拥有被投资单位半数以上的表决权。

（2）根据公司章程或协议，有权决定被投资单位的财务和经营政策。这种情况是指在被投资单位的公司章程等文件中明确母公司对其财务和经营政策能够实施控制。

（3）有权任免被投资单位的董事会或类似机构的多数成员。

（4）在被投资单位董事会或类似机构占多数表决权。

在母公司拥有被投资单位半数或以下的表决权满足上述四个条件之一，合并报表准则视为母公司能够控制被投资单位，应当将该被投资单位认定为子公司，纳入合并财务报表的合并范围。但是，如果有证据表明母公司不能控制被投资单位的除外。

3. 所有子公司都应纳入母公司的合并财务报表的合并范围

母公司应当将其全部子公司纳入合并财务报表的合并范围。即只要是由母公司控制的子公司，不论子公司的规模大小、子公司向母公司转移资金的能力是否受到严格限制，也不论子公司的业务性质与母公司或企业集团内其他子公司是否有显著差别，都应当纳入合并财务报表的合并范围。

需要说明的是，受所在国外汇及其他管制，资金调度受到限制的境外子公司，该被投资单位的财务和经营政策仍然由本公司决定，本公司也能从其经营活动中获取利益，资金调度受到限制并不妨碍本公司对其实施控制，因此，应将其纳入合并财务报表的合并范围。

下列被投资单位不是母公司的子公司，不应当纳入母公司的合并财务报表的合并范围：

（1）宣告被清理整顿的原子公司。已宣告被清理整顿的原子公司，是指在当期宣告被清理整顿的被投资单位。该被投资单位在上期是本公司的子公司。在这种情况下，被投资单位实际上在当期已经由股东、董事或股东大会指定的人员组成的清算组或人民法院指定的有关人员组成的清算组对该被投资单位进行日常管理，在清算期间，被投资单位不得开展与清算无关的经营活动，因此，本公司不能再控制该被投资单位。不能将该被投资单位继续认定为本公司的子公司。

（2）已宣告破产的原子公司。已宣告破产的原子公司，是指在当期宣告破产的被投资单位。该被投资单位在上期是本公司的子公司，在这种情况下，根据《企业破产法》的规定，被投资单位的日常管理已转交到由人民法院指定的管理人，本公司不能控制该被投资单位，不能将该被投资单位认定为本公司的子公司。

（3）母公司不能控制的其他被投资单位。母公司不能控制的其他被投资单位，是指母公司不能控制的除上述两种情形以外的其他被投资单位，如联营企业等。

（三）合并财务报表的编制程序

合并财务报表编制有其特殊的程序，主要包括如下几个方面：

第一步，编制合并工作底稿。合并工作底稿的作用是为合并财务报表的编制提供基础。在合并工作底稿中，对母公司和子公司的个别财务报表各项目的金额进行汇总和抵销处理，最终计算得出合并财务报表各项目的合并金额。

第二步，将母公司、子公司个别资产负债表、利润表、现金流量表、所有者权益变动表各项目的数据过入合并工作底稿，并在合并工作底稿中对母公司和子公司个别财务报表各项目的数据进行加总，计算得出个别资产负债表、利润表、现金流量表、所有者权益变动表各项目的合计金额。

第三步，在合并工作底稿中编制调整分录和抵销分录，将内部交易对合并财务报表有关项目的影响进行抵销处理。编制抵销分录，进行抵销处理是合并财务报表编制的关键和主要内容，其目的在于将个别财务报表各项目的加总金额中重复的因素予以抵销。但是，对属于非同一控制下企业合并中取得的子公司的个别财务报表进行合并时，还应当首先根据母公司为该子公司设置的备查簿的记录，以记录的该子公司各项可辨认资产、负债及或有负债等在购买日的公允价值为基础，通过编制调整分录，对该子公司提供的个别财务报表进行调整，以使子公司的个别财务报表反映为在购买日公允价值基础上确定的可辨认资产、负债及或有负债在本期资产负债表日的金额。对于子公司所采用的会计政策与母公司不一致的和子公司的会计期间与母公司不一致的，如果母公司自行对子公司的个别财务报表进行调整，也应当在合并工作底稿中通过编制调整分录予以调整。在编制合并财务报表时，对子公司的长期股权投资调整为权益法，也需要在合并工作底稿中通过编制调整分录予以调整，而不改变母公司“长期股权投资”账簿记录。

在合并工作底稿中编制的调整分录和抵销分录，借记或贷记的均为财务报表项目（即资产负债表项目、利润表项目、现金流量表项目和所有者权益变动表项目），而不是具体的会计科目。比如，在涉及调整或抵销固定资产折旧、固定资产减值准备等均通过资产负债表中的“固定资产”项目，而不是“累计折旧”“固定资产减值准备”等科目来进行调整和抵销。

第四步，计算合并财务报表各项目的合并金额。即在母公司和子公司个别财务报表各项目加总金额的基础上，分别计算出合并财务报表中各资产项目、负债项目、所有者权益项目、收入项目和费用项目等的合并金额。其计算方法如下：

（1）资产类各项目，其合并金额根据该项目加总金额，加上该项目抵销分录有关的借方发生额，减去该项目抵销分录有关的贷方发生额计算确定。

（2）负债类各项目和所有者权益类各项目，其合并金额根据该项目加总金额，减去该项目抵销分录有关的借方发生额，加上该项目抵销分录有关的贷方发生额计算确定。

（3）有关收入类各项目和有关所有者权益变动各项目，其合并金额根据该项目加总金额，减去该项目抵销分录的借方发生额，加上该项目抵销分录的贷方发生额计算确定。

（4）有关费用类项目。其合并金额根据该项目加总金额，加上该项目抵销分录的借方发生额，减去该项目抵销分录的贷方发生额计算确定。

（5）填列合并财务报表。即根据合并工作底稿中计算出的资产、负债、所有者权益、收入、费用类以及现金流量表中各项目的合并金额，填列生成正式的合并财务报表。

三、合并资产负债表

合并资产负债表是反映企业集团在某一特定日期财务状况的财务报表，由合并资产、负债和所有者权益各项目组成。公司编制合并报表和其他企业编制合并报表有相同之处，比如两者都涉及长期股权投资的抵销；但是两者之间也有很大的差别，比如公司的合并报表的编制很少涉及内部商品购销和内部购销固定资产的抵销。

（一）对子公司的个别财务报表进行调整

在编制合并财务报表时，首先应对各子公司进行分类，分为同一控制下企业合并中取得的子公司和非同一控制下企业合并中取得的子公司两类。

1. 属于同一控制下企业合并中取得的子公司。

对于属于同一控制下企业合并中取得的子公司的个别财务报表，如果不存在与母公司会计政策和会计期间不一致的情况，则不需要对该子公司的个别财务报表进行调整，即不需要将该子公司的个别财务报表调整为公允价值反映的财务报表，只需要抵销内部交易对合并财务报表的影响即可。

2. 属于非同一控制下企业合并中取得的子公司。

对于属于非同一控制下企业合并中取得的子公司，除了存在与母公司会计政策和会计期间不一致的情况，需要对该子公司的个别财务报表进行调整外，还应当根据母公司为该子公司设置的备查簿的记录，以记录的该子公司的各项可辨认资产、负债及或有负债等在购买日的公允价值为基础，通过编制调整分录，对该子公司的个别财务报表进行调整，以使子公司的个别财务报表反映为在购买日公允价值基础上确定的可辨认资产、负债及或有负债在本期资产负债表日的金额。

（二）按权益法调整对子公司的长期股权投资

合并财务报表应当以母公司和其子公司的财务报表为基础。根据其他有关资料；按照权益法调整对子公司的长期股权投资后，由母公司编制。

在合并工作底稿中，按权益法调整对子公司的长期股权投资时，应按准则所规定的权益法进行调整。

合并报表准则也允许企业直接在对子公司的长期股权投资采用成本法核算的基础上编制合并财务报表，但是所生成的合并财务报表应当符合合并报表准则的相关规定。

（三）编制合并资产负债表时应进行抵销处理的项目

合并资产负债表是以母公司和子公司的个别资产负债表为基础编制的。个别资产负债表则是以单个企业为会计主体进行会计核算的结果，它从母公司本身或从子公司本身的角度对自身的财务状况进行反映。这样，对于内部交易，从发生内部交易的企业来看，发生交易的各方都在其个别资产负债表中进行了反映。在这种情况下，资产、负债和所有者权益类各项目的加总金额中，必然包含有重复计算的因素。作为反映企业集团整体财务状况的合并资产负债表，必须将这些重复计算的因素予以扣除，对这些重复的因素进行抵销处理。这些需要扣除的重复因素，就是合并财务报表编制时需要进行抵销处理的项目。

编制合并资产负债表时需要进行抵销处理的，主要有如下项目：

1. 长期股权投资与子公司所有者权益的抵销处理。

母公司对子公司进行的长期股权投资，一方面反映为长期股权投资以外的其他资产的减少，另一方面反映为长期股权投资的增加，在母公司个别资产负债表中作为资产类项目中的长期股权投资列示。子公司接受这一投资时，一方面增加资产，另一方面作为实收资本（或股本，下同）处理，在其个别资产负债表中一方面反映为实收资本的增加，另一方面反映为相对应的资产的增加。从企业集团整体来看，母公司对子公司进行的长期股权投资实际上相当于母公司将资本拨付下属核算单位，并不引起整个企业集团的资产、负债和所有者权益的增减变动。因此，编制合并财务报表时，应当在母公司与子公司财务报表数据简单相加的基础上，将母公司对子公司长期股权投资项目与子公司所有者权益项目予以抵销。

子公司所有者权益中不属于母公司的份额，即子公司所有者权益中抵销母公司所享有的份额后的余额，在合并财务报表中作为“少数股东权益”处理，“少数股东权益”项目应当在“所有者权益”项目下单独列示。

当母公司对子公司长期股权投资的金额与在子公司所有者权益中所享有的份额不一致时，应按其差额计入“商誉”项目。

2. 内部债权与债务的抵销处理。

母公司与子公司、子公司相互之间的债权和债务项目，是指母公司与子公司、子公司相互之间因销售金融商品、提供金融服务以及发生结算业务等原因产生的应收利息与应付利息、其他应收款与其他应付款、持有至到期投资与应付债券等项目。发生在母公司与子公司、子公司相互之间的这些项目，企业集团内部企业的一方在其个别资产负债表中反映为资产，而另一方则在其个别资产负债表中反映为负债。但从企业集团整体角度来看，它只是内部资金运动，既不能增加企业集团的资产，也不能增加负债。因此，为了消除个别资产负债表直接加总中的重复计算因素，在编制合并财务报表时应当将内部债权债务项目予以抵销。

在某些情况下，债券投资企业持有的企业集团内部成员企业的债券并不是从发行债券的企业直接购进，而是在证券市场上从第三方手中购进的。在这种情况下，持有至到期投资中的债券投资与发行债券企业的应付债券抵销时，可能会出现差额，应当计入合并利润表的投资收益或财务费用项目。

同时，公司在合并报表时，如果母子公司之间存在相互销售商品、销售固定资产的情况，也需要对存货价值中包含的未实现内部销售损益和内部固定资产交易进行抵销处理。

（四）母公司在报告期内增减子公司在合并资产负债表中的反映

1. 母公司在报告期内增加子公司在合并资产负债表中的反映母公司因追加投资等原因控制了另一个企业即实现了企业合并。根据 CAS 20 号企业合并准则的规定，企业合并形成母子公司关系的，母公司应当编制合并日或购买日的合并资产负债表。但是，在企业合并发生当期的期末和以后会计期间，母公司应当根据合并报表准则的规定编制合并资产负债表。合并报表准则规定，在编制合并资产负债表时，应当区分同一控制下的企业合并增加的子公司和非同一控制下的企业合并增加的子公司两种情况。

（1）因同一控制下企业合并增加的子公司，编制合并资产负债表时，应当调整合并资产负债表的期初数。

（2）因非同一控制下企业合并增加的子公司，不应当调整合并资产负债表中的期初数。

2. 母公司在报告期内处置子公司在合并资产负债表中的反映。

在报告期内，如果母公司失去了决定被投资单位的财务和经营政策的能力，不再能够从其经营活动中获取利益，则母公司不再控制被投资单位。被投资单位从本期开始不再是母公司的子公司，即母公司在报告期内处置子公司。母公司处置子公司可能因绝对或相对持股比例变化所产生的，如降低投资比例；也可能由于其他原因不再控制原先的子公司，比如，子公司被政府、人民法院等接管，母公司就失去了对该子公司的控制权。失去控制权也可能由于合同约定所导致，比如，通过法定程序修改原先的子公司的公司章程，限制了母公司对其财务和经营政策的主导权力，使母公司不能再单方面控制该子公司，原先的子公司从处置日开始不再是子公司，不应继续将其纳入合并财务报表的合并范围。

合并报表准则规定，母公司在报告期内处置子公司，编制合并资产负债表时，不应当调整合并资产负债表的期初数。具体处理方法不再详细阐述。

四、合并利润表

（一）编制合并利润表时应进行抵销处理的项目

合并利润表应当以母公司和子公司的利润表为基础，在抵销母公司与子公司、子公司相互之间发生的内部交易对合并利润表的影响后，由母公司合并编制。

利润表作为以单个企业为会计主体进行会计核算的结果，分别从母公司本身和子公司本身反映其在一定会计期间的经营成果。在以母子公司个别利润表为基础计算的收入和费用等项目的加总金额中，也必然包含有重复计算的因素。因此，编制合并利润表时，也需要将这些重复的因素予以剔除。

编制合并利润表时需要进行抵销处理的，主要有如下项目：

1. 内部营业收入和内部营业成本的抵销处理。

内部营业收入是指企业集团内部母公司与子公司、子公司相互之间发生的商品销售（或劳务提供，下同）活动所产生的营业收入。内部营业成本是指企业集团内部母公司与子公司、子公司相互之间发生的销售商品的营业成本。

在企业集团内部母公司与子公司、子公司相互之间发生内部购销交易的情况下，母公司和子公司都从自身的角度，以自身独立的会计主体进行核算反映其损益情况。从销售企业来说，以其内部销售确认当期销售收入并结转相应的销售成本，计算当期内部销售商品损益。从购买企业来说，其购进的商品可能用于对外销售，也可能是作为固定资产、工程物资、在建工程、无形资产等资产使用。在购买企业将内部购进的商品用于对外销售时，可能出现以下三种情况：第一种情况是内部购进商品全部实现对外销售；第二种情况是内部购进的商品全部未实现销售，形成期末存货；第三种情况是内部购进的商品部分实现对外销售、部分形成期末存货。在购买企业将内部购进的商品作为固定资产、工程物资、在建工程、无形资产等资产使用时，则形成其固定资产、工程物资、在建工程、无形资产等资产。因此，对内部销售收入和内部销售成本进行抵销时，应分别不同的情况进行处理。

母公司与子公司、子公司相互之间销售商品，期末全部实现对外销售，在这种情况下，从销售企业来说，销售给企业集团内其他企业的商品与销售给企业集团外部企业的情况下的会计处理相同，即在本期确认销售收入、结转销售成本、计算销售商品损益，并在其个别利润表中反映；对于购买企业来说，一方面要确认向企业集团外部企业的销售收入，另一方面要结转销售内部购进商品的成本，在其个别利润表中分别作为营业收入和营业成本反映，并确认销售损益。也就是说，对于同一购销业务，在销售企业和购买企业的个别利润表中都作了反映。但从整个企业集团来看，这一购销业务只是实现了一次对外销售，其销售收入只是购买企业向企业集团外部企业销售该产品的销售收入，其销售成本只是销售企业向购买企业销售该商品的成本。销售企业向购买企业销售该商品实现的收入属于内部销售收入，相应地，购买企业向企业集团外部销售该商品的销售成本，属于内部销售成本。因此，在编制合并利润表时必须将重复反映的内部营业收入和营业成本予以抵销。

2. 购买企业内部购进商品作为固定资产、无形资产等资产使用时的抵销处理。

企业集团内母公司与子公司、子公司相互之间将自身的产品销售给其他企业作为固定资产（作为无形资产等的处理原则类似）使用的抵销处理，参见本节“内部交易形成的固定资产在购入当期的抵销处理”的内容。

3. 内部投资收益（利息收入）和利息费用的抵销处理。

企业集团内部母公司与子公司、子公司相互之间可能相互提供信贷，以及相互之间持有对方债券的内部交易。在内部提供信贷的情况下提供贷款的企业（公司）确认利息收入，并在其利润表反映为营业收入（利息收入）；

而接受贷款的企业则支付利息费用。在其利润表反映为财务费用（本节为了简化合并处理，假定所发生的利息费用全部计入当期损益，不存在资本化的情况）。在持有母公司或子公司发行的企业债券（或公司债券，下同）的情况下，发行债券的企业支付的利息费用作为财务费用处理，并在其个别利润表"财务费用"项目中列示；而持有债券的企业将购买的债券在其个别资产负债表"持有至到期投资"（假定购买债券的企业将该债券投资归类为持有至到期投资）项目中列示，当期获得的利息收入则作为投资收益处理，并在其个别利润表"投资收益"项目中列示。在编制合并财务报表时，应当在抵销内部发行的应付债券和持有至到期投资等内部债权债务的同时，将内部应付债券和持有至到期投资相关的利息费用与投资收益（利息收入）相互抵销，即将内部债券投资收益与内部发行债券的利息费用相互抵销。

4. 母公司与子公司、子公司相互之间持有对方长期股权投资的投资收益的抵销处理。

内部投资收益是指母公司对子公司或子公司对母公司、子公司相互之间的长期股权投资的收益，即母公司对子公司的长期股权投资在合并工作底稿中按权益法调整的投资收益，实际上就是子公司当期营业收入减去营业成本和期间费用、所得税费用等后的余额与其持股比例相乘的结果。在子公司为全资子公司的情况下，母公司对某一子公司在合并工作底稿中按权益法调整的投资收益，实际上就是该子公司当期实现的净利润。编制合并利润表时实际上是将子公司的营业收入、营业成本和期间费用视为母公司本身的营业收入、营业成本和期间费用同等看待，与母公司相应的项目进行合并，是将子公司的净利润还原为营业收入、营业成本和期间费用，也就是将投资收益还原为合并利润表中的营业收入、营业成本和期间费用处理。因此，编制合并利润表时，必须将对子公司的长期股权投资收益予以抵销。

由于合并所有者权益变动表中的本年利润分配项目是站在整个企业集团角度，反映对母公司股东和子公司的少数股东的利润分配情况，因此子公司的个别所有者权益变动表中本年利润分配各项目的金额，包括提取盈余公积、对所有者的分配和期末未分配利润金额都必须予以抵销。在子公司为非全资子公司的情况下，母公司本期对子公司长期股权投资按权益法调整的投资收益、本期少数股东损益和期初未分配利润与子公司本年利润分配项目也正好相抵销。

（二）合并利润表的编制

在编制合并利润表时，首先，母公司应当设计合并工作底稿，将母公司、子公司个别利润表的数据过入合并工作底稿，并计算利润表各项目的合计金额。其次，编制调整分录，按照母公司备查簿中所记录的子公司可辨认资产、负债及或有负债在购买日的公允价值的资料调整子公司的财务报表，将子公司的财务报表调整成以购买日可辨认资产、负债及或有负债的公允价值为基础编制的财务报表，按照权益法调整母公司对子公司的长期股权投资。最后，编制抵销分录，将母公司与子公司之间的内部交易对合并利润表的影响予以抵销。

五、合并现金流量表

合并现金流量表是综合反映母公司及其所有子公司组成的企业集团在一定会计期间现金和现金等价物流入和流出的报表。现金流量表作为一张主要报表已经为世界上一些主要国家的会计实务所采用，合并现金流量表的编制也成为各国会计实务的重要内容。

现金流量表要求按照收付实现制反映企业经济业务所引起的现金流入和流出，其有关经营活动活动产生的现金流量的编制方法有直接法和间接法两种。CAS 31 号现金流量表准则明确规定企业应当采用直接法列示经营活动产生的现金流量。在采用直接法的情况下，以合并利润表有关项目的数据为基础，调整得出本期的现金流入和现金流出；分别经营活动产生的现金流量、投资活动产生的现金流量、筹资活动产生的现金流量三大类，反映企业集团在一定会计期间的现金流量情况。

需要说明的是，某些现金流量在进行抵销处理后，站在企业集团的角度，重新对其进行分类。比如，母公司持有子公司向其购买商品所开具的商业承兑汇票向公司申请贴现，母公司所取得现金在其个别现金流量表反映为经营活动的现金流入，在将该内部商品购销活动所产生的债权与债务抵销后，母公司向公司申请贴现取得的现金在合并现金流量表中应重新归类为筹资活动的现金流量列示。

合并现金流量表的编制原理、编制方法和编制程序与合并资产负债表、合并利润表的编制原理、编制方法和编制程序相同。即首先编制合并工作底稿，将母公司和所有子公司的个别现金流量表各项目的数据全部过入同一合并工作底稿；然后根据当期母公司与子公司以及子公司相互之间发生的影响其现金流量增减变动的内部交易，编制相应的抵销分录，通过抵销分录将个别现金流量表中重复反映的现金流入量和现金流出量予以抵销；最后，在此基础上计算出合并现金流量表中各项目的合并金额，并填制合并现金流量表。

合并现金流量表补充资料，既可以以母公司和所有子公司的个别现金流量表为基础，在抵销母公司与子公司、子公司相互之间发生的内部交易对合并现金流量表的影响后进行编制，也可以直接根据合并资产负债表和合并利润表进行编制。

（一）编制合并现金流量表时应进行抵销处理的项目

现金流量表作为以单个企业为会计主体进行会计核算的结果，分别从母公司本身和子公司本身反映其在一定会计期间的现金流入和现金流出。在以其个别现金流表为基础计算的现金流入和现金流出项目的加总金额中也必然有重复计算因素，因此在编制现金流量表时，也需要将这些重复的因素予以剔除。

1. 母公司与子公司、子公司相互之间当期以现金投资或收购股权增加的投资所产生的现金流量应当抵销。

2. 母公司与子公司、子公司相互之间当期取得投资收益收到的现金，应当与分配股利、利润或偿付利息支付的现金相互抵销。

3. 企业集团内部以现金结算债权与债务所产生的现金流量的抵销处理。

母公司与子公司、子公司相互之间当期以现金结算应收账款或应付账款等债权与债务，表现为现金流入或现金流出，在母公司个别现金流量表中作为收到其他与经营活动有关的现金或支付其他与经营活动有关的现金列示，在子公司个别现金流量表中作为支付其他与经营活动有关的现金或收到其他与经营活动有关的现金列示。从整个企业集团来看，这种现金结算债权与债务，并不引起整个企业集团的现金流量的增减变动。因此，编制合并现金流量表时，应当在母公司与子公司现金流量表数据简单相加的基础上，将母公司与子公司、子公司相互之间当期以现金结算债权与债务所产生的现金流量予以抵销。

4. 企业集团内部当期销售商品所产生的现金流量的抵销处理。

母公司向子公司当期销售商品（或子公司向母公司销售商品或子公司相互之间销售商品，下同）所收到的现金，表现为现金流入，在母公司个别现金流量表中作为销售商品、提供劳务收到的现金列示。子公司向母公司支付购货款，表现为现金流出，在其个别现金流量表中反映为购买商品、接受劳务支付的现金。从整个企业集团来看，这种内部商品购销现金收支，并不会引起整个企业集团的现金流量的增减变动。因此，编制合并现金流量表时，应当在母公司与子公司现金流量表数据简单相加的基础上，将母公司与子公司、子公司相互之间当期销售商品所产生的现金流量予以抵销。

5. 企业集团内部处置固定资产等收回的现金净额与购建固定资产等支付的现金的抵销处理。

母公司向子公司处置固定资产等非流动资产，表现为现金流入，在母公司个别现金流量表中作为处置固定资产、无形资产和其他长期资产收回的现金净额列示。子公司表现为现金流出，在其个别现金流量表中反映为购建固定资产、无形资产和其他长期资产支付的现金。从整个企业集团来看，这种固定资产处置与购置的现金收支，并不会引起整个企业集团的现金流量的增减变动。因此，编制合并现金流量表时，应当在母公司与子公司现金流量表数据简单相加的基础上，将母公司与子公司、子公司相互之间处置固定资产、无形资产和其他长期资产收回的现金净额与购建固定资产、无形资产和其他长期资产支付的现金相互抵销。

（二）合并现金流量表中有关少数股东权益项目的反映

合并现金流量表编制与个别现金流量表相比，特殊点就在于子公司为非全资子公司的情况下，涉及子公司与其少数股东之间的现金流入和现金流出的处理问题。

对于子公司与少数股东之间发生的现金流入和现金流出，从整个企业集团来看，也影响到其整体的现金流入和流出数量的增减变动，必须在合并现金流量表中予以反映。子公司与少数股东之间发生的影响现金流入和现金流出的经济业务包括：少数股东对子公司增加权益性投资、少数股东依法从子公司中抽回权益性投资、子公司向其少数股东支付现金股利或利润等。为了便于企业集团合并财务报表使用者了解掌握企业集团现金流量的情况，有必要将与子公司少数股东之间的现金流入和现金流出的情况单独予以反映。

对于子公司的少数股东增加在子公司中的权益性投资，在合并现金流量表中应当在“筹资活动产生的现金流量”之下的“吸收投资收到的现金”项目下的“其中：子公司吸收少数股东投资收到的现金”项目反映。

对于子公司向少数股东支付现金股利或利润，在合并现金流量表中应当在“筹资活动产生的现金流量”之下的“分配股利、利润或偿付利息支付的现金”项目下的“其中：子公司支付给少数股东的股利、利润”项目反映。

对于子公司的少数股东依法抽回在子公司中的权益性投资，在合并现金流量表应当在“筹资活动产生的现金流量”之下的“支付其他与筹资活动有关的现金”项目反映。

六、合并所有者权益变动表

合并所有者权益变动表是反映构成企业集团所有者权益的各组成部分当期的增减变动情况的财务报表。

合并所有者权益变动表应当以母公司和子公司的所有者权益变动表为基础，在抵销母公司与子公司、子公司相互之间发生的内部交易对合并所有者权益变动表的影响后，由母公司合并编制。合并所有者权益变动表也可以根据合并资产负债表和合并利润表进行编制。

所有者权益变动表作为以单个企业为会计主体进行会计核算的结果，分别从母公司本身和子公司本身反映其在一定会计期间的所有者权益构成及其变动情况。在以母子公司个别所有者权益变动表为基础计算的各所有者权益构成项目的加总金额中，也必然包含重复计算的因素。因此，编制合并所有者权益变动表时，也需要将这些重复的因素予以剔除。

编制合并所有者权益变动表时需要进行抵销处理的项目，主要有如下项目：

（1）母公司对子公司的长期股权投资与母公司在子公司所有者权益中所享有的份额相互抵销，其抵销处理参见本节有关“长期股权投资与子公司所有者权益抵销”。

（2）母公司对子公司、子公司相互之间持有对方长期股权投资的投资收益应当抵销。

（3）母公司与子公司、子公司相互之间发生的其他内部交易对所有者权益变动的影响应当抵销。

第二十三章
财务报表分析

本章精要

财务报表编制完成之后，只是提供了一个综合性的数据产品，需要进一步进行数据价值的挖掘，才能真正为报表使用者或内部管理者提供更加丰富多彩的会计信息。

财务会计报告是指企业对外提供的反映企业某一特定日期财务状况和某一会计期间经营成果等信息的文件。那么，如何从综合性极强的报表数据中，解剖出能够更加逼真地反映其财务状况与经营成果的会计质量指标，这是摆在报表分析者面前的课题。因此，本章就是基于报表数据，从财务状况、经营绩效两个方面来进行专业的深度分析。

关于证券公司或基金公司财务报表分析的实用指标，包括了偿债能力、资产质量、成本控制、盈利能力、资金运用和社会贡献等方面的系列性指标，当然还可以根据公司自身的情况进行细化分析。

在进行上述常规性财务报表分析的同时，还可以进行全局性的综合体系分析，即杜邦分析法，这是一种能够追根求源的分析体系。整套分析层层递进，环环相扣，既联系资产负债表与利润表，又将经营分析指标串联了起来，既表现了个体，又体现了关联性，从而满足了通过财务分析进行绩效评价的需要，在经营目标发生异动时也能及时查明原因并加以修正。

第一节 公司财务状况分析

不论是证券公司，还是基金公司，都应该在会计年度终了时，对公司在年终时点的财务状况进行分析、评价。在指标计算过程中，计算公式中的“负债”“流动负债”都应扣除客户交易结算资金，如代买卖证券款、代发行证券款、代兑付债券款等；“资产”“流动资产”应扣除对应客户交易结算资金的相关资产，如银行存款中属于客户的款项、结算备付金中属于客户的款项、代发行证券、代兑付债券等。以下结合本书第21章表21-1的数据进行分析。

证券公司和基金公司，在分析公司财务状况时，其评价常用的指标有以下两个类别：

一、基于经营流动性视角的分析指标

1. 流动比率。

所谓流动比率是指公司流动资产与流动负债之间的比率，表示每1元流动负债可由多少流动资产来作为偿还的保证，其计算公式如下：

$$流动比率=\frac{流动资产期末余额}{流动负债期末余额}$$

公式中，流动资产期末余额=货币资金-客户银行存款+结算备付金-客户结算备付金+交易性金融资产+存出保证金=18 500-6 000+13 500-6 000+12 500+7 500=40 000（千元）

公式中流动负债=短期借款+拆入资金+卖出回购金融资产款+1年内到期长期负债=300+200+1 500+1 000=3 000（千元）

$$流动比率=\frac{40\ 000}{3\ 000}=13.33$$

一般而言，流动比率越高，说明公司的短期偿债能力越强。因为这个比率越高，表明公司的营运资本（流动资产减去流动负债后的余额）越多，对债权人而言，其债权也就越安全。但也不应一味追求较高的流动比率，流动比率太高，说明公司没有适度的负债经营，没有充分利用财务杠杆给所有者带来好处。因此流动比率应根据实际情况进行具体分析。

2. 资产负债率。

资产负债率是衡量公司长期偿债能力的指标之一，它是公司资产总额与负债总额之间的比率，也就是两者之间的比例关系。资产负债率反映公司的总资产中有多大比例是通过借债来筹集的，也可以衡量公司在清算时保护债权人利益的程度。计算公式如下：

$$资产负债比率=\frac{负债期末余额}{资产期末余额}\times 100\%$$

公式中的负债期末余额＝资产负债表中负债合计－代买卖证券款－代理承销证券款－代理业务负债＝36 000－4 000－8 000－13 000＝11 000（千元）

公式中的资产期末余额＝资产负债表中资产合计－客户银行存款－客户清算备付金－代理业务资产＝78 250－6 000－6 000－17 000＝49 250（千元）

$$资产负债比率=\frac{11\ 000}{49\ 250}\times 100\%=22.34\%$$

这个指标反映了债权人提供的资本占全部资本的比例，这个指标也称为举债经营比率。从债权人立场上看，这个比率越小则债权越安全；从股东或投资者的角度看，在公司全部资本利润率超过借入款项的利率时，负债比例越大越好，反之亦然。因此公司应权衡得失，作出正确的融资决策。

3. 权益负债率。

权益负债率也是衡量公司长期偿债能力的指标之一，这个指标是公司期末所有者权益总额与期末负债总额之间的比率。其计算公式如下；

$$权益负债比率=\frac{负债期末余额}{所有者权益期末余额}\times 100\%$$

公式中的负债期末余额＝资产负债表中负债合计－代买卖证券款－代理承销证券款－代理业务负债＝36 000－4 000－8 000－13 000＝11 000（千元）

所有者权益期末余额 49 250（千元）

$$权益负债率=\frac{11\ 000}{46\ 250}\times 100\%=23.78\%$$

该项指标反映债权人提供的资本与股东提供的资本的比例关系，反映公司的基本财务结构是否稳定。一般而言，所有者权益略大于借入资本较好，但也不能一概而论。从股东的角度看，经济繁荣时期应多借债，经济萎缩时期应少借债。此比率还反映了债权人投入的资本受到所有者权益的保证程度，或者说公司清算时对债权人利益的保障程度，国家规定债权人的索偿权在股东前面。

资产负债率与权益负债率具有共同的经济含义，两个指标可以相互补充。

二、基于运营安全性视角的分析指标

1. 交易性金融资产比率。

交易性金融资产比率是指公司交易性金融资产期末总额与所有者权益期末总额之间的比率。它反映了综合类证券公司交易性金融资产占自有资金的比例。其计算公式如下：

$$交易性金融资产比例=\frac{交易性金融资产期末余额}{所有者权益期末余额}\times100\%$$

交易性金融资产期末余额＝资产负债表中交易性金融资产净额

＝12 500（千元）

$$交易性金融资产比例=\frac{12\ 500}{46\ 250}\times100\%=27.03\%$$

该项指标反映了证券公司用于交易性金融资产方面的资金占自有资金的比例。

2. 长期股权投资比例。

长期股权投资比例是指证券公司期末长期投资余额与自有资金之间的比率，其计算公式如下：

$$长期股权投资比率=\frac{长期投资期末余额}{所有者权益期末余额}\times100\%$$

长期投资期末余额为资产负债表中长期投资净额1 250（千元）

$$长期股权投资比例=\frac{1\ 250}{46\ 250}\times100\%=2.7\%$$

3. 固定资本比例。

固定资本比例反映证券公司用于固定资产方面的投资占实收资本的比例。其计算公式如下：

$$固定资本比例==\frac{固定资产期末余额+期末在建工程}{实收资本}\times100\%$$

固定资产期末余额为资产负债表中固定资产净值3 800（千元）

$$固定资本比例=\frac{3\ 800}{26\ 000}\times100\%=14.62\%$$

如果是股份有限公司，还应计算每股净资产。每股净资产是期末净资产

（即股东权益）与年末普通股份总数的比值。也称为每股账面价值或每股权益。每股净资产的计算方法有加权和摊薄两种。加权平均每股净资产计算公式如下：

$$加权平均每股净资产=\frac{年末股东权益}{（年初普通股份总数+年末普通股份总数）/2}$$

全面摊薄每股净资产计算公式如下：

$$全面摊薄每股净资产=\frac{年末股东权益}{年末普通股份总数}$$

每股净资产反映公司发行在外的每股普通股所代表的账面价值。

第二节 公司经营成果分析

对于证券公司或者基金公司来说，都需要定期结合财务报表应其对经营成果进行分析评价。通过分析评价，在绝对指标反映公司绩效规模的同时，通过相对指标体现公司运营的质量水平。以下结合本书第 21 章表 21－2 的数据进行分析。常用的评价指标有以下几个类别：

一、基于成本费用视角的分析指标

1. 费用率，是公司营业费用与营业收入之间的百分比，其计算公式如下：

$$费用率=\frac{营业费用}{营业收入}\times 100\%$$

续上例，东方红证券股份有限公司的营业收入为 3 510 000 元，营业费用为 1 000 000 元。则费用率为：

$$\frac{1\ 000\ 000}{3\ 510\ 000}\times 100\% =28.5\%$$

该指标表明为取得每百元营业收入要耗费多少营业费用。本例中每百元营业收入要耗费 28.5 元营业费用。

2. 成本率，是公司营业支出与营业收入之间的百分比。其计算公式如下：

$$成本率=\frac{营业支出}{营业收入}\times 100\%$$

续上例，东方红证券股份有限公司公司营业支出为 2 130 000 元，则成本率计算如下：

$$\frac{2\ 130\ 000}{3\ 510\ 000}\times 100\% = 60.68\%$$

该指标表明为取得每元营业收入而发生的营业支出。公司对此项指标应作详细分析，并与公司历史水平、同行业平均水平以及先进水平之间作比较，分析差异，力求做到增收节支。

二、基于获得利润视角的分析指标

1. 资产利润率，是公司净利润与平均资产总额之间的百分比。其计算公式如下：

$$资产利润率 = \frac{净利润}{(资产期初余额 + 资产期末余额)/2}\times 100\%$$

该公式的分母中“资产”应扣除期初期末资产中包含的客户银行存款、结算备付金、代理发行证券、代理兑付债券等项目的金额。

现为方便起见，假设东方红证券股份有限公司 2012 年当年净利润为 938 000 元。假设公司期初资产总额为 5 160 000 元，期末资产总额为 5 360 000 元，其中属于客户的结算备付金、银行存款、代发行证券、代兑付债券项目期初和期末合计金额分别为 50 000 元和 70 000 元。

则公司资产利润率为：

$$\frac{938\ 000}{(5\ 160\ 000 - 50\ 000 + 5\ 360\ 000 - 70\ 000)/2}\times 100\% = 18.04\%$$

把公司一定期间内净利润与公司的平均资产总额进行比较，可以综合评价公司资产利用效率。此比率越高，表明资产的利用效率越高。资产利润率是一个综合指标，与公司的管理水平之间有密切的关系。为了正确评价公司经济效益的高低、挖掘提高利润水平的潜力，可以用该项指标与本公司历史水平，本行业平均水平和本行业先进水平分别对比，分析形成差异的原因，以期进一步提高公司资产的利用效率。

2. 净资产收益率，是净利润与平均净资产之间的比率，也称为所有者权益报酬率或股东权益报酬率。净资产收益率有加权和摊薄两种。

加权平均的净资产收益率计算公式如下：

$$加权平均的净资产收益率 = \frac{净利润}{(期初净资产余额 + 期末净资产余额)/2}\times 100\%$$

全面摊薄的净资产收益率计算公式如下：

$$全面摊薄的净资产收益率 = \frac{净利润}{净资产期末余额} \times 100\%$$

续上例，假设东方红证券股份有限公司期初净资产为 4 100 000 元，期末净资产为 4 300 000 元。则

加权平均的净资产收益率为：

$$\frac{938\ 000}{(4\ 100\ 000 + 430\ 000)/2} \times 100\% = 41.41\%$$

全面摊薄的净资产收益率计算如下：

$$\frac{938\ 000}{4\ 300\ 000/2} \times 100\% = 43.63\%$$

净资产收益率反映公司所有者权益的投资报酬率，即每一元所有者权益的投资报酬。本例中每一元所有者权益的投资报酬是 0.2233 元（加权）。该比率越高，表明公司的获利能力越强。但也不能一概而论，在进行不同公司之间的横向比较时，以及公司不同期间的纵向比较时，要充分考虑物价水平的变化、公司之间以及不同期间会计政策的差异。

3. 人均利润率，是公司净利润与公司在册员工人数之间的百分比。其计算公式如下：

$$人均利润率 = \frac{净利润}{(年初员工人数 + 年末员工人数)/2}$$

按上例，假设东方红证券股份有限公司年平均人数为 100 人，则人均利润率为：

$$\frac{938\ 000}{100} = 9\ 380（元）$$

该指标反映了公司人均创利率，本例中人均创利 9 380 元。为了正确评价公司经济效益的高低、挖掘职工的潜力，可以用该项指标与本公司前期、本行业平均水平和本行业先进水平进行对比，分析形成差异的原因，以期进一步提高公司人均创利能力。

4. 营业收入利润率，又称纯利率，是公司净利润与营业收入之间的比率，表明每百元营业收入创造的利润。其计算公式如下：

$$营业收入利润率 = \frac{净利润}{营业收入} \times 100\%$$

续上例。营业收入利润率计算如下：

$$\frac{938\ 000}{351\ 000} \times 100\% = 26.72\%$$

该指标反映了每百元营业收入带来的净利润的多少，本例中每百元营业收入创造的利润为 26.72 元。公司在增加营业收入的同时，必须相应获得更多的净利润，才能使营业收入利润率保持不变或有所提高。通过分析营业收入利润率的增减变动，可以促使公司在扩大营业收入的同时，改善经营管理，提高盈利水平。

5. 每股收益。对于股份有限公司形式的证券公司或基金公司来说，除了上述指标外，每股收益即 EPS，又称每股税后利润、每股盈余，也是分析每股价值的一个基础性指标。传统的每股收益指标计算公式为：每股收益一期末净利润 ÷ 期末总股本。每股收益是综合反映公司获利能力的重要指标，它反映普通股的获利水平。在分析时，可以进行公司之间的比较，评价公司的相对获利能力；也可进行公司不同时期的比较，以了解公司盈利能力的变化趋势。

第三节　公司现金流量分析

相对于权责发生制会计基础下产生的利润指标而言，现金态势经常存在着差异，这是证券公司和基金公司会计核算必然存在的现象，所以需要分析两者之间的差异是否处于正常范畴。

当今经济领域是“现金为王”的时代，在会计利润与现金利润两个口径存在差异成为经常性现象的会计时代，需要在分析权责发生制框架下利润态势的同时，通过对现金流量的相关分析，来提示公司现金的适度充足性，即财务分析需要适度淡化资产负债率、流动比率等传统指标，而逐步渗透和应用能披露现金含量的活性指标。

对于现金的分析，主要侧重于考察现金流量的活跃程度，可建立下列指标：

1. 现金负债比 = 现金余额/流动负债。

现金余额是企业会计期末拥有现金的数量，即现金流量表“现金及等价物的期末余额”项目，流动负债是会计期末企业拥有的各项流动负债的总额。一般而言，现金比率越高，企业短期偿债能力越高，现金比率越低，企业短期偿债能力则越差。当然，现金比率又不能过高，否则就可能发生囤积现金而导致营运活力缺乏。

2. 经营现金比率＝经营活动的现金流量/流动负债。

经营现金比率越高，表明企业主要通过自身经营活动回笼和聚集现金的能力越强，短期偿债能力也就越高；反之，经营现金比率越低，表明企业通过自身经营活动回笼和聚集现金的能力就越弱，短期偿债能力也就越弱，或企业主要通过各种融资手段来“掉头”还债。

总之，证券公司在利用上述指标进行比较分析时，必须选择比较基础，作为评价公司当期实际数据的参照标准，包括本公司的历史数据、同业数据等。

横向比较时使用同业标准。同业的平均数只起一般性的指导作用，不是合理性的标志。并且公司在进行同业比较时，一定要区分综合类证券公司与经纪类证券公司，因为这两类公司经营范围是不同的，不具有可比性。

纵向比较使用公司的历史数据作为比较标准，历史数据代表过去，并不代表合理性。经营环境的变化使不同会计期间的数据缺乏可比性。因此公司在使用历史数据时，一定要考虑经营环境的变化、会计政策的变更等。

最后，财务状况的分析要与经营成果的分析、现金流量的分析结合起来，全面考察公司的经营状况和经营业绩。

主要参考文献
Reference

1. 中华人民共和国财政部制定：《企业会计准则 2006》，经济科学出版社 2006 年 6 月版。

2. 财政部会计司编写组编著：《〈企业会计准则第 22 号——金融工具确认和计量〉应用指南 2018》，中国财政经济出版社 2018 年 7 月版。

3. 财政部会计司编写组编著：《〈企业会计准则第 23 号——金融资产转移〉应用指南 2018》，中国财政经济出版社 2018 年 7 月版。

4. 财政部会计司编写组编著：《〈企业会计准则第 24 号——套期会计〉应用指南 2018》，中国财政经济出版社 2018 年 7 月版。

5. 财政部会计司编写组编著：《〈企业会计准则第 37 号——金融工具列报〉应用指南 2018》，中国财政经济出版社 2018 年 7 月版。

6. 中华人民共和国财政部制定：《企业会计准则（合订本）2019》，经济科学出版社 2019 年 1 月版。